Pauli Manutij

C. IVlII Caesaris Commentariorum

Pauli Manutij

C. IVIII Caesaris Commentariorum

ISBN/EAN: 9783742821089

Manufactured in Europe, USA, Canada, Australia, Japa

Cover: Foto ©Andreas Hilbeck / pixelio.de

Manufactured and distributed by brebook publishing software (www.brebook.com)

Pauli Manutij

C. IVlII Caesaris Commentariorum

C. IVLII CAESARIS
COMMENTARIORVM

De bello
- Gallico, libri VIII.
- Ciuili Pompeiano, lib. III.
- Alexandrino, lib. I.
- Africano, lib. I.
- Hispaniensi, lib. I.

Galliæ, ac Hispaniæ, Auarici, Alexiæ, Vxelloduni, Massiliæ, ac Pontis in Rheno pictura,

Locorum insuper, Vrbium, Populorum nomina tum uetera, tum recentiora, copiosissimis indicibus explanata.

Cum correctionibus Pauli Manutij.

AL   DVS

VENETIIS, M. D. LXI.

AD PAVLVM RHAMNVSIVM,
IOANNIS BAPTISTAE FILIVM,
IN CAESARIS COMMENTARIOS,

Pauli Manutii præfatio.

QVI magistram uitæ dixit esse historiam, næ ille, Paule Rhamnusi, & dixisse uere, & præclare sensisse mihi uideri solet. facile enim unus homo, quid multis hominibus euenerit, cum intelligit, eruditur, atque ipse sibi normam componit actionum suarum, uitæq́ totius inter omnes errores, omniaq́. pericula ad ueritatem, ac salutem dirigendæ. nec aliud est nostra prudentia, quàm euentorum obseruatio, rerumq́. præsentium, ac futurarum ex præteritis, tanquam ex fonte, scientia deriuata. quod ex uniuerso litterarum genere uel sola, uel certe maxime præstat historia, præsertim si quis eam ita tractet, ut, euenta dum notat, animum referat ad caussas, in easq́. attente inspiciat, & rationem quærat, cur hoc factum, illud omissum, cur ex illo calamitates, ex hoc optata contigerint. Atque hoc primum est de historiæ fructu. sequitur dignitas. Res gestæ narrantur inter summos reges, potentissimas ciuitates, bellicosissimas nationes. caussæ porro bellorum sunt, quæ sunt humanarum rerum maximæ, imperium, salus, gloria: quæ ponuntur in armis omnia, & a consilio ducum, a uirtute militum, ab ipsa fortuna pendent. Neque uero dignitatem quidem habet, ac fructum, uoluptatem autem historia desiderat. nam si uoluptas est, quam magnarum uariarumq́ rerum adspectus animis nostris infundit: nulla pulchrior species, nulla gratior, nulla prorsus historia iocundior. uides, ut in tabula picta, aduersa ducum excellentium stratagemata, artes, insidias; spem potiundi, metum amittendi; cæsos exercitus, urbes captas, imperia deleta: age, fortuna commutata, cadere insultantem, uictum exsurgere; eodem pæne momento lætitiam pelli mærore, succedente, mæroremq́ lætitia. hæc du legimus, haurit animus uoluptatem incredibilem, aliturq́ pabulo suauissimo, nec satiatur, donec ad exitum peruenerit. Cyrus ille, Persarum Rex, qui orientem subegit, Pyrrhus Epirota, castrametandi laude præter ceteros insignis, & duo illi, barbarorum omnium clarissimi, Alexander Macedo, & Hannibal, præterea de Græcis Themistocles, Agesilaus, Epaminondas, quo modo,

do,

do, cum eorum facta commemorantur, animos nostros afficiunt? exspectatione suspendunt, pascunt gaudio, metu macerant. uerum hæc maxime Romana patent in historia: quæ uel diuturnitate, ac magnitudine bellorum, uel uarietate fortunæ uberrimã exemplorum in omni genere copiam suppeditat. Romana porro uiri præstantes multi cum litterarum monumentis tradiderint; quorum ingeniis, quæ cuique merces gloriæ pro cuiusque facultate debebatur, ea posteritatis iudicio persoluta, eminet inter omnes, mea sententia, (nec uero secus antiquitas sensit) primumq́. sibi dignitatis gradum C. Cæsar iure uindicat. nam & uixit quā plurimum ætate Romæ floruit eloquentia: & coluit ipse eloquentiam præter ceteros: rebus uero gerendis non interfuit modo, uerum etiam præfuit: quo factum, ut usum quoque, qui ualet in scribenda historia multum, cum doctrina coniunxerit. extant, bono quodam litterarum fato, præclari illius de bellis ipso duce gestis commentarii; qui se non solum omnibus omnium historiis æquare, uerum, ut omnes fatentur, anteferre etiam uidentur. breuitatem scis in oratione magnam esse laudem, cum eo tamen, si uitetur obscuritas. facile enim, dum illam sequimur, in hanc incidimus.

quod

quod in Thucydide uitium Cicero notauit, cum esset alioqui scriptor egregius. at uero C. Cæsar, cum breuitatem maxime omnium adamauerit, ita tamen pressus est, ut eodem nihil fieri possit illustrius. proprie loquitur, & significanter: ornamentorum tantum habet, quantum in exponenda re decet. nam elaboratam studiosius orationem, nimiaq́; excultam elegantia prudentium aures non modo in commentariis, uerum in historia quoque respuunt. Hic tibi est, Rhamnusi optime, mihiq́; multis nominibus carissime, in manibus habendus, tractandus assidue, obseruandus, ediscendus: ut eū penitus, si fieri potest, aut certe, quantum potest, imitatione exprimas. nam cum tibi Veneta resp. bellum illud memorabile, omniumq́; difficillimum, quod Henrico Dandulo Duce aduersus Byzantios gestum est, latina oratione tradiderit explicandū; magnisq́; etiam tuam industriam præmiis honestandam decreto publico censuerit: debes eniti uehementer, ac omnes ingenii tui neruos contendere, ne quis te tanto impar̃ oneri fuisse unquam putet. atque ego quidē, qui te fero in oculis, qui tuæ gloriæ faueo, cum in ipsam rem intueor, grauem sane, admodumq́; difficilem, paullulū commoueor: rursus, cum ad ingenium tuū,

ad

ad industriam, ad illos animi tui præclaros
ad laudem impetus mentem & cogitationē
refero, facile confirmor, & huiusce tibi cō
missi muneris eum, quem cupio, id est plane gloriosum exitum exspecto. Verum, ne
sint in te ipso, quæ sunt, & sit hæc, quæ tibi
ineunda uia est, quantumuis lubrica, incerta, impedita: an tu potes labi, potes errare, potes usquam offendere, ducem secutus patrem tuum, Ioannem Baptistam Rhā
nusium, spectatæ sapientiæ uirum, consiliorum omniū summi Xuirum collegii par-
ticipem; cuius elucent in urbe nostra uirtu
tes eximiæ, nomen autem, æternis consi-
gnatū, atque impressum ingenii monumen
tis, per orbem terrarum fama dissipauit. is
te sua doctrina instruet, consilio monebit,
prudentia reget. at quo studio? quo scilicet pater filium, & quo talis pater talem filium debet. nec sane uideo, quem deceret
magis, aut in quem hæc aptius, quàm in te,
prouincia conueniret. nam cum eas res,
quæ tibi sunt latinis litteris tractandæ, magna ex parte liber, ut audio, contineat, Gal
lica scriptus uetere lingua, tum ipsa perob-
scura, tum multis præterea diuersarum lin-
guarum uocabulis permista, atque confusa; cum porro librum pater tuus & unicum
habeat, & unus ipse (de nostris quidem ho-
mini-

minibus) optime omnium intelligat: sapientissime, ut in omni re semper, ita proximis mensibus decretum a Decemuiris est, ut hæc tibi potissimum Venetæ pars historiæ mandaretur, cuius haurire scientiam non aliunde, quàm ex tuis ædibus, licebat. Ego quidem, etsi intelligo, qui sis, quàm te delectet uerus honor, quàm tua sponte incumbas ad decus, tamen horror te, sensus huc omnes tuos, cogitationesq́; conuertas; excites ipse te; consideres etiam atque etiam, quid susceperis, a quibus commissum, qua tua ætate, qua omnium exspectatione. Venetam scribis historiam, nec uniuersam, sed, quod in ea maxime putatur excellere: scribis Principum reip. decreto: scribis adolescés: qua ætate magnas res aggressos uel insignis admodum manet gloria, uel temeritatis nota sempiternæ. quibus ex rebus, & quòd ante studiorum tuorum præstantes fructus edidisti; & quòd patris tui uirtus tua uirtus putatur, nec tibi sunt petēda extrinsecus quæ domi tuæ nascuntur; orta est inter homines opinio, historiam te nobis daturum egregiam; in qua Venetæ urbis ita narres præclara facinora, ut aliena cum laude tui nominis immortalitatem coniungas. quod ita futurum, mihi persuasum est, si te ad legendos assidue Cæsaris cōmentarios

contu-

contuleris, eorumq́; ad imitationē, & quasi imaginem totum effinxeris. hoc enim in genere nihil habent perfectius latinæ litteræ, & eos, quo tibi essent, tui iuris quodam modo facti, cariores aliquanto, cum hoc tempore nostris ex ædibus haud paulo, quàm antea, emendatiores exirent: uolui in tuo nomine apparere: multis in hanc mē tem caussis, iisq́; minime uulgaribus adductus. nam, ut omittam, quòd historiam scribenti nihil aptius, nihil omnino his commentariis utilius quisquam dixerit: ualde me commouit, multorum annorum, ac pæne sæculorum in fouendis optimarum artium studiis præclara tuæ gentis consuetudo. ac uolo mihi, quod attinet ad illa uetustiora, silentium imponere. uenio ad ea, quæ propius ad ætatem nostram accedunt. Auo tuo, cuius tu nomen, & una cum nomine uirtutem refers, quis in omni uita uirtutem amauit ardentius? qui cum in litteris usquequaque excelluerit, tum uero iuris ciuilis cognitionem egregie consecutus est; eiusq́; rei testes habuit amplissimas Veneti Imperii ciuitates, in quibus tum ciuilium, tum capitalium quæstionum iudiciis, magna pariter & integritatis, & doctrinæ laude, præfuit. Mitto Hieronymum, patruum tuū, medicinæ, ac philosophiæ studiis præstantem:

stantem: qui cum in Syriam eo consilio esset profectus, ut Arabicis litteris imbueretur, paucis annis tantum profecit, ut plerosque Auicennae libros in latinam linguã egregie conuerterit. alios quoque possum de tuis maioribus, hac laude praestantes, minime paucos inuenire: sed parente tuo contentus uno esse possum, quo semper in hac ciuitate non solum amico, uerum etiam patrono eruditi homines usi sunt, neque sibi ornamenti, aut praesidii plus in eius amicitia, atque auctoritate, quàm commodi repositum in benignitate senserunt. Accedit illud, quòd idem pater tuus cum in Gallia, reip. caussa, diu uixerit, eamq́. prouinciam, Rege Ludouico xii, uniuersam fere peragrauerit; magnam eorum locorum partem, de quibus mentionem in his commentariis fieri uides, praesens ipse nouit, eaq́. tibi in sermone, non secus ac in tabula picta, diligenter, uerissimeq́ue ostendere solitus est. itaque, cum hunc librum ad te statui mittere, illud intellexi, magistrum te habere excellentem in hoc rerum ac locorum Gallicae prouinciae studio, parentem tuum. quo sum aliquanto magis in suscepto consilio confirmatus. Tibi uero displicere meum erga te officium non existimo, mihi quidem ipsi ob eam caussam gratissimum fuit, ut ex

tenui

tenui munere beneuolentiam in te meam
perspiceres: quæ cum a parentum nostrorum coniunctione, qua nulla maior esse po
tuit, originem duxerit, quotidie tamen au
getur studiis erga me tuis, maxime uero
caussis iis, unde facile manat amor, uirtute, ac probitate; quarum altera tuis in scri
ptis, altera in moribus elucet.

SEPTENT
RHENVS
SYCAMBRI
TREVIRI
GERMANIAE
PARS
VBII
LINGONES
SEQVANS
NARBONENEIS
MARIS
PARS

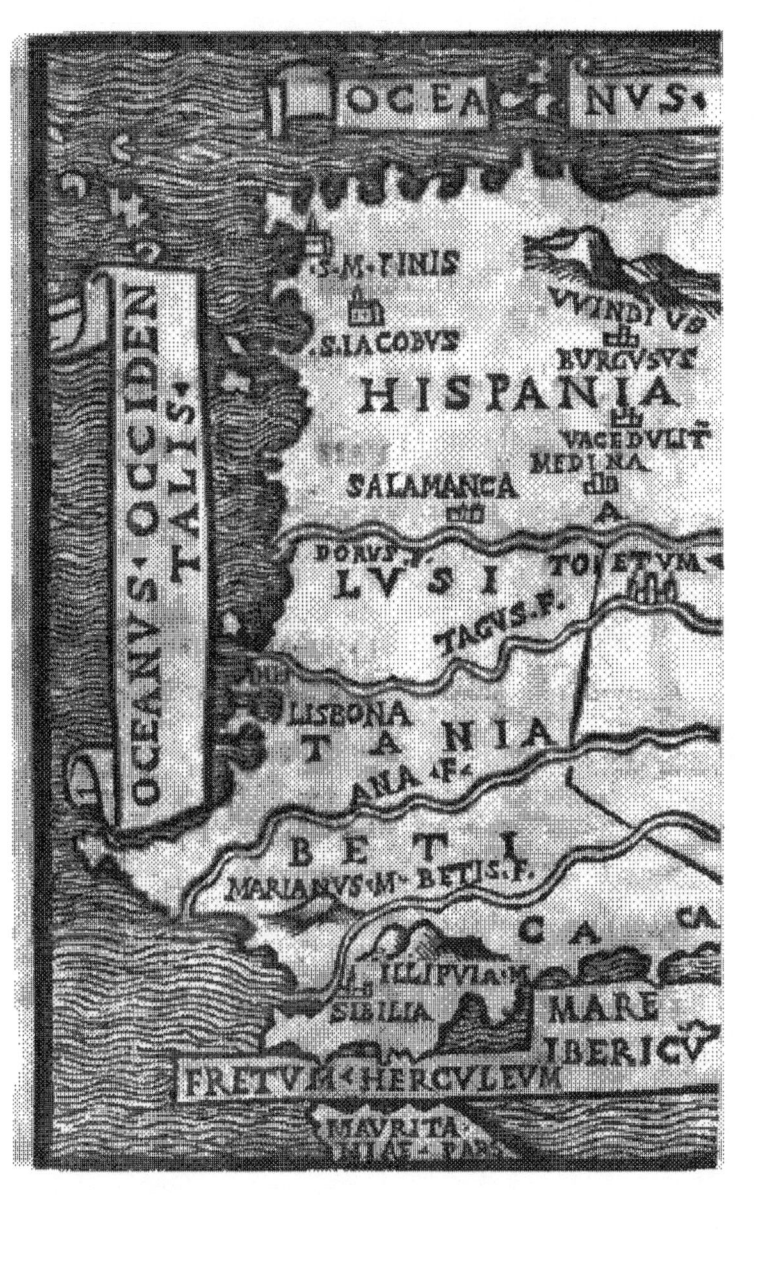

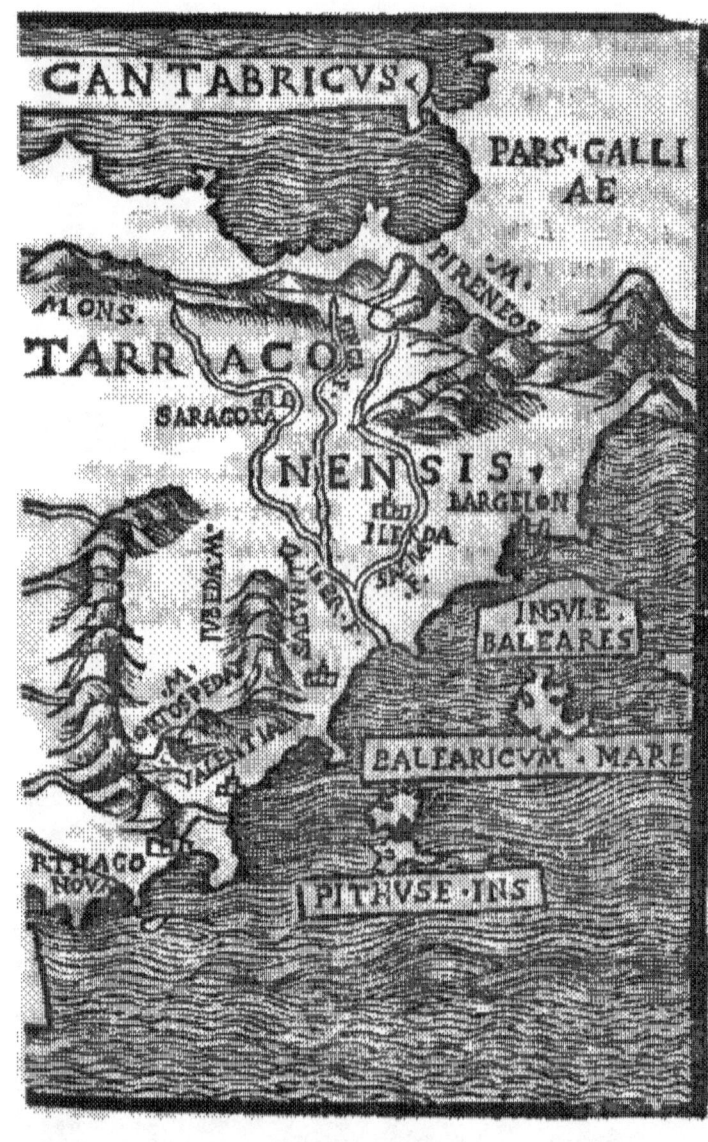

Nomina locorum, urbium, populorum Galliæ, quæ his in commentariis habentur, quo nomine, & olim latine, & nunc dicuntur Gallice, per ordinem litterarum.

Aduatici   Bosleduc   negre.
Agendicum Aprouins Bataui   Holande
Alexia   Lanssoys   Bellocassi   Bayeux
  en Bourguogne   Bellouaci   Beauuois
Alduasdubis Ledoux Betere Besies en guienne
Allobroges Dauphi- Bibracte heuray d'autum
  noys, & Sauoie   Bibrax   Eray en la con-
Ambarri   Semar &   te de Rhetel
  Monthar   Bituriges   Burges
Ambuariti pars Bar- Boij Bourbonnoys, &
  bantia   Bauiere en almagne.
Andes   Angiers   Brannouices La ual de
Aquitania Guienne   moriana
Arar   Sone   Cabillunum Chiallon
Arduenna silua, Foreste sur le sone
  Dardena   Cadurci Caors
Armoricæ ciuitates Ber- Cadetes Hipercoren-
  tagne toute   tin en Bertegne
Ambiani   Amiens   Calete   Cales
Artomici Armignac Carnutes   Chartres
Attrebates Arras   Cenomani   Semans
Auaricu niaron en berry Centrones Saitron au
Auerni   Auergne   pais de liege
Aulerci Roan   Centrones de Tarentassi,
Axona   Desne   en Sauoie
Bacenis silua Foreste Curiosolites Cornouaille
                                           Dia-

Diablâtres	Leon doul	Lutecia	Parisij
en Bertegne		Matrona	Marne
Ebrodunum	Ambrum	Matiscon	Macon
Eburones	Liege	Mediomatrices	Mecz
Eburonices	Ebreux	Melodunum	Mellon
Elauer	Alier	Menapij	Gheler,
Essui	Reteolis oul	& Cleues	
tre tournay		Morini	Terouanne
Gabelli	Lodeue nauert	Mosa	Meuze
Garumna	Garonne	Narbona	Narbone
Genebum	Orleans	Nannetes	Nantes
Geneua	Geneue	Neruij	Tournay
Gergobia	Clarmont en	Nitiobriges	Vzes
Auergne		Monpolier	
Gorduni	Gantois	Nouiodunum	Noion
Grudij	Louain	Ossisini	Landriger en
Harudes	Conflance	Bertegne	
Hedui	Autum	Petragorij	Puregort
Heluetij	Suisses	Pleumosij	Flandrois
Heluij	Albin	Pictones	Poitiers
Hisara	Lisera	Rauraci	Basilea
Icius portus	Calais	Rheni	Rains
Iura mons	S. Claude	Rhedones	Renes
Lacus lemanus	Lo-	Rhenus	Ren
zanne		Rhodanus	Rosne
Lemouices	Limosins	Rhuteni	Rhodes
Lexobij	Liesieux	Sabis	Sambre
Ligeris	Loire	Santones	Saintgonge
Lengones	Langres	Seduni	Seou

b Se-

Segusiani	Bresse		nouë in Lorene
Senones	Sens	Vellaunij	San Flor.
Sequana	Seina	Veneti	Vanes
Sequani	Bourgougnons	Veragri	San Maurice
Sicambri	Nauso de hes-	Vertodunum	Verdon in
	sem		Lorene
Suessiones	Soissons	Veromandui	Verman-
Tarbelli	Tarbe		dois
Tarusatij	Turse	Vesontio	Besanson
Tigurinus pagus	Zu-	Virodunum	Verdon so-
	rich de Suisse		urla sone
Treuiri	Treues	Vnelli	Percherons
Tribores	Strambourg	Volci	Auignon
Turones	Tours	Vsipetes	Francfort
Vellaunodunum	Ville-		

Nomina quarundam urbium, & locorum Hispaniæ.

Anas fl.	Guadiana
Astures	Asturia
Bætica	Il Regno de Granata
Barcinon	Barcelona
Betis fl.	Guadachibir
Baleares	maior & minor
Cæsarea augusta	Saragosa
Castulon	Castiglia
Calpe	Gibralterra
Cinga fl.	Ringa

Car-

Cartheia	Tariffa
Corduba	Cordoua
Carpentani montes	I monti de Segouia
Calleci	Gallicia
Derthosa	Tortosa
Durias fl.	Il duoro
Emporia	Empurias
Ebusus	Euiza
Girunda	Girona
Hiberus fl.	Hibero
Hispalis	Seuilla
Ilerda	Lerida
Malaca	Malaca
Numantia	Sora
Nerium promontorium	S. Maria de finibus terræ
Oscenses	Osca
Olisippo	Lisbona
Ophiusa	Frumentera
Pampeiopolis	Pampaluna in Nauarra
Rhoda	Roses
Saguntum	Non uedro
Sicoris fl.	El segro
Setabum	Satiua
Sacrum promontorium	Capo S. Vincentio
Tarraco	Aragon
Tagus fl.	Il Tago
Turdetani	Andalusia
Valentia	Valenza

b

Pons.

IOANNES IVCVNDVS VERONENSIS.
LIBRO QVARTO.

PONTEM, eadem forma & ratione, bis fecit Cæsar supra Rhenum flumen latissimum, rapidissimum, & altissimum, primum in Menapiis contra Sicambros, deinde paullulum supra eum locum in finibus Treuirorum, ex quo transitus erat ad Vbios Cæsaris amicos.

a Tigna bina sesquipedalia paullum ab imo præacuta dimensa ad altitudinem fluminis. &c.
b Trabes bipedales immissæ super utraque tigna, quæ binis utrinque fibulis ab extrema parte distinebantur.
c Fibulæ quæ disclusæ distinent bipedales trabes.
d Vbi fibulæ disclusæ in contrariam partem reuinciuntur.
e Materia directa, quæ iniecta supra bipedales trabes totum opus contexebat.
f Sublicæ obliquæ ad inferiorem partem fluminis adactæ, quæ pro ariete subiectæ, & cum omni opere coniunctæ, uim fluminis exciperent.
g Fistuca qua adigebantur tigna in flumine.

Hæc utraque, insuper bipedalibus trabibus immissis, hunc locum sic corrigendum puto, hæc utraque insuper bipedales trabes immissæ, hac ratione, ut insuper sit præpositio, & hæc utraque sit accusandi casus. quod si duriusculũ hoc quisquam existimarit, sciat Cæsarem ipsum simili usum constructione in secundo de bello ciuili in expugnatione Massiliæ his uerbis: Hanc insuper contignationem, quantum tectum plutei, ac uinearum passum est, laterculo adstruxerunt. sciat & Vitruuium in quincto, ubi agit de portubus & stru-

structuris in aqua faciendis similem fecisse constructionem, tunc proclinatio ea impleatur arena & exsequetur cum margine, & planitia puluini, deinde insuper eam exæquationem, pila quàm magna constituta fuerit, ibi struatur. quare si sic, ut puto, perseuerat corruptus librariorum uitio locus, neque sensus constabit, neque constructio, nisi implexa & litigiosa grammaticis. sed ut utraque constent, sensus scilicet, & constructio tam ingeniosis, quàm grammaticis, & operi uerba sint conformia, & opus uerbis, animaduertendum est, quòd postquam Cæsar descripsit modū figendi, & adigendi tigna in fundo fluminis, ex qua adactione magnam stabilitatem & firmitatē assecuta sunt, uertit se ad bipedales trabes, quæ transuersam totius pontis latitudinem perficiebant, & qua ratione possint, & quo modo sustinerētur, docet. dicens, quòd super hæc utraque, id est super bina tigna quæ & in parte superiori, & ea quæ in parte inferiori posita erant bipedales trabes immissæ, quantum eorum tignorum iunctura distabat, binis utrinque fibulis, ab extrema parte distinebantur. Quibus disclusis, & in contrariam partem reuinctis, &c. in hanc eandē sententiam mecum uenire uidetur Leo Baptista Albertus, uir & ingenio, & litteris clarus, in suo de architectura, qui eiusdem Cæsariani pontis descriptionem repetens non aliter ei uisum fuit potuisse sibi ipsi satisfacere, nisi his uerbis. huiusmodi autem immissæ trabes binis utrinque fibulis ab extrema parte distinebantur. quibus disclusis, & cetera. quid autē sit fibula, & quomodo discludatur, & reuinciatur, non omnibus peruia est notitia, quamuis eius sit quotidianus usus. Vtuntur autem ea uiri ac mulieres ad capita cingulorum,
quibus

quibus circū se fluentes contineant uestes, tranſiecto per annulum, altero ciguli capite, fibulaq̃. reuincto, ut quanto plus trahitur, tanto fortius firmetur. Eiusmodi autem sunt & sellæ, multis Italiæ urbibus communes, quæ clausæ seruantur & ad sedendi usum, cum discluduntur, & in contrariam partem reuinciuntur, eo fortius compressæ firmantur. hoc etiam ita esse ex Vitruuio clarissime apparet in decimo, his uerbis. Tigna tria ad onerum magnitudinem ratione expediuntur, & a capite a fibula coniuncta, & in imo diuaricata eriguntur. Et infra. Sin autem maioribus oneribus erunt machinæ comparandæ, amplioribus tignorum longitudinibus, & crassitudinis erit utendum, & eadem ratione in summo fibulationibus, in imo sucularum uersationibus expediundum. Et libro primo, ubi de mœnibus disserit: Crassitudinem autē muri, ita faciendam censeo, uti armati homines supra obuiam uenientes, alius alium sine impeditione præterire possint, dum in crassitudine perpetuæ taleæ oleagineæ, ustulatæ quamcreberrimæ instruantur, uti utræque muri frontes inter se (quemadmodum fibulis) his taleis colligatæ, æternam habeant firmitatem. huiusmodi autem fibulis, quibus tunc & in colligandis muris, & in munitionum uallis utebantur, hodie quoque & nos utimur, transuersis in latum longuriis fibulatim dispositis, ut ictibus gladium, non uno loco tantum, sed tota uallis mole resistamus iuuantibus fibulis continenter in contrariam partem reuinctis. Ex dictis satis constare poterit & sensus, & constructio uerborum Cæsaris, & pontis forma secundum figuram a nobis traditam

b 4

Auaricum.

IOANNES IVCVNDVS
VERONENSIS.

LIBRO SEPTIMO.

Avaricvm urbs Biturigū munitissima, quæ prope ex omnibus partibus flumine, & palude circumdata, unum tantum & perangustum habebat aditum, quod Auaricum a Cæsare turribus & aggeribus excitatis ita obsessum est, ut ipso potiretur.

a   Auarici urbis Biturigum muri, quorum forma fere communis erat in Gallia, qui & ita describitur a Cæsare, ut a mediocri quoque ingenio intelligi possit, nos dumtaxat texturam trabium effinximus, farcturis dimissis, ut, ea intellecta, quæ præcipua in hoc opere uidetur, reliqua ex Cæsaris lectione percipiantur.

b   Turres duæ, quæ satis ad angustiam loci, & aggeris uisæ sunt.

Cerui dicuntur a Cæsare illæ pinnæ, quibus ceruinorum cornuum imaginem assimilatam uides, deinde plutei sunt, postremo loco uallum.

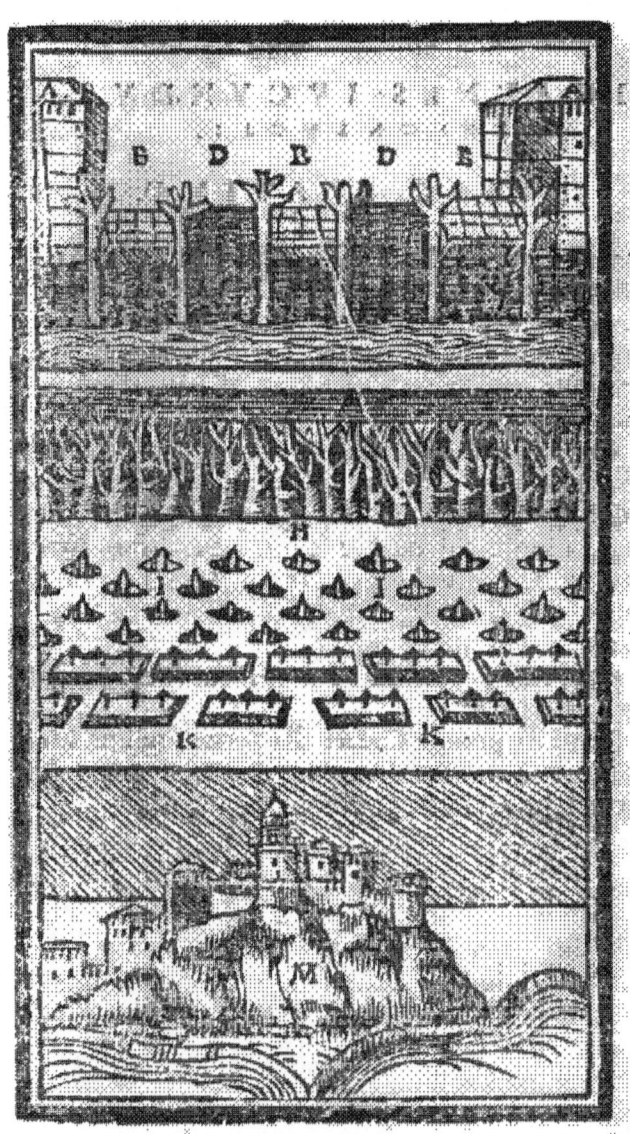

Alexia.

IO. IVCVNDVS VERONENSIS.
LIBRO SEPTIMO.

Alexia oppidum Mandubiorum in summo colle positum edito loco, quod nisi obsidione expugnari non posse uidebatur, huius collis radices subleuabātus duobus flu. duabus ex partibus. cetera ex descriptione Caesaris, & ex opposita figura patent. a Turres coniunctae aggeri, & uallo, quae inter se distabāt pedes lxxx. b Plutei qui tegebāt interuallū, quod erat inter pinnas. Pinnae interstructae erant inter pluteos. erāt & cerui grādes positi inter pinnas aggeris ad cōmissuras plureorum, & aggeris ipsis, in quibus erat suspēsi plutei, sub quib. tecti milites adscēsum hostium, & conatum omnē repellebant. c Vallum cum lorica. lorica enim ex cartibus, uel storiis apponebatur uallo & aggeri, ne facile harpagonibus, uel aliis instrumentis demoliri posset ab hostibus. Fossae duae erant, pedum xv. latae, & profundae, in quibus per campestria loca, & demissa, aqua ex flumine deriuabatur. h Stipites ex truncis arborum, non admodū firmis ramis, praeacutis cacuminibus, in perpetuam fossam demissi, & ab infimo reuincti ne reuelli possent, ab ramis, eminebant, quo qui intrauerat seipsi acutissimis uallis induebant. hos cippos appellabant. i Stipites teretes feminis crassitudine ab summo praeacuti, & praeusti, demissiq. in scrobibus oblique in quincuncem dispositis. hos ex similitudine floris lilium appellabat. K Taleae pedem longe, ferreis hamis infixae in terramq̃. in fossae mediocribus spatiis, intermissis, omnibus locis disserebantur. hos hamos stimulos appellabant. l Fossa pedum xx lata, & profunda dirrectis ad perpendiculum lateribus, a qua reliquae munitiones distabant pedes xl. m Alexia oppidum, superius descriptum.

Vxellodunum.

IOANNES IVCVNDVS VERONENSIS.

LIBRO OCTAVO.

Vxellodvnvm oppidum egregie natura loci munitum, in finibus Cadurcorum inter Celtas, non longe a prouincia Romanorum.

Massilia.

IOANNES IVCVNDVS
VERONENSIS.

LIBRO SECVNDO DE
BELLO CIVILI.

Massiliae descriptio, quæ ex tribus fere oppidi partibus mari alluitur.

Storiæ quæ a Cæsare nominantur, erant ex funibus anchorariis contextæ, præpendentes contra hostium tela, atque tormenta, quibus tecti milites turrim construebant.

Musculus autem a turri latericia, ad suffodiendum, & disiiciendum hostium turrem, & murum.

C. IVLII CAESARIS
COMMENTARIORVM
DE BELLO GALLICO LIB. I.

ALLIA est omnis diuisa in partes tres: quarum unam incolunt Belgæ, aliam Aquitani, tertiam qui ipsorum lingua Celtæ, nostra Galli appellantur. hi omnes lingua, institutis, legibus inter se differunt. Gallos ab Aquitanis Garumna flumē, a Belgis Matrona, et Sequana diuidit. horū omnium fortissimi sunt Belgæ: propterea quòd a cultu, atque humanitate prouinciæ longissimè absunt, minimeq́, ad eos mercatores sæpe cōmeant, atque ea, quæ ad effeminandos animos pertinent, important; proximiq́, sunt Germanis, qui trans Rhenum incolunt, quibuscum continenter bellum gerunt. qua de caussa Heluetij quoque reliquos Gallos uirtute præcedunt; quòd fere quotidianis prælijs cum Germanis contendunt, cum aut suis finibus eos prohibent, aut ipsi in eorum finibus bellum gerunt. Eorum una pars, quam Gallos obtinere dictum est, initium capit a flumine Rhodano, continctúrq́. Garumna flumine, Oceano, finibus Belgarum, attingit etiam a Sequanis, & Heluetijs flumen Rhenum: uergit ad septétriones. Belgæ ab extremis Galliæ finibus oriuntur: pertinent ad inferiorem partem fluminis Rheni: spectant in septem-

A

ptemtriones, & orientem solem. Aquitania a Garumna flumine ad Pyrenæos montes, & eam partem Oceani, quæ ad Hispaniam pertinet, spectat inter occasum solis, & septemtriones. Apud Heluetios longe nobilissimus, & ditissimus fuit Orgetorix. is M. Messalla & M. Pisone cos. regni cupiditate inductus, coniurationem nobilitatis fecit, & ciuitati persuasit, ut de finibus suis cum omnibus copijs exirent: perfacile esse, cum uirtute omnibus præstarent, totius Galliæ imperio potiri. id hoc facilius eis persuasit, quòd undique loci natura Heluetij continentur, una ex parte flumine Rheno latissimo, atque altissimo, qui agrum Heluetium a Germanis diuidit; altera ex parte, monte Iura altissimo, qui est inter Sequanos, & Heluetios; tertia lacu Lemano, & flumine Rhodano, qui prouinciam nostram ab Heluetijs diuidit. his rebus fiebat, ut & minus late uagarentur, & minus facile finitimis bellum inferre possent, qua de caussa homines bellandi cupidi magno dolore afficiebantur. pro multitudine autem hominum, et pro gloria belli, atque fortitudinis, angustos se fines habere arbitrabantur, qui in longitudine millia passuum ccxl. in latitudinem clxxx. patebant. His rebus adducti, & auctoritate Orgetorigis permoti, constituerunt ea, quæ ad proficiscendum pertinerent, comparare, iumentorum, & carrorum quam maximum numerum coemere, sementes quam maximas facere, ut in itinere copia frumenti suppeteret;

teret, cum proximis ciuitatibus pacem, & amicitiam confirmare. ad eas res conficiendas biennium sibi satis esse duxerunt. in tertium annum profectionem lege confirmant. ad eas res conficiendas Orgetorix deligitur. is sibi legationem ad ciuitates suscepit. in eo itinere persuadet Castico, Catamantaledis filio, Sequano, cuius pater regnum in Sequanis multos annos obtinuerat, & a S. P. Q. R. amicus appellatus erat, ut regnum in ciuitate sua occuparet, quod pater ante habuerat: itemq́. Dumnorigi Heduo, fratri Diuatiaci, qui eo tempore principatum in ciuitate sua obtinebat, ac maxime plebi acceptus erat, ut idem conaretur, persuadet: eiq́. filiam suam in matrimonium dat. perfacile factu esse, illis probat, conata perficere; propterea quòd ipse suæ ciuitatis imperium obtenturus esset: non esse dubium, quin totius Galliæ plurimum Heluetij possent. se suis copijs, suoq́. exercitu illis regna conciliaturum, confirmat. Hac oratione adducti, inter se fidem, & iusiurandum dant, &, regno occupato, per tres potentissimos, ac firmissimos populos totius Galliæ sese potiri posse sperant. Ea res, ut est Heluetijs per indicium enuntiata, moribus suis Orgetorigem ex uinculis caussam dicere coegerunt. damnatum pœnam sequi oportebat, ut igni cremaretur. die constituta caussæ dictionis Orgetorix ad iudicium omnem suam familiam, ad hominum millia decem, undique coegit; & omnes clientes, obæratosq́. suos, quorum

A 2   magnum

magnum numerum habebat, eodem conduxit: per
eos, ne caussam diceret, se eripuit. cum ciuitas, ob
eam rem incitata, armis ius suum exsequi conaretur, multitudinemq́, hominum ex agris magistratus cogerent; Orgetorix mortuus est: neque abest
suspicio, ut Heluetij arbitrantur, quin ipse sibi
mortem consciuerit. Post eius mortem nihilo minus Heluetij id, quod constituerant, facere conantur, ut e finibus suis exeant. ubi iam se ad eam rem
paratos esse arbitrati sunt, oppida sua omnia, numero ad duodecim, uicos ad quadringentos, reliqua
priuata ædificia incendunt; frumentum omne, præter quod, secum portaturi erant, comburunt; ut,
domum reditionis spe sublata, paratiores ad omnia
pericula subeunda essent: trium mensium molita cî-
baria sibi quenque domo efferre iubent: persua-
dent Rauracis, & Tulingis, & Latobricis finitimis, uti, eodem usi consilio, oppidis suis, uicisq́,
exustis, una cum ijs proficiscantur: Boiosq́ue, qui
trans Rhenum incoluerant, & in agrum Noricum
transierant, Noricamq́. oppugnarant, receptos
ad se socios sibi adsciscunt. Erant omnino itinera
duo, quibus itineribus domo exire possent, unum
per Sequanos, angustum, & difficile, inter montem Iuram, & flumen Rhodanum, quo uix, singuli carri ducerentur; mons autem altissimus im-
pendebat, ut facile perpauci prohibere possent: alterum per prouinciam nostram, multo facilius,
atque expeditius: propterea quòd inter fines Heluetiorum

LIBER I.

uetiorum, & Allobrogum, qui nuper populo R. pacati erant, Rhodanus fluit, isq́. non nullis locis uado transitur. extremum oppidum Allobrogum est, proximumq́. Heluetiorum finibus Geneua, ex eo oppido pons ad Heluetios pertinet. Allobrogibus sese uel persuasuros, quòd nondum bono animo in populum R. uiderentur, existimabant, uel ui coacturos, ut per suos fines eos ire paterentur. Omnibus rebus ad profectionem comparatis, diem dicunt, qua die ad ripam Rhodani omnes conueniant. is dies erat, ad V. κal. Apr. L. Pisone, A. Gabinio Cos. Cæsari cum id nuntiatum esset, eos per prouinciam nostram iter facere conari, maturat ab urbe proficisci; &, quàm maximis itineribus potest, in Galliam ulteriorem contendit, & ad Geneuam peruenit: prouinciæ toti quàm maximum potest militum numerum imperat. erat omnino in Gallia ulteriore legio una. pontem, qui erat ad Geneuam, iubet rescindi. Vbi de eius aduentu Heluetij certiores facti sunt, legatos ad eum mittunt nobilissimos ciuitatis, cuius legationis Numeius, & Verodoctius principem locum obtinebant, qui dicerent, sibi esse in animo, sine ullo maleficio iter per prouinciam facere, propterea quòd iter haberent nullum aliud: rogare, ut eius uoluntate id sibi facere liceat. Cæsar, quòd memoria tenebat, L. Cassium consulem occisum, exercitumq́. eius ab Heluetijs pulsum, & sub iugum missum, concedendum non putabat; neque

A 3   homines

homines inimico animo, data facultate per prouinciam itineris faciundi, temperaturos ab iniuria & maleficio existimabat: tamen, ut spatium intercedere posset, dum milites, quos imperauerat, conuenirent, legatis respondit; diem se ad deliberandum sumpturum; si quid uellent, ad idus Apr. reuerterentur. Interea ea legione, quam secum habebat, militibusque, qui ex prouincia conuenerant, a lacu Lemano, qui in flumen Rhodanum influit, ad montem Iuram, qui fines Sequanorum ab Heluetijs diuidit, millia passuum decemnouem, mirum, in altitudinem pedum sexdecim, fossamq́; perducit: eo opere perfecto, præsidia disponit, castella communit; quo facilius, si se inuito transire conaretur, prohiberi possent. Vbi ea dies, quam constituerat cum legatis, uenit, & legati ad eum reuerterunt, negat se more, & exemplo populi R. posse iter ulli per prouinciam dare; &, si uim facere conentur, prohibiturum ostendit. Heluetij, ea spe deiecti, nauibus iunctis, ratibusq́; compluribus factis: alij uadis Rhodani, quà minima altitudo fluminis erat, non nunquam interdiu, sæpius noctu, si perrumpere possent, conati, operis munitione, et militum concursu, et telis repulsi, hoc conatu destiterunt. Relinquebatur una per Sequanos uia, quà, Sequanis inuitis, propter angustias ire non poterant. ijs cum sua sponte persuadere non possent, legatos ad Dumnorigē Heduū mittunt, ut eo deprecatore a Sequanis hoc impetrarent. Dumnorix gratia, et largitione apud Sequanos plurimum poterat, & Heluetijs erat amicus: quòd ex ea ciuitate Orgetorigis filiam in matrimonium duxerat; et, cupiditate regni adductus, nouis rebus studebat, et quamplurimas ciuitates suo sibi beneficio habere obstrictas nolebat: itaque rem suscipit; & a Sequanis impetrat, ut per fines suos Heluetios ire patiantur; obsidesq́. uti inter sese dent, perficit; Sequani, ne itinere Heluetios prohibeant; Heluetij, ut sine maleficio, & iniuria transeant. Cæsari renuntiatur, Heluetijs esse in animo per agrum Sequanorum, & Heduorum iter in Santonum fines facere, qui non longe a Tolosatium finibus absunt; quæ ciuitas est in prouincia. id si fieret, intelligebat magno cum prouinciæ periculo futurum, ut homines bellicosos, populi R. inimicos, locis patentibus, maximéq́. frumentarijs finitimos haberet. ob eas caussas ei munitioni, quam fecerat, T. Labienum legatum præfecit. ipse in Italiam magnis itineribus contendit; duasq́. ibi legiones conscribit; et tres, quæ circum Aquileiam hiemabant, ex hibernis educit, &, qua proximum erat iter, per alpes in ulteriorem Galliam cum his quinque legionibus ire contendit. ibi Centrones, & Garoceli, & Caturiges, locis superioribus occupatis, itinere exercitum prohibere conantur. compluribus his prælijs pulsis, ab Ocelo, quod est citerioris prouinciæ extremum, in fines Vocontiorum ulterioris prouinciæ die septimo peruenit: inde in Allobrogū fines, ab Allobrogibus in Sebusianos exercitum ducit. hi sunt extra prouinciam

trans

trans Rhodanum primi. Heluetij iam per angustias, et fines Sequanorū suas copias traduxerant, et in Heduorum fines peruenerant, eorúq́. agros populabantur. Hedui cum se, suaq́. ab his defendere non possent legatos ad Cæsarem mittunt rogatum auxilium: ita se omni tempore de populo R. meritos esse, ut, pæne in conspectu exercitus nostri, agri uastari, liberi eorum in seruitutem abduci, oppida expugnari non debuerint. Eodem tempore, quo Hedui, Ambari quoque, necessarij et consanguinei Heduorum, Cæsarem certiorem faciunt, sese, depopulatis agris, non facile ab oppidis uim hostium prohibere. item Allobroges, qui trans Rhodanum uicos, possessionesq́. habebant, fuga se ad Cæsarem recipiunt, et demonstrant, sibi, præter agri solum, nihil esse reliqui. Quibus rebus adductus Cæsar, non exspectandum sibi statuit, dum, omnibus fortunis sociorum consumptis, in Santones Heluetij peruenirent. Flumen est Arar, quod per fines Heduorum, et Sequanorum in Rhodanum influit, incredibili lenitate, ita ut oculis, in utram partem fluat, iudicari non possit. id Heluetij ratibus, ac lintribus iunctis transibant. ubi per exploratores Cæsar certior factus est, tres iam copiarū partes Heluetios id flumen traduxisse, quartam uero partem citra flumen Ararim reliquam esse, de tertia uigilia cum legionibus tribus e castris profectus, ad eam partem peruenit, quæ nondum flumē transierat. eos impeditos, et inopinantes aggressus, magnam partem eorū concidit: reliqui sese fugæ mandarunt, atque in proximas

mas siluas abdiderunt, is pagus appellabatur Tigurinus, nam omnis ciuitas Heluetia in quattuor pagos di
uisa est. hic pagus unus cum domo exisset, patrum no
strorum memoria, L. Cassium consulem interfecerat,
et eius exercitum sub iugum miserat. ita, siue casu,
siue consilio deorum immortalium, quae pars ciuitatis Heluetiae insignem calamitatem populo R. intule
rat, ea princeps poenas persoluit. qua in re Caesar non
solum publicas, sed etiam priuatas iniurias ultus est;
quòd eius soceri L. Pisonis auum, L. Pisonem, legatum, Tigurini eodem praelio, quo Cassium, interfece
rant. Hoc praelio facto, reliquas copias Heluetiorum
ut consequi posset, pontem in Arare faciendum curat, atque ita exercitum traducit. Heluetij, repentino
eius aduentu commoti, cum id, quod ipsi diebus XX
aegerrime confecerant, ut flumen transirent, illum u
no die fecisse intelligerent, legatos ad eum mittunt:
cuius legationis Diuico princeps fuit, qui bello Cassia
no dux Heluetiorum fuerat. is ita cum Caesare egit:
Si pacem populus R. cum Heluetijs faceret, in eam
partem ituros, atque ibi futuros Heluetios, ubi eos
Caesar constituisset, atque esse uoluisset: sin bello perse
qui perseueraret, reminisceretur et ueteris incommo
di populi R. et pristinae uirtutis Heluetiorum: quòd
improuiso unum pagum adortus esset, cum ij qui flumen transissent, suis auxilium ferre non possent, ne,
ob eam ré, aut suae magnopere uirtuti tribueret, aut
ipsos despiceret. se ita à patribus, maioribusq́. suis didi
cisse, ut magis uirtute, quàm dolo, contenderent, aut
insidijs

insidijs niterentur: quare ne committeret, ut is locus, ubi constitissent, ex calamitate populi R. & internitione exercitus nomen caperet, aut memoriam proderet. His Cæsar ita respondit: Eo sibi minus dubitationis dari, quòd eas res, quas legati Heluetij commemorassent, memoria teneret: atque eo grauius ferre, quo minus merito populi R. accidisset: qui si alicuius iniuriæ sibi conscius fuisset, non fuisse difficile cauere: sed eo deceptum, quòd neque commissum a se intelligeret, quare timeret; neque, sine caussa timendum, putaret: quòd si ueteris contumeliæ obliuisci uellet, num etiam recentium iniuriarum, quòd, eo inuito, iter per prouinciá per uim tentassent, quòd Heduos, quòd Ambaros, quòd Allobroges nexassent, memoriam deponere posset? quòd sua uictoria tam insolenter gloriarétur, quòdq́. se tam diu impune tulisse iniurias admirarentur, eodem pertinere: consuesse enim deos immortales, quo grauius homines ex commutatione rerum doleant, quos pro scelere eorum ulcisci uelint, his secundiores interdum res, et diuturniorem impunitatem concedere: cum ea ita sint, tamen si obsides ab ijs sibi dentur, uti ea, quæ polliceantur, facturos intelligat, et si Heduis de iniurijs, quas ipsis, socijsq́. eorum intulerint, item si Allobrogibus satisfaciant, sese cum ijs pacem esse facturum. Diuico respódit: Ita Heluetios a maioribus suis institutos esse, uti obsides accipere, nó dare, consueuerint: eius rei populum R. esse testem. Hoc responso dato, discessit. Postero die castra ex eo loco mouent: idé Cæsar facit; equitatumq́.

rumq́; omnem, ad numerum quattuor millium, quem
ex omni prouincia, et Heduis, atque eorum socijs co
actum habebat, præmittit; qui uideant, quas in par
tes hostes iter faciant. qui cupidius nouissimum ag
men insecuti, alieno loco cum equitatu Heluetio
rum prælium committunt; & pauci de nostris ca
dunt. quo prælio sublati Heluetij, quòd quingentis
equitibus tantam multitudinem equitum propule-
rant, audacius subsistere, non nunquam ex nouis
simo agmine prælio nostros lacessere cœperunt. Cæ
sar suos a prælio continebat; ac satis habebat in præ
sentia, hostem rapinis, populationibusq́; prohibere: ita dies circiter quindecim iter fecerunt, uti inter nouissimum hostium agmen, et nostrum primum
non amplius quinis, aut senis millibus passuum inter-
esset. interim quotidie Cæsar Heduos frumentum,
quod essent publice polliciti, flagitare. nam propter
frigora, quod Gallia sub septemtrionibus, ut ante di
ctum est, posita est, non modò frumenta in agris ma
tura non erant, sed ne pabuli quidem satis magna co
pia suppetebat. eo autem frumento, quod flumine
Avare nauibus subuexerat, propterea minus uti
poterat, quòd iter ab Avare Heluetij auerterant;
a quibus discedere nolebat. Diem ex die ducere
Hedui; conferri, comportari, adesse, dicere. Vbi
se diutius duci intellexit Cæsar, diem instare, quo
die frumentum militibus metiri oporteret; conuocatis eorum principibus, quorum magnam copiam
in castris habebat, in his Diuitiaco, & Lisco, qui
sum-

summo magistratui præerant, (quem Vergobretum
appellant Hedui, qui creatur annuus, & uitæ, ne-
cisq́; in suos habet potestatem) grauiter eos accusat;
quòd, cum neque emi, neque ex agris sumi posset,
tam necessario tempore, tam propinquis hostibus,
ab ijs non subleuetur, præsertim cum magna ex par
te, eorum precibus adductus, bellum susceperit: mul
to etiam grauius, quòd sit destitutus, queritur.
Tum demum Liscus, oratione Cæsaris adductus,
quod antea tacuerat, proponit esse non nullos, quorum auctoritas apud plebem plurimum ualeat, qui
priuatim plus possint, quàm ipsi magistratus: hos seditiosa, atque improba oratione multitudinem deterrere, ne frumentum conferant; quòd præstare di
cant, si iam principatum Galliæ obtinere non possent,
Gallorum, quàm Romanorum, imperia perferre
neque dubitare debeant, quin, si Heluetios superauerint Romani, una cum reliqua Gallia Heduis liber
tatem sint erepturi: ab ijsdem nostra consilia, quæq́;
in castris gerantur, hostibus enuntiari: hos a se coerceri non posse: quin etiam, quòd necessariam rem co
actus Cæsari enuntiarit, intelligere sese, quanto id
cum periculo fecerit: & ob eam caussam, quàm diu
potuerit, tacuisse. Cæsar hac oratione Lisci Dumno
rigem, Diuitiaci fratrem, designari sentiebat; sed,
quòd pluribus præsentibus eas res iactari nolebat,
celeriter concilium dimittit, Liscum retinet, quærit
ex solo ea, quæ in conuentu dixerat. dicit liberius,
atque audacius. eadem secreto ab alijs quærit: reperit

perit esse vera: ipsum esse Dumnorigem, summa audacia, magna apud plebem propter liberalitatem
gratiæ, cupidum nouarum rerum, complures annos
portoria, reliquaq́. omnia Heduorū uectigalia paruo pretio redempta habere: propterea quòd, illo li-
cente, contraliceri audeat nemo: his rebus & suam
ré familiarem auxisse, et facultates ad largiendum
magnas comparasse: magnum numerum equitatus
suo sumptu semper alere, et circum se habere: neque
solum domi, sed etiam apud finitimas ciuitates largi-
ter posse: atq́. huius potētiæ caussa matrem in Biturigibus, homini illic nobilissimo, ac potentissimo, collocasse: ipsum ex Heluetijs uxorem habere: sororem
ex matre, et propinquas suas nuptum in alias ciuitates collocasse: fauere, et cupere Heluetijs, propter
eam affinitatem: odisse etiam suo nomine Cæsarem,
& Romanos; quòd eorum aduentu potentia eius di-
minuta, et Diuitiacus frater in antiquum locum gratiæ, atque honoris sit restitutus: si quid accidat Romanis, summam in spem regni obtinendi per Heluetios uenire; imperio populi R. non modo de regno,
sed etiam de ea, quam habeat, gratia desperare.
Reperiebat etiam Cæsar, inquirendo, quòd initium
fugæ prœlij equestris aduersi a Dumnorige, atque e-
ius equitibus factum esset: (nam equitatui, quem auxilio Cæsari Hedui miserant, Dumnorix præerat)
eorumq́. fuga reliquum esse equitatum perterritum.
Quibus rebus cognitis, cum ad has suspiciones cer-
tissimæ res accederent, quòd per fines Sequanorum
Helue-

Heluetios traduxisset, quòd obsides inter eos dandos curasset, quòd ea omnia non modo iniussu suo, et ciuitatis, sed etiam inscientibus ipsis fecisset, quòd à magistratu Heduorum accusaretur, satis esse causæ arbitrabatur, quare in eum aut ipse animaduerteret, aut ciuitatem animaduertere iuberet. His omnibus rebus unum repugnabat, quòd Diuitiaci fratris summum in populum R. studium, summam in se uoluntatem, egregiam fidem, iustitiam, temperantiam cognouerat. nam, ne eius supplicio Diuitiati animum offenderet, uerebatur. itaque, priusquam quidquam conaretur, Diuitiacum ad se uocari iubet; et, quotidianis interpretibus remotis, per C. Valerium Procilium, principem Galliæ prouinciæ, familiarem suum, cui summam rerum omnium fidem habebat, cum eo colloquitur: simul commonefacit, quæ ipso præsente in concilio Gallorum de Dumnorige sint dicta: et ostendit, quæ separatim quisque de eo apud se dixerit: petit, atque hortatur, ut, sine eius offensione animi, uel ipse de eo, caussa cognita, statuat, uel ciuitatem statuere iubeat. Diuitiacus, multis cum lacrymis Cæsarem complexus, obsecrare cœpit, ne quid grauius in fratrem statueret: scire se, illa esse uera: nec quenquam ex eo plus, quàm se, doloris capere: propterea quòd, cum ipse gratia plurimum domi, atque in reliqua Gallia, ille minimum propter adolescentiam posset, per se creuisset; quibus opibus, ac neruis non solum ad minuendam gratiam, sed pene ad perniciem suam utere-

tur: sese tamen et amore fraterno, et existimatione
uulgi commoueri: quòd si quid ei a Cæsare grauius
accidisset, cum ipse eum locum amicitiæ apud eum
teneret, neminem existimaturum non sua uoluntate
factum; quæ ex re futurum, uti totius Galliæ animi
à se auerterentur. Hæc cum pluribus uerbis flens à
Cæsare peteret, Cæsar eius dexteram prehendit: consolatus, rogat finem orandi faciat: tanti eius apud se
gratiam esse ostendit, uti et reip. iniuriam, et suum
dolorem eius uoluntati ac precibus condonet. Dumnorigem ad se uocat, fratrem adhibet: quæ in eo re-
prehendat, ostendit; quæ ipse intelligat, quæ ciuitas queratur, proponit: monet, ut in reliquum tempus omnes suspiciones uitet: præterita se Diuitiaco fratri condonare dicit. Dumnorigi custodes ponit: ut,
quæ agat, quibuscum loquatur, scire possit. Eodem die ab exploratoribus certior factus, hostes sub
montem consedisse, millia passuum ab ipsius castris octo; qualis esset natura montis, & qualis in
circuitu adscensus, qui cognoscerent, misit. renuntiatum est, facilem esse. de tertia uigilia T. Labienum legatum propere cum duabus legionibus, &
ijsdem ducibus, qui iter cognouerant, summum iugum montis adscendere iubet: quid sui consilij sit,
ostendit. ipse de quarta uigilia eodem itinere, quo
hostes ierant, ad eos contendit, equitatumq́; o-
mnem ante se mittit. P. Considius, qui rei militaris peritissimus habebatur, & in exercitu L. Syllæ,
& postea in M. Crassi fuerat, cum exploratoribus

bus præmittitur, prima luce, cum summus mons a
T. Labieno teneretur, ipse ab hostium castris non longius mille & quingentis passibus abesset; neque, ut
postea ex captiuis comperit, aut ipsius aduentus, aut
Labieni cognitus esset; Considius, equo admisso, ad
eum accurrit: dicit, montem, quem a Labieno occupari voluerit, ab hostibus teneri: id se a Gallicis
armis, atque insignibus cognouisse. Cæsar suas copias in proximum collem subducit; aciem instruit.
Labienus, ut erat ei præceptum a Cæsare, ne prælium committeret, nisi ipsius copiæ prope hostium castra uisæ essent, ut undique uno tempore in hostes
impetus fieret; monte occupato, nostros exspectabat, prælioq. abstinebat. multo denique die per exploratores cognouit, et montem a suis teneri, et Heluetios castra mouisse, et Considium, timore perterritum, quod non uidisset, pro uiso sibi renuntiasse. eo
die, quo consuerat, interuallo hostes sequitur, et millia passuum tria ab eorum castris castra ponit. postridie eius diei; quòd omnino biduum supererat,
cum exercitui frumentum metiri oporteret; et quòd
a Bibracte, oppido Heduorum longe maximo ac
copiosissimo, non amplius millibus passuum XV-
III. aberat; rei frumentariæ prospiciendum existimauit; iter ab Heluetijs auertit; ac Bibracte i-
re contendit. ea res per fugitiuos L. Aemilij, de-
curionis equitum Gallorum, hostibus nuntiatur.
Heluetij, seu quòd timore perterritos Romanos
discedere a se existimarent, eo magis, quòd pridie,
superioribus

superioribus locis occupatis, prælium non commisissent, siue eo quòd re frumentaria intercludi posse confiderent, commutato consilio, atque itinere conuerso, nostros a nouissimo agmine insequi, ac lacessere cœperunt. Postquam id animaduertit, copias suas Cæsar in proximum collem subducit; equitatumq́, qui sustineret hostium impetum, misit. ipse interim in colle medio triplicem aciem instruxit legionum quattuor ueteranorum, ita, uti supra se in summo iugo duas legiones, quas in Gallia citeriore proxime conscripserat, & omnia auxilia collocarit, ac totum montem hominibus compleuit. interea, sarcinas in unum locum conferri, et eum ab ijs, qui in superiore acie constiterant, muniri iussit. Heluetij, cum omnibus suis carris secuti, impedimenta in unum locum contulerunt; ipsi confertissima acie, reiecto nostro equitatu, phalange facta, sub primam nostram aciem successerunt. Cæsar, primum suo, deinde omnium e conspectu remotis equis, ut, æquato omnium periculo, spem fugæ tolleret, cohortatus suos, prælium commisit. milites, e loco superiore pilis missis, facile hostium phalangem perfregerunt. ea disiecta, gladijs districtis in eos impetum fecerunt. Gallis magno ad pugnam erat impedimento, quòd, pluribus eorum scutis uno ictu pilorum transfixis, & colligatis, cum ferrum se inflexisset, neque euellere, neque, sinistra impedita, satis commode pugnare poterant, multi ut, diu iactato brachio, præoptarent scutum

B   manu

manu emittere, & nudo corpore pugnare, tandem, uulneribus defessi, & pedem referre, &, quòd mons suberat circiter mille passuum, eò se recipere cœperunt. capto monte, & succedentibus nostris, Boij, & Tulingi, qui hominum millibus circiter XV agmen hostium claudebant, et nouissimis præsidio erant, ex itinere nostros latere aperto aggressi, circumuenire. conspicati Heluetij, qui in montem sese receperant, rursus instare, & prælium redintegrare cœperunt. Romani conuersa signa bipartito intulerunt, prima, ac secunda acies, ut uictis, ac submotis resisteret; tertia, ut uenientes sustineret. ita, ancipiti prælio, diu, atque acriter pugnatum est. diutius cum nostrorum impetum sustinere non possent; alteri se, ut cœperant, in montem receperunt, alteri ad impedimenta, & carros suos se contulerunt. nam hoc toto prælio, cum ab hora septima ad uesperum pugnatum sit, auersum hostem uidere nemo potuit: ad multam noctem etiam ad impedimenta pugnatum est: propterea quòd pro uallo carros obiecerant, & e loco superiore in nostros uenientes tela conijciebant, & nonnulli inter carros, rotasq́. mazaras ac tragulas subijciebant, nostrosq́. uulnerabant. diu cum esset pugnatum, impedimentis castrisq́. nostri potiti sunt. ibi Orgetorigis filia, atque unus e filijs captus est. ex eo prælio circiter millia hominum CXXX superfuerunt: eaq́. tota nocte continenter ierunt: in nullam partem noctis itinere intermisso, in fines Lingonum

gonum die quarto peruenerunt ; cum , & propter uulnera militum, & propter sepulturam occisorum , nostri , triduum morati , eos sequi non potuissent. Cæsar ad Lingones litteras , nuntiosq́; misit, ne eos frumento, ne ue alia re iuuarent: qui si iuuissent , se eodem loco illos, quo Heluetios, habiturum. ipse , triduo intermisso , cum omnibus copijs eos sequi cœpit. Heluetij , omnium rerum inopia adducti , legatos de deditione ad eum miserunt: qui cum eum in itinere conuenissent ; seq́; ad pedes proiecissent ; suppliciterq́; locuti ,flentes pacem petissent ; atque eos in eo loco , quo tum essent , suum aduentum expectare iussisset ; paruerunt, eò postquam Cæsar peruenit , obsides , arma , seruos , qui ad eos perfugissent , poposcit. dum ea conquiruntur, et conferuntur , nocte intermissa, circiter hominum millia sex , eius pagi , qui Verbigenus appellatur , siue timore perterriti , ne , armis traditis , supplicio afficerentur , siue spe salutis inducti , quòd , in tanta multitudine dediticiorum , suam fugam aut occultari , aut omnino ignorari posse existimarent , prima nocte , ex castris Heluetiorum egressi, ad Rhenum, finesq́; Germanorum contenderent. quod ubi Cæsar resciuit ; quorum per fines ierant , iis , uti conquirerent, & reducerent, si sibi purgati esse uellent, imperauit ; reductos in hostium numero habuit : reliquos omnes , obsidibus , armis , perfugis traditis, in deditionem accepit : Heluetios , Tulingos , Latobrigos in fines suos , unde erant profecti , reuer-

B 2 ti iuss;

ti iussit ; et , quòd omnibus frugibus amissis , domi nihil erat , quo famem tolerarent , Allobrogibus imperauit, ut his frumenti copiam facerent: ipsos oppida , uicosq́. , quos incenderant, restituere iussit. id ea maxime ratione fecit , quòd noluit eum locum , unde Heluetij discesserant, uacare; ne propter bonitatem agrorum Germani, qui trans Rhenum incolunt, e suis finibus in Heluetiorum fines transirent, et finitimi Galliæ prouinciæ, Allobrogibusq́. essent. Boios , petentibus Heduis , quòd egregia uirtute erant cogniti, ut in finibus suis, collocarent, concessit. quibus illi agros dederunt ; eosq́. postea in parem iuris , libertatisq́. condicionem , atque ipsi erant, acceperunt. In castris Heluetiorum tabulæ repertæ sunt, litteris Græcis confectæ, & ad Cæsarem perlatæ; quibus in tabulis nominatim ratio confecta erat, qui numerus domo exisset eorum, qui arma ferre possent ; & item separatim pueri , senes , mulieresque. quarum omnium rerum summa erat, capitum Heluetiorum millia CCLXIII, Tulingorum millia XXXVI, Latobrigorum XIV, Rauracorum XXIII, Boiorum XXXII: ex his, qui arma ferre possent , ad millia XCII. summa omnium fuerunt ad millia CCCLXVIII. eorum, qui domum redierunt, censu habito, ut Cæsar imperauerat, repertus est numerus millium C & X. Bello Heluetiorum confecto, totius fere Galliæ legati, principes ciuitatum, ad Cæsarem gratulatum conuenerunt : intelligere sese , tametsi , pro ueteribus

ribus Heluetiorum iniurijs populus R. ab ijs pœnas bello repetißet, tamen eam rem non minus ex usu terræ Galliæ, quàm populi R. accidiße: propterea quòd eo consilio, florentißimis rebus, domos suas Heluetij reliquißent, ut toti Galliæ bellum inferrent, imperioq́. potirentur, locumq́. domicilio ex magna copia deligerent, quem ex omni Gallia oportunißimum, ac fructuosißimum iudicaßent, reliquasq́. ciuitates stipendiarias haberent, petierunt, uti sibi concilium totius Galliæ in diem certam indicere, idq́. Cæsaris uoluntate facere liceret: sese habere quasdam res, quas e communi consensu ab eo petere uellent. ea re permißa, diem concilio constituerunt; & iureiurando, ne quis enuntiaret, nisi, quibus communi consilio mandatum eßet, inter se sanxerunt. Eo concilio dimißo, ijdem principes ciuitatum, qui ante fuerant, ad Cæsarem reuerterunt; petieruntq́., uti sibi secreto, in occulto de sua, omniumq́. salute cum eo agere liceret, ea re impetrata, sese omnes flentes Cæsari ad pedes proiecerunt: non minus se id contendere, & laborare, ne ea, quæ dixißent, enuntiarentur, quàm, uti ea, quæ uellent, impetrarent, propterea quòd, si enunciatum eßet, summum in cruciatum se uenturos uiderent. Locutus est pro his Diuitiacus Heduus: Galliæ totius factiones eße duas: harum alterius principatum tenere Heduos, alterius Aruernos: hi cum tantopere de potentatu inter se multos annos contenderent, factum eße, uti ab Aruernis, Sequanisq́.

B 3 Ger-

Germani mercede accerserentur, horum primo circiter millia xv: Rhenum transijsse: postea quàm agros, & cultum, & copias Gallorum homines feri, ac barbari adamassent, traductos plures: nunc esse in Gallia ad c & xx milium numerum: cum his Heduos, eorumq́. clientes semel, atque iterum armis contendisse; magnam calamitatem pulsos accepisse, omnem nobilitatem, omnem senatum, omnem equitatum amisisse: quibus prælijs calamitatibusq́. fractos, qui & sua uirtute, & populi R. hospitio, atque amicitia plurimum ante in Gallia potuissent, coactos esse Sequanis obsides dare nobilissimos ciuitatis, & iureiurando ciuitatem obstringere, sese neque obsides repetituros, neque auxilium a populo R. imploraturos, neque recusaturos, quo minus perpetuo sub illorum ditione, atque imperio essent: unum se esse, ex omni ciuitate Heduorum, qui adduci non potuerit, ut iuraret, aut suos liberos obsides daret: ob eam rem se ex ciuitate profugisse, & Romam ad senatum uenisse, auxilium postulatum; quòd solus neque iureiurando, neque obsidibus teneretur: sed peius uictoribus Sequanis, quàm Heduis uictis, accidisse: propterea quòd Ariouistus, rex Germanorum, in eorum finibus consedisset, tertiamq́. partem agri Sequani, qui esset optimus totius Galliæ, occupauisset, & nunc de altera parte tertia Sequanos decedere iuberent, propterea quòd, paucis mensibus ante, Harudum millia hominum uigintiquattuor ad eum uenissent; quibus
locus.

locus, ac sedes pararentur: futurum esse paucis annis, uti omnes e Galliæ finibus pellerentur, atque omnes Germani Rhenum transirent: neque enim conferendum esse Gallicum cum Germanorum agro, neque hanc consuetudinem uictus cum illa comparandam. Ariouistum autem, ut semel Gallorum copias prælio uicerit, quod prælium factum sit Admagetobriæ, superbe, & crudeliter imperare, obsides nobilissimi cuiusque liberos poscere, & in eos omnia exempla cruciatus edere: si qua res non ad nutum, aut ad uoluntatem eius facta sit, hominem esse barbarum, iracundum, temerarium: non posse eius imperia diutius sustineri: nisi quid in Cæsare, populoq́. R. sit auxilij, omnibus Gallis idem esse faciendum, quod Heluetij fecerunt, ut domo emigrent; aliud domicilium, alias sedes, remotas a Germanis, petant, fortunamq́., quæcunque accidat, experiantur: hæc si enuntiata Ariouisto sint, non dubitare, quin de omnibus obsidibus, qui apud eum sint, grauissimum supplicium sumat: Cæsarem uel auctoritate sua, atque exercitus, uel recenti uictoria, uel nomine populi R, deterrere posse, ne maior multitudo Germanorum Rhenum traducatur. Galliamq́. omnem ab Ariouisti iniuria posse defendere. Hac oratione a Diuitiaco habita, omnes, qui aderant, magno fletu auxilium a Cæsare petere cœperunt. animaduertit Cæsar, unos ex omnibus Sequanos nihil earum rerum facere, quas ceteri facerent, sed tristes, capite demisso, terrá intueri. eius rei que

causa

caussa esset, miratus ex ipsis quæsiuit. nihil Sequani respondere, sed in eadem tristitia taciti permanere, cum ab ijs sæpius quæreret, neque ullam omnino uocem exprimere posset; idem Diuitiacus Heduus respondit; hoc esse miseriorem, et grauiorem fortunam Sequanorum, quàm reliquorum, quòd soli ne in occulto quidem queri, nec auxilium implorare auderent; absentisq́. Arrouisti crudelitatem, uelut si coram adesset, horrerent: proptereà quòd reliquis tamen fugæ facultas daretur; Sequanis uero, qui intra fines suos Arrouistum recepissent, quorum oppida omnia in potestate eius essent, omnes cruciatus essent perferendi. His rebus cognitis, Cæsar Gallorum animos uerbis confirmauit; pollicitusq́. est, sibi eam rem curæ futuram: magnam se habere spem, & beneficio suo, & auctoritate adductum Arrouistum, finem iniurijs facturum. Hac oratione habita, concilium dimisit. & secundum ea multæ res eum hortabantur, quare sibi eam rem cogitandam, & suscipiendam putaret, in primis, quòd Heduos, fratres consanguineosq́. sæpenumero ab senatu appellatos, in seruitute atque in ditione uidebat Germanorum teneri, eorumq́. obsides esse apud Arrouistum, ac Sequanos intelligebat: quod in tanto imperio populi R. turpissimum sibi, & reip. esse arbitrabatur. paullatim autem Germanos consuescere Rhenum transire, & in Galliam magnam eorum multitudinem uenire, populo R. periculosum uidebat: neque, sibi homines feros, ac barbaros

baros obtemperaturos, existimabat, quin, cum omnem Galliam occupassent, ut ante Cimbri, Teutoniq́, fecissent, in prouinciam exirent, atque inde in Italiam contenderent; præsertim cum Sequanos a prouincia nostra Rhodanus diuideret. quibus rebus quammaturrime occurrendum putabat. ipse autem Ariouistus tantos sibi spiritus, tantam arrogantiam sumpserat, ut ferendus non uideretur. quamobrem placuit ei, ut ad Ariouistum legatos mitteret, qui ab eo postularent, ut aliquem locum medium utriusque colloquio deligeret: uelle sese de rep. & summis utriusque rebus cum eo agere. Ei legationi Ariouistus respondit: si quid ipsi a Cæsare opus esset, sese ad eum uenturum fuisse; si quid ille a se uelit, illum ad se uenire oportere: præterea, se neque sine exercitu in eas partes Galliæ uenire audere, quas Cæsar possideret, neque exercitum sine magno commeatu, atque emolumento in unum locum contrahere posse: sibi autem mirum uideri, quid in sua Gallia, quam bello uicisset, aut Cæsari, aut omnino populo R. negotij esset. His responsis ad Cæsarem relatis, iterum ad eum Cæsar legatos cum his mandatis mittit: Quoniam tanto suo, populiq́. R. beneficio affectus, cum in consulatu suo rex, atque amicus a senatu appellatus esset, hanc sibi, populoq́. R. gratiam referret, ut in colloquium uenire inuitatus grauaretur, neque de communi re dicendum sibi, & cognoscendum putaret; hæc esse, quæ ab eo postularet: primum, ne quam multitudinem

nem hominum amplius trans Rhenum in Galliam
traduceret: deinde, obsides, quos haberet ab Heduis, redderet; Sequanisq́. permitteret, ut, quos
illi haberent, voluntate eius reddere illis liceret; ne
ue Heduos iniuria lacesseret, ne ue his, socijsq́. eorum bellum inferret: si id ita fecisset, sibi, populoq́.
R. perpetuam gratiam, atque amicitiam cum eo
futuram: si non impetraret, quoniam M. Messalla
L. Pisone cos. senatus censuisset, uti, quicunque
Galliam prouinciam obtineret, quod commodo reip.
facere posset, Heduos, ceterosq́. amicos populi R.
defenderet, se Heduorum iniurias non neglecturum.
Ad haec Ariouistus respondit: ius esse belli, ut, qui
uicissent, ijs, quos uicissent, quemadmodum uellent, imperarent: item populum R. uictis non ad
alterius praescriptum, sed ad suum arbitrium imperare consuesse: si ipse populo R. non praescriberet,
quemadmodum suo iure uteretur, non oportere se a
populo R. in suo iure impediri: Heduos sibi, quoniam
belli fortunam tentassent, & armis congressi, ac superati essent, stipendiarios esse factos: magnam Caesarem iniuriam facere, qui suo aduentu uectigalia sibi
deteriora faceret: Heduis se obsides redditurum non
esse; neque ijs, neque eorum socijs iniuria bellum il
laturum, si in eo manerent, quod conuenissent, sti-
pendiumq́. quotannis penderent: si id non fecissent,
longe ijs fraternum nomen populi R. abfuturum:
quod sibi Caesar denútiaret, se Heduorum iniurias no
neglecturum; neminem secum sine sua pernicie contendisse:

tendisse, cum uellet, congrederetur ; intellecturum, quid inuicti Germani, exercitatissimi in armis, qui intra annos XIV. tectum non subissent, uirtute possent. Hæc eodem tempore Cæsari mandata referebantur: & legati ab Heduis, & Treuiris ueniebant ; Heduique stum, quòd Harudes, qui nuper in Galliam transportati essent, fines eorum populaentur ; seseque obsidibus quidem datis pacem Ariouisti redimere potuisse ; Treuiri autem, pagos centum Sueuorum ad ripam Rheni consedisse ; qui Rhenum transire conarentur: iis praeesse Nasuam, & Cimberium fratres. quibus rebus Cæsar uehementer commotus, maturandum sibi existimauit, ne, si noua manus Sueuorum cum ueteribus copiis Ariouisti sese coniunxisset, minus facile resisti posset. itaque, re frumentaria, quàm celerrimè potuit, comparata, magnis itineribus ad Ariouistum contendit. cum tridui uiam processisset, nuntiatum est ei, Ariouistum cum suis omnibus copiis ad occupandum Vesontionem, quod est oppidum maximum Sequanorum, contendere, triduiq. uiam a suis finibus processisse. id ne accideret, magnopere præcauendum sibi Cæsar existimabat. nanque omnium rerum, quæ ad bellum usui erant, summa erat in eo oppido difficultas : idq. natura loci sic muniebatur, ut magnam ad ducendum bellum daret facultatem : propterea quòd flumen Alduabis, ut circino circunductum, pæne totum oppidum cingit: reliquum spatium, quod non est amplius pedum sexcentorum, quâ flumen

inter-

intermittit, mons continet magna altitudine, ita, ut
radices eius montis ex utraque parte ripæ fluminis
contingant. hunc murus circumdatus arcem efficit,
& cum oppido coniungit. huc Cæsar magnis diurnis, nocturnisq́. itineribus contendit; occupatoq́. op
pido, ibi præsidium collocat. dum paucos dies ad Ve
fontionem, rei frumentariæ commeatusq́. caussa,
moratur, ex percunctatione nostrorum, uocibusq́.
Gallorum, ac mercatorum, qui ingenti magnitudine corporum Germanos, incredibili uirtute, atque
exercitatione in armis, esse prædicabant, sæpenume
ro sese cum iis congressos ne uultum quidem, atque
aciem oculorum dicebant ferre potuisse, tantus subi
to timor omnem exercitum occupauit, ut nó medio-
criter omnium mentes, animosq́. perturbaret. hic
primum ortus est a tribunis militum, ac præfectis,
reliquisq́. qui, ex urbe, amicitiæ caussa, Cæsarem
secuti, non magnum periculum miserabantur; quòd
non magnum in re militari usum habebant. quorum alius, alia caussa illata, quam sibi ad proficiscendum necessariam esse diceret, petebat, ut eius
uoluntate discedere liceret. non nulli, pudore adducti, ut timoris suspicionem uitarent, remanebant.
hi neque uultum fingere, neque interdum lacrymas
tenere poterant: abditi in tabernaculis aut suum fa
tum querebantur, aut cum familiaribus suis commune periculum miserabantur: uulgo totis castris
testamenta obsignabantur. horum uocibus, ac timo
re paullatim etiam ij, qui magnum in castris usum
habe-

LIBER I.

habebant, milites, centurionesq́; quiq́; equitatui præerant, perturbabantur, qui se ex his minus timidos existimari nolebant, non se hostem uereri, sed angustias itineris, & magnitudinem siluarum, quæ inter eos, atque Ariouistum intercederent, aut rem frumentariam, ut satis commode supportari posset, timere dicebant. non nulli etiam Cæsari renuntiabant, cum castra moueri, ac signa ferri iussisset, non fore dicto audientes milites, neque propter timorem signa laturos. Hæc cum animaduertisset Cæsar, conuocato concilio, omniumq́; ordinum ad id concilium adhibitis centurionibus, uehementer eos incusauit: primum, quod aut, quam in partem, aut, quo consilio ducerentur, sibi quærendum, aut cogitandum putarent: Ariouistum, se consule, cupidissime populi R. amicitiam appetisse; cur hunc tam temere quisquam ab officio discessurum iudicaret? sibi quidem persuaderi, cognitis suis postulatis, atque æquitate condicionis perspecta, eum neque suam, neque populi R. gratiam repudiaturum; quod si, furore, atque amentia impulsus, bellum intulisset, quid tandem uererentur? aut cur de sua uirtute, aut de ipsius diligentia desperarent? factum eius hostis periculum patrum nostrorum memoria, cum Cimbris, & Teutonijs a C. Mario pulsis, non minorem laudem exercitus, quàm ipse imperator, meritus esse uidebatur: factum etiam nuper in Italia seruili tumultu; quos tamen aliquis usus ac disciplina, quam à nobis accepissent, subleuaret:

ex

ex quo iudicari posset, quantum haberet in se boni constantia; propterea quòd, quos aliquandiu inermes sine caussa timuissent, hos postea armatos, ac uictores superassent: denique hos esse eosdem Germanos, quibuscum sæpenumero Heluetij congressi non solum in suis sedibus, sed etiam in illorum finibus, plerunque superassent, qui tamen pares esse nostro exercitui non potuerint: si quos aduersum prælium, & fuga Gallorum commoueret, hoc si quærerent, reperiri posse, diuturnitate belli defatigatis Gallis, Ariouistum, cum multos menses castris, ac paludibus se continuisset, neque sui potestatem fecisset, desperantes iam de pugna, & dispersos subito adortum, magis ratione ac consilio, quam uirtute, uicisse: cui rationi contra homines barbaros, atque imperitos locus fuisset, hac ne ipsum quidem sperare nostros exercitus capi posse: qui suum timorem in rei frumentariæ simulationem, angustiasq́; itineris conferrent, facere arroganter; cum aut de officio imperatoris desperare, aut ei præscribere auderent: hæc sibi esse curæ; frumentum Sequanos, Leucos, Lingones subministrare; iamq́. esse in agris frumenta matura: de itinere ipsos breui tempore iudicaturos: quòd non fore dicto audientes, neque signa laturi dicantur, nihil se ea re commoueri: sciue enim, quibuscunque exercitus dicto audiens non fuerit, aut, male re gesta, fortunam defuisse, aut, aliquo facinore comperto, auaritiam esse coniunctam: suam innocentiam perpetua uita, felicitatem Heluetio-

uetiorum bello esse perspectam: itaque se, quod in
longiorem diem collaturus esset, repræsentaturum,
et proxima nocte de quarta uigilia castra moturum;
ut quamprimum intelligere posset, utrum apud eos
pudor, atque officium, an timor plus ualeret: quòd
si præterea nemo sequatur, tamen se cum sola decima
legione iturum, de qua non dubitaret, sibiq́;
eam prætoriam cohortem futuram. huic legioni Cæ
sar & indulserat præcipue,& propter uirtutem con
fidebat maxime. Hac oratione habita, mirum in
modum conuersæ sunt omnium mentes, summaq́; a-
lacritas & cupiditas belli gerendi innata est: prin-
cepsq́; decima legio per tribunos mil. ei gratias egit,
quòd de se optimum iudicium fecisset,seq́; esse ad bel
lum gerendum paratissimam confirmauit, deinde
reliquæ legiones per tribunos mil. & primorum ordinum centuriones egerunt, uti Cæsari satisfacerent:
se neque unquam dubitasse, neque timuisse, neque
de summa belli suum iudicium, sed imperatoris esse
existimauisse. Eorum satisfactione accepta, &,
itinere exquisito per Diuitiacum, quòd ex alijs Gal
lis ei maximam fidem habebat,ut, millium amplius
quinquaginta circuitu,locis apertis exercitum duceret, de quarta uigilia, uti dixerat, profectus est,
septimo die,cum iter non intermitteret,ab exploratoribus certior factus est, Ariouisti copias à castris
millibus passuum quattuor, & xx abesse. Cognito Cæsari aduentu, Ariouistus legatos ad eum
mittit: quod antea de colloquio postulasset, id per
se

se fieri licere, quoniam propius accessisset; seq́; id sine periculo facere posse existimaret. non respuit con
dicionem Cæsar: iamq́; eum ad sanitatem reuerti ar
bitrabatur, cum id, quod antea petenti denegasset,
ultro polliceretur: magnamq́; in spem ueniebat,
pro suis tantis, populiq́; R. in eum beneficijs, cogni
tis suis postulatis, fore, uti pertinacia desisteret.
Dies colloquio dictus est, ex eo die quinctus. Interim, cum sæpe ultro citroq́; legati inter eos mitteren
tur, Ariouistus postulauit, ne quem peditem ad col
loquium Cæsar adduceret: uereri se, ne per insidias
ab eo circumueniretur: uterque cum equitatu ueniret: alia ratione se non esse uenturum. Cæsar,
quòd nec colloquium, interposita caussa, tolli nolebat, neque salutem suam Gallorum equitatui committere audebat, commodissimum esse statuit, omnibus equis Gallis equitibus detractis, legionarios eò
milites legionis decimæ, cui quammaxime confidebat, imponere; ut præsidium quamamicissimum, si
quid opus facto esset, haberet. quod cum fieret, non
irridicule quidam ex militibus decimæ legionis dixit;
plus, quàm pollicitus esset, Cæsarem facere; polli
citum esse in cohortis prætoriæ loco decimam legionem habiturum, ad equum rescribere. Planicies e-
rat magna & in ea tumultus terreus satis grandis.
hic locus æquo fere spatio ab castris utriusque aberat. eò, ut erat dictum, ad colloquium uenerunt.
legionem Cæsar, quam equis deuexerat, passibus du
centis ab eo tumulo constituit. item equites Ariouisti
pari

pari interuallo constiterunt. Ariouistus, ut ex equis colloqueretur, &, præter se, denos ut ad colloquium adducerent, postulauit. ubi eò uentum est, Cæsar, initio orationis, sua, senatusá, in eum beneficia commemorauit, quòd rex appellatus esset à senatu, quòd amicus, quòd munera amplissime missa, quam rem et paucis contigisse, & a Romanis pro maximis hominum, officijs consueuisse tribui docebat: illum, cum neque aditum, neque caussam postulandi iustam haberet, beneficio, ac liberalitate sua, ac senatus, ea præmia consecutum. docebat etiam, quàm ueteres, quamq́. iustæ caussæ necessitudinis ipsis cum Heduis intercederent; quæ senatusconsulta, quoties, quamq́. honorifica in eos facta essent; ut omni tempore totius Galliæ principatum Hedui tenuissent, prius etiam, quàm nostram amicitiam appetissent: populi R. hac esse consuetudinem, ut socios, atque amicos non modo sui nihil deperdere, sed gratia, dignitate, honore auctiores uelit esse: quod uero ad amicitiã populi R, attulissent, id ijs eripi, quis pati posset? postulauit deinde eadem, quæ legatis in mandatis dederat, ne aut Heduis, aut eorum socijs bellum inferret; obsides redderet: si nullam partem Germanorum domum remittere posset; at ne quos amplius Rhenum transire pateretur. Ariouistus ad postulata Cæsaris pauca respondit; de suis uirtutibus multa prædicauit: transisse Rhenum sese, non sua sponte, sed rogatum, & accersitum a Gallis; non sine magna spe, magnisq́. præmijs domum, propinquosq́. reliquisse; sedes habere

C in

in Gallia ab ipsis concessas: obsides ipsorum uoluntate datos; stipendium capere iure belli, quod uictores uictis imponere consueuerint; nô sese Gallis, sed Gallos sibi bellum intulisse: omnes Galliæ ciuitates ad se oppugnandum uenisse; ac contra se castra habuisse; eas omnes copias uno ab se prælio fusas, ac superatas esse; si iterum experiri uelint, paratum se decertare; sin pacem malint, iniquum esse, de stipendio recusare, quod sua uoluntate ad id tempus dependerint, amicitiam populi R. sibi ornamento, et præsidio, non detrimento esse oportere, idq́ue ea spe petisse. si per populum R. stipendium remittatur, & dediticij subtrahantur, non minus libenter sese recusaturum populi R. amicitiam, quàm appetierit. quòd multitudinem Germanorum in Galliam traducat, id se sui muniendi, non Galliæ oppugnandæ, caussa facere; eius rei testimonium esse, quòd, nisi rogatus non uenerit, & quod bellum non intulerit, sed defenderit. se prius in Galliam uenisse, quàm populum R. nunquam, ante hoc tempus exercitum populi R. Galliæ prouinciæ finibus egressum. quid sibi uellet, cur in suas possessiones ueniret. Prouinciam suam esse hanc Galliam, sicuti illam nostram. ut ipsi concedi non oporteret, si in nostros fines impetum faceret, sic item, nos esse iniquos, quòd in suo iure se interpellaremus. Quòd ex S. C. Heduos appellatos amicos diceret, non se tam barbarum, neque tam imperitum esse rerum, ut non sciret, neque bello Allobrogum proximo, Heduos Romanis auxilium tulisse, neque ipsos, in his contentionibus,

tionibus, quas Hedui secum, et cum Sequanis habuissent, auxilio populi R. usos esse debere se suspicari,
simulata Cæsarem amicitia, quòd exercitum in Gallia habeat, sui opprimendi causa habere: quòd nisi
decedat, aut exercitum deducat ex his regionibus,
sese illum non pro amico, sed pro hoste habiturum:
quòd si eum interfecerit, multis sese nobilibus, prin-
cipibusq́; populi R. gratum esse facturum: id se ab
ipsis per eorum nuntios compertum habere; quorum
omnium gratiam, atque amicitiam eius morte redimere posset. quòd si discessisset, ac liberam sibi possessionem Galliæ tradidisset, magno se illum proœmio
remuneraturum, & quæcunque bella geri uellet, sine ullo eius labore, et periculo confecturum. Multa
a Cæsare in eam sententiam dicta sunt, quare negotio desistere non posset, et neque suam, neque populi
R. consuetudinem pati, uti optime meritos socios de-
sereret, neque se iudicare Galliam potius esse Ariouisti, quàm populi R. bello superatos esse Aruernos,
et Rutenos a Q. Fabio Maximo, quibus populus R.
ignouisset: neque in prouinciam redegisset: neque stipendium imposuisset. quòd si antiquissimum quodque
tempus spectari oporteret, populi R. iustissimum esse in Gallia imperium. si iudicium senatus seruari
oporteret, liberam debere esse Galliam, quam bello
uictam suis legibus uti noluisset. Dum hæc in colloquio geruntur, Cæsari nuntiatum est, equites Ariouisti propius tumulum accedere; & ad nostros ade-
quitare, lapides, telaq́; in nostros conijcere, Cæsar loquendi

quendi finem fecit; seq́. ad suos recepit, suisq́. imperauit, ne quod omnino telum in hostes reijcerent. nã
etsi sine ullo periculo legionis delectæ commissum cũ
equitatu prælium fore uidebat: tamen committendum non putabat, ut, pulsis hostibus, dici posset, eos
a se per fidem in colloquio circumuentos. Posteaquã
in uulgus militum relatum est, qua arrogantia in col
loquio Ariouistus usus, omni Gallia Romanis interdixisset; impetumq́. in nostros eius equites fecissent;
eaq́. res colloquium ut diremisset: multo maior ala-
critas, studiumq́. pugnandi manus exercitui iniectum
est. Biduo post Ariouistus legatos ad Cæsarem mittit, uelle se de his rebus, quæ inter eos agi cœpta, neque perfectæ essent, agere cum eo: uti iterum colloquio diē constitueret; aut, si id minus uellet, ex suis
legatis aliquem ad se mitteret. Colloquendi Cæsari
caussa uisa nõ est, & eo magis, quòd pridie eius diei,
Germani retineri non poterant, quin in nostros tela
conijcerent. Legatum ex suis, seq́; magno cum periculo ad eum missurum, & hominibus feris obiectu-
rum, existimabat. cõmodissimum uisum est. M. Va
lerium Procilium C. Valerij Caburi summa uirtute,
& humanitate adolescentem, (cuius pater a C. Valerio Flacco ciuitate donatus erat) & propter fidē,
& propter linguæ Gallicæ scientiam, qua multa iam
Ariouistus longinqua consuetudine utebatur, &,
quòd in eo peccandi Germanis caussa non esset, ad eũ
mittere; & M. Titium, qui hospitio Ariouisti usus
erat. his mandauit: ut, quæ diceret Ariouistus, co
gnoscerent,

gnoscerent, & ad se referrent. quos cum apud se in
castris Ariouistus conspexisset, exercitu suo præsente, conclamauit, quid ad se uenirent? an speculandi
caussa? conantes dicere prohibuit, & in catenas coniecit. eodem die castra promouit, & millibus passuū
sex a Cæsaris castris sub monte consedit. postridie e-
ius diei, præter castra Cæsaris suas copias traduxit,
et millibus passuum duobus ultra eum castra fecit; eo
consilio, uti frumento commeatuq., qui ex Sequanis & Heduis supportaretur, Cæsarem interclude-
ret. ex eo die dies continuos quinque Cæsar, pro castris suas copias produxit; & aciem instructam habuit; ut, si uellet Ariouistus prælio contendere, ei
potestas non deesset. Ariouistus his omnibus diebus
exercitum castris continuit. equestri prælio quotidie
contendit. Genus hoc erat pugnæ, quo se Germani
exercuerant. Equitum millia erant sex, totidem numero pedites uelocissimi, ac fortissimi; quos ex omni
copia singuli singulos, suæ salutis caussa, delegerant.
cum his in prælijs uersabantur: ad hos se equites recipiebant: hi, si quid erat durius, concurrebant: si
qui, grauiore uulnere accepto, equo deciderant, circumsistebant. si quo erat longius prodeundum, aut
celerius recipiendum, tanta erat horum exercitatione celeritas, ut, iubis equorum sublenati, cursum
adæquarent. Vbi enim, castris sese tenere Cæsar intel
lexit, ne diutius commeatu prohiberetur, ultra eum
locum, quo in loco Germani consederant, circiter pas
sus sexcentos ab his castris idoneum locum delegit; a-
C 3 cieq.

cieq́. triplici instructa, ad eum locum uenit. primā,
& secundam aciem in armis esse, tertiam castra mu
nere iussit. hic locus ab hoste circiter passus sexcētos,
uti dictum est, aberat eò. circiter hominum numero
xvi millia expedita cum omni equitatu Ariouistus
misit, quæ copiæ nostros, & munitione prohiberent.
nihilo secius Cæsar, ut ante constituerat, duas acies,
hostem propulsare, tertiam, opus perficere iussit. mu
nitis castris, duas ibi legiones reliquit, & partem au
xiliorum; quattuor reliquas in castra maiora redu
xit. proximo die, instituto suo Cæsar ex castris utrisque copias suas eduxit: paullulumq́. a maioribus ca
stris progressus, aciem instruxit: hostibusq́. pugnan
di potestatem fecit. ubi, ne tum quidem eos prodire
intellexit, circiter meridiem exercitum in castra redu
xit. tum demum Ariouistus partem suarum copiarum, quæ castra minora oppugnaret, misit. acriter
utrinque usque ad uesperum pugnatum est. solis occa
sus suas copias Ariouistus multis & illatis, & acce
ptis uulneribus, in castra reduxit. cū ex captiuis quæ
reret Cæsar, quamobrem Ariouistus prœlio non decertaret, hanc reperiebat caussam: quod apud Germanos ea consuetudo esset, ut matres familias eorum
sortibus, & uaticinationibus declararent, utrū prœ
lium committi ex usu esset, nec ne: eas ita dicere, nō
esse fas Germanos superare, si ante nonā lunam prœ
lio contendissent. Postridie eius diei Cæsar præsidiū
utrisque castris, quod satis esse uisum est, reliquit: om
nes alarios in conspectu hostium pro castris minoribus

bus constituit: quòd minus multitudine militum legionariorum pro hostium numero ualebat, ut ad speciem alarijs uteretur. ipse, triplici instructa acie usque ad castra hostium accessit. tum demum necessario Germani suas copias e castris eduxerunt, generatimq́. constituerunt, paribusq́. interuallis Harudes, Marcomanos, Triboces, Vangiones, Nemetes, Sedusios, Suenos, omnemq́. aciem suam rhedis, & carris circumdederunt: ne qua spes in fuga relinqueretur. eò mulieres imposuerunt, quæ, in prælium proficiscentes milites passis manibus, flentes implorabãt, ne, se in seruitutem Romanis traderent. Cæsar singulis legionibus, singulos legatos, & quæstorem præfecit; uti eos testes suæ quisque uirtutis haberet. ipse a dextro cornu, quòd eam partem minime firmam hostium esse animaduerterat, prælium commisit. ita nostri acriter in hostes signo dato, impetú fecerunt. itaque hostes repente, celeriterq́. procurrerunt, ut spatium, pila in hostes conijciendi non daretur. reiectis pilis, comminus gladijs pugnatum est. at Germani celeriter, ex consuetudine sua phalange facta, impetus gladiorum exceperunt. reperti sunt complures nostri milites, qui in phalangas insilirent: et scuta manibus reuellerent: & desuper uulnerarent. cum hostium acies a sinistro cornu pulsa, atque in fugam conuersa esset, a dextro cornu uehementer multitudine suorú, nostram aciem premebat. id cum animaduertisset P. Crassus adolescens, qui equitatui præerat, quòd expeditior erat, quàm hi, qui inter aciem uersabatur, tertiam

tiam aciem laborantibus nostris subsidio misit. ita
prælium restitutum est, atque omnes hostes terga
uerterunt, neque prius fugere destiterunt, quàm ad
flumen Rhenū millia passuū ex eo loco circiter quin
que peruenerunt. ibi perpauci, aut uiribus confisi, tra
nare contenderunt: aut lintribus inuentis salutem sibi petierunt. in his fuit Ariouistus, qui nauiculā deli
gatam ad ripam nactus, ea profugit: reliquos omnes equites consecuti nostri interfecerunt. duæ fuerunt Ariouisti uxores, una Sueua natione, quam domo secum adduxerat; altera Norica, regis Vocionis
soror, quam in Gallia duxerat a fratre missam. utraque in ea fuga perijt. duæ filiæ harum, altera occisa,
altera capta est. M. Valerius Procilius, cum a custo
dibus in fuga trinis catenis uinctus traheretur, in ipsum Cæsarem, hostium equitatum persequentem incidit. quæ quidem res Cæsari non minorem, quàm
ipsa uictoria, uoluptatem attulit; quòd hominem ho
nestissimum prouinciæ Galliæ, suum familiarem, &
hospitem, ereptum e manibus hostium, sibi restitutū
uidebat: neque eius calamitate de tanta uoluptate et
gratulatione quidquam fortuna diminuerat. is, se
præsente, de se, ter sortibus consultum dicebat; utrū
igni statim necaretur, an in aliud tempus reseruare-
tur. sortium beneficio se esse incolumen. item M. Titius repertus, & ad eum reductus est. Hoc prælio
trans Rhenum nuntiato, Sueui, qui ad ripas Rheni
uenerant, domum reuerti cœperunt; quos ubi qui
proxime Rhenum incolunt, perterritos senserunt in-
secu-

secuti, magnum ex his numerum occiderunt. Cæsar una æstate, duobus maximis bellis confectis, maturius paullo, quàm tempus anni postulabat, in hiberna in Sequanos exercitum deduxit: hibernis Labienum præposuit: ipse in citeriorem Galliam, ad conuentus agendos profectus est.

C. IVLII CAESARIS COMMENTARIORVM DE BELLO GALLICO LIB. II.

VM esset Cæsar in citeriore Gallia in hibernis, ita uti supra demonstrauimus, crebri ad eum rumores afferebantur, litterisq́ ité Labieni certior fiebat, omnes Belgas, quam tertiam esse Galliæ partem dixeramus, contra populum R. coniurare, obsidesq́. inter se dare: coniurandi has esse caussas: primum, quòd uererentur, ne, omni pacata Gallia, ad eos exercitus noster adduceretur: deinde, quòd ab non nullis Gallis solicitarentur, partim, qui, ut Germanos diutius in Gallia uersari noluerant, ita populi R. exercitum hiemare, atque inueterascere in Gallia moleste ferebant; partim, qui mobilitate, & leuitate animi nouis imperijs studebant; ab non nullis etiam, quòd in Gallia a potentioribus, atque ijs, qui ad conducendos

dos homines facultates habebant, uulgo regna occupabantur, qui minus facile eam rem in imperio
nostro consequi poterant. Iis nuntijs litterisq́. commotus Cæsar, duas legiones in citeriore Gallia nouas con-
scripsit, et ineunte æstate in ulteriorem Galliam, qui
deduceret, Q. Pedium legatum misit. ipse, cum primum pabuli copia esse inciperet, ad exercitum uenit.
dat negotium Senonibus, reliquisq́. Gallis, qui finitimi Belgis erant, uti ea, quæ apud eos gerantur, cognoscant: seq́. de his rebus certiorem faciant. hi, constanter omnes nuntiauerunt manus cogi, exercitus in
unum locum conduci: tum uero dubitandum non existimauit, quin ad eos proficisceretur. re frumentaria
comparata, castra mouet, diebusq́. circiter x v ad
fines Belgarum peruenit. eò cum de improuiso, cele-
riusq́. omnium opinione uenisset, Rhemi, qui proximi Galliæ ex Belgis sunt, ad eum legatos Iccium &
Antebrogium primos ciuitatis suæ miserunt: qui dicerent se, suaq́. omnia in fidem, atque potestatem
populi R. permittere, neque se cum reliquis Belgis
consensisse, neque contra populum R. omnino coniurasse, paratosq́. esse et obsides dare, et imperata facere, et oppidis recipere, et frumento, ceterisq́. rebus iuuare. reliquos omnes Belgas in armis esse. Ger-
manosq́., qui ripas Rheni incolunt, sese cum his coniunxisse, tantumq́. esse eorum omnium furorè: ut, ne
Suessones quidem fratres, consanguineosq́. suos, qui
eodem iure, ijsdem legibus utantur, unum imperiū,
unumq́. magistratum cum ipsis habeant, deterrere
potue-

potuerint, quin cum his consentirent. cum ab his quæreret, quæ ciuitates, quantæq́, in armis essent, et quid in bello possent, sic reperiebat. plerosque Belgas esse ortos a Germanis. Rhenumq́, antiquitus transductos propter loci fertilitatem ibi consedisse; Gallosq́., qui ea loca incolerent expulisse: solosq́. esse, qui patrum nostrorum memoria omni Gallia uexata, Teutones, Cimbrosq́. intra fines suos ingredi prohibuissent. qua ex re fieri, uti earum rerum memoria magna sibi auctoritatem, magnosq́. spiritus in re militari sumerent. de numero eorum omnia se habere explorata Rhemi dicebant, propterea quod propinquitatibus, affinitatibusq́. coniuncti, quantam quisque multitudinem in communi Belgarum concilio ad id bellum pollicitus esset, cognouerant, plurimum inter eos Bellouacos et uirtute, et auctoritate, et hominum numero ualere. hos posse conficere armata millia centum, pollicitos ex eo numero lecta millia LX totiusq́. belli imperiũ sibi postulare. Suessones suos esse finitimos, latissimos, feracissimosq́. agros possidere. Apud eos fuisse regem nostra etiam memoria Diuitiacum totius Galliæ potentissimum, qui cum magnæ partis harum regionum, tum etiam Britanniæ imperium obtinuerit, nunc esse regem Galbam: ad hunc propter iustitiam, prudentiamq́. summam totius belli omnium voluntate deferri: oppida habere numero XII: polliceri millia armata quinquaginta; totidem Neruios, qui maximo feri inter ipsos habeantur, longissimeq́. absint: XV millia Atrebates: Ambianos X millia:

Mo-

Morinos xv millia: Menapios vii millia: Caletes x millia: Verocasses, et Veromam duos totidem: Catuacos xxix millia: Condrusos, Eburones, Cærasos, Pæmanos, qui uno nomine Germani appellantur, arbitrari ad quadraginta millia. Cæsar Rhemos cohortatus, liberaliterq́. oratione profecutus, omnē senatum ad se conuenire, principumq́. liberos obsides ad se adduci iussit. quæ omnia ab his diligenter ad diem facta sunt. ipse Diuitiacum Heduum magnopere cohortatus, docet quantopere reip. cōmunisq́. salutis intersit, manus hostium distineri, ne cum tanta multitudine uno tempore confligendum sit. id fieri posse, si suas copias Hedui in fines Bellouacorum introduxerint: et eorum agros populari cœperint. his mandatis, eū ab se dimittit. Postquam omnes Belgarum copias in unum locum coactas ad se uenire uidit, neque iam longe abesse ab his, quos miserat, exploratoribus: et ab Rhemis cognouit flumen Axoná, quod est in extremis Rhemorum finibus, exercitum traducere maturauit; atque ibi castra posuit. quæ res, et latus unum castrorum ripis fluminis muniebat, et post eum, quæ essent, tuta ab hostibus reddebat, et commeatus ab Rhemis, reliquisq́. ciuitatibus, ut sine periculo ad eum portari posset, efficiebat. in eo flumine pons erat. ibi præsidium ponit; et in altera parte fluminis Q. Titurium Sabinum legatum cum sex cohortibus reliquit. castra in altitudinem pedum duodecim uallo, fossaque duodeuiginti pedum munire iubet. ab ipsis castris oppidum Rhemorum, nomine Bibrax aberat millia passuum octo. id ex itinere magno impetu Belgæ oppugnare cœperunt, ægre eo die sustentatum est. Gallorum eadem, atque Belgarum oppugnatio est, hi ubi circumiecta multitudine hominum totis manibus, undique in murum lapides iacicœpti sunt, murusq́. defensoribus nudatus est. testudine facta portis succedunt, murumq́. subruunt, quod tum facile fiebat, nam tanta multitudo lapides, ac tela conijciebant, ut in muro consistendi potestas esset nulli. cum finem oppugnandi nox fecisset, Iccius Rhemus, summa nobilitate & gratia inter suos, qui tum oppido præfuerat, unus ex ijs, qui legati de pace ad Cæsarem uenerant, nuntios ad eum mittit, nisi subsidium sibi mittatur, sese diutius sustinere non posse. eò de media nocte Cæsar ijsdem ducibus usus, qui nuntij ab Iccio uenerant, Numidas et Cretas sagittarios, et funditores Baleares subsidio oppidanis mittit. quorum aduentu, et Rhemis cum spe defensionis studium propugnandi accessit: et hostibus eadem de caussa spes potiundi oppidi discessit. Itaque paulisper apud oppidum morati, agrosq́. Rhemorum depopulati, omnibus uicis, ædificijsq́ue, quò adire poterant, incensis, ad castra Cæsaris cum omnibus copijs contenderunt: et a millibus passuum minus duobus castra posuerunt. quæ castra, ut fumo, atque ignibus significabatur, amplius millibus passuum octo in latitudinem patebant. Cæsar primo et propter multitudinem hostium, et propter eximiam opinionem uirtutis prælio supersedere statuit. quotidie tamen equestribus prælijs, quid hostis uirtute posset, et, et, quid nostri auderent, periclitabatur. ubi nostros non esse inferiores intellexit, loco pro castris ad aciem instruendi natura oportuno, atque idoneo, quòd is collis, ubi castra posita erant, paullulum ex planitie editus, tantum aduersus in latitudinē patebat, quantum loci acies instructa occupare poterat, atque ex utraque parte lateris deiectus habebat: & in fronte leuiter fastigiatus, paullatim ad planitiē redibat: ab utroque latere eius collis transuersam fossam obduxit circiter passuum quadringentorum: & ad extremas fossas castella constituit. ibíq́; tormenta collocauit, ne, cum aciem instruxisset, hostes (quòd tantum multitudine poterant) à lateribus suos pugnantes circumuenire possent. hoc facto duabus legionibus, quas proxime conscripserat, in castris relictis, ut, si quo opus esset, subsidio duci possent, reliquas sex legiones pro castris in acie constituit. hostes item suas copias ex castris eductas instruxerunt. palus erat non magna inter nostrum, atque hostium exercitum. hanc si nostri transirent, hostes exspectabant. nostri autem, si ab illis initium transeundi fieret, ut impeditos aggrederentur parati in armis erant, interim praelio equestri inter duas acies contendebatur. ubi neutri transeundi initium faciunt, secundiore equitum nostrorum praelio Caesar suos in castra reduxit. hostes protinus ex eo loco ad flumen Axonam contenderunt, quod esse post nostra castra demonstratum est. ibi uadis repertis, parsem suarum copiarum traduce-

re

re conati sunt, eo consilio, ut, si possent, castellum, cui præerat Q. Titurius legatus, expugnarent, pontemq́. interscinderent; sin minus possent, agros Rhemorum popularentur, qui magno nobis usui ad bellum gerendum erant, commeatusq́. nostros sustinebant. Cæsar certior factus a Titurio, omnem equitatum & leuis armaturæ Numidas, funditores, sagittariosq́. pontem traducit, atque ad eos contendit. acriter in eo loco pugnatum est. hostes impeditos nostri in flumine aggressi, magnum eorum numerum occiderunt. per eorum corpora reliquos audacissimè transire conantes, multitudine telorum repulerunt. primos, qui trásierant equitatu circumuentos, interfecerunt. Hostes, ubi & de expugnando oppido, & de flumine transeundo spem se fefellisse intellexerunt, neque nostros in locum iniquiorem progredi pugnandi caussa uiderunt; atque eos res frumentaria deficere cœpit, concilio conuocato, constituerunt optimum esse, domum suam quenque reuerti, &, quorum in fines primum Romani exercitum introduxissent, ad eos defendendos undique conuenire; ut potius in suis, quàm in alienis finibus decertarent; & domesticis copijs rei frumentariæ uterentur. ad eam sententiam cum reliquis caussis, hæc quoque ratio eos deduxit, quòd, Diuitiacum quoque, atque Heduos finibus Bellouacorum appropinquare cognouerant: his persuaderi, ut diutius morarentur, ne suis auxilium ferrent, non poterat. Ea re constituta, secunda uigilia magno cum strepitu,

ac

ac tumultu castris egressi, nullo certo ordine, neque imperio, cum sibi quisque primum itineris locum peteret, et domum peruenire properaret, fecerunt: ut consimilis fugæ profectio uideretur. Hac re statim Cæsar per speculatores cognita, insidias ueritus; quòd, qua de caussa discederent, non dum perspexerat; exercitum, equitatumq́. castris continuit. prima luce, confirmata re ab exploratoribus, omnem equitatum, qui nouissimum agmen moraretur, præmisit; eiq́. Q. Pedium et L. Aurunculeium Cottam legatos præfecit. T. Labienum legatum cum legionibus tribus subsequi iussit. hi nouissimos adorti, & multa millia passuú prosecuti, magnam multitudinem eorum fugientium conciderunt. cum ab extremo agmine hi, ad quos uentum erat, consisterent: fortiterq́. impetum nostrorum militum sustinerent, priores, quòd abesse a periculo uiderentur, neque ulla necessitate, neque Imperio continerentur, exaudito clamore, perturbatis ordinibus omnes, in fuga sibi subsidium posuerunt. ita sine ullo periculo tantam eorum multitudinem nostri interfecerunt, quantum fuit diei spatium; sub occasumq́. solis sequi destiterunt; seq́. in castra, uti erat imperatum, receperunt. Postridie eius diei Cæsar, priusquam se hostes ex pauore, ac fuga reciperent, in fines Suessonum, qui proximi Rhemis erant, exercitum duxit; &, magno itinere confecto, ad oppidum Nouiodunum contendit. Id ex itinere oppugnare conatus, quòd ua cuum ab defensoribus esse audiebat, propter latitudinem

dinem fossæ, muriq́. altitudine, paucis defendétibus, expugnare non potuit. castris munitis uineas agere, quæq́. ad oppugnandu usui erant, comparare cœpit. interim omnis ex fuga Suessonum multitudo in oppidum proxima nocte conuenit. celeriter uineis ad oppidum actis, aggere iacto, turribusq́. constitutis, magnitudine operum, quæ neque uiderant ante Galli, neque audierant, et celeritate Romanorum permoti, legatos ad Cæsarem de deditione mittunt; &, petentibus Rhemis, ut conseruarentur, impetrant. Cæsar, obsidibus acceptis, primis ciuitatis, atque ipsius Galbæ regis duobus filijs, armisq́. omnibus ex oppido traditis, in deditionem Suessones accepit; exercitumq́. in Bellouacos duxit: qui cum se, suaq́. omnia in oppidum Bratusspantium contulissent, atque ab eo oppido Cæsar cum exercitu circiter millia passuum quinque abesset, omnes maiores natu ex oppido egressi, manus ad Cæsarem tendere, et uoce significare cœperunt, sese in eius fidem, ac potestatem uenire; neque contra populum R. armis contendere. item cum ad oppidum accessisset, castraq́. ibi poneret, pueri, mulieresq́. ex muro passis manibus suo more, pacem a Romanis petierunt. pro his Diuitiacus (nam post discessum Belgarum dimissis Heduoru copijs ad eum reuerterat) facit uerba. Bellouacos, omni tempore in fide, atque amicitia ciuitatis Heduæ fuisse. impulsos a suis principibus, qui dicerent Heduos a Cæsare in seruitutem redactos, omnes indignitates cōtumeliasq́. perferre; et ab Heduis defecisse, et populo R.

D   bellum

bellum intulisse. qui huius consilij principes fuissent,
quòd intelligerent, quantam calamitatem ciuitati intulissent, in Britanniam profugisse. petere non solum
Bellouacos, sed etiam pro his Heduos, ut, sua clemen
tia ac mansuetudine in eos utatur. quod si fecerit, He
duorū auctoritatem apud omnes Belgas amplificatu
rum: quorum auxilijs, atque opibus, si qua bella in-
ciderint, sustentare consueuerint. Cæsar, honoris Di
uitiaci, atque Heduorū caussa, sese eos in fidem rece
pturum, et conseruaturum dixit: sed, quòd erat ciui
tas magna, et inter Belgas auctoritate, ac hominum
multitudine præstabat, sexcétos obsides poposcit. his
traditis, omnibusq́. armis ex oppido collatis, ab eo lo
co in fines Ambianorū peruenit. qui se, suaq́. omnia
sine mora dediderunt. eorū fines Neruij attingebant:
quorum de natura moribusq́. Cæsar cum quæreret,
sic reperiebat. Nullum aditum esse ad eos mercatori
bus: nihil pati uini, reliquarumq́. rerū ad luxuriam
pertinentium inferri, quòd, his rebus relanguescere
animos, eorumq́. remitti uirtutem existimarent. esse
homines feros, magnaq́. uirtutis. increpitare, atque
incusare reliquos Belgas, qui se populo R. dedidissēt,
et patriam uirtutē proiecissent: confirmare, sese neque legatos missuros, neque ullam condicionem pacis
accepturos. cum per eorum fines triduo iter fecisset,
inueniebat ex captiuis, Sabin flumen ab castris suis,
non amplius millia passuū decem abesse. trans id flu
men omnes Neruios consedisse; aduentumq́. ibi Romanorū exspectare una cum Atrebatibus, et Veromanduis

mænduis finitimis ſuis. nam his utriſque perſuaſerát, ut eandem belli fortunam experirentur. exſpectari etiam ab his Aduaticorū copias, atque eſſe in itinere. mulieres, quiq́. per ætatem ad pugnam inutiles uide rentur, in eum locum conieciſſe, quò propter paludes exercitui aditus non eſſet. Cæſar, his rebus cognitis, exploratores, centurionesq́. præmittit, qui locum ca ſtris idoneum deligant. cum ex dediticijs Belgis, reli quisq́. Gallis complures Cæſarem ſecuti una iter face rent: quidam ex his, ut poſtea ex captiuis cognitū eſt, eorum dierum conſuetudine itineris noſtri exercitus perſpecta, nocte ad Neruios peruenerunt, atque his demōſtrarunt inter ſingulas legiones, impedimento rum magnum numerum intercedere, neque eſſe quid quam negotij, cum prima legio in caſtra ueniſſet, reli quaq́. legiones magnū ſpatium abeſſent, hanc ſub ſar cinis adoriri. qua pulſa, impedimentisq́. direptis, futu rum, ut reliquæ contra conſiſtere non auderent. adiu uabat etiā eorū conſilium, qui rem deſerebant, quòd Neruij antiquitus, cū equitatu nihil poſſent, (neque enim ad hoc tempus ei rei ſtudent) ſed, quidquid poſ ſunt, pedeſtribus ualent copijs, quò facilius finitimorū equitatum, ſi prædandi cauſſa ad eos ueniſſet, impe dirent, teneris arboribus inciſis, atque inflexis, cre briſq́. in latitudinē ramis enatis, et rubis, ſentibusq́. interiectis effecerant, ut, inſtar muri hæ ſepes muni menta præberent; quò non modo non intrari, ſed ne perſpici quidem poſſet. ijs rebus cū iter agminis no ſtri impediretur, non omittendum ſibi cōſilium Ner-

D 2   uij

uij existimauerunt. loci natura erat hæc, quem locum nostri castris delegerant. Collis ab summo æqualiter decliuis, ad flumen Sabin, quod supra nominauimus, uergebat. ab eo flumine pari accliuitate collis nascebatur, aduersus huic, et cótrarius, passus circiter ducentos, infimus apertus, ab superiore parte siluestris; ut, non facile introrsus perspici posset. intra eas siluas hostes in occulto sese continebant. in aperto loco secundum flumen paucæ stationes equitum uidebantur. fluminis erat altitudo circiter pedum trium. Cæsar, equitatu præmisso, subsequebatur omnibus copijs: sed ratio, ordoq́. agminis aliter se habebat, ac Belgæ ad Neruios detulerant. nam, quòd hostis appropinquabat, consuetudine sua Cæsar VI legiones expeditas ducebat. post eas, totius exercitus impedimenta collocabat. inde duæ legiones, quæ proximæ conscriptæ erant, totum agmen claudebant, præsidioq́. impedimentis erant. equites nostri cū funditoribus, sagittarijsq́. flumen transgressi, cum hostium equitatu prælium commiserunt. cum se illi identidem in siluas ad suos reciperent, ac rursus e silua in nostros impetum facerent, neque nostri longius, quàm quem ad finem porrecta, ac loca aperta pertinebant, cedentes insequi auderent, interim legiones sex, quæ primæ uenerant, opere dimenso castra munire cœperunt. ubi prima impedimenta nostri exercitus alijs, qui in siluis abditi latebant, uisa sunt; quod tempus inter eos cōmittendi prælij cōuenerat, ita, ut intra siluam aciem, ordinesq́. constituerant,

atque

LIBER II.

atque ipsi sese confirmauerant: subito omnibus copijs prouolarunt, impetumq́. in nostros equites fecerunt. His facile pulsis, ac perturbatis, incredibili celeritate ad flumen decurrerunt; ut, pæne uno tempore et ad siluas, et in flumine etiam in manibus nostris hostes uiderentur. eadem autem celeritate aduerso colle ad nostra castra, atque eos, qui in opere occupati erant, contenderunt. Cæsari omnia uno tempore erant agenda. uexillum proponendum, quod erat insigne, cum ad arma concurri oporteret. signum tuba dandum. ab opere reuocandi milites. qui paullo longius aggeris petendi caussa processerant, accersendi. acies instruenda. milites cohortandi. signum dandum, quarum rerum magnam partem temporis breuitas, et incursus hostium impediebat. ijs difficultatibus duæ res erant subsidio, scientia, atque usus militum: quòd superioribus prælijs exercitati, quid fieri oporteret, non minus commode ipsi sibi præscribere, quàm ab alijs doceri poterant; et quòd ab opere, singulisq́. legionibus singulos legatos Cæsar discedere, nisi munitis castris uetuerat. Hi propter celeritatem, et propinquitatem hostium, nihil iam Cæsaris imperium exspectabant; sed per se, quæ uidebantur, administrabant. Cæsar necessarijs rebus imperatis, ad cohortandos milites, quàm in parte sors obtulit, decucurrit: et ad legionē decimam deuenit. milites nō longiore oratione est cohortatus, quàm uti suæ pristinæ uirtutis memoriā retinerent, neu perturbarentur animo, hostiumq́. impetum fortiter sustinerēt.

D 3

et quia non longius hostes aberant, quàm quò telum
adijci posset ; prælij cómittendi signum dedit, atque
item in alteram partem cohortandi caussa profectus,
pugnantibus occurrit. temporis tanta fuit exiguitas,
hostiumq́. tam paratus ad dimicandum animus, ut,
non modo ad insignia accommodanda, sed etiam ad
galeas induendas, scutisq́. tegmenta detrahenda, tem
pus defuerit. Quam quisque in partem ab opere casu
deuenit, quæq́. prima signa conspexit, ad hæc cóstitit,
ne, in quærendis suis, pugnandi tempus dimitteret.
instructo exercitu magis, ut loci natura, deiectusq́.
collis, et necessitas temporis, quàm, ut rei militaris
ratio, atque ordo postulabat, cum diuersis locis legio
nes aliæ, alia in parte hostibus resisterent, sepibusq́.
densissimis, ut ante demonstrauimus, interiectis, pro
spectus impediretur, neque certa subsidia collocari,
neque quid in quaque parte opus esset prouideri, ne
que ab uno omnia imperia administrari poterát. ita
que in tanta rerum iniquitate, fortunæ quoque euen
tus uarij sequebantur. Legionis nonæ, et decimæ mili
tes, ut in sinistra parte aciei constiterant, pilis emissis,
cursu, ac lassitudine exanimatos, uulneribusq́. con
fectos Attrebates (nam his ea pars obuenerat) cele
riter ex loco superiore in flumen cópulerunt: et tran
sire conantes, insecuti gladijs magnam partem eo
rum impeditam interfecerunt. ipsi transire flumen
non dubitauerunt, et in locú iniquum progressi rursus
regressos, ac resistentes hostes, redintegrato prælio in
fugam coniecerunt. Item alia in parte diuersæ duæ le
giones

giones undecima, et octaua, profligatis Veromanduis, quibuscú erant congreßi, ex loco superiore in ipsis fluminis ripis præliabantur, ac totis fere castris à fronte, et à sinistra parte nudatis, quòd in dextro cornu legio duodecima, & non magno ab ea interuallo septima constitisset, omnes Neruij confertißimo agmine, duce Boduognato, qui summam imperij tenebat, ad eum locum contenderunt. quorum pars, aperto latere legiones circumuenire, pars summum locum castrorum petere cœpit. eodem tempore equites nostri, leuisq́. armaturæ pedites, qui cum his una fuerant, quos primo hostium impetu pulsos dixeram, cum se in castra reciperent, aduersis hostibus occurrebant, ac rursus aliam in partem fugam petebant. et calones, qui ab Decumana porta, ac summo iugo collis nostros victores flumen transire conspexerant, prædandi caußa egreßi, cum respexissent, et hostes in nostris castris uersari uidissent, præcipites sese fugæ mandabant. simul eorum, qui cum impedimentis ueniebat, clamor, fremitusq́ue exaudiebatur. alijq́. aliam in partem perterriti ferebantur, quibus omnibus rebus permoti equites Treuiri, quorum inter Gallos uirtutis opinio est singularis, qui auxilij caußa a ciuitate mißi ad Cæsarē uenerant, cū multitudine hostium castra nostra compleri, legiones premi, et pæne circumuentas teneri, calones, equites, funditores Numidas, diuersos, dißipatosq́. in omnes partes fugere uidissent, desperatis nostris rebus domum cōtenderunt. Romanos pulsos, superatosq́. castris impedimentisq́. eorum hostes po-

D 4 titos,

titos, ciuitati renuntiauerunt. Cæsar ab decimæ legionis cohortatione ad dextrũ cornu profectus; ubi suos urgeri, signisq́. in unum locum collatis duodecimæ legionis milites consertos, sibi ipsis ad pugnam esse impedimento; quartæ cohortis omnibus centurionibus occisis, signiferoq́. interfecto, signo amisso, reliquarum cohortium omnibus fere centurionibus aut uulneratis, aut occisis; in his, primipilo P. Sextio Baculo, fortissimo uiro, multis grauibusq́. uulneribus confecto, ut iam se sustinere non posset; reliquos esse tardiores: & non nullos a nouissimis desertos, prælio excedere, ac tela uitare; hostes neque a fronte ex inferiore loco subeũtes intermittere, et ab utroque latere instare: et rem esse in angusto uidit, neque ullum esse subsidium, quod submitti posset. scuto ab nouissimis uni militi detracto (quòd ipse eò sine scuto uenerat) in primam aciem processit; centurionibusq́. nominatim appellatis, reliquos cohortatus milites, signa inferre; & manipulos laxare iussit, quo facilius gladijs uti possent. huius aduentu spe illata militibus, ac redintegrato animo, cum pro se quisque in conspectu imperatoris etiam in extremis suis rebus operam nauare cuperet, paullum hostium impetus tardatus est. Cæsar, cum septimam legionem, quæ iuxta constiterat, item urgeri ab hoste uidisset, trib. mil. monuit, ut paullatim sese legiones coniungerent, et conuersa signa in hostes inferrent. quo facto, cum alijs alij subsidium ferrēt, neque timerent, ne auersi ab hoste circumuenirentur, audacius resiste

re,

re, ac fortius pugnare cœperunt. interim milites legionum duarū, quæ in nouissimo agmine præsidio impedimētis fuerant, prælio nuntiato, cursu incitato, in summo colle ab hostibus conspiciebantur, et T. Labienus castris hostium potitus, & ex loco superiore, quæ res in nostris castris gererentur, conspicatus, decimā legionem subsidio nostris misit. qui, cum ex equitū, & calonum fuga, quo in loco res esset, quantoq́; in periculo & castra, & legiones, & imperator uersaretur, cognouissent: nihil ad celeritatem sibi reliqui fecerunt. horum aduentu tanta rerum commutatio est facta, ut, nostri etiam, qui uulneribus confecti procubuissent, scutis inixi prælium redintegrarent. tum calones perterritos hostes conspicati, etiam inermes armatis occurrerunt. equites uero, ut turpitudinem fugæ uirtute delerent, omnibus in locis pugnabant, quò se legionarijs militibus præferrent. at hostes, etiam in extrema spe salutis tantam uirtutē præstiterunt, ut, cum primi eorum cecidissent, proximi iacentibus insisterent, atque ex eorum corporibus pugnarent. his deiectis, & coaceruatis cadaueribus, qui superessent, ut ex tumulo tela in nostros conijcerent, pilaq́; intercepta remitterent; ut, non nequidquam tantæ uirtutis homines iudicari deberent; ausos esse transire latissimum flumen, adscendere altissimas ripas, subire iniquissimum locum: quæ facilia ex difficillimis animi magnitudo redegerat. hoc prælio facto, & prope ad internicionem gente, ac nomine Neruiorum redacto, maiores natu, quos una cum
pue-

pueris mulieribusq́. in æstuaria, ac paludes collectos
dixeramus. hac pugna nuntiata, cum victoribus nihil
impeditum, victis nihil tutum arbitrarentur; omnium, qui supererant, consensu, legatos ad Cæsarem
miserunt, seq́. ei dediderunt. et in commemoranda ci
uitatis calamitate, ex sexcentis ad tres senatores, ex
hominum millibus sexaginta, uix ad quingentos, qui
arma ferre possent, sese redactos esse dixerunt. quos
Cæsar, ut in miseros, ac supplices usus misericordia
uideretur, diligentissime conseruauit, suisq́. finibus,
atque oppidis uti iussit; & finitimis imperauit, ut ab
iniuria,& maleficio se, suosq́. prohiberent. Aduatici, de quibus supra scripsimus, cum omnibus copijs
auxilio Neruijs uenirent, hac pugna nuntiata ex itinere domum reuerterunt; cunctis oppidis, castellisq́.
desertis, sua omnia in unum oppidum egregie natura
munitum contulerunt. quod, cum ex omnibus in cir
cuitu partibus altissimas rupes, despectusq́. haberet,
una ex parte leniter acoliuis aditus, in latitudiné non
amplius ducentorum pedum relinquebatur. quem lo
cum duplici altissimo muro munierant. tum magni
ponderis saxa, & præacutas trabes in muro colloca-
rant. ipsi erant ex Cimbris, Teutonisq́. procreati,
qui cum iter in prouinciam nostram, atque Italiam
facerent, his impedimentis, quæ secum agere, ac por
tare non poterant, citra flumen Rhenum depositis,
custodiæ ex suis, ac præsidio sex millia hominum una
reliquerunt. hi post eorum obitum multos annos a finitimis exagitati, cum alias bellum inferrent; alias
illa-

illatum defenderent; consensu eorum omnium pace
facta, hunc sibi domicilio locum delegerunt, ac, primo aduentu exercitus nostri, crebras ex oppido excursiones faciebant, paruulisque praelijs cum nostris
contendebant. postea, uallo pedum XII, in circuitu
XV millium, crebrisq. castellis circummuniti, oppido sese continebant. ubi, uineis actis, aggere exstructo, turrim constitui procul uiderunt, primum irri-
dere ex muro, atque increpitare uocibus, quòd tanta machinatio ab tanto spatio instrueretur. quibus
nam manibus, aut quibus uiribus praesertim homines
tantulae staturae (nam plerimque omnibus Gallis prae
magnitudine corporum suorum breuitas nostra con-
temptui est) tanti oneris turrim in muros sese collocare considerent. ubi uero moueri & appropinquare
muris uiderunt, noua atque inusitata specie commoti, legatos ad Caesarem de pace miserunt. qui ad
hunc modum locuti. non se existimare Romanos sine
ope deorum bellum gerere, qui tantae altitudinis ma
chinationes tanta celeritate promouere, & ex propinquitate pugnare possent. se, suaq́. omnia eorū po-
testati permittere dixerunt. unum petere, ac deprecari: si forte, pro sua clementia, ac mansuetudine,
quam ipsi ab alijs audissent, statuisset Aduaticos esse
conseruandos, ne se armis dispoliaret. sibi omnes fere
finitimos esse inimicos, ac suae uirtuti inuidere, a quibus se defendere traditis armis non possent. sibi prae-
stare, si in eum casum deducerentur, quamuis fortunam a populo R. pati, quàm ab his per cruciatum

in-

interfici, inter quos dominari consueßent. ad hæc Cæsar respondit, se magis consuetudine sua, quàm merito eorum ciuitatem conseruaturum: si prius, quàm aries murum attigisset, se dedidissent; sed deditionis nullam esse condicionem, nisi armis traditis: sed id, quod in Neruios fecisset, facturum: finitimisq́, imperaturum, ne quam dedititijs populi R. iniuriam inferrent. re nuntiata ad suos, illi se, quæ imperarentur, facere dixerunt. Armorum magna multitudine de muro, in fossam, quæ erat ante oppidum iacta, sic ut prope summam muri, aggerisq́. altitudinem aceruiarmorum adæquarent: Et tamen circiter parte tertia (ut postea compertum est) cælata, atque in oppido retenta, portis patefactis, eo die pace sunt usi. sub uesperum Cæsar portas claudi, militesq́. ex oppido exire iussit, ne quam noctu oppidani a militibus iniuriam acciperent. illi ante inito (ut intellectū est) consilio, quòd deditione facta, nostros præsidia deducturos, aut denique indiligentius seruaturos crediderant, partim cum his, quæ retinuerant, & cælauerant armis, partim, scutis ex cortice factis, aut uiminibus intextis, quæ subito (ut temporis exiguitas postulabat) pellibus induxerant: tertia uigilia, qua minime arduus ad nostras munitiones adscensus uidebatur, omnibus copijs repente ex oppido eruptionem fecerunt. celeriter, ut ante Cæsar imperauerat, ignibus significatione facta, ex proximis castellis eò concursum est; pugnatumq́. ab hostibus ita acriter, ut a uiris fortibus in extrema spe salutis iniquo loco

contra

contra eos, qui ex uallo, turribusq́; tela iacerent, pugnari debuit: cum una in uirtute omnis ſpes ſalutis conſiſteret. occiſis ad hominum millibus quattuor, reliqui in oppidum reiecti ſunt. poſtridie eius diei, refractis portis, cum iam defenderet nemo, atque intromiſſis militibus noſtris, ſectionem eius oppidi uniuerſam Cæſar uendidit. ab his, qui emerant, capitum numerus ad eum relatus eſt millium quinquaginta trium. Eodem tempore a P. Craſſo, quem cum legione una miſerat ad Venetos, Vnellos, Oſiſmos, Curioſolitas, Seſuuios, Aulercos, Rhodones, quæ ſunt maritimæ ciuitates, Oceanumq́; attingunt, certior factus eſt, omnes eas ciuitates in deditionem, poteſtatemq́; populi R. eſſe redactas. His rebus geſtis, omni Gallia pacata, tanta huius belli ad barbaros opinio perlata eſt, ut ab nationibus quæ trás Rhenum incolerent, mitterentur legati ad Cæſarem, quæ ſe obſides daturas, imperata facturas pollicerentur. quas legationes Cæſar, quòd in Italiam, Illyricumq́; properabat, inita proxima æſtate, ad ſe reuerti iuſſit. ipſe, in Carnutes, Andes, Turones, quæ ciuitates propinquæ his locis erant, ubi bellum geſſerat, legionibus in hiberna deductis, in Italiam profectus eſt. ob easq́; res, ex litteris Cæſaris, dies x v ſupplicatio decreta eſt. quod ante id tempus acciderat nulli.

C. IVLII CAESARIS
COMMENTARIORVM
DE BELLO GALLICO LIB. III.

VM in Italiam proficisceretur
Cæsar, Ser. Galbam cum legione duodecima, & parte equitatus in Nantuates, Veragros, Se-
dunosq́, misit, qui a finibus Allobrogum, & lacu Lemano, &
flumine Rhodano ad summas al
pes pertinent. causa mittendi fuit, quòd iter per alpes, quò magno cum periculo, magnisq́ue portorijs
mercatores ire consueuerant, patefieri uolebat. huic
permisit, si opus esse arbitraretur, uti in ijs locis legio
nem hiemandi causa collocaret. Galba, secundis ali
quot prælijs factis, castellisq́. compluribus eorum expugnatis, missis ad eum undique legatis, obsidibusq́,
datis, & pace facta, constituit cohortes duas in Nan-
tuatibus collocare, & ipse cum reliquis eius legionis
cohortibus in uico Veragrorum, qui appellatur Octodorus, hiemare. qui uicus positus in ualle, non magna adiecta planicie, altissimis montibus undique con
tinetur. cum hic in duas partes flumine diuideretur,
alteram partem eius uici Gallis ad hiemandum concessit, alteram uacuam ab his relictam cohortibus attribuit. eum locum uallo, fossaq́. muniuit. cum dies
hibernorum complures transissent, frumentumq́ue

eò cóportari iussisset, subito per exploratores certior factus est, ex ea parte uici, quam Gallis concesserat, omnes noctu discessisse, montesq́., qui impenderent, a maxima multitudine Sedunorum, & Veragrorum teneri: id aliquot de caussis acciderat, ut subito Galli belli renouandi, legionisq́. opprimendæ consilium caperent. primum, quòd legionem, neque eam plenissimam detractis cohortibus duabus, & cópluribus sigillatim, qui commeatus petendi caussa missi erant, absentibus, propter paucitatem despiciebant: Tum etiam, quòd propter iniquitatē loci, cum ipsi ex montibus in uallem decurrerent, et tela coniicerét, ne primum quidem posse impetum suum sustineri existimabant. accedebat, quòd suos ab se liberos abstractos obsidum nomine dolebant, & Romanos non solum itinerum caussa, sed etiam perpetuæ possessionis, culmina alpium occupare conari, et ea loca finitimæ prouinciæ adiungere, sibi persuasum habebant. His nuntijs acceptis, Galba, cum neque, opus hibernorum, munitiones plene essent perfectæ, neque de frumento reliquoq́. commeatu satis esset prouisum, quòd deditione facta, obsidibusq́. acceptis, nihil de bello timē dum existimauerat, concilio celeriter conuocato, sententias exquirere cœpit. quo in concilio cum tantum repétini periculi præter opinionem accidisset, ac iam omnia fere superiora loca multitudine armatorum completa conspicerētur, neque subsidio ueniri, neque commeatus supportari, interclusis itineribus, posset, prope iam desperata salute, non nullæ huiusmodi sententiæ

tentiæ dicebantur, ut impedimentis relictis, eruptione facta, ijsdem itineribus, quibus eò peruenissent, ad salutem contenderent. maiori tamen parti placuit, hoc reseruato ad extremum consilio, interim rei euentum experiri, & castra defendere. breui spatio interiecto, uix ut his rebus, quas constituissent, collocandis, atque administrandis tempus daretur, hostes ex omnibus partibus, signo dato decurrere, lapides, gessaq́. in uallum conijcere. nostri primo integris uiribus fortiter repugnare, neque ullum frustra telum ex loco superiore mittere, ut quæque pars castrorum nudata defensoribus premi uidebatur, eo occurrere, & auxilium ferre. sed hoc superari, quòd diuturnitate pugnæ hostes defessi, cum prælio excedebant, alij integris uiribus succedebant: Quarum reru a nostris propter paucitaté fieri nihil poterat, ac non modo defesso ex pugna excedendi, sed ne saucio quidem eius loci, ubi constiterat, relinquendi, ac sui recipiendi facultas dabatur. cum iam amplius horis sex continenter pugnaretur, ac non solum uires, sed etiã tela nostris deficerent, atque hostes acrius instarent, languidioribusq́ue nostris uallum scindere, & fossas complere cœpissent, resq́. esset iam ad extremũ perducta casum, P. Sextius Baculus primipili centurio, quem Neruico prœlio compluribus confectum uulneribus diximus, et item C. Volusenus tribunus mil. uir & consilij magni, & uirtutis, ad Galbam accurrunt, atque unam esse spem salutis docent, si eruptione facta, extremum auxilium experirentur.

itaque

itaque conuocatis centurionibus, celeriter milites cer
tiores facit, paullisper intermitterent prælium, ac tan
tummodo tela missa exciperent, seq́. ex labore refice
rent. post signo dato e castris erumperent, atque om
nem spem salutis in uirtute ponerent. quod iussi sunt,
faciunt, ac subito omnibus portis, eruptione facta,
neque cognoscendi, quid fieret, neque sui colligendi
hostibus facultatem relinquunt. ita commutata fortuna, eos qui in spem potiendorum castrorum uenerant, undique circumuentos interficiunt, & ex hominum millibus amplius triginta, quem numerum
barbarorum ad castra ueniße constabat, plus tertia
parte interfecta, reliquos perterritos in fugam coný
ciunt: ac, ne in locis quidem superioribus consistere
patiuntur. sic omnibus hostium copijs fusis, armisq́;
exutis, se in castra, munitionesq́. suas recipiunt. quo
prælio facto, quòd sæpius fortunam tentare Galba no
lebat, atque alio sese in hiberna consilio ueniße memi
nerat, alijs occurriße rebus uiderat, maxime frumē
ti, commeatusq́. inopia permotus, postero die omnibus eius uici ædificijs incensis, in prouincia reuerti cō
tendit: ac nullo hoste prohibente, aut iter demorante,
incolumē legionem in Antuates, inde in Allobrogas
perduxit, ibiq́; hiemauit. His rebus gestis, cum omnibus de caußis Cæsar pacatā Galliam existimaret,
superatis Belgis, expulsis Germanis, uictis in alpibus
Sedunis, atque ita inita hieme in Illyricum profectus
eßet, quòd eas quoque nationes adire, et regiones co
gnoscere uolebat, subitum bellū in Gallia cohortum

E   est.

est, eius belli hac fuit caussa. P. Crassus adolescens cũ legione septima proximis Oceano in Andibus hiemabat. is, quòd in his locis inopia frumenti erat, præfectos, tribunosq́. mil. cõplures in finitimas ciuitates frumenti commeatusq́. petendi caussa dimisit. quo in numero erat T. Terrasidius missus in Vnellos: M. Trebius Gallus in Curiosolitas: Q. Velanius cum T. Silio in Venetos. huius ciuitatis est longe amplissima auctoritas omnis oræ maritimæ regionum earum, quòd & naues habent Veneti plurimas, quibus in Britanniam nauigare consueuerunt: & scientia, atque usu nauticarum rerum ceteros antecedunt: et in magno impetu maris, atque aperto, paucis portibus interiectis, quos tenent ipsi, omnes fere, qui eodem mari uti consueuerunt, habent uectigales. ab ijs fuit initium retinendi Silij, atque Velanij, quòd per eos suos se obsides, quos Crasso dedissent, recuperaturos existimabant. horum auctoritate finitimi adducti (ut sunt Gallorum subita & repentina consilia) eadem de caussa Trebium, Terrasidiumq́. retinent: & celeriter missis legatis, per suos principes inter se coniurant, nihil nisi communi consilio acturos, eundemq́. omnis fortunæ exitum esse laturos, reliquasq́. ciuitates solicitant, ut in ea libertate, quam a maioribus acceperant, permanere, quàm Romanorum seruitutem perferre, mallent. omni ora maritima celeriter ad suam sententiam perducta, communem legationẽ ad P. Crassum mittunt, si uelit suos recuperare, obsides sibi remittat. quibus de rebus Cæsar a Crasso certior

LIBER III. 34

tior factus, quòd ille aberat longius. naues interim
lôgas ædificari in flumine Ligeri, quod influit in Ocea
num, remiges ex prouincia institui, nautas guberna-
toresq́, comparari iubet. his rebus celeriter admini-
stratis, ipse, cum primum per anni tempus potuit, ad
exercitum contendit. Veneti, reliquaq́. ciuitates, co
gnito Cæsaris aduentu, simul quòd, quantum in se fa
cinus admisissent, intelligebant, legatos, quod nomen
apud omnes nationes sanctum, inuiolatumq́. semper
fuisset, retentos ab se, & in uincula côiectos, pro ma
gnitudine periculi bellű parare, & maxime ea, quæ
ad usum nauium pertinerent, prouidere instituunt,
hoc maiore spe, quòd multum natura loci confidebât,
pedestria esse itinera concisa æstuarijs, nauigationem
impeditam propter inscitiam locorum paucitatemq́.
portuum sciebant. neque nostros exercitus propter
frumenti inopiam, diutius apud se morari posse con
fidebant: ac iam, ut omnia contra opinionem accide
rent, tamen se, plurimum nauibus posse, Romanos,
neque ullam facultatem habere nauium, neque eorű
locorum, ubi bellum gesturi essent, uada, portus insu
lasq́. nouisse: ac longe aliam esse nauigationem in cô
cluso mari, atque in uastissimo, ac apertissimo Ocea
no perspiciebant. his initis consilijs, oppida muniunt,
frumenta ex agris in oppida comportant. naues in Ve
netiam, ubi Cæsarem primum bellum gesturum esse
constabat, quàm plurimas possunt, cogunt. socios sibi
ad id bellum Ossismos, Lexobios, Nannetes, Ambi-
liates, Morinos, Diablintres, Menapios adsciscunt. au

E 2 xilia

xilia ex Britannia, quæ côtra eas regiones posita est,
accersunt. erant hæ difficultates belli gerendi, quas
supra ostendimus. sed multa tamen Cæsarem ad id
bellum incitabant, iniuriæ retentorum equitum Romanorum, rebellio facta post deditionem: defectio da
tis obsidibus, tot ciuitatum coniuratio: in primis, ne
hac parte neglecta, reliquæ nationes idem sibi licere
arbitrarentur. itaque cũ intelligeret omnes fere Gallos nouis rebus studere, & ad bellum mobiliter cele
riterq́, excitari, omnes autem homines natura libertati studere, & condicionem seruitutis odisse, prius,
quàm plures ciuitates conspirarent, partiendum sibi, ac latius distribuendum exercitum putauit. itaque T. Labienum legatum in Treuiros, qui proximi
Rheno flumini sunt, cum equitatu mittit, huic mandat Rhemos, reliquosq́. Belgas adeat, atque in officio contineat: Germanosq́., qui auxilio a Belgis ac-
cersiti dicebantur, si per iam nauibus flumen transire conentur, prohibeat. P. Crassum cum cohortibus
legionarijs XII, & magno numero equitatus in A-
quitaniam proficisci iubet. ne ex his nationibus auxi
lia in Galliam mittantur, ac tantæ nationes coniungã
tur. Q. Titurium Sabinum legatum cum legionibus
tribus in Vnellos, Curiosolitas, Lexobiosq́. mittit,
qui eam manum distinendam curet. D. Brutum ado
lescentem classi, Gallicisq́. nauibus, quas ex Pictonibus, & Santonis, reliquisq́. pacatis regionibus conue
nire iusserat, præfecit, et cum primùm posset in Venetos proficisci iubet. ipse eo pedestribus copijs conté
dit

dit. erant eiusmodi ferè situs oppidorum, ut posita in extremis lingulis, promontorijsq́., neque pedibus aditum haberent, cū ex alto se æstus incitauisset, quòd bis semper accidit horarum duodecim spatio, neque nauibus, quòd rursus minuente æstu, naues in uadis afflictarentur. ita utraque re oppidorum oppugnatio impediebatur: ac, si quando magnitudine operis forte superati, extruso mari aggere, ac molibus, atque his fermè mœnibus adæquatis, suis fortunis desperare cœperant: magno numero nauium appulso, cuius rei summam facultatem habebant, sua omnia deportabant, seq́. in proxima oppida recipiebant. ibi se rursus ijsdem oportunitatibus loci defendebant. hæc eò facilius magnam partē æstatis faciebant, quòd nostræ naues tempestatibus detinebantur; summaq́. erat uasto, atque aperto mari, magnis æstibus, raris, ac propè nullis portibus difficultas nauigandi. nanque ipsorum naues ad hunc modum factæ, armatæq́. erant. carinæ aliquanto planiores, quàm nostrarum nauiū, quo facilius uada, ac decessum æstus excipere possent. Proræ admodum erectæ, atque item puppes ad magnitudinem fluctuum, tempestatumq́. accommodatæ, naues totæ factæ ex robore, ad quamuis uim, & contumeliam perferendam. transtra ex pedalibus in altitudinem trabibus confixa clauis ferreis, digiti pollicis crassitudine. ancoræ pro funibus, ferreis catenis reuinctæ. pelles pro uelis, alutæq́. tenuiter confectæ, siue propter lini inopiam, atque eius usus inscitiam, siue, quod est magis uerisimile, quòd tantas tēpe-

E 3   states

states Oceani, tantosq́. impetus uentorum sustineri, ac tanta onera nauium regi nelis, non satis commode arbitrabantur. Cum his nauibus nostræ classi eiusmodi congressus erat; ut una celeritate, & pulsu remorum præstaret, reliqua, pro loci natura, pro ui tempestatum, illis essent aptiora, et accommodatiora. neque enim his nostra rostro nocere poterant: tanta in his erat firmitudo: neque propter altitudinem facile telum adigebatur, & eadem de caussa minus incommode scopulis continebantur. accedebat, ut, cum sauire uentus cœpisset, & se uento dedissent, & tempestatem ferrent facilius, & in uadis consisterét tutius: & ab æstu derelictæ, nihil saxa, & cautes timerent. quarum rerum omniú nostris nauibus casus erat extimescendus. compluribus expugnatis oppidis, Cæsar, ubi intellexit frustra tantum laboré sumi, neque hostium fugam, captis oppidis, reprimi, neque his noceri posse, statuit exspectandam classem. quæ ubi conuenit, ac primum ab hostibus uisa est; circiter CCXX naues eorum paratissimæ, atque omni genere armorum ornatissimæ, e portu profectæ, nostris aduersæ constiterunt. neque satis Bruto, qui classi præerat, neque tribunis mil. centurionibusq́., quibus singulæ naues erant attributæ, constabat, quid agerent, aut qua ratione pugnæ insisterent. rostro enim noceri non posse cognouerant: turribus autem excitatis tamen has altitudo puppiú ex barbaris nauibus superabat; ut neque ex inferiore loco satis commode tela adijci possent, et missa a Gallis grauius accideret. una erat

magno

magno usui res præparata à nostris, falces præacu-
tæ, insertæ, assixæq. longurijs, non absimili forma
muralium falcium. his cùm funes, qui antennas ad
malos distinebant, comprehensi, adductiq. erant, na
uigio remis incitato præcrumpebantur. quibus abscis-
sis, anténæ necessario concidebant; ut, cùm omnis Gal
licis nauibus spes in uelis, armamentisq. consisteret,
his ereptis omnis usus nauium uno tempore eripere-
tur. reliquum erat certamen positum in uirtute; qua
nostri milites facilè superabant, atque eò magis, quòd
in conspectu Cæsaris, atque omnis exercitus res gere
batur; ut nullum paulo fortius factum latere posset.
omnes enim colles, & loca superiora, unde erat pro-
pinquus despectus in mare, ab exercitu tenebantur.
dissectis, ut diximus, antennis, cùm singulas binæ,
aut ternæ naues circumsteterant, milites summa ui
transcendere in hostium naues contendebant. quod
postquam barbari fieri animaduerterunt, expugnatis compluribus nauibus, cùm ei rei nullum reperire-
tur auxilium; fuga salutem petere contenderunt. ac,
iam conuersis in eam partem nauibus, quò uentus se
rebat, tanta subito malacia, ac tranquillitas extitit,
ut se loco mouere non possent. quæ quidem res ad ne
gotium conficiendum maximè fuit oportuna. nam sin
gulas nostri consectati expugnauerunt; ut perpaucæ
ex omni numero, noctis interuentu, ad terram per-
uenerint, cùm ab hora fere quarta, usque ad solis occasum pugnaretur. quo prælio bellum Venetorum,
totiusq. oræ maritimæ confectum est. nam, cùm omnis

nis iuuentus, omnes etiam grauioris ætatis, in quibus
aliquid consilij, aut dignitatis fuit, eò conuenerant,
tum nauium, quod ubique fuerat, unú in locum coegerant: quibus amissis, reliqui neque quò se reciperent, neque quemadmodum oppida defenderent, habebant. itaque se, suaq́. omnia Cæsari dediderunt. in
quos eò grauius Cæsar uindicandum statuit, quò diligentius in reliquum tempus a barbaris ius legatorum
cóseruaretur. itaque omni senatu necato, reliquos sub
corona uendidit. Dum hæc in Venetis geruntur, Q.
Titurius Sabinus cum his copijs, quas a Cæsare acceperat, in fines Vnellorum peruenit. is præerat Viridouix, ac summam imperij tenebat earum omnium
ciuitatum, quæ defecerant, ex quibus exercitum, magnasq́. copias coegerat. atque his paucis diebus Aulerci, Eburouices, Lexouijq́. senatu suo interfecto,
quòd auctores belli esse nolebant, portas clauserunt,
seq́. cum Viridouice coniunxerunt, magnaq́. præterea multitudo undique ex Gallia perditorum hominum, latronumq́. conuenerat, quos spes prædandi,
studiumq́. bellandi ab agricultura, & quotidiano labore reuocabat. Sabinus idoneo omnibus rebus loco
castris sese tenebat: cum Viridouix cótra eum duum
millium spatio consedisset, quotidieq́. productis copijs
pugnandi potestatem faceret, ut iam non solùm hostibus in contemptum Sabinus ueniret, sed etiam nostrorum militum uocibus non nihil carperetur: tátamq́.
opinionem timoris præbuit, ut iam ad uallum castrorum hostes accedere auderent. id ea caussa faciebat,

quòd

quòd cum tanta multitudine hostium, praesertim eo
absente, qui summam imperij teneret, nisi aequo loco, aut oportunitate aliqua data, legato dimicandum non existimabat. Hac confirmata opinione timo
ris, idoneum quendam hominem, et callidum delegit
(Gallum)ex ijs, quos auxilij caussa secum habebat.
huic magnis praemijs, pollicitationibusq́. persuadet;
uti ad hostes transeat, et quid fieri uelit, edocet. qui
ubi pro perfuga ad eos uenit, timorem Romanorum
proponit. quibus angustijs ipse Caesar a Venetis pre
matur docet, neque longius abesse, quin proxima no
cte Sabinus clam ex castris exercitum educat, et ad
Caesarem auxilij ferendi caussa proficiscatur. quod u-
bi auditum est, conclamant omnes occasionem negotij bene gerendi amittendam non esse, ad castra iri o-
portere. Multae res ad hoc consiliū Gallos hortaban
tur. superiorum dierum Sabini cunctatio, perfugae
confirmatio, inopia cibariorum, cui rei parum dilige
ter ab his erat prouisum, spes Venetici belli, et quòd
fere libenter homines, id quod uolunt, credunt. ijs re
bus adducti, non prius Viridouice, reliquosq́. duces
ex consilio dimittunt, quàm ab his sit concessum, arma uti capiant, et ad castra cōtendant. qua re conces
sa, laeti uelut explorata uictoria, sermentis, uirgul-
tisq́. collectis, quibus fossas Romanorum compleant,
ad castra pergūt. locus erat castrorū editus, et paulla
tim ab imo accliuis circiter passus mille. huc magno
cursu contenderunt, ut quàm minimū spatij ad se col
ligendos, armādosq́. Romanis daretur, exanimatiq́.
peruene-

peruenerunt. Sabinus, suos hortatus, cupientibus signum dat. impeditis hostibus propter ea, quæ ferebãt onera, subito duabus portis eruptionem fieri iubet. factum est aportunitate loci, hostium inscitia, ac defatigatione, uirtute militum, ac superiorum pugnarum exercitatione, ut, ne unum quidem nostrorum impetum ferrent, ac statim terga uerterent. quos impeditos, integris uiribus milites nostri consecuti, magnum numerum eorum occiderunt, reliquos equites consectati, paucos, qui ex fuga euaserant, reliquerunt. sic, uno tempore, et de nauali pugna Sabinus, et de Sabini uictoria Cæsar certior factus est: ciuitatesq́; omnes se statim Titurio dediderunt. nam ut ad bella suscipienda Gallorum alacer, ac promptus est animus, sic mollis, ac minime resistens ad calamitates perferendas mens eorum est. eodem fere tempore P. Crassus cum in Aquitaniã peruenisset, quæ pars, ut ante dictum est, et regionum latitudine, et multitudine hominum ex tertia parte Galliæ est existimanda, cum intelligeret in illis locis sibi bellum gerendum, ubi paucis ante annis L. Valerius Præconinus legatus, exercitu pulso, interfectus esset, atque unde L. Manlius procos. impedimentis amissis, profugisset, non mediocrem sibi diligentiam adhibendã intelligebat. itaque, re frumentaria prouisa, auxilijs, equitatuq́; comparato, multis præterea uiris fortibus Tolosa, et Narbone, quæ sunt ciuitates Galliæ prouinciæ finitimæ, ex his regionibus nominatim euocatis, in Sontiatium fines exercitum introduxit. cuius aduentu

uentu cognito, Sontiates magnis copijs coactis, equi-
tatuq́;, quo plurimum ualebant, in itinere agmen nostrum adorti, primum equestre prælium cómiserát:
deinde, equitatu suo pulso, atque insequentibus nostris, subito pedestres copias, quas in conualle in insidijs collocauerant, ostenderunt. hi, nostros disiectos
adorti, prælium renouauerunt: pugnatum est diu, at
que acriter, cum Sontiates superioribus uictorijs fræ-
ti, in sua uirtute totius Aquitaniæ salutem positam
putarent: nostri autem, quid sine imperatore, et sine reliquis legionibus adolescentulo duce efficere possent, perspici cuperent. tandem confecti uulneribus,
hostes terga uertere. quorum magno numero interfecto, Crassus ex itinere oppidum Sontiatum oppugna
re cœpit. quibus fortiter resistentibus, uineas, tur-
resq́; egit. illi alias eruptione tentata, alias cuniculis
ad aggerē, uineasq́; actis, cuius rei sunt longe peritis-
simi Aquitani, propterea, quòd multis locis apud eos
ærariæ secturæ sunt: ubi diligentia nostrorū nihil his
rebus profici posse intellexerunt, legatos ad Crassum
mittunt, seq́; in deditionē ut recipiat, petunt. quare
impetrata, arma tradere iussi, faciunt. atque in ea re
omniū nostrorum intentis animis, alia ex parte oppi
di Adcantuannus, qui summam imperij tenebat, cū
sexcentis deuotis, quos illi soldurios appellant, quorum hæc est condicio, ut omnibus in uita commodis
una cum his fruantur, quorum se amicitiæ dedide-
rint. siquid ijs per uim accidat, aut eundē casum una
serant, aut sibi mortem consciscant: neque adhuc hominum

minum memoria repertus est quisquam, qui eo interfecto, cuius se amicitiæ deuouisset, mori recusaret. cū ijs Adcantuannus eruptionem facere conatus, clamore ab ea parte munitionis sublato, cum ad arma milites cōcurrissent, uehementerq́. ibi pugnatum esset, repulsus in oppidum est: uti tamen eadem deditionis condicione uteretur, a Crasso impetrauit. armis, obsidibusq́. acceptis, Crassus in fines Vocontiorum et Tarusatium profectus est. tum uero barbari commoti, quod oppidum, et natura loci, et manu munitum, paucis diebus, quibus eò uentum erat, expugnatum cognouerant, legatos quoquò uersus dimittere, coniurare, obsides inter se dare, copias parare cœperunt: mittuntur etiam ad eas ciuitates legati, quæ sunt citerioris Hispaniæ finitimæ Aquitaniæ: inde auxilia, ducesq́. accersuntur. quorum aduentu magna cum auctoritate, et magna cum hominum multitudine bellum gerere conantur. duces uero ij deliguntur, qui una cum Q. Sertorio omnes annos fuerant, summamq́. scientiam rei militaris habere existimabantur. ij consuetudine populi R. loca capere, castra munire, cōmeatibus nostros intercludere instituunt. quod ubi Crassus animaduertit, suas copias propter exiguitatē non facile diduci, hostem et uagari, et uias obsidere, et castris satis præsidij relinquere, ob eam caussam minus commode frumentum, commeatúq. sibi supportari, in dies hostium numerum augeri, non cūctandū existimauit, quin pugna decertaret. hac re ad concilium delata, ubi omnes idē sentire intellexit,
posterum

posterum diem pugnæ constituit. prima luce productis omnibus copys, duplici acie instructa, auxilijs in mediam aciē collocatis, quid hostes consilij caperent, exspectabat. illi, etsi propter multitudinem, et ueterem belli gloriam, paucitatemq́; nostrorum se tuto dimicaturos existimabant; tamen tutius esse arbitrabantur, obsessis uijs, commeatu intercluso, sine ullo uulnere uictoria potiri: et, si propter inopiā rei frumentariæ Romani sese recipere cœpissent, impeditos agmine, et sub sarcinis infirmiore animo, adoriri cogitabant. hoc consilio probato ab ducibus, productis Romanorum copys, sese castris tenebant. hac re perspecta Crassus, cum sua cunctatione, atque opinione, timidiores hostes, nostros milites alacriores ad pugnandum effecisset, atque omnium uoces audirentur, exspectari diutius nō oportere, quin ad castra iretur; cohortatus suos, omnibus cupientibus ad hostium castra contendit. ibi, cum alij fossas cōplerent, alij, multis telis coniectis, defensores uallo, munitionibusq́; depellerent, auxiliaresq́;, quibus ad pugnā non multum Crassus confidebat, lapidibus, telisq́; subministrandis, et ad aggerem cespitibus comportādis, speciem atque opinionem pugnantium præberent; cum itē ab hostibus constanter, ac non timide pugnaretur; telaq́; ex loco superiore missa non frustra acciderent; equites, circuitis hostium castris, Crasso renuntiauerunt, non eadē esse diligentia ab Decumana porta castra munita, facilemq́; aditū habere. Crassus, equitū præfectos cohortatus, ut magnis præmijs, pollicitationibusq́;

nibusq́; suos excitarent, quid fieri velit, oſtendit. Illi, ut erat imperatum, eductis quattuor cohortibus, quæ præſidio caſtris relictæ, integræ ab labore erant, et longiore itinere circumductis, ne ex hoſtiũ caſtris conſpici poſſent, omnium oculis, mentibusq́; ad pugnam intentis, celeriter ad eas, quas diximus, munitiones peruenerunt; atque, his perruptis, prius in hoſtium caſtris conſtiterunt, quàm plane ab his uideri, aut quid rei gereretur, cognoſci poſſet. tum uero, clamore ab ea parte audito, noſtri redintegratis uiribus, quod plerunq́ue in ſpe uictoriæ accidere conſueuit, acrius impugnare cœperunt. hoſtes, undique circunuenti, deſperatis omnibus rebus, ſe per munitiones deijcere, et fuga ſalutẽ petere contenderunt. quos equitatus apertiſſimis campis conſectatus, ex milliũ quinquaginta numero, quæ ex Aquitania Cantabrisq́; ueniſſe conſtabat, uix quarta parte relicta, multa nocte ſe in caſtra recepit. hac audita pugna maxima pars Aquitaniæ ſeſe Craſſo dedidit, obſidesq́; ultro miſit: quo in numero fuerunt Tarbelli, Bigerriones, Preciani, Vocates, Taruſates, Fluſſates, Garites, Auſci, Garũni, Sibuſzates, Cocoſatesq́ue. paucæ ultimæ nationes anni tempore conſiſæ, quod hiems ſuberat, id facere neglexerunt. eodem fere tẽpore Cæſar, etſi prope exactam æſtas erat, tamen quòd omni Gallia pacata Morini, Menapijq́; ſupererant, qui in armis eſſent, neque ad eum unquã legatos de pace miſiſſent, arbitratus id bellũ celeriter confici poſſe, eò exercitum adduxit. qui longe alia ratione, ac reliqui

Galli

LIBER III.   40

Galli bellum gerere cœperunt. nam, quòd intelligebant, maximas nationes, quæ prælio contendissent,
pulsas, superatasq́. esse, continentesq́. siluas, ac pa
ludes habebant: eo se, suaq́. omnia contulerunt. ad
quarum initium siluarum cum peruenisset Cæsar, ca
straq́. munire instituisset, neque hostis interim uisus
esset, dispersis in opere nostris, subito ex omnibus par
tibus siluæ euolauerunt, & in nostros impetum fecerunt. nostri celeriter arma cœperunt, eosq́. in siluas repulerunt: et, compluribus interfectis, longius
impeditioribus locis secuti, paucos ex suis desidera-
uerunt. reliquis deinceps diebus Cæsar siluas cædere
instituit: et, necquis inermibus, imprudentibusq́.
militibus ab latere impetus fieri posset, omnem eam
materiam, quæ erat cæsa, conuersam ad hostem col
locabat, & pro uallo ad utrunque latus exstruebat.
incredibili celeritate magno spatio paucis diebus con
fecto, cum iam pecus, atque extrema impedimenta ab nostris tenerentur, ipsi densiores siluas peterent, eiusmodi tempestates sunt consecutæ, uti opus
necessario intermitteretur, & continuatione im-
brium, diutius sub pellibus milites contineri non possent. itaque, uastatis omnibus eorum agris, uicis,
ædificijsq́. incensis, Cæsar exercitum reduxit, & in
Aulercis, Lexobijsq́., reliquis item ciuitatibus, quæ
proxime bellum fecerant, in hibernis collocauit.

C. IVLII CAESARIS COMMENTARIORVM
DE BELLO GALLICO LIB. IV.

A, QVAE secuta est, hieme, qui fuit annus Cn. Pompeio M. Crasso cos. Vsipetes Germani, & item Tenchtheri magna cum multitudine hominum flumen Rhenum transierunt, non longe a mari, quò Rhenus influit. caussa transeundi fuit, quòd ab Sueuis complures annos exagitati, bello premebantur, et agricultura prohibebantur. Sueuorum gens est longe maxima, & bellicosissima Germanorum omnium. ij centum pagos habere dicuntur: ex quibus, quotannis singula millia armatorum bellandi caussa suis ex finibus educunt. reliqui, qui domi remanserint, se, atque illos alunt. hi rursus inuicem anno post in armis sunt, illi domi remanent. Sic neque agricultura, neque ratio, neque usus belli intermittitur: sed priuati, ac separati agri apud eos nihil est. neque longius anno remanere uno in loco incolendi caussa licet. neque multum frumento, sed maximam partem lacte, atque pecore uiuunt, multumq́. sunt in uenationibus. quae res et cibi genere, et quotidiana exercitatione et libertate uitae (quòd a pueris nullo officio, aut, disciplina assuefacti, nihil omnino cótra uolunta

tem

LIBER IV.

tem faciant) & uires alit, & immani corporum magnitudine homines efficit, atque in eam se consuetudinē adduxerunt, ut locis frigidissimis, neque uestitus, præter pelles,habeant:quarum propter exiguitatem magna est corporis pars aperta,& lauentur in fluminibus. mercatoribus est ad eos aditus magis eò, ut quæ bello cœperint,quibus uendant, habeant: quàm quo ullam rem ad se importari desideret. quin etiam iumentis,quibus maxime Galli delectantur, quæque impenso parant pretio, Germani importatis non utūtur, sed quæ sunt apud eos nata praua, atque deformia, hæc quotidiana exercitatione, summi ut sint laboris, efficiunt. equestribus prœlijs sæpe ex equis desiliunt, ac pedibus prœliantur, equosq. eodem remanere uestigio assuefaciunt: ad quos se celeriter, cum usus poscit, recipiunt, neque eorum moribus turpius quidquam, aut inertius habetur, quàm ephippijs uti. itaque ad quemuis numerum ephippiatorum equitū quamuis pauci adire audent, uinum ad se omnino importari non sinunt, quòd ea re ad laborem ferendum remollescere homines,atque effeminari arbitrantur. publice maximam putant esse laudem, quàm latissime a suis finibus uacare agros: hac re significari,magnum numerum ciuitatum suam uim sustinere non potuisse. itaque una ex parte a Sueuis circiter millia passuum sexcenta agri uacare dicuntur. Ad alteram partem succedunt Vbij, quorum fuit ciuitas ampla, atque florens, ut est captus Germanorum, & paulo, qui sunt eiusdem generis, etiam ceteris humanio-

F   res;

res, propterea quòd Rhenum attingunt, multiq́; ad eos mercatores uentitant, & ipsi propter propinquitatem Gallicis sunt moribus assuefacti. hos cum Sueui multis sæpe bellis experti, propter amplitudinem, grauitatemq́; ciuitatis, finibus expellere non potuissent, tamen uectigales sibi fecerunt, ac multo humiliores, infirmioresq́; redegerunt. in eadem caussa fuerunt Vsipetes, & Tenchtheri, quos supra diximus, qui, cum plures annos Sueuorum uim sustinuerint, ad extremum tamen agris expulsi, & multis locis Germaniæ triennium uagati, ad Rhenum peruenerunt. quas regiones Menapij incolebant, et ad utranque ripam fluminis agros, ædificia, uicosq́; habebant. sed, tantæ multitudinis aduentu perterriti, ex his ædificijs, quæ trans flumen habuerant, demigrauerunt: et, cis Rhenum dispositis præsidijs, Germanos transire prohibebant. illi omnia experti, cum neque ui contendere propter inopiam nauium, neque clam transire propter custodias Menapiorum possent, reuerti se in suas sedes, regionesq́; simulauerunt, & tridui uiam progressi, rursus reuerterunt: atque omni hoc itinere una nocte equitatu confecto, inscios, inopinantesq́; Menapios oppresserunt: qui, de Germanorum discessu per exploratores certiores facti, sine metu trans Rhenum in suos uicos remigrauerát. his interfectis, nauibusq́; eorum occupatis, priusquá ea pars Menapiorum, quæ citra Rhenum erat, certior fieret, flumen transierunt; atque omnibus eorum ædificijs occupatis, reliquam partem hiemis se eorum copijs aluerunt.

luerunt. His de rebus Cæsar certior factus, & infirmitatem Gallorum ueritus, quòd sunt in consilijs capiendis mobiles, & nouis plerunque rebus student, nihil his committendum existimauit. est autem hoc Gallicæ consuetudinis, ut & uiatores etiam inuitos consistere cogant, et, quod quisque eorum de quaque re audierit, aut cognouerit, quærant, & mercatores in oppidis uulgus circumsistat; quibus ex regionibus ueniant, quasq. res ibi cognouerint, pronuntiare cogant: & his rumoribus, atque auditionibus permoti, de summis sæpe rebus consilia ineunt: quorum eos e uestigio pœnitere necesse est: cum incertis rumoribus seruiant; & plerique ad uoluntatem eorum ficta respondeant. qua consuetudine cognita; Cæsar, ne grauiori bello occurreret, maturius, quàm consueuerat, ad exercitum proficiscitur. eò cum uenisset, ea, quæ fore suspicatus erat, facta cognouit: missas legationes a nónullis ciuitatibus ad Germanos; inuitatosq́. eos, uti ab Rheno discederent: omniaq́ue, quæ postulassent, ab se fore parata. qua spe adducti Germani latius iam uagabátur, et in fines Eburonum, et Condrusonum, qui sunt Treuirorú clientes, peruenerát. principibus Galliæ euocatis, Cæsar ea, quæ cognouerat, dissimuláda sibi existimauit: eorumq́. animis permulsis, & confirmatis, equitatuq́. imperato, bellum cum Germanis gerere constituit. re frumentaria comparata, equitibusq́. delectis, iter in ea loca facere cœpit, quibus in locis Germanos esse audiebat. a quibus cũ paucorum dierum iter abesset, legati ab ijs uenerũt:

F 2 quo-

quorum hæc fuit oratio: Germanos neque priores populo R. bellum inferre; neque tamen recusare, si lacessantur, quin armis contendant: quòd Germanorum consuetudo hæc sit a maioribus tradita, quicunque bellum inferant, resistere, neque deprecari: hoc tamen dicere, uenisse inuitos, eiectos domo: si suam gratiam Romani uelint, posse eis utiles esse amicos; uel sibi agros attribuant, uel patiantur eos tenere, quos armis possederint: sese unis Sueuis concedere; quibus ne dij quidem immortales pares esse possint: reliquum quidem in terris esse neminem, quem non superare possint. Ad hæc Cæsar, quæ uisum est, respondit. sed exitus fuit orationis: sibi nullam cum his amicitiam esse posse, si in Gallia remanerent: neque uerum esse, qui suos fines tueri non potuerint, alienos occupare: neque ullos in Gallia uacare agros, qui dari, tanta præsertim multitudini, sine iniuria possint: sed licere, si uelint, in Vbiorum finibus considere; quorum sint legati apud se, & de Sueuorum iniurijs querantur, & a se auxilium petant: hoc se ab Vbijs impetraturum. Legati hæc se ad suos relaturos dixerunt, &, re deliberata, post diem tertium ad Cæsarem reuersuros: interea, ne propius se castra moueret, petierunt. ne id quidem Cæsar ab se impetrari posse dixit. cognouerat enim, magnam partem equitatus ab ijs aliquot diebus ante, prædandi, frumentandiq. caussa, ad Ambiuaritos trans Mosam missam. hos exspectari equites, atque eius rei caussa moram interponi arbitrabatur. Mosa profluit ex monte

LIBER IV. 43

te Vogeso, qui est in finibus Lingonum, & parte quadam Rheni recepta, quæ appellatur Vacalos, insulã efficit Vatanorum, neque longius ab eo millibus passuum LXXX. in Rhenum transit. Rhenus autem oritur ex Lepontijs, qui alpes incolūt, et lõgo spatio per fines Nantuatium, Heluetiorum, Sequanorum, Mediomatricum, Tribotorum, Treuirorum citatus fertur: & ubi Oceano appropinquauit, in plures diffluit partes, multis ingentibusq́. insulis effectis, quarum pars magna a feris, barbarisq́. nationibus incolitur: ex quibus sunt qui piscibus, atque ouis auium uiuere existimatur, multisq́. capitibus in Oceanum influit. Cæsar cum ab hoste non amplius passuum XII millibus abesset, ut erat constitutum, ad eum legati reuertuntur. qui in itinere congressi, magnopere, ne longius progrederetur, orabant. cum id non impetrassent, petebant, uti ad eos equites, qui agmen antecessissent, præmitteret, eosq́. pugna prohiberet; sibique uti potestatē faceret, in Vbios legatos mittendi. quorum si principes, ac senatus sibi iureiurando fidem fecissent, ea condicione, quæ a Cæsare ferretur, se usuros ostendebant. ad has res conficiendas sibi tridui spatium daret. hæc omnia Cæsar eodem illo pertinere arbitrabatur, ut, tridui mora interposita, equites eorū, qui abessent, reuerterentur: tamen, sese non longius millibus passuum quattuor aquationis caussa processurum eo die, dixit: huc postero die quamfrequentissimi conuenirent, ut de eorum postulatis cognosceret. Interim ad præfectos, qui cum omni equitatu ante-

F 3 cesserant,

cesserant, mittit, qui nuntiarent, ne hostes prælio lacesserent, &, si ipsi lacesserentur, sustinerent, quoad ipse cum exercitu propius accessisset. At hostes, ubi primum nostros equites conspexerunt, quorum erat quinque millium numerus, cū ipsi non amplius octingentos equites haberent, quòd ij, qui frumētandi causa ierant trans Mosam, non dum redierant, nihil nostris timentibus, quòd legati eorum paullo antè a Cæsare discesserant, atque is dies indutijs erat ab ijs petitus, impetu facto celeriter nostros perturbauerunt; rursus, resistentibus nostris, consuetudine sua ad pedes desilierunt, suffossisq́. equis, compluribusq́ue nostris deiectis, reliquos in fugam cōiecerunt, atque ita perterritos egerunt, ut non prius fuga desisterent, quàm in conspectum agminis nostri uenissent. In eo prælio ex equitibus nostris interficiuntur quattuor et LXX. in his, uir fortissimus, Piso Aquitanus, amplissimo genere natus, cuius auus in ciuitate sua regnum obtinuerat, amicus ab senatu nostro appellatus. hic, cum fratri intercluso ab hostibus auxilium ferret, illū ex periculo eripuit; ipse, equo uulnerato, deiectus, quoad potuit, fortissime restitit. cum circumuentus, multis uulneribus acceptis, cecidisset, atque id frater, qui iam prælio excesserat, procul animaduertisset; incitato equo, sese hostibus obtulit, atque interfectus est. Hoc facto prælio, Cæsar neque iam sibi legatos audiendos, neque condiciones accipiendas arbitrabatur ab ijs, qui per dolum, atque insidias, petita pace, ultro bellum intulissent. expectare uero, dum hostium

copiæ

copiæ augerentur, equitatusq́; reuerteretur, summæ
dementiæ esse iudicabat: &, cognita Gallorum infir
mitate, quantum iam apud eos, hostes uno prælio au
ctoritatis essent consecuti, sentiebat: quibus ad consi
lia capienda nihil spatij dandum existimabat. his con
stitutis rebus, & consilio cum legatis, et quæstore cō
municato, ne quem diē pugnæ prætermitteret, opor
tunissima res accidit, quòd postridie eius diei mane ea
dem et perfidia, et simulatione usi Germani, frequen
tes omnibus principibus, maioribusq́; natu adhibitis,
ad eum in castra uenerunt; simul, ut dicebatur, sui
purgandi caussa, quòd contra, atque esset dictum, &
ipsi petissent, prælium pridie cōmisissent; simul, ut,
si quid possent, de indutijs fallendo impetrarent. quos
sibi Cæsar oblatos gauisus retineri iussit: ipse om
nes copias castris eduxit, equitatum, quòd recen
ti prælio perterritum esse existimabat, agmen sub
sequi iussit. acie triplici instructa, & celeriter octo
millium itinere confecto, prius ad hostium castra per
uenit, quàm quid ageretur, Germani sentire possent.
qui, omnibus rebus subito perterriti, & celeritate
aduentus nostri, & discessu suorum, neque consilij
habendi, neque arma capiendi spatio dato, pertur
babantur, ut copias ne aduersus hostem educere, an
castra defendere, an fuga salutem petere, nescirent,
quid præstaret. quorum timor, cum fremitu, & con
cursu significaretur, milites nostri, pristini diei per
fidia incitati, in castra irruperunt. quo in loco, qui
celeriter arma capere potuerunt, paulisper nostris

F 4   resti-

restiterunt, atque inter carros, impedimentaq́; prælium commiserunt. at reliqua multitudo puerorum, mulierumq́; (nam cum omnibus suis domo excesserant, Rhenumq́; transierant) passim fugere cœpit. ad quos consectandos Cæsar equitatum misit. Germani, post terga clamore audito, cum suos interfici uiderent, armis abiectis, signisq́; militaribus relictis, se ex castris eiecerunt; et, cum ad confluentem Mosæ, et Rheni peruenissent, reliqua fuga desperata, magno numero interfecto, reliqui se in flumen præcipitauerunt, atque ibi, timore, lassitudine, & ui fluminis oppressi, perierunt. nostri ad unum omnes incolumes, perpaucis uulneratis, ex tanti belli timore, cùm hostium numerus capitum CCCCXXX millium fuisset, se in castra receperunt. Cæsar ijs, quos in castris retinuerat, discedendi potestatem fecit. illi supplicia, cruciatusq́; Gallorum ueriti, quorum agros uexauerant, remanere se apud eum uelle dixerunt. ijs Cæsar libertatem concessit. Germanico bello confecto, multis de caussis Cæsar statuit sibi Rhenú esse transeundum: quarum illa fuit iustissima, quòd, cum uideret Germanos tam facile impelli, ut in Galliam uenirent, suis quoque rebus eos timere uoluit; cum intelligerent, & posse, & audere populi R. exercitum Rhenum tranjire. Accessit etiam, quòd illa pars equitatus Vsipetum, & Tenchtherorum, quam supra commemoraui, prædandi frumentandiq́; caussa, Mosam transijsse, neque prælio interfuisse, post fugam suorum se trans Rhenum in fines

nes Sicambrorum receperat, seq́. cum ijs coniunxerat. ad quos cum Cæsar nuntios misisset, qui postularent, eos, qui sibi, Galliæq́. bellum intulissent, uti si
bi dederent, responderunt: populi R. imperium Rhe
num finire: si, se inuito, Germanos in Galliam tran
sire, non æquum existimaret, cur sui quidquam esse
imperij, aut potestatis trans Rhenum postularet?
V bij autem, qui uni ex transrhenanis ad Cæsarem le
gatos miserant, amicitiam fecerant, obsides dede-
rant, magnopere orabant, ut sibi auxilium ferret,
quòd grauiter ab Sueuis premerentur; uel, si id face
re occupationibus populi R. prohiberetur, exercitũ
modo Rhenum transportaret: id sibi ad auxilium,
spemq́. reliqui temporis satis futurum: tantum esse
nomen, atque opinionem exercitus Romani, Ariouisto pulso, et hoc nouissimo prælio facto, uti etiã ad
ultimas Germanorum nationes opinione, et amicitia
populi R. tuti esse possint. nauium magnam copiam
ad transportandum exercitum pollicebantur. Cæsar
his de caussis, quas commemoraui, Rhenum transire
decreuerat: sed, nauibus transire, neque satis tutum
esse arbitrabatur, neque suæ, neque populi R. digni
tatis esse statuebat. itaque, etsi summa difficultas faciundi pontis proponebatur, propter latitudinem,
rapiditatem, altitudinemq́. fluminis; tamen id sibi
contendendum, aut aliter non traducendum exercitum existimabat. rationem igitur pontis hanc instituit. Tigna bina sesquipedalia, paulum ab imo præ
cuta, dimensa ad altitudinẽ fluminis, interuallo pedũ
duorum

duorum inter se iungebat. haec cum machinationibus
immissæ in flumine defixerat, fistucisq́. adegerat, nó
sublicæ modo directa ad perpendiculum, sed prona,
ac fastigiata, ut secundum naturam fluminis procum
berent. his item cótraria duo ad eundem modum iun
cta, internallo pedum quadragenum ab inferiore par
te, contra uim atque impetum fluminis conuersa sta
tuebat: hæc utraque bipedalibus trabibus immissis,
quantum eorum tignorũ iunctura distabat, binis u-
trinque fibulis ab extrema parte distinebantur. quibus disclusis, atque in contrariam partem reuinctis,
tanta erat operis firmitudo, atque ea rerum natura,
ut, quo maior uis aquæ se incitauisset, hoc arctius il
ligata tenerentur. hæc directa materia iniecta conte
xebantur, ac longurijs, cratibusq́. consternebantur.
ac nihilo secius sublicæ ad inferiorem partem fluminis obliquæ adigebantur; quæ pro ariete subiectæ, et
cum omni opere coniunctæ, uim fluminis exciperent:
& aliæ item supra pontem mediocri spatio: ut, si
arborum trunci, siue naues deijciendi operis caussa
essent a barbaris missæ, his defensoribus earum rerum uis minueretur, neu ponti nocerent. Diebus decem, quibus materia cœpta erat comportari, omni o-
pere effecto exercitus traducitur. Cæsar ad utranque
partem pontis firmo præsidio relicto in fines Sicambrorum contendit. interim a compluribus ciuitatibus
ad eum legati ueniũt, quibus pacem, atque amicitiã
petentibus, liberaliter respondit, obsidesq́. ad se adduci iubet. Sicãbri ex eo tẽpore, quo pons institui cœptus

pus est, fuga comparata, hortantibus ijs, quos ex
Tenchtheris, atque Vsipetibus apud se habebant, fini
bus suis excesserant, suáq́. omnia exportauerant,
séq́. in solitudinem, ac siluas abdiderant. Cæsar, pau
cos dies in eorum finibus moratus, omnibus uicis, ædi
ficijsq́. incensis, frumentisq́. succisis, se in fines Vbio
rum recepit, atque his auxilium suum pollicitus, si a
Sueuis premerentur, hæc ab ijs cognouit: Sueuos,
postquam per exploratores pontem fieri comperissent, more suo consilio habito, nuntios in omnes par
tes dimisisse, uti de oppidis demigrarent, liberos, u-
xores, suáq́. omnia in siluas deponerent: atque om
nes, qui arma ferre possent, unum in locum conueni
rent: hunc esse delectum medium fere regionum earum, quas Sueui obtinerent: hic Romanorum aduen
tum exspectare, atque ibi decertare constituisse. quod
ubi Cæsar cóperit, omnibus his rebus confectis, quarum rerum caussa exercitum traducere constituerat,
ut Germanis metum inijceret, ut Sicambros ulcisce-
retur, ut Vbios obsidione liberaret. diebus omnino
XVIII trans Rhenum consumptis, satis et ad laudé,
et ad utilitatem profectum arbitratus, se in Galliam
recepit, pontemq́. rescidit. exigua parte æstatis reli
quá Cæsar, etsi in ijs locis, quòd omnis Gallia ad septemtrionem uergit, maturæ sunt hiemes, tamen in
Britanniam proficisci contendit, quòd, omnibus fere
Gallicis bellis, hostibus nostris, inde subministrata au
xilia intelligebat; et, si tempus anni ad bellum geren
dum deficeret; tamen magno sibi usui fore arbitraba
tur,

tur, si modo insulam adisset; et genus hominum perspexisset; loca, portus, aditus cognouisset: quæ omnia fere Gallis erant incognita. neque enim temere præter mercatores adit ad illos quisquam: neque ijs ipsis quidquam præter oram maritimam, atque eas regiones, quæ sunt contra Galliam, notum est. itaque, connocatis ad se undique mercatoribus, neque quàta esset insulæ magnitudo, neque quæ, aut quantæ nationes incolerent, neque quem usum belli haberent, aut quibus institutis uterentur, neque qui essent ad maiorum nauium multitudinem idonei portus, reperire poterat. ad hæc cognoscenda, prius quàm periculum faceret, idoneum esse arbitratus, C. Volusenum cum naui longa præmittit. huic mandat, ut, exploratis omnibus rebus, ad se quamprimum reuertatur. ipse cum omnibus copijs in Morinos proficiscitur: quòd inde erat breuissimus in Britanniam traiectus. huc naues undique ex finitimis regionibus, &, quà superiore æstate ad Veneticum bellum fecerat classem, iubet conuenire. interim, consilio eius cognito, et per mercatores perlato ad Britannos, a cópluribus eius insulæ ciuitatibus ad eum legati ueniunt, qui polliceantur obsides dare, atque imperio populi R. obtemperare. Quibus auditis, liberaliter pollicitus, hortatusq., ut in ea sententia permanerent, eos domum remisit: et, cum his una Comium, quē ipse, Attrebatibus superatis, regẽ ibi constituerat, cuius et uirtutem, et consilium probabat, et quē sibi fidelē esse arbitrabatur, cuiusq. auctoritas in his regiõibus

magna

magna habebatur, mittit. huic imperat, quas possit,
adeat ciuitates ; horteturq́, ,ut populi R. fidem sequantur, seq́. celeriter eo uenturum nuntiet. Volusenus, perspectis regionibus, quantum ei facultatis dari potuit, qui naui egredi ,ac se barbaris committere non auderet, quinto die ad Cæsarem reuertitur:
quæq́.ibi perspexisset, renuntiat. Dum in his locis Cæsar nauium parandarum caussa moratur ,ex magna
parte Morinorum legati ad eum uenerunt ,qui se de
superioris temporis consilio excusarent ; quòd homines barbari, et nostræ consuetudinis imperiti, bellum
populo R. fecissent, seq́. ea ,quæ imperasset ,factu-
ros pollicerentur. hæc sibi satis oportune Cæsar accidisse arbitratus , quòd neque post tergum hostem
relinquere uolebat ; neque belli gerendi ,propter anni tempus , facultatem habebat ; neque has tantula-
rum rerum occupationes Britániæ anteponendas indicabat ; magnum his numerum obsidum imperat .
quibus adductis, eos in fidem recepit, nauibus circiter LXXX onerarijs coactis ,contractisq́. , quot satis esse ad duas legiones transportandas existimabat.
quidquid præterea nauium longarum habebat, quæ-
stori, legatis, præfectisq́. distribuit. huc accedebant
XVIII onerariæ naues, quæ ex eo loco millibus passuũ octo, uento tenebátur, quo minus in eundem por
tum peruenire possent. has equitibus distribuit : reliquum exercitum Q. Titurio Sabino, et L. Aurũcu-
leio Cottæ, legatis, in Menopios, atque in eos pagos
Morinorum, ab quibus ad eum legati non uenerant,
ducen-

ducendum dedit. P. Sulpicium Rufum legatum cum eo præsidio, quod satis esse arbitrabatur, portum tenere iussit. his constitutis rebus, nactus idoneam ad nauigandum tempestatem, tertia fere uigilia soluit, equitesq́; in ulteriorem portum progredi, et naues conscendere, ac se sequi iussit: ab quibus cum paullo tardius esset administratum, ipse hora circiter diei quarta, cum primis nauibus Britanniam attigit: atque ibi in omnibus collibus expositas hostium copias armatas conspexit. cuius loci hæc erat natura, atque ita montibus angustis mare continebatur, uti ex locis superioribus in litus telum adigi posset. hunc ad egrediendum nequaquā idoneum arbitratus locum, dum reliquæ naues eò conuenirent, ad horam nonam in anchoris exspectauit. interim legatis, tribunisq́. mil. conuocatis, et quæ ex Voluseno cognouisset, & quæ fieri uellet, ostendit: monuitq́., ut rei militaris ratio, maximeq́. ut res maritimæ postularent, ut quā celerem, atque instabilem metum haberent, ad nutū et ad tempus omnes res ab ijs administrarentur. his demissis et uentum, et æstum uno tempore nactus secundum, dato signo, et sublatis anchoris, circiter millia passuū octo ab eo loco progressus, aperto, ac plano littore naues constituit. at barbari consilio Romanorū cognito, præmisso equitatu, et essedarijs, quo plerunque genere in prælijs uti cōsuerunt, reliquis copijs subsecuti, nostros nauibus egredi prohibebāt. erat ob has caussas summa difficultas, quòd naues propter magnitudinē, nisi in alto constitui non poterāt. militibus

autem,

autem, ignotis locis, impeditis manibus, magno, et graui onere armorum pressis, simul et de nauibus desiliendum, et in fluctibus consistendum, et cum hostibus erat pugnandum: cum illi aut ex arido, aut paullulum in aquam progressi, omnibus membris expediti, notissimis locis audacter tela conijcerent, et equos assuefactos incitarent. quibus rebus nostri perterriti, atque huius omnino generis pugnæ imperiti, non omnes eadem alacritate, ac studio, quo in pedestribus uti prælijs consueuerant, utebantur. quod ubi Cæsar animaduertit, naues longas, quarum et species erat barbaris inusitatior, et motus ad usum expeditior, paullulum remoueri ab onerarijs nauibus, et remis incitari, et ad latus apertum hostium constitui, atque inde fundis, tormentis, sagittis, hostes propelli, ac submoueri iussit: quæ res magno usui nostris fuit. nã et nauium figura, et remorum motu, et inusitato genere tormentorum permoti barbari constiterunt; ac paullum modo pedem retulerunt. at nostris militibus cunctantibus, maxime propter altitudinem maris, qui decimæ legionis aquilam ferebat, contestatus Deos, ut ea res legioni feliciter eueniret. Desilite, in quit, milites, nisi uultis aquilã hostibus prodere. ego certe meum reip. atque imperatori officiũ præstitero. hoc cum magna uoce dixisset, se ex naui proiecit, atque in hostes aquilã ferre cæpit. tum nostri cohortati inter se, ne tantũ dedecus admitteretur, uniuersi ex naui desilierunt. hos item alij ex primis proximis nauibus, cum conspexissent, subsecuti, hostibus appropinquauerunt.

quarunt. pugnatum est ab utrisque acriter. nostri tamen, quòd neque ordines seruare, neque firmiter insistere, neque signa subsequi poterant, atque alius alia ex naui, quibuscunque signis occurrerat, se aggregabat; magnopere perturbabantur. hostes uero, notis omnibus uadis, ubi ex litore aliquos singulares ex naui egredientes conspexerant, incitatis equis impeditos adoriebantur. plures paucos circumsistebant; alij ab latere aperto in uniuersos tela coniciebant. quod cum animaduertisset Cæsar, scaphas longarum nauiú, item speculatoria nauigia militibus compleri iussit: et, quos laborantes conspexerat, ijs subsidia summittebat. nostri, simul atque in arido côstiterunt, suis omnibus consecutis, in hostes impetû fecerunt, atque eos in fugam dederunt; neque longius prosequi potuerunt, quòd equites cursum tenere, atque insulam capere non potuerunt. hoc unum ad pristinam fortunâ Cæsari defuit. hostes prælio superati, simul atque se ex fuga receperunt, statim ad Cæsarê legatos de pace miserunt: obsides daturos, quaq́. imperasset, sese facturos polliciti sunt. una cum his legatis Comius Atrebas uenit, quem supra demonstraueram a Cæsare in Britanniam præmissum. hunc illi e naui egressum, cum ad eos imperatoris mandata perferret, côprehenderant, atque in uincula coniecerant. tunc, facto prælio, remiserunt; & in petenda pace eius rei culpam in multitudinem coniecerunt; et, propter imprudentiam, ut ignosceretur, petiuerunt. Cæsar questus, quòd, cum ultro, in continentem legatis missis,

pacem

LIBER IV.   49

pacem à se petissent, bellum sine caussa intulissent, ignoscere imprudentiæ dixit; obsidesq́ imperauit: quorum illi partem statim dederunt, partem, ex longinquioribus locis accersitam, paucis post diebus sese daturos dixerût. interea suos remigrare in agros iusserunt: principesq́. undique conuenere; et se, ciuitatesq́. suas Cæsari cómendarunt. his rebus pace firmata, post diem quartum, quàm est in Britanniam uentum, naues XVIII. de quibus supra demonstratum est, quæ equites sustulerant, ex superiori portu leni uento soluerunt. quæ cum appropinquarent Britanniæ, & ex castris uiderentur, tanta tempestas subito coorta est, ut nulla earum cursum tenere posset. sed aliæ eodé, unde erant profectæ, referrentur; aliæ ad inferiorem partem insulæ, quæ est propius solis occasum, magno sui cû periculo deijcerentur. quæ tamé, anchoris iactis, cum fluctibus complerentur, neçessario, aduersa nocte in altum prouectæ, continentem petiuerunt. Eadem nocte accidit, ut esset luna plena, quæ maritimos æstus maximos in Oceano efficere có sueuit: nostrisq́. id erat incognitum. ita uno tempore & longas naues, quibus Cæsar exercitum transportandû curauerat, quasq́. in aridû subduxerat, æstus complebat: & onerarias, quæ ad anchoras erant deligatæ, tempestas afflictabat; neque ulla nostris facultas aut administrandi, aut auxiliandi dabatur. compluribus nauibus fractis, reliquæ cum essent, funibus, anchoris, reliquisq́. armamentis amissis, ad nauigandum inutiles, magna, id quod necesse erat accidere,

G

cidere, totius exercitus perturbatio facta est. neque
enim naues erant aliæ, quibus reportari possent; &
omnia deerant, quæ ad reficiendas eas usui sint, &,
quod omnibus constabat, hiemare in Gallia oportere,
frumentū his in locis in hiemem prouisum non erat.
quibus rebus cognitis, principes Britanniæ, qui post
prœlium ad ea, quæ iusserat Cæsar, facienda conuenerant, inter se collocuti; cum equites, & naues, &
frumentum Romanis deesse intelligerent; & paucitatem militum ex castrorum exiguitate cognoscerent; quæ hoc erant etiam angustiora, quòd sine impedimentis Cæsar legiones transportauerat: optimū
factu esse duxerunt, rebellione facta, frumento, com
meatuq. nostros prohibere, et rem in hiemem produ
cere; quòd, his superatis, aut reditu interclusis, neminem postea belli inferendi caussa in Britanniā tran
siturum confidebant. itaque rursus coniuratione facta, paullatim ex castris discedere, ac suos clam ex a-
gris deducere cœperunt. At Cæsar, etsi non dum eorum consilia cognouerat, tamen & ex euentu nauiū
suarum, & ex eo, quòd obsides dare intermiserant,
fore id, quod accidit, suspicabatur. itaque ad omnes
casus subsidia comparabat. nam et frumentum ex a-
gris in castra quotidie conferebat; &, quæ grauissi-
mè afflictæ erant naues, earum materia, atque ære
ad reliquas reficiendas utebatur; &, quæ ad eas res
erant usui, ex continenti cōportari iubebat. itaque,
cum id summo studio a militibus administrarêtur,
duodecim nauibus amissis, reliquis ut nauigari cōmo
de

de posset, effecit. Dum ea geruntur, legione, ex consuetudine, una frumentatu missa, quæ appellabatur septima, neque ulla ad id tempus belli suspicione interposita, cum pars hominũ in agris remaneret, pars etiam in castra uentitaret; ij, qui pro portis castroru in statione erant, Cæsari renuntiarunt, puluerem maiorem, quam consuetudo ferret, in ea parte uideri, quam in partem legio iter fecisset. Cæsar, id quod erat suspicatus, aliquid noui à barbaris initium consilij, cohortes, quæ in stationibus erant, secum in eã partem proficisci, duas ex reliquis in stationem succedere, reliquas armari, et confestim se subsequi iussit. cum paullo longius à castris processisset; et suos ab hostibus premi, atque ægre sustinere, & conserta legione ex omnibus partibus tela cõijci animaduertit. nã, quòd omni ex reliquis partibus demesso fruméto, una pars erat reliqua, suspicati hostes, huc nostros esse uẽturos, noctu in siluis delituerant, tum dispersos depositis armis, in metendo occupatos subito adorti, paucis interfectis, reliquos incertis ordinibus perturbauerant: simul equitatu, atque essedis circumdederant. genus hoc est ex essedis pugnæ. primo, per omnes partes perequitant, & tela conijciunt, atque ipso terrore equorum, et strepitu rotarum, ordines plerunque perturbant: & cum se inter equitum turmas insinuauere, & ex essedis desiliunt, & pedites prœliantur. aurigæ interim paullum e prœlio excedunt, atque ita se collocant, ut, si illi à multitudine hostium premantur, expeditum ad suos receptum habeant. ita mobilita-

G 2   tem

tem equitum, stabilitatem peditum in prælijs præstant; ac tantum usu quotidiano, & exercitatione efficiunt, ut in decliui, ac præcipiti loco incitatos equos sustinere, et breui moderari, ac flectere, et per temonem percurrere, & in iugo insistere, & inde se in currus citissime recipere consueuerint. quibus rebus, perturbatis nostris nouitate pugnæ, tempore oportunissimo Cæsar auxilium tulit, nanque eius aduentu hostes constiterunt, nostri ex timore se receperunt. quo facto, ad lacessendum hostem, & committendum prælium, alienum esse tempus arbitratus, suo se loco continuit; &, breui tempore intermisso, in castra legiones reduxit. dum hæc geruntur, nostris omnibus occupatis, qui erant in agris reliqui, discesserunt. secutæ sunt continuos complures dies tempestates; quæ et nostros in castris continerent, & hostem a pugna prohiberent. interim barbari nuntios in omnes partes dimiserunt, paucitatemq́. nostrorum militum suis prædicauerunt; et, quanta prædæ faciendæ, atque in perpetuum sui liberandi facultas daretur, si Romanos castris expulissēt, demonstrauerunt. his diebus celeriter magna multitudine peditatus, equitatusq́. coacta, ad castra uenerunt. Cæsar, etsi idem, quod superioribus diebus acciderat, fore uidebat, ut, si essent hostes pulsi, celeritate periculum effugerent; tamen nactus equites circiter xxx, quos Comius Atrebas, de quo ante dictū est, secum transportauerat, legiones in acie pro castris constituit. commisso prælio, diutius nostrarum militum impetum hostes ferre non potuerunt, ac ter

ga

ga uerterunt: quos tanto spatio secuti, quantum cursu, & uiribus efficere potuerunt, complures ex ijs occiderunt; deinde, omnibus longe, lateq; ædificijs incensis, se in castra receperunt. Eodem die legati ab hostibus missi, ad Cæsarem de pace uenerunt. his Cæsar numerum obsidum, quem antea imperauerat, duplicauit, eosq; in continentem adduci iussit; quòd, propinqua die æquinoctij, infirmis nauibus hiemis nauigationem subeundam non existimabat. ipse idoneam tempestatem nactus, paulo post mediam noctem naues soluit. quæ omnes incolumes ad continentem peruenerunt. ex his onerariæ duæ eosdem portus, quos reliquæ, capere non potuerunt, sed paulo infra delatæ sunt. quibus ex nauibus cum essent expositi milites circiter ccc, atque in castra contenderent, Morini, quos Cæsar, in Britanniam proficiscens, pacatos reliquerat, spe prædæ adducti, primo non ita magno suorum numero circumsteterunt, ac, si sese interfici nollent, arma ponere iusserunt. cum illi, orbe facto, sese defenderent, celeriter ad clamorem, hominum circiter millia sex conuenerunt. qua re nuntiata, Cæsar omnem ex castris equitatum suis auxilio misit. interim nostri milites impetum hostium sustinuerunt; atque amplius horis quattuor fortissimè pugnauerunt; et, paucis uulneribus acceptis, complures ex ijs occiderunt. postea uero quàm equitatus noster in conspectum uenit, hostes, abiectis armis, terga uerterunt; magnusq; eorum numerus est occisus. Cæsar postero die T. Labienum legatum cum ijs legionibus, quas

G 3   ex

ex Britannia reduxerat, in Morinos, qui rebellionem
fecerant, misit. qui cum propter siccitates paludum,
quò se reciperent, non haberent; quo perfugio superiore anno fuerant usi, omnes fere in potestatem Labieni uenerunt. At Q. Titurius, & L. Cotta, legati, qui in Menapiorum fines legiones duxerant, omnibus eorum agris uastatis, frumentis succisis, ædificijsq́. incensis, quòd Menapij omnes se in densissimas siluas abdiderant, ad Cæsaré se receperunt. Cæsar in Belgis omnium legionum hiberna constituit. eò duæ omnino ciuitates ex Britannia obsides miserunt: reliquæ neglexerunt. His rebus gestis, ex litteris Cæsaris dierum xx. supplicatio a senatu decreta est.

C. IVLII CAESARIS
COMMENTARIORVM
DE BELLO GALLICO LIB. V.

VCIO Domitio, Ap. Claudio
cos. discedens ab hibernis Cæsar
in Italiam, ut quotannis facere
consueuerant, legatis imperat,
quos legionibus præfecerat, uti
quamplurimas possent hieme naues ædificandas, ueteresq́. reficiendas curarent. eærum modum, formamq́. demonstrat. ad celeritatem onerandi, subductionesq́. paullo facit humiliores, quàm quibus nostro mari uti consueuimus; atque id eo magis, quòd, propter crebras

commu-

commutationes æstuum, magis magnos ibi fluctus fieri cognouerat, ad onera, & ad multitudinem iumentorum transportandam paullò latiores, quàm quibus in alio mari uti assueuerant. has omnes actuarias imperat fieri: quam ad rem humilitas multum adiuuat. ea, quæ sunt usui ad armandas naues, ex Hispania apportari iubet. ipse, conuentibus Galliæ citerioris peractis, in Illyricum proficiscitur, quòd a Pirustis finitimam partem prouinciæ incursionibus uastari audiebat. eò cum ueniisset, ciuitatibus milites imperat: certumq́; in locum conuenire iubet. qua re nuntiata, Pirustæ legatos ad eum mittunt, qui doceant, nihil earum rerum publico factum consilio: seseq́; paratos esse demonstrant, omnibus rationibus de iniurijs satisfacere. accepta oratione eorum, Cæsar obsides imperat, eosq́; ad certam diem adduci iubet. nisi ita fecerint, sese bello ciuitatem persecuturum demonstrat. ijs ad diem adductis, ut imperauerat, arbitros inter ciuitates dat, qui litem æstiment, pœnamq́ue constituant. His confectis rebus, conuentibusq́; peractis, in citeriorem Galliam reuertitur, atque inde ad exercitum proficiscitur. eò cum ueniisset, circuitis omnibus hibernis, singulari militum studio, in summa rerum omnium inopia, circiter sexcentas eius generis, cuius supra demonstrauimus, naues, & longas duo detriginta inuenit instructas, neque multum abesse ab eo, quin paucis diebus deduci possent. collaudatis militibus, atque ijs, qui negotio præfuerant, quid fieri uelit, ostendit: atque omnes ad portum Icium conueni-

G 4 re

re iubet, quo ex portu commodissimum in Britanniã traiectum esse cognouerat, circiter millium passuum xxx transmissum a continenti. huic rei quod satis esse uisum est militum, relinquit: ipse cum legionibus expeditis quattuor, et equitibus octingentis in fines Treuirorum proficiscitur: quòd hi neque ad concilia ueniebant, neque imperio parebant, Germanosq́. transrhenanos solicitare dicebantur. hæc ciuitas longe plurimum totius Galliæ equitatu ualet, magnasq́; habet copias peditum, Rhenumq́., ut supra demonstrauimus, tangit. in ea ciuitate duo de principatu inter se contendebant, Induciomarus, et Cingetorix: ex quibus alter, simulatque de Cæsaris legionũq́. aduentu cognitum est, ad eum uenit; se, suosq́. omnes in officio futuros, neque ab amicitia populi R. defecturos confirmauit; quæq́. in Treuiris gererentur, ostendit. at Induciomarus equitatũ, peditatumq́. cogere: ijsq́. qui per ætatem in armis esse non poterant, in siluam Arduennam abditis, quæ ingenti magnitudine per medios fines Treuirorum a flumine Rheno ad initiũ Rhemorum pertinet, bellum parare instituit. sed postea quàm non nulli principes ex ea ciuitate, & familiaritate Cingetorigis adducti, & aduentu nostri exercitus perterriti, ad Cæsarem uenerunt, et de suis priuatim rebus ab eo petere cœperunt, quoniam ciuitati consulere non possent; ueritus, ne ab omnibus desereretur, Induciomarus, legatos ad Cæsarem mittit, sese iccirco a suis discedere, atque ad eum uenire noluisse, quo facilius ciuitatem in officio contineret, ne-

omi-

omnis nobilitatis discessu, plebs propter imprudentiā laberetur: itaque ciuitatem in sua potestate esse: seq́, si Cæsar permitteret, ad eum in castra uenturum, & suas, ciuitatisq́. fortunas eius fidei permissurum. Cæsar, etsi intelligebat, qua de caussa ea diceretur, quǽq́. eum res ab instituto consilio deterreret; tamē, ne æsta tem in Treuiris consumere cogeretur, omnibus rebus ad Britannicum bellum comparatis, Induciomarum ad se cum CC obsidibus uenire iussit. his adductis, et filio, propinquisq́. eius omnibus, quos nominatim euo cauerat, consolatus Induciomarum, hortatusq́. est, uti in officio permaneret: nihilo tamen secius principibus Treuirorum ad se conuocatis, eos sigillatim Cingetorigi conciliauit. quod cum merito eius a se fieri intelligebat: tum magni interesse arbitrabatur, eius auctoritatem inter suos quamplurimum ualere, cuius tam egregiam in se uoluntatem perspexisset. id factum grauiter tulit Induciomarus, suam gratiam inter suos minui; &, qui iam ante inimico in nos animo fuisset, multo grauius hoc dolore exarsit. Iis rebus constitutis, Cæsar ad portum Iccium cum legionibus peruenit. ibi cognoscit, XL naues, quæ in Meldis factæ erant, tempestate reiectas, tenere cursum non potuisse, atque eodem, unde erant profectæ, relatas: reliquas paratas ad nauigandum, atque omnibus rebus instructas inuenit. eodem equitatus totius Galliæ conuenit, numero millium quattuor, principesq́. ex omnibus ciuitatibus; ex quibus perpaucos, quorum in se fidem perspexerat, relinquere in Gallia, reliquos
obsi-

obsidum loco secum ducere decreuerat: quòd, cum ipse abesset, motum Galliæ uerebatur. erat una cum ceteris Dumnorix Heduus, de quo a nobis antea dictū est. hunc secum ducere in primis constituerat, quòd eum cupidum rerum nouarum, cupidum imperij, magni animi, magnæ inter Gallos auctoritatis cognouerat. Accedebat huc, quòd iam in concilio Heduorum Dumnorix dixerat, sibi a Cæsare regnum ciuitatis deferri: quod dictum Hedui grauiter ferebant, neque recusandi, neque deprecandi caussa legatos ad Cæsarem mittere audebant. id factum ex suis hospitibus Cæsar cognouerat. ille primo omnibus precibus petere contendit, ut in Gallia relinqueretur; partim, quòd, insuetus nauigandi, mare timeret; partim, quòd religionibus sese diceret impediri. posteaquam id obstinate sibi negari uidit, omni spe impetrandi adempta, principes Galliæ solicitare, seuocare singulos, hortariq́; cœpit, ut in continenti remanerent, metu territare, non sine caussa fieri, ut Gallia omni nobilitate spoliaretur: id esse consilium Cæsaris, ut, quos in conspectu Galliæ interficere uereretur, hos omnes in Britanniam traductos necaret: fidem reliquis interponere: insiurandum poscere: ut, quod esse ex usu Galliæ intellexissent, communi cōsilio administrarent. Hæc a compluribus ad Cæsarem deferebantur. qua re cognita Cæsar, quòd tantum ciuitati Heduæ dignitatis tribuebat, coercendum, atque deterrendum quibuscunque rebus posset, Dumnorigem statuebat; quòd longius eius amentiam progredi uidebat, prospiciendum

spiciendum, ne quid sibi, ac reip. nocere posset: itaque dies circiter xxv in eo loco commoratus, quòd Corus uentus nauigationem impediebat, qui magná partem omnis temporis in his locis flare consueuit: dabat operam, ut Dumnorigem in officio contineret, nihilo tamen secius omnia eius consilia cognosceret, tandem idoneam tempestatem nactus, milites, equitesq́. conscendere naues iubet. At, impeditis omnium animis, Dumnorix cum equitibus Heduorum a castris, insciente Cæsare, domum discedere cœpit. qua re nuntiata, Cæsar, intermissa profectione, atque omnibus rebus postpositis, magnam partem equitatus ad eum insequendum mittit, retrahiq́. imperat: si uim faciat, neque pareat, interfici iubet, nihil hunc, se absente, pro sano facturum arbitratus, qui præsentis imperium neglexisset. ille autem renocatus resistere, ac se manu defendere, suorumq́. fidem implorare cœpit, sæpe clamitans liberum se, liberæq́. ciuitatis esse. illi, ut erat imperatum, circumsistunt, hominemq́. interficiunt. at Hedui equites ad Cæsarem omnes reuertuntur. His rebus gestis, Labieno in continente cum tribus legionibus, et equitum millibus duobus relicto, ut portus tueretur, et rei frumentariæ prouideret, quæq́. in Gallia gererentur, cognosceret, et consilium pro tempore, et pro re caperet, ipse cum legionibus quinque, et pari numero equitum, quem in continente reliquerat, ad solis occasum naues soluit, et leui Africo prouectus, media circiter nocte uento intermisso, cursum non tenuit, et longius
delatus

delatus æstu, orta luce, sub sinistra Britanniam reli
ctam conspexit. tum rursus æstus commutationem se
cutus, remis contendit, ut eam partem insulæ caperet, qua optimum esse egressum superiore æstate cognouerat. qua in re admodum fuit militum uirtus lau
danda, qui uectorijs, grauibusq́; nauigijs, non inter
misso remigandi labore, longarum nauium cursum
adæquauérunt. accessum est ad Britanniam omnibus
nauibus meridiano fere tempore; neque in eo loco ho
stis est uisus. sed, ut postea Cæsar ex captiuis comperit, cum magna manus eò conueniſſent, multitudine
nauium perterritæ, quæ cum annotinis, priuatisq́;,
quas sui quísque cómodi caussa fecerat, amplius octin
gentæ uno erant uisæ tempore, a litore discesserant,
ac se in superiora loca abdiderant. Cæsar, exposito
exercitu, ac loco castris idoneo capto, ubi ex captiuis
cognouit, quo in loco hostium copiæ consedissent, cohortibus decem ad mare relictis, et equitibus trecen
tis, qui præsidio nauibus essent, de tertia uigilia ad
hostes contendit, eo minus ueritus nauibus, quòd in
litore molli, atque aperto deligatas ad anchoras relinquebat, et præsidio nauibus Q. Atrium præfecit.
ipse, noctu progressus millia passuum circiter XII,
hostiú copias conspicatus est. illi equitatu, atque esse
dis ad flumē progressi, ex loco superiore nostros prohi
bere, et prælium committere cœperunt: repulsi ab e-
quitatu, se in siluas abdiderunt, locum nacti egregie
et natura, et opere munitum, quem domestici belli, ut
uidebatur, caussa iam ante præparauerant. nam, cre
bris

bris arboribus succisis, omnes introitus erant præclu-
si. ipsi ex siluis rari propugnabant, nostrosq́. intra
munitiones ingredi prohibebant. at milites legionis
septimæ, testudine facta, et aggere ad munitiones adiecto, locum ceperunt, eosq́. ex siluis expulerunt, paucis uulneribus acceptis. sed eos fugientes longius Cæsar persequi uetuit, et quòd loci naturam ignorabat,
et quòd, magna parte diei consumpta, munitioni castrorum tempus relinqui uolebat. Postridie eius diei,
mane, tripartito milites equitesq́. in expeditionem
misit, ut eos, qui fugerant, persequerentur. ijs ali-
quantum itineris progressis, cum iam extremi essent
in conspectu, equites a Q. Atrio ad Cæsarem uenerunt, qui nuntiarent, superiori nocte maxima coorta
tempestate, prope omnes naues afflictas, atque in
litus eiectas esse; quòd neque anchoræ, funesq́. sub-
sisterent, neque nautæ, gubernatoresq́. uim tempestatis pati possent; itaque ex eo concursu nauium magnum esse incommodum acceptũ. His rebus cognitis,
Cæsar legiones, equitatumq́. reuocari, atque itinere
desistere iubet: ipse ad naues reuertitur: eadem fere,
quæ ex nuntijs, litterisq́. cognouerat, corã perspicit,
sic, ut, amissis circiter XL nauibus, reliquæ tamen refici posse magno negotio uiderentur. itaque ex legionibus fabros deligit, et ex continente alios accersiri iubet: Labieno scribit, ut, quamplurimas posset, ijs legionibus, quæ sunt apud eum, naues instituat. ipse etsi
res erat multæ operæ, ac laboris, tamen commodissi-
mũ esse statuit, omnes naues subduci, et cũ castris una
munitione

munitione coniungi. in his rebus circiter dies x confu
mit, ne nocturnis quidem temporibus ad laborem mi
litum intermiſsis, ſubductis nauibus, caſtrisq́. egregie munitis, eaſdem copias, quæ antea præſidio naui
bus fuerant, relinquit. ipſe eodem, unde redierat,
proficiſcitur. eò cum ueniſſet, maiores iam undique
in eum locum copiæ Britannorum conuenerant. ſum
ma imperij, belliq́. adminiſtrandi communi conſilio
permiſſa eſt Caſsinellauno, cuius fines a maritimis ci
uitatibus flumen diuidit, quod appellatur Thameſis,
a mari circiter millia paſſuum LXXX. huic ſuperiori
tempore cum reliquis ciuitatibus continentia bella in
terceſſerant. ſed noſtro aduentu permoti Britanni,
hunc toti bello, imperioq́. præfecerant. Britanniæ
pars interior ab ijs incolitur, quos natos in inſula ipſi
memoria proditum dicunt. maritima pars ab ijs, qui
prædæ, ac belli inferendi cauſſa ex Belgio tranſierát,
qui omnes ferè ijs nominibus ciuitatum appellantur,
quibus orti ex ciuitatibus eò peruenerunt, & bello
illato ibi remanſerunt, atque agros colere cœperunt.
hominum eſt infinita multitudo, creberrimaq́. ædifi
cia ferè Gallicis conſimilia: pecoris magnus numerus: utuntur autem nummo æreo, aut anulis ferreis
ad certum pondus examinatis pro nummo. naſcitur
ibi plumbum album in mediterraneis regionibus,
in maritimis ferrum: ſed eius exigua eſt copia: ære
utuntur importato. materia cuiuſque generis, ut in
Gallia, eſt, præter fagum, atque abietem. leporé et
gallinam, et anſerem guſtare fas non putant: hæc ta
men

men alunt, animi, uoluptatisq́; caussa. loca sunt temperatiora, quàm in Gallia, remissioribus frigoribus. insula natura triquetra, cuius unum latus est contra Galliam. huius lateris alter angulus, qui est ad Cantium, quò fere omnes ex Gallia naues appelluntur, ad orientem solem, inferior ad meridiem spectat. huius latus tenet circiter millia passuum quingenta: alterum uergit ad Hispaniam, atque occidentem solem, qua ex parte est Hybernia dimidio minor, ut existimatur, quàm Britannia: sed pari spatio transmissus, atque ex Gallia, est in Britanniam. in hoc medio cursu est insula, quae appellatur Mona. Complures præterea minores obiectæ insulæ existimantur: de quibus insulis non nulli scripserunt, dies continuos triginta sub bruma esse noctem. nos nihil de eo percunctantibus reperiebamus, nisi quòd certis ex aqua mensuris breuiores esse noctes, quàm in continente, uidebamus. huius est longitudo lateris, ut fert illorū opinio, septingentorum millium passuum. tertium est contra septemtrionem, cui parti nulla est obiecta terra: sed eius angulus lateris maxime ad Germaniam spectat. hoc millia passuum octingenta in longitudinem esse arbitrantur, ita omnis insula est in circuitu uicies centena millia passuum. ex his omnibus longe sunt humanissimi, qui Cantiū incolunt, quæ regio est maritima omnis, neque multū a Gallica differunt consuetudine. interiores plerique frumenta non serunt: sed lacte, et carne uiuūt: pellibusq́; sunt uestiti: omnes uero se Britanni luteo inficiunt, quod cæruleū efficit colorem:

rem: atque hoc horribiliore sunt in pugna adspectu: capilloq̃. sunt promisso, atque omni parte corporis rasa, præter caput, et labrū superius. uxores habent deni, duodeniq̃. inter se cõmunes, et maxime fratres cum fratribus, et parentes cū liberis. sed si qui sunt ex his nati, eorum habêtur liberi, a quibus primum uirgines quæque ductæ sunt. equites hostiū, essedarijq̃. acriter prælio cum equitatu nostro in itinere conflixerunt, ita tamen, ut nostri omnibus partibus superiores fuerint, atque eos in siluas, collesq̃. compulerint, sed, compluribus interfectis, cupidius insecuti, nõnullos ex suis amiserunt. at illi, intermisso spatio, imprudentibus nostris, atque occupatis in munitione castrorum, subito se ex siluis eiecerunt, impetuq̃. in eos facto, qui erant in statione pro castris collocati, acriter pugnauerunt: duabusq̃. missis subsidio cohortibus a Cæsare, atque his primis legionū duarū, cum hæ, intermisso perexiguo loci spatio, inter se cõstitissent, nouo genere pugnæ perterritis nostris, per medios audacissime proruperunt, seq̃. inde incolumes receperunt. eo die Q. Laberius Durus tribunus mil. interficitur. Alli, pluribus submissis cohortibus, repelluntur. toto hoc in genere pugnæ cū sub oculis omnium, ac pro castris dimicaretur, intellectum est, nostros, propter grauitatem armorum, quòd neque insequi cedentes possent, neque ab signis discedere auderent, minus aptos esse ad huius generis hosté; equites autem magno cum periculo dimicare, propterea quòd illi etiã consulto plerunque cederent, et, cū paullulū ab legionibus nostros

remouissent,

removuissent, ex essedis desilirent, & pedibus dispari
prælio contenderent. equestris autem prælij ratio et
cedentibus,& insequentibus par, atque idem pericu
lum inferebat. Accedebat huc, ut nunquam conser-
ti, sed rari, magnisq́. interuallis præliarentur, sta-
tionesq́. dispositas haberent, atque alios alij deinceps
exciperent, integriq́, & recentes defatigatis succederent. postero die, procul a castris hostes in collibus,
constiterunt, rariq́. se ostendere, et lentius, quàm pri
die, nostros equites prælio lacessere cœperūt. sed me
ridie, cum Cæsar pabulandi caussa tres legiones, atque omnem equitatum cum C. Trebonio legato mi
sisset, repente ex omnibus partibus ad pabulatores
aduolauerunt, sic, uti ab signis, legionibusq́. nō absi
sterent. nostri, acriter in eos impetu facto, repulerunt: neque finem insequendi fecerunt, quoad subsidio confisi equites, cū post se legiones uiderent, præcipites hostes egerunt: magnoq́. eorū numero interfecto, neque sui colligendi, neque consistendi, aut ex
essedis desiliendi facultatem dederunt. ex hac fuga
protinus, quæ undique conuenerant, auxilia discesse
runt, neque post id tempus unquam summis nobiscū
copijs hostes contenderunt. Cæsar, cognito consilio eo
rum, ad flumē Thamesim in fines Cassiuellauni exer
citum duxit: quod flumen uno omnino loco pedibus,
atque hoc ægre transiri potest. eò cum uenisset, animaduertit, ad alteram fluminis ripam magnas esse
copias hostium instructas. ripa autem erat acutis su
dibus præfixis munita: eiusdemq́. generis sub aqua

H   defixæ

defixæ sudes flumine tegebantur. ijs rebus cognitis a
captiuis, perfugisq́. Cæsar, præmisso equitatu, confestim legiones subsequi iussit, sed ea celeritate, atque
impetu milites ierunt, cum capite solo ex aqua extarent, ut hostes impetum legionum, atque equitum sustinere non possent, ripasq́. dimitterent, ac se fugæ
mandarent. Cassiuellaunus, ut supra demôstrauimus,
omni spe deposita contentionis, dimissis amplioribus
copijs, millibus circiter quattuor essedariorum retentis, itinera nostra seruabat: paullulumq́. ex via exce-
debat, locisq́. impeditis, atque siluestribus sese occul-
tabat: atque ijs regionibus, quibus nos iter facturos
cognouerat, pecora, atque homines ex agris in siluas
compellebat: et, cum equitatus noster liberius uastan-
di, prædandiq́. caussa se in agros effunderet, omnibus
uijs notis, semitisq́. essedarios ex siluis emittebat; et,
cum magno periculo nostrorû equitum, cum ijs con-
fligebat; atque hoc metu latius uagari prohibebat.
relinquebatur, ut neque longius ab agmine legionum
discedi Cæsar pateretur, & tantum in agris uastan-
dis, incendijsq́. faciendis hostibus noceretur, quantû
labore, atque itinere legionarij milites efficere poterant. interim Trinobantes, prope firmissima earum
regionum ciuitas, ex qua Mandubratius adolescens,
Cæsaris fidem secutus, ad eum in continentem Galliâ
uenerat, cuius pater Imannentius in ea ciuitate regnum obtinuerat, interfectusq́. erat a Cassiuellauno,
ipse fuga mortem uitauerat, legatos ad Cæsarê mittunt: pollicenturq́. sese ei dedituros, & imperata facturos:

Eluros: petunt, ut Mandubratium ab iniuria Caſſiuellauni defendat; atque in ciuitatē mittat, qui præſit, imperiumq́. obtineat. his Cæſar imperat obſides quadraginta, frumentumq́. exercitui: Mandubratiumq́. ad eos mittit. illi imperata celeriter fecerunt: obſides ad numerum, frumentumq́. miſerunt. Trinobátibus defenſis, atque ab omni militum iniuria prohibitis, quæ Cenimagni, Segontiaci, Ancalites, Bibroci, Caſſi, legationib. miſſis ſeſe Cæſari dediderunt. ab his cognoſcit, non longe ex eo loco oppidum Caſſiuellauni abeſſe, ſiluis, paludibusq́. munitum, quò ſatis magnus hominum, pecorisq́. numerus conuenerit. oppidum autem Britanni uocant, cum ſiluas impeditas uallo, atque foſſa munierunt, quò, incurſionis hoſtium uitandæ cauſſæ, conuenire conſueuerunt. eò proficiſcitur cum legionibus: locum reperit egregie natura, atque opere munitum: tamen hunc duabus ex partibus oppugnare contendit. Hoſtes, paulliſper morati, militum noſtrorum impetum non tulerunt, ſeséq. ex alia parte oppidi eiecerunt. magnus ibi numerus pecorū repertus, multiq́. in fuga ſunt comprehenſi, atque interfecti. Dum hæc in his locis geruntur, Caſſiuellaunus ad Cantium, quod eſſe ad mare, ſupra demonſtrauimus, quibus regionibus quattuor reges præerant, Cingetorix, Caruilius, Taximagulus, Segonax, nuntios mittit: atque his imperat, ut, coactis omnibus copijs, caſtra naualia de improuiſo adoriantur, atque oppugnent. hi cum ad caſtra uenisſent, noſtri, eruptione facta, multis eorum interfectis, capto etiam

H 2 no-

nobili duce Cingetorige, suos incolumes reduxerunt. Cassiuellaunus, hoc prælio nuntiato, tot detrimétis acceptis, uastatis finibus, maxime etiam permotus defectione ciuitatum, legatos per Atrebatem Comium de deditione ad Cæsarem mittit. Cæsar cum statuisset hiemare in continente propter repentinos Galliæ motus, neque multum æstatis superesset, atque id facile extrahi posse intelligeret, obsides imperat: et, quid in annos singulos uectigalis populo R. Britānia penderet, constituit, interdicit, atque imperat Cassiuellauno, ue Mandubratio, neu Trinobantibus noceat. obsidibus acceptis, exercitum reducit ad mare, naues inuenit refectas. his deductis, quòd et captiuorum magnum numerum habebat, et non nullæ tempestate deperierant naues, duobus commeatibus exercitum reportare constituit. ac sic accidit, ut, ex tanto nauium numero, tot nauigationibus, neque hoc, neque superiore anno ulla omnino nauis, quæ milites portaret, desideraretur. at ex ijs, quæ inanes ex continente ad eum remitterentur, et prioris commeatus expositis militibus, et quas postea Labienus faciendas curauerat, numero LX, perpaucæ locum caperent, reliquæ fere omnes reijcerentur. quas cum aliquandiu Cæsar frustra exspectasset, ne anni tempore nauigatione excluderetur, quòd æquinoctium suberat, necessario angustius milites collocauit: ac summam tranquillitatem consecutus, secunda inita cum soluisset uigilia, prima luce terram attigit, omnesq́, incolumes naues perduxit. subductis nauibus, concilioq́,

Gallo-

Gallorum Samarobrinæ peracto, quòd eo anno frumentum Galliæ propter siccitates angustius prouenerat, coactus est aliter, ac superioribus annis, exercitum in hibernis collocare, legionesq́; in plures ciuitates distribuere: ex quibus unam in Morinos ducendam C. Fabio legato dedit; alteram in Neruios Q. Ciceroni; tertiam in Essuos L. Roscio; quartam in Rhemis cum T. Labieno, in confinio Treuirorum, hiemare iussit: tres in Belgio collocauit: his M. Crassum quæstorem, et L. Munatium Plancum, et C. Trebonium, legatos, præfecit: unam legionem, quam proxime trans Padum cóscripserat, et cohortes v. in Eburones, quorum pars maxima est inter Mosam, et Rhenum, qui sub imperio Ambiorigis et Catiuulci erant, misit. his militibus Q. Titurium Sabinum, et L. Aurunculeium Cottam, legatos, præesse iussit. Ad hunc modum distributis legionibus, facillime inopiæ frumentariæ sese mederi posse existimauit. atque harum tamen omnium legionum hiberna (præter eam, quam L. Roscio in pacatissimam, et quietissimam partem ducendam dederat) millibus passuum centum continebantur. ipse interea, quoad legiones collocasset, munitaq́; hiberna cognouisset, in Gallia morari constituit. Erat in Carnutibus summo loco natus Tasgetius; cuius maiores in sua ciuitate regnum obtinuerant. huic Cæsar, pro eius uirtute, atque in se beneuolétia, quòd in omnibus bellis singulari eius opera fuerat usus, maiorú locum restituerat. tertiú iam hunc annum regnátem inimici palam, multis etiã ex

H 3   ciuitate

ciuitate auctoribus interfecerunt, defertur ea res ad
Cæsarem, ille ueritus, quòd ad plures res pertinebat,
ne ciuitas eorum impulsu deficeret, L. Plancum cum
legione ex Belgio celeriter in Carnutes proficisci iubet, ibiq́; hiemare; quorum opera cognouerat Tasge-
tium interfectum, hos comprehensos ad se mittere.
interim ab omnibus legatis, quæstoribusq́, quibus legiones tradiderat, certior factus est, in hiberna peruentum, locumq́; hibernis esse munitum. diebus circiter xv, quibus in hiberna uentum est, initium repentini tumultus, ac defectionis ortum est ab Ambiorige, et Catiuulco: qui, cum ad fines regni sui Sabino, Cottæq́; præsto fuissent, frumentumq́; in hiberna
comportauissent, inducio mari Treuiri nuntys impul-
si, suos concitauerunt; subitóq́; oppressis lignatori-
bus, magna manu ad castra oppugnanda uenerunt,
cum celeriter nostri arma cepissent, uallumq́; adscendissent; atque, una ex parte Hispanis equitibus emissis, equestri prælio superiores fuissent; desperata re,
hostes suos ab oppugnatione reduxerunt. tum suo more conclamauerunt, uti aliqui ex nostris ad colloquiū
prodirent; habere sese, quæ de re communi dicere uellent; quibus controuersias minui posse sperarent. mittitur ad eos colloquendi caussa C. Carpineius eques
Romanus, familiaris Q. Titurij, et Q. Iunius ex Hispania quidā, qui iam ante, missu Cæsaris, ad Ambiorigem uentitare consueuerat: apud quos Ambiorix
in hunc modum locutus est: sese pro Cæsaris in se beneficijs plurimum ei confiteri debere, quòd eius ope-

ra stipendio liberatus esset, quod Aduaticis finitimis suis pendere consuesset, quodq́; ei & filius, & fratris filius ab Cæsare remissi essent, quos Aduatici, obsidū numero missos, apud se in seruitute, & catbenis tenuissent: neque id, quod fecerat de oppugnatione castrorum, aut iudicio, aut uoluntate sua fecisse, sed coactū ciuitatis: suaq́; esse eiusmodi imperia, ut non minus haberet in se iuris multitudo, quàm ipse in multitudine: ciuitati porro hanc fuisse belli caußam, quòd repentinæ Gallorum coniurationi resistere non potuerit: id se facile ex humilitate sua probare posse; quòd non adeo sit imperitus rerum, ut suis copijs populum R. se superare posse confidat: sed esse Galliæ commune consilium, omnibus hibernis Cæsaris oppugnandis hunc esse dictum diem, ne qua legio alteri legioni subsidio uenire posset: non facile Gallos Gallis negare potuisse; præsertim cum de recuperanda communi libertate consiliū initum uideretur: quibus quoniam pro pietate satisfecerit, habere se nunc rationē officij, pro beneficijs Cæsaris monere, orare Titurium pro hospitio, ut suæ, ac militum saluti consulat: magnam manum Germanorum conductā Rhenum transisse; hanc affore biduo: ipsorum esse consilium, uelint ne prius, quàm finitimi sentiant, eductos ex hibernis milites aut ad Ciceronē, aut ad Labienum deducere; quorum alter millia passuum circiter quinquaginta, alter paullo amplius ab ijs absit: illud se polliceri, & iureiurando confirmare, tutum se iter per fines suos daturum: quod cum faciat, & ciuitati sese consulere,

H 4 quòd

quòd hibernis leuetur, et Cæsari pro eius meritis gratiam referre. Hac oratione habita discedit Ambiorix. Carpineius, & Iunius, quæ audierant, ad legatos deferunt, illi, repentina re perturbati, etsi ab hoste ea dicebantur, non tamen negligenda existimabant: maximéq́. hac re permouebantur, quòd ciuitatem ignobilem, atque humilem Eburonum, sua sponte, populo R. bellum facere ausam, uix erat credendum, itaque ad concilium rem deferunt: magnáq́. inter eos ex his tot caussis cótrouersia orta est. L. Aurunculeius, compluresq́. tribuni mil. et primorum ordinum centuriones nihil temere agendum, neque ex hibernis iniussu Cæsaris discedendum existimabant: quantasuis magnas copias etiá Germanorum sustineri posse, munitis hibernis, docebant:ré esse testimonio, quòd primum hostium impetum, multis ultro uulneribus illatis, fortissime sustinuerint:re frumentaria nó premi: interea et ex proximis hibernis, et a Cæsare conuentura subsidia: postremò, quid esse leuius, aut turpius, quàm, auctore hoste, de summis rebus capere consilium? Contra ea Titurius, serò facturos, clamitabat, cum maiores manus hostium, adiunctis Germanis, conuenissent ; aut cum aliquid calamitatis in proximis hibernis esset acceptum: breué consulendi esse occasioné: Cæsarem arbitrari profectum in Italiam, nec aliter Carnutes interficiendi Tasgetij consilium fuisse capturos, neq́. Eburones, si ille adesset, tanta cum conteptione nostri ad castra uenturos esse: non hosté auctorem, sed rem spectare: subesse Rhenum:

magno

magno esse Germanis dolori Ariouisti mortem, et superiores nostras victorias: ardere Galliam, tot contumelijs acceptis, sub populi R. imperium redactam, superiore gloria rei militaris extincta: postremo, quis hoc sibi persuaderet, sine certa re, Ambiorigē ad ciuſmodi consilium descendisse? suam sententiā in utranque partem esse totam: si nil sit durius, nullo cum periculo ad proximam legionem peruenturos: si Gallia omnis cum Germanis consentiat, unam esse in celeritate positam salutem. Cottæ quidē, atque eorum, qui dissentirent, consilium quem haberet exitum? in quo si non præsens periculum, at certe longa obsidione fames esset pertimescenda. Hac in utranque partem habita disputatione, cum a Cotta, primisq́; ordinibus acriter resisteretur, Vincite, inquit, si ita uultis, Sabinus, et id clariore uoce, ut magna pars militum exaudiret: neque is sum, inquit, qui grauissime ex uobis mortis periculo terrear: hi sapienter, si grauius quid acciderit, abs te rationem reposcent: qui, si per te liceat, perendino die cum proximis hibernis cōiuncti, communē cum reliquis belli casum sustineant, nec reiecti, et relegati longe ab ceteris, aut ferro, aut fame intereant. Consurgitur ex concilio: comprehendunt utrunque,& orant, ne sua dissensione,& pertinacia rem in summum periculum deducant: facilem esse rē, seu maneant, seu proficiscantur, si modo unum omnes sentiant, ac probent: contra in dissensione nullam se salutem perspicere. Res disputatione ad mediā noctem perducitur. tandem dat Cotta permotus manus:

nus: superat sententia Sabini: pronuntiatur, prima luce ituros: consumitur vigilijs reliqua pars noctis, cum sua quisque miles circunspiceret, quid secum portare posset, quid ex instrumento hibernorum relinquere cogeretur. Omnia excogitantur, quare nec sine periculo maneatur, et languore militum, & vigilijs periculum augeatur. prima luce sic ex castris proficiscuntur, ut quibus esset persuasum, non ab hoste, sed ab homine amicissimo Ambiorige consilium datum, longissimo agmine, magnisq́. impedimentis. At hostes, postea quàm ex nocturno fremitu, vigilijsq́. de profectione eorum senserunt, collocatis insidijs, bipartito in siluis, oportuno, atque occulto loco, a millibus passuum circiter duobus, Romanorum aduentum expectabant: &, cum se maior pars agminis in magnam conuallem demisisset, ex utraque parte eius uallis subito sese ostenderunt; nouissimosq́. premere, et primos prohibere adscensu, atque iniquissimo nostris loco praelium committere coeperunt. tum demum Titurius, uti qui nihil ante prouidisset, trepidare, & concursare, cohortesq́. disponere: haec tamen ipsa timide, atque ut eum omnia deficere viderentur: quod plerunque ijs accidere consueuit, qui in ipso negotio consilium capere coguntur. at Cotta, qui cogitasset haec posse in itinere accidere, atque ob eam caussam profectionis auctor non fuisset, nulla in re communi saluti deerat; et in appellandis, cohortandisq́. militibus imperatoris, et in pugna militis officia praestabat. cumq́. propter longitudinem

agmi-

agminis minus facile per se omnia obire, et, quid quo
quo loco faciendum esset, prouidere possent, iusserūt
pronuntiari, ut impedimenta relinquerent, atque in
orbem consisterent: quod consilium etsi in eiusmodi
casu reprehendendum non est, tamen incommode ac
cidit: nam et nostris militibus spem minuit, et hostes
ad pugnandum alacriores effecit; quod non sine sum
mo timore, et desperatione id factum uidebatur. præ
terea accidit, quod fieri necesse erat, ut uulgo milites
ab signis discederent; quæq. quisque eorum carissima
haberet, ab impedimentis petere, atque arripere pro
peraret; et clamore, ac fletu omnia complerentur.
At barbaris consilium non defuit, nam duces eorum
tota acie pronuntiari iusserunt, ne quis ab loco discederet: illorum esse prædam, atque illis reseruari, quæcunque Romani reliquissent: proinde omnia in uicto
ria posita existimarent. erant et uirtute, et numero
pugnandi pares nostri: tametsi a duce, et a fortuna
deserebantur: tamen omnem spem salutis in uirtute
ponebant; et quoties quæque cohors procurreret, ab
ea parte magnus hostium numerus cadebat. quare
animaduersa, Ambiorix pronuntiari iubet, ut procul
tela coniiciant, neu propius accedant: et, quam in par
tem Romani impetum fecerint, cedant: leuitate armorum, et quotidiana exercitatione nihil ijs noceri
posse: rursus, se ad signa recipientes, insequantur.
quo præcepto ab ijs diligentissime obseruato, cum
quæpiã cohors ex orbe excesserat, atque impetū fece
rat, hostes uelocissime refugiebat. interim ea parte nu
dari

dari necesse erat, et ab latere aperto tela recipi. rursus, cum in eum locu, unde erant egressi, reuerti cœperant, et ab ijs, qui cesserāt, et ab ijs, qui proximi ste
terant, circumueniebantur. sin autē locum tenere uel
lēt, neque uirtuti locus relinquebatur, neque a tanta
multitudine coniecta tela a confertis uitari poterant.
tamē, tam multis incōmodis conflictati, multis uulne
ribus acceptis, resistebant; et magna parte diei consumpta, cum a prima luce ad horam octauam pugna
retur, nihil, quod ipsis esset indignum, committebāt.
tum T. Baluentio, qui superiore anno primum pilum
duxerat, uiro forti, et magnæ auctoritatis, utrunque
femur tragula transijcitur. Q. Lucanius, eiusdē ordi
nis, fortissime pugnans, dum circumuento filio subue
nit, interficitur. L. Cotta legatus omnes cohortes, or
dinesq́. adhortans, in aduersum os funda uulneratur.
his rebus permotus Q. Titurius cum procul Ambiorigem suos cohortantem conspexisset, interpretem
suum, Cn. Pompeium ad eum mittit, rogatum, ut sibi, militibusq́. parcat. ille appellatus respondit, si uel-
lit, sēcum colloqui, licere; sperare, a multitudine impetrari posse, quod ad militum salutē pertineat; ipsi
uero nihil nocitum iri, inq́. eam rem se, suamq́. fidem
interponere. ille cum Cotta saucio communicat, si ui
deatur, pugna ut excedant, et cum Ambiorige una
colloquantur, sperare se ab eo suam, ac militum salutem impetrari posse. Cotta se ad armatum hostem
iturū negat, atque in eo perseuerat. Sabinus, quos in
præsentiā tribunos mil. circū se habebat, et primorū
ordinum

LIBER V. 63

ordinum centuriones se sequi iubet: et , cum propius Ambiorigem accessisset, iussus arma abijcere, imperata facit: suisq́., ut idem faciant, imperat. interim dum de condicionibus inter se agunt, logiorq́. consulto ab Ambiorige instituitur sermo, paullatim circumuentus interficitur. tum uero, suo more, uictoriam conclamant, atque ululatum tollunt; impetuq́. in nostros facto, ordines perturbant. ibi L. Cotta pugnans interficitur cum maxima parte militum. reliqui se in castra recipiunt, unde erant egressi. ex quibus L. Petrosidius aquilifer, cum magna multitudine hostiũ premeretur, aquilam intra uallum proiecit. ipse pro castris fortissime pugnans occiditur. alij ægre ad noctem oppugnationem sustinent: noctu ad unum omnes, desperata salute, se ipsi interficiunt. pauci ex prælio elapsi incertis itineribus per siluas ad T. Labienũ legatum in hiberna perueniunt; atque eum de rebus gestis certiorem faciunt. Hac uictoria sublatus Ambiorix, statim cum equitatu in Aduaticos, qui erant eius regno finitimi, proficiscitur: neque diem, neque noctem intermittit; peditatumq́. se subsequi iubet. re demonstrata, Aduaticisq́. concitatis, postero die in Neruios peruenit: hortatuq́. ne sui in perpetuum liberandi, atque ulciscendi Romanos, pro ijs, quas acceperint, iniurijs, occasionem dimittant. interfectos esse legatos duos, magnáq́. partem exercitus interiisse demonstrant, nihil esse negotij subito oppressam legionem, quæ cum Cicerone hiemet, interfici: se ad eam rem profitetur adiutorem. facile hac oratione

Neruijs

Neruijs perſuadet, itaque confestim dimiſſis nuntijs ad Centrones, Grudios, Leuacos, Plemoſios, Gorduuos, qui omnes ſub eorum imperio ſunt, quā maximas manus poſſuat, cogunt; et de improuiſo ad Ciceronis hiberna aduolant, non dum ad eum fama de Titurij morte perlata. Huic quoq̃. accidit, quod fuit neceſſe, ut non nulli milites, qui lignationis, munitionisq̃. cauſſa in ſiluas diſceſſiſſent, repentino equitum aduentu interciperentur. his circumuentis magna manu Eburones, Aduatici, Neruij, atque horum omnium ſocij, et clientes legionē oppugnare incipiunt. noſtri celeriter ad arma concurrunt ; uallum conſcendunt. ægre is dies ſuſtentatur, quòd omnē ſpem hoſtes in celeritate ponebant; atque hanc adepti uictoriam in perpetuum ſe fore uictores confidebant. Mittuntur ad Cæſarem conſeſtim a Cicerone litteræ, magnis propoſitis præmijs, ſi pertuliſſent. obſeſſis omnibus uijs miſſi intercipiuntur. noctu ex ea materia, quam munitionis cauſſa comportauerant, turres CXX excitantur incredibili celeritate: quæ deeſſe operi uidebantur, perficiuntur. hoſtes poſtera die, multo maioribus copijs coactis, caſtra oppugnant, foſſam complent. a noſtris eadem ratione, qua pridie, reſiſtitur. hoc idem deinceps reliquis ſit diebus. nulla pars nocturni temporis ad laborem intermittitur: non ægris, non uulneratis facultas quietis datur. quæcunque ad proximi diei oppugnationem opus ſunt, noctu comparantur. multæ præuſtæ ſudes, magnus muralium pilorum numerus inſtituitur: turres contabulantur: pin-

LIBER V. 64

næ, loricæq́. ex cratibus attexuntur. ipse Cicero, cum tenuissima ualetudine esset, ne nocturnum quidem sibi tempus ad quietem relinquebat: ut ultro militum concursu, ac uocibus sibi parcere cogeretur. Tunc duces, principesq́. Neruiorum, qui aliquem sermonis aditum, caussamq́. amicitiæ cum Cicerone habebant, colloqui sese uelle diunt. facta potestate, eadem, quæ Ambiorix cum Titurio egerat, commemorant: omnem esse in armis Galliam: Germanos Rhenum transisse: Cæsaris, reliquorumq́. hiberna oppugnari: addunt etiam de Sabini morte. Ambiorigem ostentant, fidei faciundæ caussa: errare eos dicunt, si quidquam ab ijs præsidij sperent, qui suis rebus diffidant: sese tamen scire hoc esse in Ciceronem, populumq́. R. animo, ut nihil, nisi hiberna, recusent, atque hanc inueterascere consuetudinem nolint: licere illis incolumibus per se ex hibernis discedere, &, in quascunque partes uelint, sine metu proficisci. Cicero ad hæc, unum modo respondit: non esse consuetudinem populi R. ullam accipere ab hoste armato condicionem: si ab armis discedere uelint, se adiutore utantur, legatosq́. ad Cæsarem mittant: sperare se, pro eius iustitia, quæ petierint, impetraturos. ab hac spe repulsi Neruij, uallo pedum x i, & fossa pedum x v, hiberna cingunt. hæc superiorum annorum consuetudine a nostris cognouerant, et, quosdam de exercitu nacti captiuos, ab his docebantur. sed nulla his for ramentorū copia, quæ esset ad hunc usum idonea, gladijs cespites circūcidere, manibus, sagulisq́. terrā exhaurire

haurire cogebantur. qua quidem ex re hominum multitudo cognosci potuit. nam minus horis tribus decem millium passuum circuitu munitionem perfecerunt. reliquisq́. diebus turres ad altitudinem ualli, falces, testudinesq́., quas ijdem captiui docuerant, parare, ac facere cœperunt. septimo oppugnationis die, maximo coorto uento, feruentes fusili ex argilla glandes, fundis, et seruefacta iacula in casas, quæ more Gallico stramentis erant tectæ, iacere cœperunt. hæ celeriter ignem comprehenderunt, et, uenti magnitudine, in omnem castrorum locum distulerunt. hostes maximo clamore insecuti, quasi parta iam, atque explorata uictoria, turres, testudinesq́. agere, et scalis uallum adscendere cœperunt. at tanta militum uirtus, atque ea præsentia animi fuit, ut, cum undique flamma torrerentur, maximaq́. telorum multitudine premerentur, suaq́. omnia impedimenta, atque omnes fortunas conflagrare intelligerent, non modo demigrandi caussa de uallo decederet nemo, sed pæne ne respiceret quidem quisquam, ac tum omnes acerrime, fortissimeq́. pugnarent. hic dies nostris longe grauissimus fuit, sed tamen hunc habuit euentum, ut eo die maximus numerus hostium uulneraretur, atq́. interficeretur; ut se sub ipso uallo constipauerát, recessumq́. primis ultimi non dabant. Paulum quidé intermissa flamma, et quodam loco turri adacta, et contingente uallum, tertiæ cohortis centuriones, ex eo, quo stabant, loco recesserunt, suosq́. omnes remouerunt, nutu, uocibusq́. hostes, si introire uellét, uocare
cœperunt:

LIBER V.   65

cœperunt: quorum progredi ausus est nemo. tum ex omni parte lapidibus coniectis deturbati, turrisq́; succensa est. erant in ea legione fortissimi uiri centuriones, qui iam primis ordinibus appropinquarent, T. Pulfio, & L. Varenus. ij perpetuas controuersias inter se habebant, uter alteri anteferretur, omnibusq́; annis de loco summis simultatibus contendebant. ex ijs Pulfio, cum acerrime ad munitiones pugnaretur, Quid dubitas, inquit, Varene? aut quem locum probandæ uirtutis tuæ exspectas? hic dies, hic dies de nostris controuersijs iudicabit. Hæc cum dixisset, procedit extra munitiones, &, quæ pars hostium confertissima uisa est, in eam erumpit. nè Varenus quidem tum uallo sese continet, sed omnium ueritus existimationem, subsequitur, mediocri spatio relicto. Pulfio pilum in hostes mittit, atque unū ex multitudine procurrentem traijcit: quo percusso, et exanimato, hunc scutis protegunt hostes, et in illum uniuersi tela coniiciunt, neque dant regrediendi facultatē. transfigitur scutum Pulfioni, & uerutū in balteo defigitur. auertit hic casus uaginam, & gladium educere conantis dextram moratur manum, impeditumq́; hostes circumsistunt. succurrit inimicus illi Varenus, & laboranti subuenit. ad hunc se confestim a Pulfione omnis multitudo conuertit. illum ueruto transfixum arbitrantur. Varenus gladio, cominus rem gerit, atque uno interfecto reliquos paullum propellit. dum cupidius instat, in locum inferiorē deiectus concidit. huic rursus circumuento fert subsidiū Pulfio, atque ambo

I   incolu-

incolumes, compluribus interfectis, summa cum laude sese intra munitiones recipiunt. sic fortuna in contentione, et certamine iutrunque uersauit, ut alter alteri inimicus auxilio, salutiq́. esset, neque dijudicari posset, uter utri uirtute anteferedus uideretur. quanto erat in dies grauior, atque asperior oppugnatio, et maxime, quòd, magna parte militum confecta uulneribus, res ad paucitatem defensorum peruenerat, tanto crebriores litteræ, nuntijq́. ad Cæsarem mittebantur: quorum pars deprehensa in conspectu nostrorum militum cum cruciatu necabatur. erat unus intus Neruius, nomine Pertico, loco natus honesto, qui a prima obsidione ad Ciceronem profugerat, suamq́. ei fidem præstiterat. hic seruo spe libertatis, magnisq́. persuadet præmijs, ut litteras ad Cæsarē deferat. has ille in iaculo illigatas affert; et Gallus inter Gallos sine ulla suspicione uersatus, ad Cæsarē peruenit. ab eo de periculo Ciceronis, legionisq́. cognoscit. Cæsar, acceptis litteris circiter hora xı diei statim nuntium in Bellouaeos ad M. Crassum quæstorē mittit, cuius hiberna aberant ab eo millia passiū xxv: iubet media nocte legionem proficisci, celeriterq́. ad se uenire. exijt cum nuntio Crassus. alterum ad C. Fabium legatum mittit, ut in Atrebatium fines legionem adducat, qua sibi iter faciendum sciebat. scribit Labieno, si reip. cómodo facere posset, cum legione ad fines Neruiorum ueniat: reliquam partem exercitus, quòd paullo aberat longius, non putat exspectādam: equites circiter quadringentos ex proximis hibernis

bernis cogit. hora circiter tertia ab antecursoribus de Crassi aduentu certior est factus. eo die millia passuú xx progreditur. Crassum Samarobrinæ præficit, legionemq́. ei attribuit, quòd ibi impedimenta exercitus, obsides ciuitatú, litteras publicas, frumentumq́. omne, quod eò tolerandæ hiemis caussa deuexerat, relinquebat. Fabius, ut imperatú erat, non ita multum moratus in itinere, cum legione occurrit. Labienus, interitu Sabini, et cæde cohortum cognita, cum omnes ad eum Treuirorum copiæ ueníssent, ueritus, si ex hibernis fugæ similem profectionem fecisset, ut hostium impetú sustinere non posset, præsertim quos recenti uictoria efferri sciret, litteras Cæsari remittit; quanto cum periculo legionem ex hibernis educturus esset: rem gestam in Eburonibus perscribit: docet, omnes peditatus, equitatusq́. copias Treuirorum tria millia passuú longe ab suis castris consedisse. Cæsar, consilio eius probato, etsi, opinione trium legionum deiectus, ad duas redierat, tamen unum cõmunis salutis auxiliú in celeritate ponebat: uenit magnis itineribus in Neruiorú fines: ibi ex captiuis cognoscit, quæ apud Ciceronem gerantur, quantoq́. in periculo res sit. tum cuidam ex equitibus Gallis magnis præmijs persuadet, uti ad Ciceronem epistolam deferat. hanc Græcis conscriptam litteris mittit; ne, intercepta epistola, nostra ab hostibus consilia cognoscantur: si adire non possit, monet, ut tragulam cum epistola ad amentum deligata, intra munitiones castrorum abijciat. in litteris scribit, se cum legionibus

I 2 profecontemptionem hostibus ueniat. interim, speculatoribus in omnes partes dimissis, explorat, quo commodissime itinere uallem transire posset. eo die paruulis equestribus prælijs ad aquam factis, utrique sese suo loco continent; Galli, quòd ampliores copias, quæ non dum conuenerant, exspectabant; Cæsar, si forte timoris simulatione hostes in suum locum elicere posset, citra uallem, ut pro castris prælio contenderet; si id efficere non posset, ut, exploratis itineribus, minore cum periculo uallem, riuumq́. transiret. prima luce hostium equitatus ad castra accedit, præliumq́. cum nostris equitibus committit. Cæsar consulto, equites cedere, seq́. in castra recipere iubet; simul ex omnibus partibus castra altiore uallo muniri, portasq́. obstrui, atque in ijs administrādis rebus quàm maxime cōcursari, et cum simulatione agi timoris iubet. quibus omnibus rebus hostes inuitati, copias traducunt, aciemq́. iniquo loco constituunt: nostris uero etiā de uallo deductis propius accedunt; et tela intra munitionē ex omnibus partibus cōijciunt; præconibusq́. circummissis, pronuntiari iubét, seu quis Gallus, seu Romanus uelit ante horam tertiā ad se transire, sine periculo licere; post id tēpus non fore potestatem. ac sic nostros contempserunt, ut, obstructis in speciem portis singulis ordinibus cespitum, quòd eā non posse introrumpere uidebátur, alij uallum manu scindere, alij fossas cōplere inciperent. tūc Cæsar, omnibus portis eruptione facta, equitatuq́. emisso, celeriter hostes dat in fugā, sic, ut omnino pugnandi caussa

I 3 resiste-

resisteret nemo: magnumq́, ex his numerum occidit,
atque omnes armis exfuit. longius prosequi ueritus,
quod siluæ, paludesq́. intercedebant: neq. etiá paruu
lo detrimento illum locum relinqui uidebat: omnibus
suis incolumibus copijs, eodem die ad Ciceronem per
uenit. institutas turres, testudines, munitionesq́. ho
stium admiratur: legione producta, cognoscit, non
decimum quenque esse relictum militem sine uulne
re. ex his omnibus iudicat rebus, quanto cum pericu
lo, et quanta cum uirtute sint res administratæ: Cice
ronem pro eius merito, legionemq́. collaudat: centu
riones sigillatim, tribunosq́. mil. appellat: quorum
egregiam fuisse uirtutem, testimonio cognouerat. de
casu Sabini, et Cottæ certius ex captiuis cognoscit:
postero die, concione habita, rem gestam proponit:
milites consolatur, et confirmat: quod detrimentum
culpa, et temeritate legati sit acceptum, hoc æquiore
animo ferendum docet; quod, beneficio deorum im
mortalium, et uirtute eorum expiato incómodo, ne
que hostibus diutina lætitia, neque ipsis longior dolor
relinquatur. Interim ad Labienum per Rhemos in
credibili celeritate de uictoria Cæsaris fama perfer
tur; ut, cú ab hibernis Ciceronis millia passuum quin
quaginta abesset, eoq́. post horá noná diei Cæsar per
uenisset, ante mediá noctem ad portas castrorum cla
mor oriretur; quo clamore significatio uictoriæ, gra
tulatioq́. ab Rhemis Labieno fieret. Hac fama ad Tre
uiros perlata, Induciomarus, qui postero die castra La
bieni oppugnare decreuerat, noctu profugit, copiasq́.
omnes

omnes in Treuiros reducit. Cæsar Fabium cum legione in sua remittit hiberna: ipse cum tribus legionibus circum Samarobrinam trinis hibernis hiemare constituit; et, quòd tanti motus Galliæ extiterant, totam hiemem ipse ad exercitum manere decreuit. nã, illo incommodo de Sabini morte perlato, omnes fere Galliæ ciuitates de bello consultabant, nuntios, legationesq́. in omnes partes dimittebant; et, quid reliqui consilij caperent, atque unde initium belli fieret, explorabant; nocturnaq́. in locis desertis concilia habebant: neque ullum totius hiemis tempus intercessit sine solicitudine Cæsaris, quin aliquem de concilijs, et motu Gallorum nuntium acciperet, in his ab L. Roscio legato, quem legioni tertiædecimæ præfecerat, certior est factus, magnas Gallorum copias earum ciuitatum, quæ Armoricæ appellantur, oppugnandi sui caussa conuenisse. neque longius millia passuum octo ab hibernis suis abfuisse, sed, nuntio allato de uictoria Cæsaris, discessisse, adeo ut fugæ similis discessus uideretur. At Cæsar, principibus cuiusq́. ciuitatis ad se uocatis, alias territando, cum se scire, quæ fierent, denuntiaret; alias cohortando, magnam partem Galliæ in officio tenuit: tamen Senones, quæ est ciuitas in primis firma, et magnæ inter Gallos auctoritatis, Cauarinum, quem Cæsar apud eos regem constituerat, cuius frater Moritasgus, aduentu in Galliam Cæsaris, cuiusq́. maiores regnum obtinuerant, interficere publico consilio conati, cum ille præsensisset, ac profugisset, usque ad fines insecuti,

I 4 regno,

ubi intellexit ultro ad se neniri, altera ex parte Senones, Carnutesq́. conscientia facinoris instigari; altera Neruios, Aduaticosq́. bellum Romanis parare; neque sibi uoluntariorum copias deferre, si ex finibus suis progredi cœpisset, armatum concilium indicit, hoc more Gallorum est initium belli, quo, lege communi, omnes puberes armati conuenire coguntur; et qui ex is nouissimus uenit, in conspectu multitudinis omnibus cruciatibus affectus necatur. in eo concilio Cingetorigem, alterius principem factionis, generis suum, quem supra demonstrauimus, Cæsaris secutū fidem, ab eo non discessisse, hostem iudicandum curat; bonáq́. eius publicat. his rebus confectis, in concilio pronuntiat accersitum se a Senonibus, et Carnutibus, alijsq́. compluribus Galliæ ciuitatibus; huc iter facturum per fines Rhemorum, eorumq́. agros populaturum, ac prius, quàm id faciat, castra Labieni oppugnaturum: quæq́. fieri uelit, præcipit. Labienus, cū et loci natura, et manu munitissimis castris sese contineret, de suo, ac legionis periculo nihil timebat, sed, ne quam occasionem rei bene gerendæ dimitteret, cogitabat. itaque a Cingetorige, atque eius propinquis oratione Induciomari cognita, quam in concilio habuerat, nuntios mittit ad finitimas ciuitates, equitesq́. undique conuocat. ijs certā diem conueniendi dicit. interim prope quotidie cū omni equitatu Induciomarus sub castris eius uagabatur, alias ut situm castrorum cognosceret, alias colloquendi, aut territandi caussa. equites plerunque omnes tela intra uallum

con-

coniiciebant. Labienus suos intra munitiones continebat: timorisq́; opinionem, quibuscunque poterat rebus, augebat. cū maiore in dies contemptione Inducio-marus ad castra accederet, nocte una intromissis equi-tibus omnium finitimarum ciuitatum, quos accerſendos curauerat, tanta diligentia omnes suos custodijs intra castra cōtinuit, ut nulla ratione ea res enūciari, aut ad Treuiros perferri posset. interim ex consuetudine quotidiana Induciomarus ad castra accedit; atque ibi magnam partem diei consumit; equites tela coniiciūt, et magna contumelia uerborum nostros ad pugnam euocant. nullo a nostris dato responso, ubi uisum est, sub uesperum dispersi, ac dissipati discedunt. subito Labienus duabus portis omnem equitatum e-mittit; præcipit, atque interdicit, perterritis hostibus atque in fugam coniectis, quod fore, sicut accidit, uidebat, omnes, unum peterēt Induciomarum, neu quis quenquā prius uulneraret, quàm illum interfectum uideret, quòd, mora reliquorum, illum, spatium nacti non effugere nolebat, magna proponit ijs, qui occiderint, præmia: summittit cohortes equitibus sub-sidio. comprobat hominis consilium fortuna, et, cùm unū omnes peterent, in ipso fluminis uado depreh̄sus Induciomarus interficitur; caputq́; eius refertur in castra. redeuntes equites, quos possunt, consectantur, atque occidunt. Hac re cognita, omnes Eburonū, & Neruiorum, quæ conuenerant, copiæ discedunt; paulloq́; habuit post id factum Cæsar quietiorem Galliam.

C. IVLII CAESARIS
COMMENTARIORVM
DE BELLO GALLICO LIB. VI.

VLTIS de caußis Cæsar maiorem Galliæ motū exspectans, per M. Silanum, C. Antistium Reginum, T. Sextium, legatos, delectum habere instituit: simul ab Cn. Pompeio proconsule petit, quoniam ipse ad urbem cum imperio reip. cauſſa maneret, quos ex cisalpina Gallia consulis sacrameto rogauiſſet, ad signa conuenire, et ad se proficisci iuberet: magni intereſſe etiā in reliquum tempus, ad opinionē Galliæ, existimans, tantas uideri Italiæ facultates, ut, si quid eſſet in bello detrimenti acceptum, non modo id breui tempore sarciri, sed etiam maioribus adaugeri copijs poſſet. quod cum Pompeius et reip. & amicitiæ tribuiſſet, celeriter confecto per suos delectu, tribus ante exactam hiemem et constitutis, & adductis legionibus, duplicatoq́ earum cohortium numero, quas cum Q. Titurio amiserat, & celeritate, et copijs docuit, quid populi R. disciplina, atque opes poſſent. Interfecto Inducio maro, ut docuimus, ad eius propinquos a Treuiris imperium defertur. illi finitimos, atque Germanos solicitare, et pecuniam polliceri non desistunt. cū ab proximis impetrare non poſſent, ulteriores tentant: inuentis non nullis ciuitatibus, iureiurado inter

se

caussa,ad Cæsarem mittunt: adeunt per Heduos,quorum antiquitus erat in fide ciuitas.libenter Cæsar, petentibus Heduis, dat ueniam ; excusationemq́. accipit: quòd æstiuum tempus instantis belli, non quæstionis esse arbitrabatur. obsidibus impetratis centum, hos Heduis custodiendos tradit. eodem Carnutes legatos,obsidesq́. mittunt,usi deprecatoribus Rhemis, quorum erant in clientela: eadé ferunt responsa. peragit concilium Cæsar,equitesq́. imperat ciuitatibus. hac parte Galliæ pacata, totus et mente, et animo in bellum Treuirorum, et Ambiorigis insistit: Cauarinum cum equitatu Senonum secum proficisci iubet, ne quis aut ex huius iracundia, aut ex eo, quod metuerat,odio ciuitatis motus existat. his rebus constitutis,quòd pro explorato habebat Ambiorigem prœlio non esse concertaturum, reliqua eius consilia animo circumspiciebat.erant Menapij propinqui Eburonum finibus,perpetuis paludibus,siluisq́. muniti, qui uni ex Gallia de pace ad Cæsarem legatos nunquam miserant. cum ijs esse hospitium Ambiorigi sciebat: item per Treuiros uenisse Germanos in amicitiam cognouerat. hæc prius illi detrahenda auxilia existimabat,quàm ipsum bello lacessendum ; ne,desperata salute,aut se in Menapios abderet,aut cum transrhenanis congredi cogeretur. hoc inito consilio,totius exercitus impedimenta ad Labienum in Treuiros mittit, duasq́. legiones ad eum proficisci iubet: ipse cum legionibus expeditis quinq́. in Menapios proficiscitur. illi,nulla coacta manu,loci præsidio freti,in siluas, paludesq́.

ludesq́; confugiunt; suáq́; eodem conferunt. Cæsar, partitis copijs cum C. Fabio legato, et M. Crasso quæstore, celeriterq́; effectis pontibus, adijt tripartito ædificia, uicosq́; incendit; magno pecoris, atque hominum numero potitur. quibus rebus coacti Menapij legatos ad eum pacis petendæ caussa mittunt. ille, obsidibus acceptis, hostium se habiturum numero confirmat, si aut Ambiorigē, aut eius legatos finibus suis recepissent. his confirmatis rebus, Comium Atrebatem cum equitatu, custodis loco, in Menapijs relinquit; ipse in Treuiros proficiscitur. Dum hæc a Cæsare geruntur, Treuiri, magnis coactis peditatus, equitatusq́; copijs, Labienum cum una legione, quæ in eorum finibus hiemauerat, adoriri parabant. iamq́; ab eo non longius bidui uia aberant, cum duas uenisse legiones missu Cæsaris cognoscunt, positis castris a millibus passuum XV, auxilia Germanorum exspectare constituunt. Labienus, hostium cognito consilio, sperans temeritate eorum fore aliquam dimicandi facultatem, quinque cohortium præsidio impedimentis relicto cum uigintiquinque cohortibus, magnoq́; equitatu, contra hostē proficiscitur; et, mille passuum intermisso spatio, castra communit. Erat inter Labienum, atque hostem difficili transitu flumen, ripisq́; præruptis. hoc neque ipse transire habebat in animo, neque hostes transituros existimabat. augebatur auxilioru quotidie spes. loquitur in concilio palàm; quoniá Germani appropinquare dicuntur, sese suas, ex ercitusq́; fortunas in dubium non deuocaturum, & postero die
prima

prima luce castra moturum, celeriter hæc ad hostes deferuntur, ut ex magno Gallorum equitatus numero non nullos Gallicis rebus fauere natura cogebat. Labienus, noctu tribunis mil. primisq́. ordinibus conuocatis, quid sui consilij sit, proponit; et, quo facilius hostibus timoris det suspicionem, maiore strepitu, & tumultu, quàm populi R. fert consuetudo, castra moueri iubet. his rebus fugæ similem profectionem efficit. hæc quoque per exploratores ante lucem in tanta propinquitate castrorum ad hostes deferuntur. uix agmen nouissimum extra munitiones processerat, cum Galli, cohortati inter se, ne speratam prædam ex manibus dimitterent, longum esse, perterritis Romanis, Germanorum auxilium exspectare; neque suam pati dignitatem, ut tantis copijs tã exiguã manum, præsertim fugientem, atque impeditã, adoriri nõ audeãt; flumen transire, et iniquo loco prælium committere non dubitant. quæ fore suspicatus Labienus, ut omnes citra flumẽ eliceret, eadem usus simulatione itineris, placide progrediebatur. tum præmissis paullum impedimentis, atq. in tumulo quodam collocatis, Habetis, inquit, milites, quam petistis, facultatem: hostem impedito, atque iniquo loco tenetis: præstate eandem nobis ducibus uirtutem, quam sæpenumero imperatori præstitistis: eum adesse, et hæc coram cernere existimate. simul signa ad hostem conuerti, aciemq́. dirigi iubet: et, paucis turmis præsidio ad impedimẽta dimissis, reliquos equites ad latera disponit. celeriter nostri, clamore sublato, pila in hostes iaciũt. illi, ubi præ

ter

LIBER VI.

accepit, aditus, uiasq́. in Sueuos perquirit. Interim
paucis post diebus fit ab Vbijs certior, Sueuos omnes
in unum locum copias cogere; atque ijs nationibus,
quæ sub eorum sunt imperio, denuntiare, ut auxilia,
peditatus, equitatusq́. mittant. his cognitis rebus,
rem frumentariam prouidet, castris idoneum locum
deligit. Vbijs imperat, ut pecora deducant, suaq́. omnia ex agris in oppida conferant; sperans barbaros,
atque imperitos homines, inopia cibariorum adductos, ad iniquam pugnandi condicionem posse deduci. mandat, ut crebros exploratores in Sueuos mittant, quæq́. apud eos gerantur, cognoscant. illi imperata faciunt; et, paucis diebus intermissis, referunt
Sueuos omnes, posteaquam certiores nuntij de exercitu Romanorum uenerant, cum omnibus suis socio-
rumq́. copijs, quas coegissent, penitus ad extremos fines sese recepisse: siluam esse ibi infinitæ magnitudinis, quæ appellatur Bacenis, ac longe introrsus pertinere, et pro natiuo muro obiectam, Cheruscos a Sueuis, Sueuosq́. a Cheruscis, iniurijs, incursionibusq́,
prohibere: ad eius initium siluæ Sueuos aduentú Romanorum expectare constituisse. Quoniá ad hunc locum peruentum est, non alienum esse uidetur de Galliæ, Germaniæq́. moribus, et quo differant eæ nationes inter sese, proponere. In Gallia non solú in omnibus ciuitatibus, atque pagis, partibusq́, sed pæne e-
tiá in singulis domibus factiones sunt: earúq́. factionú
sunt principes, qui summá auctoritaté eorum iudicio
habere existimantur, quorú ad arbitrium, iudiciumq́.

K summa

summa omnium rerum, consiliorumq̃. redeat. idq̃.
eius rei caussa antiquitus institutum uidetur, ne quis
ex plebe contra potentiorem auxilij egeret. suos e-
nim opprimi quisq́ue, et circumueniri non patitur, ne
que, aliter si faciat, ullam inter suos habet auctorita
tem. haec eadem ratio est in summa totius Galliae. ná
que omnes ciuitates in duas partes diuisae sunt. cum
Caesar in Galliam uenit, alterius factionis principes
erant Hedui, alterius Sequani. ij cum per se minus
ualerent, quòd summa auctoritas antiquitus erat in
Heduis, magnaq́. eorum erant clientelae, Germanos, atque Ariouistum sibi adiunxerat, eosq́. ad se
magnis iacturis, pollicitationibusq́ue perduxerant:
praelijs uero compluribus factis secundis, atque om
ni nobilitate Heduorum interfecta, tantum potentia
antecesserant, ut magnam partem clientium ab Heduis ad se traducerent; obsidesq́. ab ijs principum
filios acciperent; et publice iurare cogerent, nihil se
contra Sequanos consilij inituros; et partem finitimi
agri per uim occupatam possiderent; Galliaq́. totius
principatu obtinerent. qua necessitate adductus Diui
tiacus, auxilij petendi caussa Romá ad senatum profectus, infecta re redierat. aduentu Caesaris facta com
mutatione rerum, obsidibus Heduis redditis, ueteri
bus clietelis restitutis, nouis per Caesarem cõparatis;
quòd ij, qui se ad eorũ amicitiã aggregauerant, melio
re cõditione, atque imperio æquiore se uti uidebát, re
liquis rebus eorũ, gratia, dignitateq́. amplificata, Se
quani principatũ dimiserant. in eorum locũ Rhemi
successerant;

successerat, quos quòd adæquare apud Cæsarem gratia intelligebatur, ij, qui propter veteres inimicitias nullo modo cum Heduis coniungi poterant, se Rhemis in clientelam dicabant. hos illi diligenter tuebantur: ita et nouam, et repente collectam auctoritatem tenebant. eo tum statu res erat, ut longe principes haberentur Hedui, secundum locum dignitatis Rhemi obtinerent. In omni Gallia eorum hominum, qui in aliquo sunt numero, atque honore, genera sunt duo. nam plebs pæne seruorum habetur loco, quæ per se nihil audet, et nulli adhibetur consilio. plerique, cum aut ære alieno, aut magnitudine tributorum, aut iniuria potentiorum premuntur, sese in seruitutem dicant nobilibus. in hos eadem omnia sunt iura, quæ dominis in seruos. sed de his duobus generibus alterum est Druidum, alterum equitum. illi rebus diuinis intersunt, sacrificia publica, ac priuata procurant, religiones interpretantur: ad hos magnus adolescentium numerus disciplinæ caussa concurrit; magnoq́; ij sunt apud eos honore. nam fere de omnibus controuersiis publicis, priuatisq́; constituunt; et, si quod est admissum facinus, si cædes facta, si de hereditate, de finibus controuersia est, ijdem discernunt; præmia, pœnasq́; constituunt: si quis aut priuatus, aut populus eorum decreto non stetit, sacrificijs interdicunt. hæc pœna apud eos est grauissime. quibus ita est interdictum, ij numero impiorum, ac sceleratorum habentur; ab ijs omnes decedunt, aditum eorum, sermonemq́; defugiunt, ne quid ex côtagione incômodi accipiant: neque

K 2 ij.

ijs petentibus ius redditur, neque honos ullus commu
nicatur. his autem omnibus Druidibus præest unus,
qui summam inter eos habet auctoritatem. hoc mor
tuo, si quis ex reliquis excellit dignitate, succedit;
at, si sunt plures pares, suffragio Druidum adlegi-
tur; non nunquam etiam de principatu armis conten
dunt. ij certo anni tempore in finibus Carnutum, quæ
regio totius Galliæ media habetur, considunt in loco
consecrato. huc omnes undique, qui controuersias
habent, conueniunt; eorumq́. indicijs, decretisq́.
parent. Disciplina in Britannia reperta, atque inde
in Galliam translata esse existimatur. et nunc, qui
diligentius eam rem cognoscere uolunt, plerumque il
lò discendi caussa proficiscuntur. Druides a bello abesse consueuerunt, neque tributa una cum reliquis pē
dunt, militiæ uacationem, omniumq́. rerum habent
immunitatem; tantis excitati præmijs, et sua sponte
multi in disciplinam conueniunt, et a propinquis, pa-
rentibusq́. mittuntur: magnum ibi numerum uersuū
ediscere dicuntur. itaque non nulli annos uicenos in
disciplina permanent; neque fas esse existimant ea lit
teris mandare, cū in reliquis fere rebus, publicis pri
uatisq́. rationibus Græcis litteris utatur. id mihi dua
bus de caussis instituisse uidentur; quòd neque in uul
gus disciplinam efferri uelint, neque eos, qui discunt,
litteris confisos minus memoriæ studere; quod fere
plerisq́. accidit, ut præsidio litterarum, diligentiam
in perdiscendo, ac memoriam remittant. in primis hoc
uolunt persuadere, non interire animas, sed ab alijs

post

post mortem transire ad alios; atque hoc maxime ad uirtutem excitari putant, metu mortis neglecto. mul ta præterea de sideribus, atque eorum motu, de mun di, ac terrarum magnitudine, de rerū natura, de deo rum immortalium ui, ac potestate disputant, et iuuen tuti tradunt. alterum genus est equitum. ij, cum est usus, atque aliquod bellum incidit, (quod ante Cæsa ris aduentum fere quotannis accidere solebat, uti aut ipsi iniurias inferrent, aut illatas propulsarēt) omnes in bello uersantur; atque eorum, ut quisque est gene re, copijsq́. amplissimus, ita plurimos circum se am bactos, clientesq́. habet. hanc unam gratiam, poten tiamq́. nouerunt. natio est omnium Gallorum admo dum dedita religionibus, atque ob eam caussam, qui sunt affecti grauioribus morbis, quiq́. in prœlijs, peri culisq́. uersantur, aut pro uictimis homines immolāt, aut se immolaturos uouent, administrisq́. ad ea sacri ficia Druidibus utuntur; quòd pro uita hominis, nisi uita hominis reddatur, non posse deorum immorta lium numen placari arbitrantur; publiceq́. eiusdem generis habent instituta sacrificia. alij immani magni tudine simulacra habent; quorum contexta uimni bus mēbra uiuis hominibus cōplent; quibus succensis, circumuenti flamma examinantur homines. supplicia eorum, qui in furto, aut latrocinio, aut aliqua noxa sint comprehensi, gratiora dijs immortalibus esse ar bitrantur. sed, cum eius generis copia deficit, etiam ad innocentium supplicia descendunt. deum maxime Mercurium colunt; huius sunt plurima simulacra:

K 3   hunc

hunc omnium inuentorem artium ferunt: hunc uiarum, atque itinerum ducem, hunc ad quæstus pecuniæ, mercaturasq́, habere uim maximam arbitrantur. post hunc, Apollinem, & Martem, et Iouem, & Mineruam. de his eandé fere, quam reliquæ gentes, habent opinionem, Apollinem morbos depellere, Mineruam operum, atque artificiorum initia tradere, Iouem imperium cælestium tenere, Martem bella regere. huic, cū prælio dimicare constituerunt, ea, quæ bello ceperunt, plerunque deuouent; quæ superauerint, animalia capta immolant, reliquasq́ue res in unum locum conferunt. multis in ciuitatibus harum rerū exstructos cumulos locis consecratis conspicari licet: neque sæpe accidit, ut, neglecta quispiā religione, aut capta apud se occultare, aut posita tollere auderet: grauißimumq́. ei rei supplicium cum cruciatu constitutum est. Galli se omnes ab Dite patre prognatos prædicant: idq́. ab Druidibus proditū dicunt. ob eam caussam spatia omnis temporis, non numero dierum, sed noctium finiunt; et dies natales, & mensium, & annorum initia sic obseruant, ut noctem dies subsequatur. in reliquis uitæ institutis hoc fere ab reliquis differunt, quód suos liberos, nisi cū adoleuerint, ut munus militiæ sustinere possint, palam ad se adire non patiantur, filiumq́. in puerili ætate in publico, in conspectu patris assistere turpe ducunt. uiri, quantas pecunias ab uxoribus dotis nomine acceperunt, tantas ex suis bonis, æstimatione facta, cum dotibus cómunicant. huius omnis pecuniæ

coniun-

coniunctim ratio habetur, fructusq́; seruantur, uter eorum uita superarit, ad eum pars utriusque cum fructibus superiorū temporum peruenit. uiri in uxores, sicuti in liberos, uitæ, necisq́; habent potestatem; et cum pater familias illustriore loco natus decessit, eius propinqui conueniunt, & de morte, si res in suspicionem uenit, de uxoribus in seruilem modum quæstionem habent; &, si compertum est, igni, atque omnibus tormentis excruciatas interficiunt. funera sunt pro cultu Gallorum magnifica, & sumptuosa; omniaque, quæ uiuis cordi fuisse arbitrantur, in igné inferunt, etiam animalia, ac, paullo supra hanc memoriam, serui, & clientes, quos ab ijs dilectos esse constabat, iustis funeribus confectis, una cremabantur. quæ ciuitates commodius suam remp. administrare existimantur, habent legibus sancitum, si quis quid de rep. a finitimis rumore, aut fama acceperit, uti ad magistratum deferat, ne ue cum quo alio communicet: quod sæpe homines temerarios, atque imperitos falsis rumoribus terreri, & ad facinus impelli, & de summis rebus consilium capere cognitū est. magistratus, quæ uisa sint, occultant; quæq́; esse ex usu iudicauerint, multitudini prodūt. de rep. nisi per cōcilium loqui non conceditur. Germani multum ab hac consuetudine differunt. nam neque Druides habent: qui rebus diuinis præsint; neque sacrificijs student: deorū numero eos solos ducunt, quos cernunt, et quorū opibus aperte iuuātur, Solem, et Vulcanū, et Lunam: reliquos ne fama quidē acceperunt. uita

K 4   omnis

omnis in uenationibus, atque in studijs rei militaris
cósistit: ab paruulis duritiei, ac labori studét. qui diu-
tissime impuberes permanserunt, maximam inter
suos ferunt laudem: hoc ali staturam, ali hoc uires,
neruosq́. confirmari putant. intra annum uero uigesi-
mum seminæ notitiam habuisse, in turpissimis habent
rebus: cuius rei nulla est occultatio; quod et promiscue
in fluminibus perluuntur, et pellibus, aut paruis rhe-
nonú tegumentis utuntur, magna corporis parte nuda. agriculturæ nõ student; maiorq́. pars uictus eorú
in lacte, et caseo, & carne consistit: neque quisquam
agri modum certum, aut fines proprios habet; sed magistratus, ac principes in annos singulos gentibus, co-
gnationibusq́. hominú, qui una coierunt, quantú eis,
et quo loco uisum est, attribuunt agri: atq́. anno post,
alió transire cogunt. eius rei multas afferunt caussas;
ne assidua consuetudine capti, studium belli gerendi
agricultura cómutent; ne latos fines parare studeant,
potentioresq́. humiliores possessionibus expellant; ne
accuratius ad frigora, atque æstus uitandos ædificét;
ne qua oriatur pecuniæ cupiditas; quæ ex re factiones, dissensionesq́. nascuntur, ut animi æquitate plebem contineant, cum suas quisque opes cum potentis-
simis æquari uideat. ciuitatibus maxima laus est, quá
latissimis circum se uastatis finibus solitudines habere. hoc proprium uirtutis existimant, expulsos agris
finitimos cedere; neque quenquam prope se audere
consistere. simul hoc se fore tutiores arbitrantur, repentinæ incursionis timore sublato. cum bellum ciuitas

tas aut illatum defendit, aut infert, magistratus, qui
ei bello præsint, ut uitæ necisq́. habeant potestatem,
deliguntur. in pace nullus communis est magistratus;
sed principes regionum, atque pagorum inter suos ius
dicunt, controuersiasq́. minuunt. latrocinia nullam
habent infamiam, quæ extra fines cuiusque ciuitatis
fiunt: atque ea iuuentutis exercendæ, ac desidiæ mi-
nuendæ caussa fieri prædicant. atque, ubi quis ex prin
cipibus in côcilio se dixit ducem fore, qui sequi uelint,
profiteantur; consurgunt ij, qui & caussam, & hominem probant, suumq́. auxilium pollicentur: atque
ab multitudine collaudantur: qui ex ijs secuti nô sunt,
in desertorum, ac proditorum numero ducuntur : om
niumq́. rerum ijs postea fides abrogatur. hospites uio
lare fas non putant: qui quaque de caussa ad eos uene
runt, ab iniuria prohibent, sanctosq́. habent; ijs om
nium domus patent, uictusq́. communicatur. ac fuit
antea tempus, cum Germanos Galli uirtute superâ-
rent, & ultro bella inferrent, ac, propter hominum
multitudinem, agriq́. inopiam, trans Rhenum colonias mitterent. itaque ea, quæ fertilissima sunt, Ger
maniæ loca circum Herciniam siluam, quam Erato-
stheni, & quibusdam Græcis fama notam esse uideo,
quam illi Orciniam appellant: uulgo, Tectosages occuparunt, atque ibi consederunt. quæ gens ad hoc tê-
pus ijs sedibus se continet, summáq́. habet iustitiæ, et
bellicæ laudis opinionem. nunc, quòd in eadem inopia, egestate, patientiaq́. Germani permanent, codê
uictu, & cultu corporis utuntur : Gallis autem propinquitas,

pinquitas, & transmarinarum rerum notitia, multa
ad copiam, atque usus largitur, paullatim assuefacti
superari, multisq́; uicti prælijs, ne se quidem ipsi cū
illis uirtute comparant. Huius Hercyniæ siluæ, quæ
supra demonstrata est, latitudo nouem dierum iter
expedito patet: non enim aliter finiri potest, neque
mensuras itinerum nouerunt. oritur ab Heluetiorū,
& Nemetum, & Rauracorum finibus, rectáq́; flu
minis Danubij regione pertinet ad fines Dacorum, et
Anartium. hinc se flectit sinistrorsus, diuersis a flumine regionibus, multarumq́; gentium fines propter
magnitudinem attingit. neque quisquam est huius
Germaniæ, qui se aut audisse, aut adisse ad initium
eius siluæ dicat, cum dierū iter LX processerit, aut,
quo ex loco oriatur, acceperit. multa in ea genera se
rarū nasci constat, quæ reliquis in locis uisa non sint:
ex quibus quæ maxime differant ab ceteris, & memoriæ prodenda uideantur, hæc sunt. est bos cerui fi
gura: cuius a media fronte inter aures unum cornu
existit excelsius, magisq́; directum his, quæ nobis
nota sunt, cornibus. ab eius summo sicut palmæ, ra-
miq́; late diffunduntur. eadem est feminæ, marisq́;
natura, eadem forma, magnitudoq́; cornuum. sunt
item quæ appellantur alces. harum est consimilis ca
pris figura, & uarietas pellium, sed magnitudine
paullo antecedunt: mutilaéq́; sunt cornibus, et crura
sine nodis, articulisq́; habent, neque quietis caussa
procumbunt, neque, si quo afflictæ casu conciderunt,
erigere sese, aut subleuare possunt. his sunt arbores.

pro

pro cubilibus: ad eas se applicant, atque ita paullum
modo reclinatæ quieti capiunt: quarum ex uestigijs,
cum est animaduersum à uenatoribus, quò se recipere consueuerint, omnes eo loco, aut à radicibus subruunt, aut abscidunt arbores tantum, ut summa species earum stantium relinquatur. huc cum se consuetudine reclinauerint, infirmas arbores pondere affli-
gunt, atque una ipsæ concidunt. tertium est genus eo
rum, qui Vri appellantur. ij sunt magnitudine paullo
infra Elephantos, specie, & colore, & figura tauri.
magna uis est eorum, & magna uelocitas, neque ho
mini, neque feræ, quam conspexerint, parcunt. hos
studiose foueis captos interficiunt. hoc se labore du-
rant adolescentes, atque hoc genere uenationis exer
cent; & qui plurimos ex his interfecerunt, relatis in
publicum cornibus, quæ sint testimonio, magnam se
runt laudem. sed assuescere ad homines, & mansue-
fieri, ne paruuli quidem excepti possunt. amplitudo
cornuum, et figura, et species multù à nostrorū boum
cornibus differt. hæc studiose conquisita ab labris argento circumcludunt; atque in amplissimis epulis pro
poculis utuntur. Cæsar postquam per Vbios explora
tores cóperit, Suenos sese in siluas recepisse, inopiam
frumenti ueritus, quòd, ut supra demóstrauimus, mi
nime omnes Germani agriculturæ student, cóstituit
non progredi longius: sed, ne omnino metum reditus
sui barbaris tolleret, atque ut eorū auxilia tardaret,
reducto exercitu partem ultimam pontis, quæ ripas
Vbiorum contingebat, in longitudinem pedum du_
centorum

centorum rescindit; atque in extremo pōte turrim tabulatorum quattuor constituit, præsidiumq̃. cohortis
duodecim pontis tuendi cauſſa ponit; magnisq̃. eum
locum munitionibus firmat, ei loco, præsidioq̃. C. Vol-
catium Tullum adolescentem præfecit: ipse, cum maturescere frumenta inciperent, ad bellum Ambiorigis profectus, per Arduennam silua, quæ est totius
Galliæ maxima, atque ab ripis Rheni, finibusq̃. Tre-
uirorū ad Neruios pertinet, millibusq̃. amplius quingentis in longitudinem patet, L. Minucium Basilium
cum omni equitatu præmittit, ſi quid celeritate itineris, atque oportunitate temporis proficere possit; monet, ut ignes fieri in castris prohibeat; ne qua eius aduentus procul significatio fiat: sese confestim subsequi
dicit. Basilius, ut imperatum est, facit; celeriter, con-
traq̃. omnium opinionem confecto itinere, multos in
agris inopinantes deprehendit; eorum indicio ad ip-
ſum Ambiorigem contendit, quo in loco cum paucis
equitibus esse dicebatur. Multum cum in omnibus
rebus, tum in re militari fortuna potest. nam magno accidit casu, ut in ipsum incautum, atque etiam
imparatum incideret; priusque eius aduentus ab hominibus uideretur, quàm fama, ac nuntijs afferre-
tur. ſic magnæ fuit fortunæ, omni militari instrumento, quod circum ſe habebat, erepto, rhedis, e-
quisq̃. comprehensis, ipsum effugere mortem. ſed hoc
quoque factum est, quod, ædificio circumdato ſilua,
ut ſunt fere domicilia Gallorum, qui uitandi æstus
cauſſa plerunque ſiluarum, ac fluminum petunt pro-
pinquitates,

LIBER VI. 79

pinquitates, comites familiaresq́. eius angusto in loco equitum nostrorū uim paullisper sustinuerunt. ijs pugnantibus, illum in equum quidam ex suis intulit: fugientem siluæ texerunt. sic ad subeundum periculum, et ad uitandum, multum fortuna ualuit. Ambiorix, an copias suas iudicio non conduxerit, quòd prælio dimicandum non existimauerit; an tempore exclusus, et repentino equitum aduentu prohibitus fuerit, cum reliquum exercitum subsequi crederet; dubium est. sed certe, clam dimissis per agros nuntijs, sibi quenque consulere iussit: quorum pars in Arduennam siluā, pars in continentes paludes profugit. qui proximi Oceano fuerunt, ij in insulis sese occultauerunt, quas æstus efficere consuerunt. multi ex suis finibus egressi, se, suaq́. omnia alienissimis crediderūt. Catiuulcus rex dimidiæ partis Eburonum, qui una cum Ambiorige consilium inierat, ætate iam confectus, cum laborem aut belli, aut fugæ ferre non posset, omnibus precibus detestatus Ambiorigem, qui eius consilij auctor fuisset, taxo, cuius magna in Gallia Germaniaq́. copia est, se exanimauit. Segni, Condrusíq́., ex gente, et numero Germanorum, qui sunt inter Eburones Treuirosq́., legatos ad Cæsarem miserunt oratum, ne se in hostium numero duceret, ne ue omniū Germanorū, qui essent citra Rhenum, caussam esse unam iudicaret: nihil se de bello cogitasse, nulla Ambiorigi auxilia misisse. Cæsar, explorata re quæstione captiuorum, si qui ad eos Eburones ex fuga conuenissent, ad se ut reducerentur, imperauit: si

ita

ita fecissent, fines eorum se uiolaturum negauit. tū copijs in tres partes distributis, impedimenta omnium legionum ad Vatucam contulit. id castelli nomen est. hoc fere est in medijs Eburonum finibus, ubi Titurius, atque Aurunculeius hiemandi caussa consederant. hunc cū reliquis rebus locū probabat Cæsar, tum quòd superioris anni munitiones integræ manebant, ut militum laborem subleuaret. præsidio impedimentis legionem quartamdecimam reliquit, unam ex ijs tribus, quas proxime conscriptas ex Italia traduxerat. ei legioni, castrisq; Q. Tullium Ciceronem præfecit, ducentosq; equites attribuit. partito exercitu, T. Labienum cum legionibus tribus ad Oceanum uersus in eas partes, quæ Menapios attingunt, proficisci iubet. C. Trebonium cum pari legionum numero ad eam regionem, quæ Aduaticis adiacet, depopulandam mittit: ipse cum reliquis tribus ad flumen Scaldim, quod influit in Mosam, extremasq; Arduennæ partes, ire cōstituit, quò cum paucis equitibus profectum Ambiorigem audiebat. discedens, post diem septimum sese reuersurum confirmat: quā ad diem ei legioni, quæ in præsidio relinquebatur, deberi frumentū sciebat: Labienum, Treboniumq; hortatur, si reip. commodo facere possint, ad eam diem reuertantur; ut, rursus cōmunica⁻ò consilio, exploratisq; hostiū rationibus, aliud initium belli capere possint. erat, ut supra demonstrauimus, manus certa nulla, nō præsidium, non oppicum, quod se armis defenderet, sed in omnes partes dispersa multitudo: ubi
cuiq;

cuique aut uallis abdita, aut locus siluestris, aut palus impedita spem præsidij, aut salutis aliquam offerebat, consēderat. hæc loca uicinitatibus erant nota, magnamq́. res diligentiam requirebat, non in summa exercitus tuenda, (nullum enim poterat uniuersis perterritis, ac dispersis periculum accidere) sed in singulis militibus conseruandis; quæ tamen ex parte res ad salutem exercitus pertinebat. nam et prædæ cupiditas multos longius euocabat; ac silua incertis, occultisq́. itineribus confertos adire prohibebāt. si negotium confici, stirpemq́. hominum sceleratorum interfici uellet, dimittendæ plures manus, diducendiq́. erant milites. si continere ad signa manipulos uellet, ut instituta ratio, et consuetudo exercitus R. postulabat; locus ipse erat præsidio barbaris; neque ex occulto insidiandi, et dispersos circumueniendi singulis deerat audacia, ut in eiusmodi difficultatibus, quātum diligentia prouideri poterat, prouidebatur: ut potius in nocendo aliquid omitteretur, etsi omnium animi ad ulciscendum ardebant, quàm cum aliquo detrimento militum noceretur. Cæsar ad finitimas ciuitates nuntios dimittit, omnes euocat spe prædæ, ad diripiendos Eburones; ut potius in siluis Gallorum uita, quàm legionariorum periclitaretur; simul ut, magna multitudine circūfusa pro tali facinore, stirps ac nomē ciuitatis tollatur. magnus undique numerus celeriter conuenit. hæc in omnibus Eburonum partibus gerebantur; diesq́. appetebat septimus; quem ad diem Cæsar ad impedimēta legionēq́; reuerti cōstituerat

stituerat. hic, quantum in bello fortuna possit, et quãtos afferat casus, cognosci potuit. dissipatis, ac perterritis hostibus, ut demonstrauimus, manus erat nulla, quæ paruam modo timoris caussam afferret. trans Rhenum ad Germanos peruenit fama, diripi Eburones, atque ultro omnes ad prædam euocari. cogunt equitum duo millia Sicambri, qui sunt proximi Rheno, a quibus receptos ex fuga Tenchtheros, atque Vsipetes, supra docuimus: transeuntes Rhenum nauibus, ratibusq́., triginta millibus passuum infra eũ locum, ubi pons erat imperfectus, præsidiumq́. ab Cæsare relictam, primos Eburonum fines adeunt, multos ex fuga dispersos excipiunt, magno pecoris numero, cuius sunt cupidissimi barbari, potiuntur. inuitati præda longius procedunt. non hos palus, in bello latrociniisq́. natos, non siluæ morantur: quibus in locis sit Cæsar, ex captiuis quærunt, profectum longius reperiunt, omnemq́. exercitum discessisse cognoscũt: atque unus ex captiuis, Quid uos, inquit, hanc miseram, ac tenuem sectamini prædam, quibus iam licet esse fortunatissimis? tribus horis ad Vatucam uenire potestis: huc omnes suas fortunas exercitus Romanorum contulit: præsidij tantum est, ut ne murus quidem cingi possit, neque quisquam egredi extra munitiones audeat. oblata spe Germani, quam nacti erant prædam, in occulto relinquunt; ipsi ad Vatucam contendunt, usi eodem duce, cuius hæc indicio cognouerant. Cicero, qui per omnes superiores dies præceptis Cæsaris summa diligentia milites in castris
continuisset,

continuisset, ac ne calonem quidem quenquam extra
munitionem egredi passus esset, septimo die, diffidens
Cæsarem de numero dierum fidem seruaturu, quòd
longius eum progressum audiebat, neque ulla de eius
reditu fama afferebatur, simul eorum permotus uoci
bus, qui illius patientiam, pæne obsessionem appella
bant; siquidem ex castris egredi non liceret; nullum
eiusmodi casum exspectans, quo, nouem oppositis le
gionibus, maximoq́. equitatu, dispersis, ac pæne deletis hostibus, in millibus passuum tribus offendi posset; quinque cohortes frumentatum in proximas sege
tes misit, quas inter, et castra unus omnino collis inte
rerat. complures erant in castris ex legionibus ægri
relicti: ex quibus qui hoc spatio dierum conualuerant
circiter ccc sub uexillo una mittuntur: magna præ
terea multitudo calonum, magna uis iumentorum,
quæ in castris subsederat, facta potestate sequitur.
hoc ipso tempore, et casu Germani equites interue-
niunt, protinusq́. eodem illo, quo uenerant, cursu ab
Decumana porta in castra irrumpere conantur: nec
prius sunt nisi obiectis ab ea parte siluis, quàm castris
appropinquarent, usque eò, ut qui sub uallo tenderēt
mercatores, recipiendi sui non haberent facultatem.
inopinantes nostri re noua perturbantur: ac uix primum impetum cohors in statione sustinet, circunfun-
dútur hostes ex reliquis partibus, si quē aditū reperi
re possent: ægre nostri portas tuētur, reliquos aditus
locus ipse per se, munitioq́. defendit; totis trepidatur
castris, atque alius ex alio caussam tumultus quærit.

L neque

neque, quò signa ferantur, neque quam in partem quisque conueniat, prouident. alius iam capta castra pronuntiat: alius, deleto exercitu, atque imperatore, uictores barbaros uenisse contendit: plerique nouas sibi ex loco religiones fingunt; Cottæq., et Titurij calamitatem, qui in eodem occiderint castello, ante oculos ponunt. tali timore omnibus perterritis, confirmatur opinio barbaris, ut ex captiuo audierant, nullum esse intus præsidium. perrumpere nituntur, seq. ipsi adhortantur, ne tantam fortunam ex manibus dimittant. erat æger in præsidio relictus P. Sextius Baculus, qui primum pilum apud Cæsarem duxerat, cuius mentionē superioribus prœlijs fecimus; ac diem iam quinctum cibo caruerat. hic, diffisus suæ, ac omnium saluti, inermis ex tabernaculo prodit: uidet imminere hostes, atque in summo esse rem discrimine: capit arma a proximis, atque in porta cōsistit. sequuntur hunc centuriones eius cohortis, quæ in statione erat. paullisper prœliū una sustinent. relinquit animus Sextium, grauibus acceptis uulneribus. deficiens, ægre, per manus tractus, seruatur. hoc spatio interposito, reliqui sese confirmant, tantum ut in munitionibus consistere audeant, speciemq. defensorum præbeant. interim, confecta frumentatione, milites nostri clamorem exaudiunt; præcurrunt equites; quanto res sit in periculo, cognoscunt. hic uero nulla munitio est, quæ perterritos recipiat. modo conscripti, atque usus militaris imperiti ad tribunū mil. cēturionesq. ora connertunt; quid ab his præ

cipiatur,

cipiatur, exspectant. nemo est tam fortis, qui non
rei nouitate perturbetur. barbari signa procul conspi
cati ab oppugnatione desistunt, rediisse primo legiones credunt, quas longius discessisse ex captiuis co-
gnouerāt. postea, despecta paucitate, ex omnibus par
tibus impetum faciunt, calones in proximum tumulū
procurrunt, hinc celeriter deiecti se in signa, mani-
pulosq́. conijciunt. eo magis timidos perterrent mili
tes. alij, cuneo facto, ut celeriter perrumpant, censent; quoniam tam propinqua sint castra: et si pars
aliqua circumuēta ceciderit, at reliquos seruari posse
confidunt: alij, ut in iugo consistant, atque eundem
omnes ferant casum. hoc ueteres nō probant milites,
quos sub uexillo una profectos docuimus: itaque inter
se cohortati, duce C. Trebonio, equite R. qui eis e-
rat præpositus, per medios hostes perrúpunt, incolu
mesq́. ad unum in castra perueniunt omnes. hos sub
secuti calones, equitesq́. eodem impetu, militum uir
tute seruantur. at ij, qui in iugo constiterant, nullo e-
tiā nunc usu rei militaris percepto, neque in eo, quod
probauerant, consilio permanere, ut se loco superiore
defenderent, neque eam, quam profuisse alijs uim,
celeritatemque uiderant, imitari potuerunt; sed
se in castra recipere conati, iniquum in locum demi-
serunt. centuriones, quorum non nulli ex inferioribus ordinibus reliquarum legionum, caussa uirtutis,
in superiores erant ordines huius legionis traducti,
ne ante partam rei militaris laudem amitterent, for
tissime pugnantes conciderunt. militum pars, horum

L 2 uirtute

uirtute summotis hostibus, præter spem incolumis in castra peruenit; pars a barbaris circumuenta perijt. Germani, desperata expugnatione castrorum, quòd nostros iam constitisse in munitionibus uidebant, cum ea præda, quam in siluis deposuerant, trans Rhenum sese receperunt. ac tantus fuit etiam post discessum hostium terror, ut ea nocte, cum C. Volusenus missus cum equitatu ad castra ueniisset, fidem non haberent, adesse cum incolumi Cæsarem exercitu. sic omnium animos timor præoccupauerat, ut, pæne alienata mente, deletis omnibus copys, equitatum se ex fuga recepisse dicerent, neque, incolumi exercitu, Germanos castra oppugnaturos fuisse contenderent. quem timorem Cæsaris aduentus sustulit. Reuersus ille, euentus belli non ignarus, unum, quòd cohortes ex statione, et præsidio essent emissæ, questus, ne minimo quidem casu locum relinqui debuisse, multum fortunam in repentino hostium aduentu potuisse iudicauit, multo etiã amplius, quòd pæne ab ipso uallo, portisq́. castrorum barbaros auertissent. quarum omniũ rerum maxime admirandũ uidebatur, quòd Germani, qui eo cõsilio Rhenum transierant, ut Ambiorigis fines depopularẽtur, ad castra Romanorum delati, optatissimum Ambiorigi beneficium obtulerant. Cæsar, ad uexãdos rursus hostes profectus, magno coacto numero ex finitimis ciuitatibus, in omnes, partes dimittit. omnes uici, atque omnia ædificia, quæ quisque cõspexerat, incẽdebãtur: præda ex omnibus locis agebatur: frumẽta nõ solũ a tãta multitudine iumentorum,

mentorum, atque hominum consumebantur, sed etiã
anni tempore, atque imbribus procubuerant; ut, si
qui etiam in præsentia se occultassent, tamen ijs, de-
ducto exercitu, rerum omnium inopia pereundum uideretur. ac sæpe in eum locum uentum est, tanto in
omnes partes diuiso equitatu, ut non modo uisum ab
se Ambiorigem in fuga circumspicerent captiui, sed
nec plane etiam abisse ex conspectu contenderent; ut,
spe consequendi illata, atque infinito labore suscepto,
qui se summam à Cæsare gratiam inituros putarent,
pæne naturam studio uincerent; semperq́. paullum
ad summam felicitatem defuisse uideretur; atque ille
latebris, aut siluis, aut saltibus se eriperet; et noctu occultatus, alias regiones, partesq́. peteret, non
maiore equitum præsidio, quam quattuor, quibus
solis uitam suam committere audebat. tali modo uastatis regionibus, exercitum Cæsar, duarum cohortium damno, Durocortum Rhemorum reducit; con-
cilioq́. in eum locum Galliæ indicto, de coniuratione Senonum et Carnutum quæstionem habere instituit; et de Accone, qui princeps eius consilij fuerat,
grauiore sententia pronuntiata, more maiorum sup-
pliciũ sumpsit. non nulli iudicium ueriti profugerunt:
quibus cum aqua, atque igni interdixisset, duas legiones ad fines Treuirorum, duas in Lingonibus, sex reliquas in Senonum finibus Agendici in hibernis collocauit; frumentoq́. exercitui prouiso, ut instituerat,
in Italiam ad conuentus agendos profectus est.

L 3

C. IVLII CAESARIS
COMMENTARIORVM
DE BELLO GALLICO LIB. VII.

QVIETA Gallia, Cæsar, ut constituerat, in Italiã ad conuentus peragendos proficiscitur. ibi cognoscit de P. Clodij cæde; de senatusq́. consulto certior factus, ut omnes Italiæ iuniores coniurarent, delectum tota prouincia habere instituit. eæ res in Galliam transalpinam celeriter perferuntur. addunt ipsi, & affingunt rumoribus Galli, quod res poscere uidebatur, retineri urbano motu Cæsarem, neque in tantis dissensionibus ad exercitum uenire posse. hac impulsi occasione, qui iam ante se populi R. imperio subiectos dolerent, liberius, atque audacius de bello consilia inire incipiunt. indictis inter se principes Galliæ concilijs, siluestribus, ac remotis locis, queruntur de Acconis morte; hunc casum ad ipsos recidere posse demõstrãt; miserantur communem Galliæ fortunam; omnibus pollicitationibus, ac præmijs deposcunt, qui belli initium faciant, & sui capitis periculo Galliam in libertatem uindicent. eius in primis rationem habendam esse dicunt, prius quàm eorum clandestina consilia efferantur; ut Cæsar ab exercitu intercludatur: id esse facile; quòd neque legiones, absente imperatore, audeant ex hibernis egredi; neque imperator si-
ne

ne præsidio ad legiones peruenire possit : postremo, in acie præstare interfici, quàm non ueterem belli gloriam libertatemque, quam a maioribus acceperant, recuperare. His rebus agitatis, profitentur Carnutes, se nullum periculum communis salutis caussa recusare ; principesq́. se ex omnibus bellum facturos pollicentur ; &, quoniam in præsentia de obsidibus cauere inter se non possent, ne res efferatur, ut iureiurando, ac fide sanciatur, petunt, collatis militaribus signis, quod more eorum grauissima cæremonia continetur, ne, facto initio belli, a reliquis deserantur. tunc, collaudatis Carnutibus, dato iureiurando ab omnibus, qui aderant, tempore eius rei constituto, ab concilio disceditur. ubi ea dies uenit, Carnutes Cotuato, & Conetoduno ducibus, desperatis hominibus Genabi dato signo concurrunt ; ciuesq́. Romanos, qui negotiandi caussa ibi constiterant, in ijs C. Fusium Cottam, honestum equitem Romanum, qui rei frumentariæ iussu Cæsaris præerat, interficiunt ; bonaq́. eorum diripiunt. celeriter ad omnes Galliæ ciuitates fama perfertur. nam ubi maior, atque illustrior incidit res, clamore per agros, regionesque significant ; hinc alij deinceps excipiunt, & proximis tradunt ; ut tunc accidit. nam, quæ Genabi oriente sole gesta essent, ante primam confectam uigiliam in finibus Aruernorum audita sunt : quod spatium est millium passuum circiter CLX. Simili ratione ibi Vercingetorix, Celtilli filius, Aruernus, summæ potentiæ adolescens, cuius pater

L 4 prin-

principatum Galliæ totius obtinuerat, & ob eam
causam, quòd regnum appetebat, ab ciuitate erat interfectus, conuocatis suis clientibus, facile eos incendit. cognito eius consilio, ad arma concurritur, ab
Gobanitione patruo suo, reliquisq́; principibus, qui
hanc tentandam fortunam nõ existimabant, expelli-
tur ex oppido Gergouia, non tamen desistit; atque in
agris habet delectum egentium, ac perditorum. hac
coacta manu, quoscunque adit ex ciuitate, in suam
sententiam perducit. hortatur, ut communis libertatis caussa arma capiant: magnisq́; coactis copijs aduersarios suos, a quibus paulo ante erat eiectus, expellit
ex ciuitate; rex ab suis appellatur; dimittit quoquò
uersus legationes: obtestatur, ut in fide maneant. celeriter sibi Senones, Parisios, Pictones, Cadurcos,
Turonos, Aulercos, Lemouices, Andes, reliquosq́;
omnes, qui Oceanum attingunt, adiungit: omnium cõ-
sensu ad eum defertur imperium. qua oblata potestate, omnibus ijs ciuitatibus obsides imperat, certum numerum militum celeriter ad se adduci iubet. armorũ
quantum quæque ciuitas domi, quodq́; ante tempus
efficiat, constituit. in primis equitatui studet: summæ
diligentiæ summam imperij seueritatem addit: magnitudine supplicij dubitantes cogit: nam, maiore cõmisso
delicto, igni, atque omnibus tormentis necat: leuiore
de caussa, auribus desectis, aut singulis effossis oculis,
domum remittit; ut sint reliquis documento, & magnitudine pœnæ perterreat alios. His supplicijs celeriter coacto exercitu, Lucterium Cadurcũ, summæ hominem

LIBER VII.   85

minem audaciæ, cum parte copiarum in Ruthenos
mittit: ipse in Bituriges proficiscitur, eius aduentu Bi
turiges ad Heduos, quorum erant in fide, legatos mit
tunt, subsidium rogatum, quo facilius hostium copias
sustinere possint. Hedui de consilio legatorū, quos Cæ
sar ad exercitū reliquerat, copias equitatus, peditatuś
tusq́; subsidio Biturigibus mittunt: qui cum ad flumē
Ligerim ueniṡsent, quod Bituriges ab Heduis diuidit,
paucos dies ibi morati, neque flumen transire ausi, do
mum reuertuntur: legati q́, nostris renuntiant se, Bi
turigum perfidiam ueritos, reuertisse: quibus id con
silij fuisse cognouerint, ut, si flumē transissent, una ex
parte ipsi, altera Aruerni se circumsisterent. id ea nō
de caussa, quam legatis pronuntiarint, an perfidia ad
ducti fecerint, quod nihil nobis constat, nō uidetur pro
certo esse ponendum. Bituriges eorum discessu statim
se cum Aruernis coniungunt. His rebus in Italiā Cæ
sari nuntiatis, cum iam ille uirtute Cn. Pompeij urba
nas res commodiorem in statum peruenisse intelligeret, in transalpinam Galliam profectus est. eò cum ue
nisset, magna difficultate afficiebatur, qua ratione ad
exercitum peruenire posset. nam si legiones in prouinciam accerseret, se absente in itinere prælio dimi-
caturas intelligebat. si ipse ad exercitum contenderet, ne ijs quidem, qui eo tempore pacati uiderentur,
suam salutem rectè committi uidebat. interim Lucterius Cadurcus, in Ruthenos missus, eam ciuitatem
Aruernis conciliat. progreſsus in Nitiobriges, &
Gebalos, ab utrisq́ue obsides accipit; et, magna coacta
                                                      manu,

manu, in prouinciam Narbonem uersus, eruptione
facere contendit. qua re nuntiata, Caesar omnibus cō
silijs anteuertendum existimauit, ut Narbonem pro
ficisceretur. eò cum ueniss̄et, timentes confirmat; prae
sidia in Ruthenis, prouincialibus, Volscis, Artomicis, Tolosatibus, circumq̄. Narbonem, quae loca erát
hostibus finitima, constituit; parte copiarum ex prouincia, supplementumq̄., quod ex Italia adduxerat,
in Heluios, qui fines Aruernorum contingunt, conue
nire iubet. his rebus comparatis, represso iam Lucte
rio, et remoto, quòd intrare intra praesidia periculosum putabat, in Heluios proficiscitur: etsi mons Gebenna, qui Aruernos ab Heluijs discludit, durissimo
tempore anni, altissima niue iter impediebat: tamen
discussa niue sex in altitudinem pedum, atque ita ui̯s
patefactis, summo militum labore ad fines Aruerno
rum peruenit. quibus oppressis inopinantibus, quòd
se Gebenna, ut muro, munitos existimabant, ac ne sin
gulari quidem homini unquam eo tempore anni semi
ta patuerant; equitibus imperat, ut, quàm latissime
possent, uagentur, et quàm maximum hostibus terrorem inferant. Celeriter haec fama, ac nuntijs ad Ver
cingetorigem perferuntur: quem perterriti omnes
Aruerni circúsistunt, atque obsecrant, ut suis fortu
nis consulat, neu se ab hostibus diripi patiatur; praeser
tim cū uideat omne ad se bellum translatum. quorū
ille precibus permotus, castra ex Biturigibus mouet
in Aruernos uersus. At Caesar, biduū in ijs locis mo
ratus, quòd haec de Vercingetorige usu uentura, opinio
ne prae-

ne præceperat per caussam supplementi, equitatusq́; cogendi ab exercitu discedit ; Brutú adolescenté is copijs præficit: hunc monet, ut in omnes partes equites quà latissime peruagentur: daturum se operam, ne lógius triduo ab castris absit. his constitutis rebus omnibus, suis inopinátibus, quá maximis potest itineribus Viennam peruenit. ibi nactus recentem equitatum, quem multis ante diebus eò præmiserat, neque diurno, neque nocturno itinere intermisso, per fines Heduorum in Ligones contendit ; ubi duæ legiones hiemabant, ut, si quid etiam de sua salute ab Heduis iniretur consilij, celeritate præcurreret. eò cùm peruenisset, ad reliquas legiones mittit, priúsq́; in unum locú omnes cogit, quàm de eius aduentu Aruernis nuntiari posset. hac re cognita, Vercingetorix rursus in Bituriges exercitum reducit, atque inde profectus Gergouiam, Boiorum oppidú, quos ibi, Heluetico prælio uictos, Cæsar collocauerat, Heduisq́; attribuerat, oppugnare instituit. magnam hæc res Cæsari difficultatem ad consilium capiendum afferebat, si reliquá partem hiemis uno in loco legiones contineret, ne, stipédiarijs Heduorum expugnatis, cuncta Gallia deficeret, quòd nullum in eo amicis præsidiú uideretur positum esse ; sin maturius ex hibernis educeret, ne ab re frumentaria duris subuectionibus laboraret. præstare uisum est tamen, omnes difficultates perpeti, quàm, tanta cótumelia accepta, omnium suorum uoluntates alienare. itaque cohortatus Heduos de supportando commeatu præmittit ad Boios, qui de suo aduentu doceant, hortenturq́;

hortenturque, ut in fide maneant, atque hostium impetum magno animo sustineant; duabus Agendici legionibus, atque impedimentis totius exercitus relictis, ad Boios proficiscitur. altero die cum ad oppidum Senonum Vellaunodunum uenisset, ne quem post se hostem relinqueret, quo expeditiore re frumentaria uteretur, oppugnare instituit. idq́ue biduo circumualluit. tertio die missis ex oppido legatis de deditione, arma proferri, iumenta produci, sexcentos obsides dari iubet: ea qui conficeret, C. Trebonium legatum relinquit. ipse ut quamprimum ita faceret, Genabum Carnutum proficiscitur; qui tunc primum, allato nuntio de oppugnatione Vellaunoduni, cùm longius eam rẽ ductum iri existimarent, præsidium Genabi tuendi caussa, quod eò mitterent, comparabant. huc biduo Cæsar peruenit; &, castris ante oppidum positis, diei tempore exclusus, in posterum oppugnationem differt; quæq́ue ad eam rem usui sint, militibus imperat, et, quòd oppidum Genabin pons fluminis Ligeris contingebat, ueritus ne noctu ex oppido profugerent, duas legiones in armis excubare iubet. Genabenses paullo ante mediã noctem silẽtio ex oppido egressi flumen transire cœperunt, qua re per exploratores nuntiata, Cæsar legiones, quas expeditas esse iusserat, portis incensis intromittit; atque oppido potitur, perpaucis ex hostium numero desideratis, quin cuncti caperentur, quòd pontis, atque itinerum angustiæ multitudini fugam intercluserant. oppidum diripit, atque incendit; prædam militibus donat, exerci-

tum

tum Ligerim traducit, atque in Biturigum fines peruenit. Vercingetorix, ubi de Cæsaris aduentu cognouit, oppugnatione desistit, atque obuiam Cæsari proficiscitur. ille, oppidum Biturigu, positum in uia, Noniodunum oppugnare instituerat. quo ex oppido, cū legati ad eum uenissent oratum, ut sibi ignosceret, suæq́. uitæ consideret; ut celeritate reliquas res conficeret, qua pleraque erat consecutus, arma proferri, eques produci, obsides dari iubet. parte iam obsidum tradita, cum reliqua administrarentur, centurionibus, & paucis militibus intromissis, qui arma, iumentaq́. conquirerent, equitatus hostium procul uisus est; qui agmen Vercingetorigis antecesserat: quē simulatq́. oppidani conspexerunt, atque in spem auxilij uenerunt; clamore sublato arma capere, portas claudere, murum complere cœperunt. centuriones in oppido, cum ex significatione Gallorum noui aliquid ab ijs iniri consilij intellexissent, gladijs districtis portas occupauerunt, suosque omnes incolumes receperunt. Cæsar ex castris equitatum educi iubet, prœliumq́. equestre committit: laborantibus iam suis, Germanos equites circiter CCCC submittit: quos ab initio secum habere instituerat. eorum impetum Galli sustinere non potuerunt, atque, in fugam coniecti, multis amissis, sese ad agmen receperunt: quibus profligatis, rursus oppidani perterriti, comprehensos eos, quorum opera plebem concitatam existimabant, ad Cæsarem perduxerunt, seseq́. ei dediderunt. Quibus rebus confectis, Cæsar ad oppidum

Aua-

Auaricum, quod erat maximum munitissimumq́, in finibus Biturigũ, atque agri fertilissima regione, profectus est, quòd, eo oppido recepto, ciuitatem Biturigũ se in potestatem redacturum confidebat. Vercingetorix, tot continuis incommodis Vellaunoduni, Genabi, Nouioduni acceptis, suos ad concilium conuocat: docet, longe alia ratione esse bellum gerendum, atque antea sit gestum: omnibus modis huic rei studendum, ut pabulatione, & commeatu Romani prohibeantur: id esse facile, quòd equitatu ipsi abundent: & quòd anni tempore subleuentur, pabulum secari non posse, necessario dispersos hostes ex ædificijs petere: hos omnes quotidie ab equitibus deleri posse: præterea, salutis caussa, rei familiaris commoda negligenda, uicos atque ædificia incendi oportere, hoc spatio a Boia quo quo uersus, quò pabulandi caussa adire posse uideantur: harum ipsis rerum copiam suppetere, quòd, quorum in finibus bellum geratur, eorum opibus subleuentur: Romanos aut inopiam non laturos, aut magno cum periculo longius a castris progressuros, neque interesse, ipsos ne interficiant, impedimentis ue exfuant, quibus amissis bellum geri non possit: præterea, oppida incendi oportere, quæ non munitione, & loci natura ab omni sint periculo tuta; neu suis sint ad detrectandam militiam receptacula, neu Romanis proposita, ad copiam cõmeatus prædaq́ue tollendam: hæc si grauia, aut acerba uideantur, multo illa grauius æstimari debere, liberos, coniuges in seruitutem abstrahi, ipsos interfici; quæ sit necesse

accidere

accidere uictis. Omnium consensu hac sententia probata, uno die amplius x x urbes Biturigum incenduntur. hoc idem fit in reliquis ciuitatibus. in omnibus partibus incendia conspiciuntur: quæ etsi magno cum dolore omnes ferebant, tamen hoc sibi solatij proponebant, quòd se, prope explorata uictoria, celeriter amissa recuperaturos confidebant. deliberatur de Auarico in communi concilio, incendi placeret, an defendi. procumbunt Gallis omnibus ad pedes Bituriges, ne pulcherrimam prope totius Galliæ urbem, quæ & præsidio, & ornamento sit ciuitati, suis manibus succendere cogerentur: facile se loci natura defensuros dicunt, quòd prope ex omnibus partibus flumine, & palude circumdata, unum habeat, & perangustum aditum. datur petentibus uenia, dissuadente primo Vercingetorige, post concedente, & precibus ipsorum, & misericordia uulgi. defensores idonei oppido deliguntur. Vercingetorix minoribus Cæsarem itineribus subsequitur, & locum castris deligit paludibus siluisq́. munitum, ab Auarico longe millia passuum x v. ibi per certos exploratores in singula diei tempora, quæ ad Auaricum agerentur, cognoscebat, &, quid fieri uellet, imperabat: omnes nostras pabulationes frumentationesq́. obseruabat, dispersosq́., cum longius necessario procederent, adoriebatur, magnoq́. incommodo afficiebat: etsi, quantū ratione prouideri poterat, ab nostris occurrebatur, ut incertis téporibus, diuersisq́. itineribus iretur. castris ad eam partem oppidi positis, Cæsar, quæ intermissa
a flumine

a flumine, & palude editum, ut supra diximus, angustum habebat, aggerem apparare, uineas agere, turres duas constituere cœpit: nam circumuallare loci natura prohibebat: de re frumentaria Boios, atque Heduos adhortari non destitit: quorum alteri, quòd nullo studio agebant, non multum adiuuabant; alteri non magnis facultatibus, quòd ciuitas erat exigua, & infirma, celeriter, quod habuerunt, consumpserunt. summa difficultate rei frumentariæ affecto exercitu, tenuitate Boiorum, indiligentia Heduorum, incendijs ædificiorum, usque eò, ut complures dies milites frumento caruerint, &, pecore è longinquioribus uicis adacto, extremam famem sustentarent, nulla tamen uox est ab ijs audita populi R. maiestate, & superioribus uictorijs indigna. quinetiam Cæsar, cum in opere singulas legiones appellaret, &, si acerbius inopiam ferrent, se dimissurum oppugnationem diceret; uniuersi ab eo, ne id faceret, petebant: sic se complures annos, illo imperante meruisse, ut nullam ignominiam acciperent, nunquam infecta re discederent: hoc se ignominiæ laturos loco, si inceptam oppugnationem reliquissent: præstare, omnes perferre acerbitates, quàm non ciuibus R. qui Genabi persidia Gallorum interissent, parentarent. hæc eadem centurionibus, tribunisq́; mil. mandabant, ut per eos ad Cæsarem deferrentur. Cum iam muro appropinquassent turres, ex captiuis Cæsar cognouit, Vercingetorigē consumpto pabulo castra mouisse propius Auaricū, atque ipsum, cum equitatu, expeditisq́ue, qui inter
equites

LIBER VII.

equites præliari consueßent, insidiarū caußa eò profecturum, quò nostros postero die pabulatum ituros arbitrabatur. quibus rebus cognitis, media nocte silentio profectus, ad hostium castra mane peruenit. illi celeriter per exploratores aduentu Cæsaris cognito, carros, impedimentaq́; sua in arctiores siluas abdiderūt, copias omnes in loco edito, atque aperto instruxerūt. qua re nuntiata, Cæsar celeriter sarcinas conferri, arma expediri iussit. collis erat leniter ab insimo accliuis: hunc ex omnibus ferè partibus palus difficilis, atque impedita cingebat, nō latior pedibus quinquaginta. hoc se, colle interruptis pontibus, Galli fiducia loci continebant, generatimq́; distributi in ciuitates, omnia uada, ac saltus eius paludis certis custodijs obtinebant, sic animo parati, ut si eā paludem Romani perrumpere conarentur, hæsitantes premerent ex loco superiore: ut qui propinquitatem loci uiderent, paratos prope æquo marte ad dimicandum existimarent; qui iniquitatem condicionis perspicerent, inani simulatione sese ostentare cognoscerent. indignantes milites Cæsar, quòd conspectum suum hostes ferre possent tantulo spatio interiecto, & signum prælij exposcentes, edocet quanto detrimento, & quot uirorum fortium morte necesse esset constare uictoriam: quos cum sic animo paratos uideret, ut nullum pro sua laude periculum recusarent, summæ se iniquitatis condemnari debere, nisi eorum uitam sua salute habeat cariorem. sic milites consolatus, eodem die reducit in castra; reliqua, quæ ad oppugnationem oppidi pertinebant,

M

tinebat, administrare instituit. Vercingetorix cum ad suos rediisset, proditionis insimulatus, quòd castra propius Romanos mouisset, quòd cum omni equitatu discessisset, quòd sine imperio tantas copias reliquisset, quòd eius discessu Romani tanta oportunitate, & celeritate uenissent, non hæc omnia fortuitu, aut sine consilio accidere potuisse: regnum illum Galliæ malle Cæsaris concessu, quàm ipsorū habere beneficio. tali modo accusatus ad hæc respondit: quòd castra mouisset, factum inopia pabuli, etiā ipsis hortantibus: quòd propius Romanos accessisset, persuasum loci oportunitate, qui se ipsum munitione defenderet: equitum uero operam neque in loco palustri desiderari debuisse, & illic fuisse utilem, quò sint profecti: summam imperij se consulto nulli discedentem tradidisse, ne is multitudinis studio ad dimicandum impelleretur: cui rei propter animi mollitiam studere omnes uideret, quòd diutius laborem ferre non possent: Romani si casu interuenerint, fortunæ; si alicuius indicio uocati, huic habendam gratiam, quòd & paucitatem eorum ex loco superiore cognoscere, et uirtutem despicere potuerint, qui dimicare non ausi, turpiter se in castra receperint: imperium se a Cæsare per proditionem nullum desiderare, quod habere uictoria posset, quæ iam esset sibi, ac omnibus Gallis explorata: quin etiam ipsis remittere, si sibi magis honorem tribuere, quàm ab se salutem accipere uideantur: hæc ut intelligatis, inquit, sincere a me pronuntiari, audite Romanos milites. producit seruos, quos in pabulatione paucis ante diebus exceperat, & fame, uinculisq; excruciauerat. ij iam ante edocti, quae interrogati pronuntiarent, milites se esse legionarios dicunt: fame & inopia adductos, clá ex castris exisse, si quid frumenti, aut pecoris in agris reperire possent: simili omnem exercitum inopia premi, nec iam uires sufficere cuiusquam, nec ferre operis laborem posse: itaque statuisse imperatorem, si nihil in oppugnatione oppidi profecisset, triduo exercitum deducere. hæc a me, inquit Vercingetorix, beneficia habetis, quem proditionis insimulatis: cuius opera, sine uestro sanguine, tantum exercitum uictorem fame pæne consumptum uidetis: quem turpiter se ex fuga recipientem, ne qua ciuitas suis finibus recipiat, a me prouisum est. conclamat omnis multitudo, & suo more armis concrepat: quod facere in eo consueuerunt, cuius orationem approbant, summum esse Vercingetorigem ducem, nec de eius fide dubitandū; nec maiori ratione bellum administrari posse. statuunt, ut decem millia hominū delecta ex omnibus copijs in oppidum submittantur: nec solis Biturigibus cómunem salutem cómittendam censent; quòd pæne in eo, si oppidum retinuissent, summam uictoriæ constare intelligebant. singulari militū nostrorū uirtuti consilia cuiusquemodi Gallorum occurrebant, ut est summæ genus solertiæ, atque ad omnia imitanda, atque efficienda, quæ ab quoque traduntur, aptissimū. nam & laqueis falces auertebāt, quas cū destinauerant, tormētis introrsus reducebant, et aggerem cuniculis suborhebant,

M 2

hebant , eo scientius , quòd apud eos magnæ sunt ferrariæ, atq. omne genus cuniculorum notum, atq. usitatum est. totum autem murum ex omni parte turribus contabulauerát, atque has corijs intexerant. tum, crebris diurnis , nocturnisq. eruptionibus, aut aggeri ignem inferebant , aut milites occupatos in opere adoriebantur ; & nostrarum turrium altitudinem, quantum has quotidianus agger expresserat , commissis suarum turrium malis adæquabant; et apertos cuniculos præusta, & præacuta materia , & pice feruefacta, & maximi ponderis saxis morabantur, mœnibusq. appropinquare prohibebant. Muri autè omnes Gallici hac fere forma sunt. trabes directæ, perpetuæ, in longitudinem , paribus interuallis , distantes inter se binos pedes, in solo collocantur. eæ reuinciuntur extrorsus, et multo aggere uestiuntur. ea autem, quæ diximus , interualla grandibus in fronte saxis effarciuntur. ijs collocatis, et coagmentatis, alius insuper ordo adijcitur, ut idem illud interuallum seruetur, neq. inter se côtingant trabes, sed paribus intermissa spatijs, singulæ singulis saxis interiectis , arte contineantur. sic deinceps omne opus contexitur, dum iusta muri altitudo expleatur . hoc cum in speciem, uarietatemq. opus deforme non est , alternis trabibus, ac saxis, quæ rectis lineis suos ordines seruant , tum ad utilitatem & defensionem urbium summam habet oportunitatem , quòd & ab incendio lapis, & ab ariete materia defendit , quæ, perpetuis trabibus pedes quadragenos plerunque introrsus reuincta , neque
perrumpi,

perrumpi, neque distrahi potest. ijs tot rebus impedi
ta oppugnatione, milites cum toto tempore, frigore,
et assiduis imbribus tradarentur, tamen contimenti
labore omnia hæc superauerunt, et diebus XXV aggerem latum pedes CCCXXX, altum pedes LXXX
extruxerunt. cum is murum hostium pæne continge
ret, et Cæsar ad opus consuetudine excubaret, mili-
tesq́. cohortaretur, ne quod omnino tépus ab opere
intermitteretur, paullo ante tertiam uigiliam est a-
nimaduersum, fumare aggerem, quem cuniculo hostes succenderát. eodemq́. tempore toto muro clamo
re sublato, duabus portis ab utroque latere turrium
eruptio fiebat. alij faces, atque aridam materiem de
muro in aggeré eminus iaciebant; picem, reliquasq́.
res, quibus ignis excitari potest, fundebant; ut, quò
primum curreretur, aut cui rei ferretur auxilium,
uix ratio iniri posset. tamen, quòd instituto Cæsaris
duæ semper legiones pro castris excubabant, duǽq.
partitis temporibus in opere erant, celeriter factum
est, ut alij eruptionibus resisterent, alij turres reducerent, aggeremq́. interscinderét, omnis uero ex castris multitudo ad restinguendú concurreret. cum in
omnibus locis, consumpta iam reliqua parte noctis,
pugnaretur, semperq́. hostibus spes uictoriæ redinte
graretur, eo magis, quòd deustos pluteos turriu uide
bát, nec facile adire apertos ad auxiliandum animad
uertebát, semperq́. ipsi recentes defessis succederét,
omnéq. Galliæ salutem in illo uestigio temporis posi
tá arbitrarentur; accidit inspectátibus nobis, quod di
gnum

gnum memoria uisum prætermittendum non existimauimus. Quidam ante portã oppidi Gallus per manus seui ac picis traditas glebas in igne e regione turris proijciebat: scorpione ab latere dextro traiectus, exanimatusq́. concidit. hunc ex proximis unus iacentem transgressus, eodem illo munere fungebatur: eadem ratione ictu scorpionis exanimato altero, successit tertius, & tertio quartus: nec ille prius est a propugnatoribus uacuus relictus locus, quàm, restincto aggere, atque omni parte submotis hostibus, finis est pugnandi factus. Omnia experti Galli, quòd res nulla successerat, postero die consilium ceperunt ex oppido profugere, hortante, & iubente Vercingetorige. id silentio noctis conati, non magna iactura suorum sese effecturos sperabant: propterea quòd neque longe ab oppido castra Vercingetorigis aberant; & palus, quæ perpetua intercedebat, Romanos ad insequendum tardabat. iamq́. hoc facere noctu apparabant, cum matresfamilias repente in publicum procurrerunt, flentesq́. proiectæ ad pedes suoru̅ omnibus precibus petierunt, ne se & communes liberos hostibus ad supplicium dederent, quos ad capiendam fugam natura, et uirium infirmitas impediret. ubi eos perstare in sententia uiderunt, quòd plerunque in summo periculo timor misericordiam non recipit, conclamare, et significare de fuga Romanis cœperunt. quo timore perterriti Galli, ne ab equitatu Romanorum uiæ præoccuparentur, cõsilio destiterunt. postero die Cæsar promota turri, perfectisq́. operibus, quæ face

re

re instituerat, magno coorto imbri, non inutilé hanc
ad capiendum consilium tempestatem arbitratus est,
quòd paullo incautius custodias in muro dispositas uidebat, suosq́. languidius in opere uersari iussit, &,
quid fieri uellet, ostendit. legiones intra uineas in occulto expeditas cohortatus, ut aliquando pro tantis
laboribus fructú uictoriæ perciperent, ijs, qui primi
murum adscendissent, præmia proposuit, militibusq́.
signum dedit. illi subito ex omnibus partibus euolauerunt, murumq́. celeriter cóplerunt. hostes, re noua perterriti, muro, turribusq́. deiecti, in foro, ac locis patentioribus cuneatim constiterunt, hoc animo,
ut, si qua ex parte obuiam contra ueniretur, acie instructa depugnarent. ubi neminem in æquum locum
sese demittere, sed toto undique muro circúfundi ui-
derút, ueriti ne omnino spes fugæ tolleretur, abiectis
armis, ultimas oppidi partes continenti impetu petiuerunt: parsq́. ibi, cum angusto exitu portarú se ipsi
premerent, a militibus, pars, iam egressa portis, ab
equitibus est interfecta. nec fuit quisquá, qui prædæ
studeret. sic et Genabensi cæde, et labore operis incitati, non ætate confectis, non mulieribus, non infantibus pepercerút. denique ex omni eo numero, qui fuit
circiter xl millium, uix octingenti, qui, primo clamore audito, se ex oppido eiecerant, incolumes ad
Vercingetorigem peruenerunt. quos ille, multa iam
nocte, silentio ex fuga excepit, ueritus, ne qua in castris ex eorú cócursu, et misericordia uulgi seditio oriretur; ut, procul in uia dispositis familiaribus suis,

M 4 princi-

principibusq́; ciuitatum, dissparandos, deducendosq́; ad suos curaret, quæ cuique ciuitati pars castrorum ab initio obuenerat. postero die concilio conuocato, consolatus, cohortatusq́; est, ne se admodum animo demitterent, ne ue pertubarentur incómodo: non uirtute, neque acie uicisse Romanos, sed artificio quodá, et scientia oppugnationis; cuius rei fuerint ipsi imperiti: errare, si qui in bello omnes secundos rerú euentus exspectent: sibi nunquam placuisse Auaricú defendi, cuius rei testes ipsos haberet, sed factum imprudentia Biturigum, et nimia obsequentia reliquorum, uti hoc incommodum acciperetur: id tamen se celeriter maioribus cómodis sanaturum: nam, quæ ab reliquis Gallis ciuitates dissentirent, has sua diligentia adiuncturum; atque unum consilium totius Galliæ effecturum; cuius consensu, ne orbis quidem terrarú possit obsistere: idq́; se prope iá effectum habere: interea æquum esse ab ijs communis salutis caussa impetrari, ut castra munire instituerent, quo facilius hostium repentinos impetus sustinere possent. Fuit hæc oratio non ingrata Gallis, maxime, quòd ipse animo non defecerat tanto accepto incommodo, neque se in occultum abdideras, neque conspectum multitudinis fugerat, plusq́; animo prouidere, et præsentire existimabatur, quòd, re integra, primo incendendú Auaricum, post deserendú censuerat, itaque ut reliquorum imperatorum res aduersæ auctoritatem minuunt; sic huius ex contrario dignitas incómodo accepto in dies angebatur. simul in spem ueniebant eius affirmatione

tione de reliquis adiungendis ciuitatibus: primumq́.
ea tempore Galli castra munire instituerunt; & sic
sunt animo consternati, homines insueti laboris, ut
omnia, quæ impetrarentur, sibi patienda et perferen
da existimarent. nec minus, quàm est pollicitus, Ver
cingetorix animo laborabat, ut reliquas ciuitates
adiungeret, atque earum principes donis, pollicitatio
nibusq́. alliciebat. huic rei idoneos homines deligebat,
quorum quisque aut oratione subdola, aut amicitia
facillimè capi posset. qui Auarico expugnato refuge
rant, armandos, uestiendosq́. curat. simul ut diminu
ta copiæ redintegrarentur, imperat certum numerū
militum ciuitatibus, quem, et quam ante diem in castra adduci uelit; sagittariosq́. omnes, quorum erat
permagnus numerus in Gallia, conquiri, et ad se mit
ti iubet. his rebus celeriter id, quod Auarici deperie
rat, expletur. interim Teutomatus, Olloniconis filius, rex Nitiobrigum, cuius pater ab senatu nostro
amicus erat appellatus, cū magno equitum suorum
numero, et quos ex Aquitania conduxerat, ad eum
peruenit. Cæsar Auarici complures dies cōmoratus,
summamq́. ibi copiam frumenti, et reliqui commeatus nactus, exercitū ex labore, atque inopia refecit.
iam propè hieme cōfecta, cum ipso anni tempore ad
gerendum bellū uocaretur; et ad hostem proficisci cō
stituisset, siue cum ex paludibus, siluisq́. elicere, siue
obsidione premere posset; legati ad eum principes He
duorū ueniunt oratum, ut maximè necessario tēpore
ciuitati subueniat: summo esse in periculo rem; quòd,
cum

cum singuli magistratus antiquitus creati, atque regiam potestatem annuum obtinere consuessent; duo magistratum gerant, et se uterque corū legibus creatū esse dicat: horum esse alterum Conuictolitanem, florentem, et illustrem adolescentem; alterum Cotū, antiquissima familia natum, atque ipsum hominem summæ potentiæ, et magnæ cognationis; cuius frater Vedeliacus proximo anno eundem magistratum gessit: ciuitatem omnem esse in armis: diuisum senatum, diuisum populum, suas cuiusque eorum clientelas: quòd si diutius alatur controuersia, fore, uti pars cum ciuitatis parte confligat: id ne accidat, positum in eius diligentia, atque auctoritate. Cæsar, etsi à bello, atque hoste discedere, detrimentosum esse existimabat, tamen non ignorans, quanta ex dissensionibus incommoda oriri consuessent; ne tanta, et tam coniuncta populo R. ciuitas, quam ipse semper aluisset, omnibusq́; rebus ornasset, ad uim, atque ad arma descenderet; atque ea pars, quæ minus sibi confideret, auxilia à Vercingetorige accerseret; huic rei præuertendū existimauit; et, quòd, legibus Heduorum, ijs, qui summum magistratum obtinerent, excedere ex finibus non liceret; ne quid de iure, aut legibus eorū diminuisse uideretur, ipse in Heduos proficisci statuit, senatumq́; omnem, et quos inter controuersia esset, etiam ad se euocauit. cum prope omnis ciuitas eó conuenisset; docereturq́ue, paucis clā uocatis: alio loco, alio tépore, atque oportuerit, fratrem à fratre renuntiatū; cum leges duos ex una familia, uiuo utroque,

non

non solum magistratus creari vetarent, sed etiam in
senatu esse prohiberent; Cotum magistratum depone
re coegit; Conuictolitanem, qui per sacerdotes, more
ciuitatis, intermissis magistratibus, esset creatus, po
testatem obtinere iussit. hoc decreto interposito, cohortatus Heduos, ut controuersiarum, ac dissensionū
obliuiscerentur, atque, omnibus omissis his rebus,
huic bello seruirent, eaq́ue, quæ meruissent, præmia
ab se deuicta Gallia expectarent, equitatumq́. omnē, et peditum millia decem sibi celeriter mitterent,
quæ in præsidijs rei frumentariæ caussa disponeret,
exercitum in duas partes diuisit, quattuor legiones
in Senones, Parisiosq́. Labieno ducendas dedit, sex,
ipse in Auernos, ad oppidum Gergouiā secundum flu
men Elauer duxit; equitatus partem illi attribuit,
partem sibi reliquit. qua re cognita, Vercingetorix,
omnibus interruptis eius fluminis pontibus, ab altera Elaueris parte iter facere cœpit; cum uterque u-
trique esset exercitui in conspectu, fereq́. e regione
castris castra poneret; dispositis exploratoribus, necu
bi effecto ponte Romani copias traducerent, erat in
magnis Cæsaris difficultatibus res, ne maiorē æstatis
partē flumine impediretur; quòd nō fere ante autum
nū Elauer nado trāsiri soleat. itaque ne id accideret,
siluestri loco castris positis, e regione unius eorum pō
tiū, quos Vercingetorix rescindēdos curauerat, postri
die cū duabus legionibus in occulto restitit; reliquas
copias cū omnibus impedimentis, ut consueuerat, mi
sit, dēptis quartis quibusque cohortibus, uti numerus
legionum

legionum constare uideretur, ijs, quàm longissime
possent, progredi iussis; cum iam ex diei tempore co-
iecturam caperet, in castra peruentum; ijsdem sublicis, quarum pars inferior integra remanebat, ponté
reficere cœpit. celeriter effecto opere, legionibusq́;
traductis, et loco castris idoneo delecto, reliquas copias reuocauit. Vercingetorix, re cognita, ne contra
suam uoluntatem dimicare cogeretur, magnis itineribus antecessit. Cæsar ex eo loco quinctis castris Gergouiam peruenit, equestriq́; prælio eo die leui facto,
perspecto urbis situ, quæ posita in altissimo monte
omnes aditus difficiles habebat, de expugnatione de-
sperauit: de obsessione non prius agendū constituit,
quàm rem frumentariam expedisset. At Vercingetorix, castris pro oppido in monte positis, mediocribus circū se interuallis, separatim singularum ciuitatum copias collocauerat, atque omnibus eius iugi collibus occupatis, quà despici poterat, horribilē speciem
præbebat; principesq́; earum ciuitatū, quos sibi ad cōsilium capiendū delegerat, prima luce ad se quotidie
conuenire iubebat; seu quid cōmunicandum, seu quid
administrandum uideretur; neque ullum fere diem
intermittebat, quin, equestri prælio interiectis sagittarijs, quid in quoque esset animi, ac uirtutis suorum,
periclitaretur. Erat e regione oppidi collis sub ipsis radicibus mōtis egregie munitus, atque ex omni parte
circūcisus: quē si tenerent nostri, et aquæ magna parte, et pabulatiōe libera prohibituri hostes uidebātur.
sed is locus præsidio ab ijs nō nimis firmo tenebatur.
tamen

tamen silentio noctis Cæsar ex castris egressus, prius
quàm subsidium ex oppido uenire posset, deiecto præ
sidio potitus loco, duas ibi legiones collocauit, fossáq́.
duplicem duodenum pedum a maioribus castris ad
minora perduxit: ut tuto ab repentino hostium incur
su etiam singuli commeare possent. Dum hæc ad Ger
gouiam geruntur, Conuictolitanis Heduus, cui magi
stratum adiudicatum a Cæsare demonstrauimus, so
licitatus ab Aruernis pecunia, cum quibusdam ado
lescentibus colloquitur: quorum erat princeps Lita
uicus, atque eius fratres, amplissima familia nati ado
lescentes. cum ijs primum communicat, hortatúrq́.
eos, ut se liberos, et imperio natos meminerint: unam
esse Heduorum ciuitatem, quæ certissimam Galliæ
uictoriam distineat, eius auctoritate reliquas conti
neri: qua traducta, locum consistendi Romanis in
Gallia non fore: esse nonnullo se Cæsaris beneficio af
fectum, sic tamen, ut iustissimam apud eum caussam
obtinuerit; sed plus communi libertati tribuere. cur
enim potius Hedui de suo iure, et de legibus ad Cæsa
rem disceptaturi, quàm Romani ad Heduos, ueniát?
Celeriter adolescentibus, et oratione magistratus, et
præmio deductis, cum se uel principes eius consilij
fore profiterentur, ratio perficiēdi quærebatur: quòd
ciuitatem temere ad suscipiendum bellum adduci pos
se non confidebant. placuit, ut Litauicus decem illis
millibus, quæ Cæsari ad bellum mitterentur, præfice
retur, atq́. ea ducēda curaret, fratrésq́. eius ad Cæsa
ré præcurrerét. reliqua, qua ratione agi placeat, cō
stituunt.

stituunt. Litauicus, accepto exercitu, cum millia paſſuum circiter xxx ab Gergouia abeſſet, conuocatis
ſubito militibus, lacrymás, Quò proficiſcimur, inquit,
milites? omnis noſter equitatus, nobilitas omnis interijt: principes ciuitatis Eporedorix, et Virdumarus,
inſimulati proditionis, ab Romanis indicta cauſsa interfecti ſunt. hæc ab ijs cognoſcite, qui ex ipſa cæde fugerunt. ná ego, fratribus, atque omnibus propinquis
meis interfectis, dolore prohibeor quæ geſta ſunt, pronuntiare. producuntur ij, quos ille edocuerat, quæ dici uellet: atque eadem, quæ Litauicus pronuntiaue-
rat, multitudini exponunt: omnes equites Heduorum
interfectos, quòd collocuti cum Aruernis dicerentur,
ipſos ſe inter multitudinem militum occultaſſe, atque
ex media cæde profugiſſe. Conclamant Hedui, & Litauicum obſecrant, ut ſibi conſulat. quaſi uero, inquit ille, conſilij ſit res, ac non neceſſe ſit nobis Gergouiam contendere, et cum Aruernis noſmet coniun-
gere. an dubitamus, quin, nefario facinore admiſſo,
Romani iam ad nos interficiendos concurrant? proinde, ſiquid in nobis animi eſt, perſequamur eorum
mortem, qui indigniſſimæ interierunt, atque hos latro-
nes interficiamus. oſtendit ciues Romanos, qui eius
præſidij fiducia una erant. continuo magnum numerum frumenti, commeatusq́. diripit, ipſos crudeliter
excruciatos interficit: nuntios tota ciuitate Heduorum dimittit: in eodem mendacio de cæde equitum,
& principum permanet: hortatur, ut ſimili ratione,
atque ipſe fecerit, ſuas iniurias perſequantur. Eporedorix

dorix Heduus, summo loco natus adolescens, et summæ domi potentiæ, & una Virdumarus, pari ætate, & gratia, sed genere dispari, quem Cæsar ab Diuitiaco traditum, ex humili loco ad summam dignitatē perduxerat, in equitum numero conuenerant, nominatim ab eo euocati. his erat inter se de principatu contentio; & in illa magistratuum controuersia, alter pro Conuictolitane, alter pro Coto summis opibus pugnauerat. ex ijs Eporedorix, cognito Litauici consilio, media fere nocte rem ad Cæsarem defert; orat, ne patiatur ciuitatem prauis adolescentium consilijs ab amicitia populi R. deficere: quòd futurum prouideat, si se tot hominum millia cum hostibus coniunxerint, quorum salutem neque propinqui negligere, neque ciuitas leui momento æstimare posset. magna affectus solicitudine hoc nuntio Cæsar, quòd semper Heduorum ciuitati præcipue indulserat, nulla interposita dubitatione legiones expeditas quattuor, equitatumq́. omnem ex castris educit. nec fuit spatium tali tempore ad contrahenda castra; quòd res in celeritate posita esse videbatur. C. Fabium legatū cum legionibus duabus castris præsidio relinquit. fratres Litauici cum comprehendi iussisset, paulò ante reperit ad hostes profugisse. adhortatus milites, ne necessario tempore itineris labore promoueantur; cupidissimis omnibus, progressus millia passuum XXV. agmen Heduorum conspicatus, immisso equitatu, iter eorum moratur, atque impedit; interdicitq́ue omnibus, ne quenquam interficiant.

Epo-

Eporedorigem, et Viridomarum, quos illi interfectos existimabant, inter equites uersari, suosq́; appellare iubet. ijs cognitis, et Litauici fraude perspecta, Hedui manus tendere, et deditionem significare,
et proiectis armis mortem deprecari incipiunt. Litauicus cum suis clientibus, quibus nefas, more Gallorum est, etiam in extrema fortuna deserere patronos, Gergouiam profugit. Cæsar, nuntijs ad ciuitatē
Heduorum missis, qui suo beneficio conseruatos doce-
rent, quos iure belli interficere potuisset, tribusq́; horis noctis exercitui ad quietem datis, castra ad Gergouiam mouit. medio fere itinere equites a Fabio
missi, quanto res in periculo fuerit, exponūt: summis
copijs castra oppugnata demonstrāt: cum crebro integri defessis succederent, nostrosq́; assiduo labore de-
fatigarent, quibus propter magnitudinem castrorum
perpetuo esset ijsdem in uallo permanendum: multitudine sagittarum, atque omnis generis telorum multos uulneratos: ad hæc sustinēda magno usui fuisse tormenta: Fabium discessu eorum, duabus relictis portis, obstruere ceteras, pluteosq́; uallo addere, et se in
posterum diem simile ad casum parare. ijs rebus cognitis, Cæsar, summo studio militū, ante ortum solis
in castra peruenit. Dum hæc ad Gergouiā geruntur,
Hedui, primis nuntijs a Litauico acceptis, nullū sibi
ad cognoscendum spatium relinquunt. impellit alios
auaritia, alios iracundia et temeritas, quæ maxime
illi hominū generi est innata, ut leuem auditionē ha-
beāt pro re cōperta. bona ciuiū Romanorū diripiūt,
cædes

cædes faciunt; in seruitutem abstrahunt. adiuuat rē proclinatam Conuictolitanis, plebemq́. ad furorem impellit, ut, facinore admisso, ad sanitatem reuerti pudeat. M. Aristium tribunum mil. iter ad legionem facientē, fide data, ex oppido Cauillono educūt: idem facere cogunt eos, qui negotiandi caussa ibi constiterant. hos continuo in itinere adorti, omnibus impedimentis exsuunt, repugnātes diem noctemq́. obsidēt: multis utrinque interfectis, maiorem multitudinem ad arma concitant. interim, nuntio allato, omnes eorum milites in potestate Cæsaris teneri, concurrunt ad Aristium: nihil publico facto consilio demonstrant: quæstionem de bonis direptis decernunt: Litauici, fratrumq́. bona publicant: legatos ad Cæsarem sui purgandi gratia mittunt: hæc faciunt recuperandorum suorum caussa. sed contaminati facinore, et capti cōpendio ex direptis bonis, quòd ea res ad multos pertinebat, et timore pœnæ exterriti, consilia clam de bello inire incipiunt, ciuitatesq́. reliquas legationibus solicitant. quæ tametsi Cæsar intelligebat, tamen, quàm mitissime potest, legatos appellat: nihil se, propter inscientiam, leuitatemq́. uulgi, grauius de ciuitate iudicare, neque de sua in Heduos beneuolentia diminuere. ipse, maiorē Galliæ motū exspectans, ne ab omnibus ciuitatibus circūsisteretur, consilia inibat, quēadmodū a Gorgouia discederet, ac rursus omnem exercitum contraheret; ne profectio, nata a timore defectionis, similis fugæ uideretur. hæc cogitāti accidere uisa est facultas bene rei gerēdæ. nam cum

N   minora

minora in castra operis perspiciendi caussa uenisset,
animaduertit collem, qui ab hostibus tenebatur, nu-
datum hominibus, qui superioribus diebus uix præ
multitudine cerni poterat. admiratus, quærit ex perfugis caussam, quorum magnus ad eum quotidie numerus confluebat. constabat inter omnes, quod iam
ipse Cæsar per exploratores cognouerat, dorsum esse
eius iugi prope æquum, sed siluestrem, et angustum,
qua esset aditus ad alteram partem oppidi: uehemen
ter huic illos loco timere, nec iam aliter sentire, uno
colle ab Romanis occupato, si alterū amisissent, quin
pæne circumuallati, atque omni exitu, et pabulatione interclusi uiderētur: ad hunc muniendum locum
omnes a Vercingetorige euocatos. hac re cognita,
Cæsar mittit cōplures equitum turmas eò de media
nocte: ijs imperat, ut paullo tumultuosius omnibus
in locis peruagarentur: prima luce, magnum numerum impedimentorum ex castris detrahi, mulionesq́.
cum cassidibus, equitum specie, ac simulatione, collibus circumuehi iubet. his paucos addit equites, qui
latius ostentationis caussa uagarentur. longo circuitu
easdem omnes iubet petere regiones. hæc procul ex
oppido uidebantur, ut erat a Gergouia despectus in
castra: neque tanto spatio, certi quid esset, explorari
poterat. legionē unam eodem iugo mittit, et paullum
progressam inferiore loco cōstituit, siluisq́. occultat.
augetur Gallis suspicio, atque omnes illò munitionum
copiæ traducuntur. nacta castra hostium Cæsar con
spicatus, tectis insignibus suorum, occultatisq́. signis
milita-

militaribus, raros milites, ne ex oppido animaduerterentur, ex maioribus castris in minora traducit: legatisque, quos singulis legionibus præfecerat, quid fieri uellet, ostendit: in primis monet, ut contineant milites, ne studio pugnandi, aut spe prædæ longius progrediantur: quid iniquitas loci habeat incómodi, proponit: hoc una celeritate posse uitari: occasionis esse rem, non prælij. his rebus expositis, signum dat, et ab dextera parte alio adscensu eodem tempore Heduos mittit. oppidi murus ab planicie, atque initio adscensus, recta regione, si nullus anfractus intercederet, MCC passus aberat. quidquid huic circuitus ad moliendum cliuum accesserat, id spatium itineris augebat. a medio fere colle in longitudine, ut natura montis ferebat, ex grandibus saxis sex pedum murum, qui nostroru impetum tardaret, produxerant Galli, atque, inferiore omni spatio uacuo relicto, superiorem parte collis usque ad murum oppidi densissimis castris cópleuerant. milites, signo dato, celeriter ad munitioné perueniunt, eamq. transgressi trinis castris potiuntur. ac tanta fuit in capiendis castris celeritas, ut Theutomatus, rex Nitiobrigum, subito in tabernaculo oppressus, ut meridie conquieuerat superiore corporis parte nudata, uulnerato equo, uix se ex manibus prædantium militu eriperet. consecutus id, quod animo proposuerat, Cæsar receptui cani iussit: legionisq́. decimæ, qua cu erat concionatus, signa constitere. at reliquarum milites legionu, non exaudito tubæ sono, quòd satis magna uallis intercedebat, tamen

tamen à tribunis militum, legatisq́., ut erat à Cæsare præceptum, retinebantur, sed, elati spe celeris uictoriæ, et hostium fuga, superiorumq́. temporum secundis prælijs, nihil adeo arduum sibi existimabant,
quod nõ uirtute conseqũá possent: neque prius finem
sequendi fecerunt, quàm muro oppidi, portisq́. ap-
propinquarunt. tũ uero ex omnibus urbis partibus,
orto clamore, qui longius aberant, repentino tumul
tu perterriti, cum hostes intra portas esse existimarent, sese ex oppido eiecerũt. matresfamilias de mu
ro uestem, argentumq́. iactabant; et pectore nudo
prominẽtes, passis manibus obtestabãtur Romanos,
ut sibi parcerent, neu, sicut Auarici fecissent, ne mu
lieribus quidẽ, atque infantibus abstinerent. non nul
læ de muris per manus demissæ, sese militibus trade
bant. L. Fabius centurio legionis octauæ, quẽ inter
suos eo die dixisse constabat, excitari se Auaricensi-
bus præmijs, neque cõmissurum, ut prius quisquam
murum adscenderet, tres suos nactus manipulares,
atque ab ijs subleuatus murũ adscendit. eos ipse rursus singulos exceptans, in murũ extulit. interim ij,
qui ad alterã partẽ oppidi, ut supra demõstrauimus,
munitionis caussa conuenerant, primo exaudito clamore, inde etiã crebris nuntijs incitati, oppidã ab Ro
manis teneri, præmissis equitibus magno cõcursu eò
contenderunt. eorum ut quisque primus uenerat, sub
muro consistebant, suorumq́. pugnantium numerum
augebat. quorum cum magna multitudo conuenisset,
matresfamilias, quæ paullo ante Romanis de muro
manus

manus tendebant, suos obtestari, et, more Gallico, passum capillum ostentare, liberosq́. in conspectum proferre cœperunt. erat Romanis nec loco, nec numero æqua contentio: simul et cursu, et spatio pugnæ defatigati, non facile recentes, atque integros sustinebant. Cæsar cum iniquo loco pugnari, hostiumq́. augeri copias uideret, præmetuens suis ad T. Sextiū legatum, qué minoribus castris præsidio reliquerat, mittit, ut cohortes ex castris celeriter educeret, & sub infimo colle ab dextro latere hostiū constitueret, ut, si nostros depulsos loco uidisset, quo minus libere hostes insequerentur, terreret. ipse paullum ex eo loco cum legione progressus, ubi constiterat, euentum pugnæ exspectabat. cum acerrime cominus pugnaretur, hostes loco & numero, nostri uirtute considerent, subito sunt Hedui uisi, ab latere nostris aperto; quos Cæsar ab dextera parte alio adscensu, manus distinendæ caussa, miserat. ij similitudine armorum uehementer nostros perterruerunt: ac, tametsi dextris humeris exertis animaduertebantur, quod insigne pacatis esse consueuerat, tamen id ipsum sui fallendi caussa milites ab hostibus factū existimabát. eodem tépore L. Fabius centurio, quiq́. una murum adscenderant, circumuenti, atque interfecti de muro præcipitantur. M. Petreius eiusdé legionis centurio, cū portas exscindere conatus esset, a multitudine oppressus, ac sibi desperans, multis iam uulneribus acceptis, manipularibus suis, qui illum secuti erant, Quoniam, inquit, me una nobiscum seruare non possum,

uestra

uestræ quidem certe saluti prospiciam, quos cupiditate gloriæ adductus, in periculum deduxi, uos, data facultate, uobis consulite. simul irrupit in medios hostes; duobusq. interfectis, reliquos a porta paullum submouit. conantibus auxiliari suis, frustra, inquit, meæ uitæ subuenire conamini, quem iam sanguis, uiresq. deficiunt. proinde hinc abite, dum est facultas, uosq. ad legionem recipite. ita pugnans post paullum concidit, ac suis saluti fuit. nostri, cum undique premerentur, XLVI centurionibus amissis, deiecti sunt loco. sed intolerantius Gallos insequentes, legio decima tardauit, quæ pro subsidio paullo equiore loco constiterat. hanc rursus tertiæ decimæ legionis cohortes exceperunt; quæ ex castris minoribus eductæ, cum T. Sextio legato ceperant locum superiorem. legiones, ubi primum planiciem attigerunt, infestis contra hostes signis constiterunt. Vercingetorix ab radicibus collis suos intra munitiones reduxit. eo die milites sunt paullo minus septingenti desiderati. postero die Cæsar, concione aduocata, temeritatem, cupiditatemq. militum reprehendit; quòd sibi ipsi iudicauissent, quò procedendum, aut quid agendum uideretur, neque, signo recipiendi dato, cóstitissent, neque a tribunis mil. legatisq. retineri potuissent: exposuit, quid iniquitas loci posset, quid ipse ad Auaricum sensisset, cum, sine duce, & sine equitatu deprehensis hostibus, exploratam uictoriam dimisisset, ne paruum modo detrimentum in contentione propter iniquitatem loci acciperet: quantopere eorū animi magnitudinē admiraretur,

admiraretur, quos non castrorum munitiones, non altitudo montis, non murus oppidi tardare potuisset, tantopere licentiam, arrogantiamq́. reprehendere, quod plus se, quàm imperatorem, de victoria, atque exitu rerum sentire existimarent: nec minus se in milite modestiam, & continentiam, quàm uirtutem, atque animi magnitudinem, desiderare. Hac habita concione, & ad extremum oratione confirmatis militibus, ne ob hác caussam animo permouerétur, neu, quod iniquitas loci attulisset, id uirtuti hostium tribuerent, eadem de profectione cogitás, qua ante senserat, legiones ex castris eduxit, aciemq́. idoneo loco constituit. Cùm Vercingetorix nihilo minus in æquū locum descenderet, leui facto equestri prælio, atque eo secundo, in castra exercitum reduxit. cùm hoc idem postero die fecisset, satis ad Gallicam ostentationem minuendam, militumq́. animos confirmandos factum existimans, in Heduos castra mouit. ne tum quidem insecutis hostibus, tertio die ad flumen Elauer pontem refecit, atque exercitum traduxit. ibi à Virdumaro, atque Eporedorige Heduis appellatus, discit, cum omni equitatu Litauicum ad solicitandos Heduos profectum: opus esse, & ipsos præcedere ad confirmandam ciuitatem. etsi multis iam rebus perfidia Heduorum Cæsar perspectá habebat, atque horū discessu admaturari defectionem ciuitatis existimabat; tamen retinendos eos non censuit; ne aut inferre iniuriam uideretur, aut dare timoris aliquam suspicionem. discedentibus his breuiter sua in Heduos merita

rita exposuit, quos, et quàm humiles accepisset, compulsos in oppida, multatos agris, omnibus ereptis socijs, imposito stipendio, obsidibus summa cum contumelia extortis, & quam in fortunam, quamq́. in amplitudinem deduxisset, ut non solum in pristinum statum redissent, sed omnium temporum dignitatem, et gratiam antecessisse uiderentur. his datis mandatis, eos ab se dimisit. Noniodunū erat oppidum Heduorum, ad ripas Ligeris, oportuno loco positum. huc Cæsar omnes obsides Galliæ, frumentum, pecuniam publicam, suorum atque exercitus impedimentorum magnam partem contulerat: huc magnum numerū equorum, huius belli caussa in Italia, atque Hispania coemptorum, miserat. eo cum Eporedorix, Virdudumarusq́. uenissent, & de statu ciuitatis cognouissent, Litauicum Bibracte ab Heduis receptum, quod est oppidum apud eos maximæ auctoritatis, Conuictolitanem magistratum, magnamq́. partem senatus ad eū conuenisse, legatos ad Vercingetorigem de pace et amicitia cōcilianda publice missos; non prætermittendum tantum cōmodum existimauerunt. itaque, interfectis Noniodunī custodibus, quiq́. eò, negotiandi, aut itineris caussa, cōuenerant, pecuniam, atque equos inter se partiti sunt; obsides ciuitatū Bibracte ad magistratum deducendos curauerunt; oppidū, quod ab se teneri non posse iudicabant, ne cui esset usui Romanis, incenderunt; frumenti, quod subito potuerunt, nauibus auexerunt, reliquum flumine, atque incendio corruperūt; ipsi ex finitimis regionibus
copias

LIBER VII.

copias cogere, præsidia, custodiasq́; ad ripas Ligeris disponere, equitatumq́; omnibus locis, inijciendi timoris caussa, ostentare cœperunt; ut, ab re frumentaria Romanos excludere, aut adductos inopia ex prouincia expellere possent. quam ad spem multum eos adiuuabat, quòd Liger ex niuibus creuerat, ut omnino uado transiri non posse uideretur. quibus rebus cognitis Cæsar maturandum sibi censuit, si esset in perficiendis pontibus periclitandum, ut prius, quàm essent maiores eò copiæ coactæ, dimicaret. nam ut commutato consilio iter in prouinciā conuerteret, id ne tum quidē necessario faciūdum existimabat, cum infamia, atque indignitas rei, et oppositus mons Gebenna, uiarumq́; difficultas impediebat; tum maxime, quòd adiungi Labieno, atque ijs legionibus, quas una miserat, uehementer cupiebat. itaque, admodum magnis diurnis, atque nocturnis itineribus confectis, contra omnium opinionem ad Ligerim peruenit; uadoq́; per equites inuento, pro rei necessitate oportuno, ut brachia modo, atque humeri ad sustinenda arma liberi ab aqua esse possent, disposito equitatu, qui uim fluminis refringeret, atque hostibus primo adspectu perturbatis, incolumem exercitum traduxit; frumentumq́; in agris, & copiā pecoris nactus, repleto ijs rebus exercitu, iter in Senones facere instituit. Dū hæc apud Cæsarem geruntur, Labienus eo supplemento, quod nuper ex Italia uenerat, relicto Agendici, ut esset impedimentis præsidio, cū quattuor legionibus Lutetiam proficiscitur. id est oppidū Parisiorum, positum in insula

sula fluminis Sequanæ. cuius aduentu ab hostibus cognito, magnæ ex finitimis ciuitatibus copiæ conuenerūt. summa imperij traditur Camulogeno Aulerco; qui prope confectus ætate, tamen, propter singularē scientiá rei militaris, ad eum est honorem euocatus. is cum animaduertisset perpetuam esse paludē, quæ influeret in Sequanam, atque illum omnem locum magnopere impediret, hic consedit, nostrosq́. transitu prohibere instituit. Labienus primo uineas agere, cratibus, atque aggere paludem explere, atque iter munire conabatur. postquá id difficilius confiteri animaduertit, silétio e castris tertia uigilia egressus, eodem, quo uenerat, itinere Melodunum peruenit. id est oppidum Senonum in insula Sequanæ positum, ut paullo ante Lutetiam diximus. deprehensis nauibus circiter L, celeriterq́. coniunctis, atque eó militibus impositis, et rei nouitate perterritis oppidanis, quorum magna pars erat ad bellum euocata, sine contentione oppido potitur. refecto ponte, quem superioribus diebus hostes resciderant, exercitum traducit, et secundo flumine ad Lutetiam iter facere cœpit. hostes, re cognita ab ijs, qui a Meloduno profugerant, Lutetiá incendi, pontesq́.eius oppidi rescindi iubent. ipsi profecti palude, in ripis Sequanæ, e regione Lutetiæ, contra Labieni castra consídunt. iā Cæsar a Gergouia discessisse audiebatur: iā de Heduorū defectione, et secundo Galliæ motu rumores asserebátur; Galliq́. in colloquijs, interclusū itinere, et Ligere Cæsarē, inopia fruméti coactum, in prouinciā cōtendisse
confirmabant.

confirmabant. Bellouaci autem, defectione Heduorum cognita, qui ante erant per se infideles, manus cogere, atque aperte bellum parare coeperunt. Tum Labienus, tanta rerum commutatione, longe aliud sibi capiendum consilium, atque antea senserat, intelligebat. neque iam, ut aliquid acquireret, prælioq́; hostes lacesseret, sed ut incolumem exercitum Agendicum reduceret, cogitabat. nanque altera ex parte Bellouaci, quæ ciuitas in Gallia maximam habet opinionem uirtutis, instabat: alteram Camulogenus parato, atque instructo exercitu tenebat. tum legiones, a præsidio, atque impedimentis interclusas, maximū flumen distinebat. tantis subito difficultatibus obiectis, ab animi uirtute auxiliū petendum uidebat: itaque, sub uesperum concilio conuocato, cohortatus, ut ea, quæ imperasset, diligenter, industriéq́; administrarent, naues, quas a Meloduno deduxerat, singulas equitibus Romanis attribuit; et, prima confecta uigilia, quattuor millia passuum secundo flumine progredi silentio, ibiq́; se exspectari, iubet. quinque cohortes, quas minime firmas ad dimicandum esse existimabat, castris præsidio relinquit: quinque eiusdem legionis reliquas de media nocte cum omnibus impedimentis aduerso flumine magno tumultu proficisci imperat. conquirit etiā lintres: has magno sonitu remorū incitatas, in eādē partem mittit. ipse post paullo, silentio egressus cū tribus legionibus, eum locum petit, quò naues appelli iusserat. eò cum esset uentum exploratores hostium, ut omni fluminis parte erant dispositi,

dispositi, inopinantes, quòd magna subito erat coorta
tempestas, ab nostris opprimuntur. exercitus, equi-
tatusq́. equitibus Romanis administrantibus, quos ei
negotio praefecerat, celeriter transmittitur. uno fere
tépore sub lucem hostibus nuntiatur, in castris Roma
norum praeter consuetudiné tumultuari, et magnum
ire agmen aduerso flumine, sonitumq́. remorum in
eadem parte exaudiri, et paullo infra milites nauibus transportari. quibus rebus auditis, quòd existima
bant tribus locis transire legiones, atque omnes perturbatos defectione Heduorum fugam parare, suas
quoque copias in tres partes distribuerunt. nam, &
praesidio e regione castrorum relicto, et parua manu
Metiosedum uersus missa, quae tantum progrederetur, quantum naues processissent, reliquas copias con
tra Labienum duxerunt. prima luce et nostri omnes
erant transportati, et hostium acies cernebatur. Labienus milites cohortatus, ut suae pristinae uirtutis, et
tot secundissimorum praeliorum memoriam teneret,
atque ipsum Caesarem, cuius ductu saepenumero hostes superassent, adesse existimaret, dat signum praelij. primo concursu, ab dextero cornu, ubi septima legio constiterat, hostes pelluntur, atque in fugam con-
ijciuntur: ab sinistro, quem locum duodecima legio
tenebat, cum primi ordines hostium transfixi pilis
concidissent, tamen acerrime reliqui resistebant, nec
dabat suspicionem fugae quisquam. ipse dux hostium
Camulogenus suis aderat, atque eos cohortabatur.
ac, incerto etiá nunc exitu uictoriae, cum septimae legionis

gionis tribunis esset nuntiatum, quæ in sinistro cornu
gererentur, post tergū hostium legionem ostēderunt,
signaq́. intulerunt. ne eo quidem tempore quisquam
loco cessit, sed circumuenti omnes, interfectíq́. sunt.
eandem fortunā tulit Camulogenus. at ij, qui præsidio contra castra Labieni erant relicti, cum prælium
commissum audissent, subsidio suis ierunt, collemq́. ce
perunt, neque nostrorum militum, uictorumq́. impe
tum sustinere potuerunt. sic cum suis fugientibus per-
misti, quos non siluæ, montesq́. texerunt, ab equitatu sunt interfecti. hoc negotio confecto, Labienus reuertitur Agendicum : ubi impedimenta totius exer
citus relicta erant. inde cum omnibus copijs ad Cæsa
rem peruenit. defectione Heduorum cognita, bellum
augetur. legationes in omnes partes circummittitur:
quantum gratia, auctoritate, pecunia ualent, ad solici
tandas ciuitates nituntur: nacti obsides, quos Cæsar
apud eos deposuerat, horum supplicio dubitantes ter
ritant. petunt a Vercingetorige Hedui, ut ad se ueniat, rationesq́. belli gerendi communicet. re impetrata, cōtendūt, ut ipsis summa imperij tradatur: et,
re in controuersiā deducta, totius Galliæ concilium
Bibracte indicitur. eodē conueniunt undique frequen
tes multitudines. suffragijs res permittitur. ad unū
omnes Vercingetorigē probant imperatorem. ab hoc
concilio Rhemi, Lingones, Treuiri abfuerunt ; illi,
quòd amicitiam Romanorum sequebantur ; Treuiri,
quòd aberant longius, et ab Germanis premebantur:
quæ fuit caussa, quare toto abessent bello, & neutris
auxilia

auxilia mitterent. magno dolore Hedui ferunt se deie
ctos principatu, queruntur fortunæ commutatione;
et Cæsaris indulgentiam in se requirunt; neque tamen, suscepto bello, suum consilium ab reliquis sepa
rare audent. inuiti, summæ spei adolescentes, Epore
dorix, et Virdumarus Vercingetorigi parent. ille im
perat reliquis ciuitatibus obsides. denique ei rei con
stituit diem: huc omnes equites quindecim millia nu
mero celeriter conuenire iubet. peditatu, quem ante
habuerit, se fore contentum dicit; neque fortunam
tentaturũ, neque acie dimicaturum; sed, quoniam a-
bundet equitatu, perfacile esse factu frumentationi-
bus pabulationibusq. Romanos prohibere: æquo mo
do animo sua ipsi frumēta corrumpant, ædificiaq. in-
cendant; qua rei familiaris iactura, perpetuum impe
rium, libertatemq. se consequi uideāt. His constitutis
rebus, Heduis, Segusianisq., qui sunt finitimi ei pro
uinciæ, decem millia peditum imperat. huc addit equi
tes octingentos. his præficit fratrē Eporedorigis, bel
lumq. inferre Allobrogibus iubet. altera ex parte Ga
balos, proximosq. pagos Aruernorum in Heluios,
item Ruthenos, Cadurcosq. ad fines Volgarum, A-
remicorumq. depopulandos mittit. hic nihilo minus
clandestinis nuntijs legationibusq. Allobroges solici
tat; quorũ mentes non dum a superiore bello resedisse
sperabat. horum principibus pecunias, ciuitati autem imperiũ totius prouinciæ pollicetur. Ad hos om
nes casu promissa erāt præsidia cohortiũ duarũ et uigin
ti, quæ ex ipsa coacta prouincia ab L. Cæsare legato
ad

ad omnes partes opponebantur. Heluij sua sponte cū finitimis prælio congressi pelluntur, et C. Valerio Donotauro, Caburi filio, principe ciuitatis, cópluribusq́. alijs interfectis, intra oppida murosq́. compelluntur. Allobroges, crebris ad Rhodanum dispositis præsidijs, magna cum cura et diligentia suos fines tuentur. Cæsar, quòd hostes equitatu superiores esse intelligebat, et, interclusis omnibus itineribus, nulla re ex prouincia, atque Italia subleuari poterat, trás Rhenum in Germaniam mittit ad eas ciuitates, quas superioribus annis pacauerat ; equitesq́. ab his accersit, et leuis armaturæ pedites, qui inter eos præliari consueuerant. eorum aduentu, quòd minus idoneis equis utebantur, a tribunis mil. reliquisq́. equitibus Romanis, atque euocatis equos sumit, Germanisq́. distribuit. interea, dum hæc geruntur, hostium copiæ ex Aruernis, equitesq́. qui toti Galliæ erant imperati, conueniunt. magno horum coacto numero, cum Cæsar in Sequanos per extremos Lingonum fines iter faceret, quo facilius subsidium prouinciæ ferri posset, circiter millia passuum decem ab Romanis trinis castris Vercingetorix consedit ; conuocatisq́. ad concilium præfectis equitum, uenisse tempus uictoriæ demóstrat : fugere in prouincia Romanos, Galliaq́. excedere: id sibi ad præsentem obtinendam libertatē satis esse: ad reliqui temporis pacem, atque otiú parú profici: maioribus enim coactis copijs reuersuros, neque finem belli facturos ; proinde, agmine impeditos adoriantur: si pedites suis auxilium ferant, atque in

eo

eo morentur, iter facere non posse: sin, id quod magis futurum confidebat, relictis impedimentis, suæ saluti consulant, & usu rerum necessariarum, & dignitate spoliatum iri: nam de equitibus hostium, quin nemo eorum progredi modo extra agmen audeat, ne ipsos quidem debere dubitare: id quo maiore faciant animo, copias se omnes pro castris habiturum, & terrori hostibus futurum. conclamant equites, sanctissimo iureiurando confirmari oportere; ne tecto recipiatur, ne ad liberos, ne ad parentes, ne ad uxorem aditum habeat, qui non bis per hostium agmen perequitasset. probata re, atque omnibus ad iusiurandum adactis, postero die in tres partes distributo equitatu, duæ se acies a duobus lateribus ostendunt: una a primo agmine iter impedire cœpit. qua re nuntiata, Cæsar suum quoque equitatum, tripartito diuisum, ire contra hostem iubet. pugnatur una omnibus in partibus: consistit agmen: impedimenta inter legiones recipiuntur. si qua in parte nostri laborare, aut grauius premi uidebantur, eo signa inferri Cæsar, aciemq́; conuerti iubebat. quæ res & hostes ad insequendum tardabat, & nostros spe auxilii confirmabat. tandē Germani ab dextro latere, summū iugum nacti, hostes loco depellunt, fugientes usque ad flumen, ubi Vercingetorix cum pedestribus copiis consederat, persequuntur, compluresq́; interficiunt. qua re animaduersa, reliqui, ne circumuenirentur, ueriti, se fugæ mandant. omnibus locis fit cædes. tres nobilissimi Hedui capti ad Cæsarem perducuntur: Cotus, præfectus equitum,

qui

qui controuersiam cum Conuictolitane proximis comitijs habuerat; & Cauarillus, qui, post defectione
Litauici, pedestribus copijs præfuerat; & Eporedorix, quo duce ante aduentum Cæsaris Hedui cum Se
quanis bello contenderant, fugato omni equitatu, Ver
cingetorix copias suas, ut pro castris collocauerat, reduxit; protinusq́. Alexiam, quod est oppidum Man
dubiorum, iter facere cœpit; celeriterq́. impedimenta ex castris educi, & se subsequi iussit. Cæsar, impedi
mentis in proximum collem deductis, duabusq́. legio
nibus præsidio relictis, secutus, quantum diei tempus est passum, circiter tribus millibus hostium ex no
uissimo agmine interfectis, altero die ad Alexiam ca
stra fecit. perspecto urbis situ, perterritisq́. hostibus,
quòd equitatu, qua maxima parte exercitus confidebant, erant pulsi; adhortatus ad laborē milites, Ale
xiam circumuallare instituit. ipsum erat oppidum in
colle summo, admodum edito loco, ut, nisi obsidione,
expugnari non posse uideretur. cuius collis radices;
duo duabus ex partibus flumina subluebāt. ante id op
pidum planicies circiter millia passuum tria in longitu
dinem patebat. reliquis ex omnibus partibus colles,
mediocri interiecto spatio, pari altitudinis fastigio op
pidum cingebant. sub muro, quæ pars collis ad orientem spectabat, hunc omnem locum copiæ Gallorum
compleuerant, fossamq́ue, & maceriam sex in altitudinem pedum produxerat. eius munitionis, quæ ab
Romanis instituebatur, circuitus x 1 m passuū tene
bat. castra oportunis locis erant posita; ibíq. castella
O uiginti

uigintitria facta, in quibus castellis interdiu stationes disponebantur, ne qua subito irruptio fieret. hæc eadem noctu excubitoribus, ac firmis præsidiis tenebantur. opere instituto, fit equestre prælium in ea planicie, quam intermissam collibus trium millium passuum in longitudinem patere, supra demostrauimus. summa ui ab utrisque contenditur. laborantibus nostris, Cæsar Germanos submittit, legionesq́; pro castris constituit, ne qua subito irruptio ab hostium peditatu fiat. præsidio legionum addito, nostris animus augetur: hostes in fugam coniecti, seipsi multitudine impediunt; atque, angustioribus portis relictis, coarctantur. Germani acrius usque ad munitiones sequuntur. fit magna cædes: non nulli, relictis equis, fossam transire, & maceriam transcendere conantur. paullum legiones Cæsar, quas pro uallo constituerat, promoueri iubet. non minus, qui intra munitiones erát, Galli perturbantur: ueniri ad se confestim existimantes, ad arma conclamant. non nulli perterriti in oppidum irrumpunt. Vercingetorix iubet portas claudi, ne castra nudentur. multis interfectis, cópluribus equis captis, Germani sese recipiunt. Vercingetorix, prius quàm munitiones ab Romanis perficiantur, cósilium capit, omné a se equitatú noctu dimittere. discedentibus mandat, ut suá quisque eorú ciuitaté adeat; omnesque, qui per ætaté arma ferre possint, ad bellú cogant: sua in illos merita proponit; obestaturq́ue, ut suæ salutis rationem habeant; neu se de cómuni libertate optime meritum in cruciatú hostibus dedant: qui

si

LIBER VII.

si indiligentiores fuerint, millia hominum octoginta delecta secum interitura demonstrat: ratione inita, frumentússe exigue dierum triginta habere, sed paullo etiam lógius tolerare posse, parcendo. his datis mandatis, quá erat nostrum opus intermissum, secunda uigilia silentio equitatum dimittit; frumentum omne ad se referri iubet; capitis pœnam ijs, qui non paruerint, constituit; pecus, cuius magna erat ab Mandubijs compulsa copia, uiritim distribuit, frumentum parce, & paullatim metiri instituit; copias omnes, quas pro oppido collocauerat, in oppidum recipit. his rationibus auxilia Galliæ exspectare, & bellum administrare parat. quibus rebus cognitis ex perfugis, & captiuis, Cæsar hæc genera munitionis instituit. fossam pedum uiginti latam directis lateribus duxit; ut eius solum tantundem pateret, quantum summa labra distabant. reliquas omnes munitiones ab ea fossa pedibus cccc reduxit: id hoc consilio, quoniam tantum esset necessario spatium complexus, ne facile totum opus militum corona cingeretur; ne de improuiso, aut noctu ad munitiones hostium multitudo aduolaret, aut interdiu tela in nostros operi destinatos coniicere possent. hoc intermisso spatio, duas fossas, quindecim pedes latas, eadem altitudine perduxit: quarum interiorem campestribus, ac demissis locis, aqua ex flumine deriuata, compleuit. post eas aggerem, et uallum duodecim pedum exstruxit. huic loricá, pinnasq́. adiecit, grandibus ceruis, eminentibusq́. ad cómissuras pluteorum, atque aggeris: qui adscēsum

hostium

hostium tardarent, & turres toto opere circũdedit, quæ pedes LXXX inter se distarent. erat uno tempore, & materiari, & frumentari, & tantas munitiones fieri, necesse, diminutis nostris copiis, quæ longius ab castris progrediebantur: et non nunquam opera nostra Galli tentare, atque eruptionem ex oppido pluribus portis facere, summa ui conabantur. quare ad hæc rursus opera addendum Cæsar putauit, quo minore numero militum munitiones defendi possent. itaque truncis arborum, haud admodum firmis ramis accisis, atque horum delibratis, atque præacutis cacuminibus, perpetuæ fossæ, quinos pedes altæ, ducebantur. huc illi stipites demissi, & ab infimo reuincti, ne reuelli possent, ab ramis eminebant. quini erãt ordines coniuncti inter se, atque implicati; quò qui intrauerant, se ipsi acutissimis uallis induebant. hos cippos appellabant. ante hos, obliquis ordinibus in quincuncem dispositis, scrobes trium in altitudinem pedum fodiebantur, paullatim angustiore ad summum fastigio. huc teretes stipites femuris crassitudine, ab summo præacuti, & præusti, demittebantur; ita, ut nõ amplius quattuor digitis ex terra eminerẽt. simul, confirmandi, & stabiliendi caussa, singuli ab infimo solo pedes terra exculcabantur: reliqua pars scrobis ad occultãdas insidias uiminibus, ac urgultis integebatur. huius generis octoni ordines ducti ternos inter se pedes distabãt. id ex similitudine floris lilium appellabant. ante hæc taleæ pedem longæ ferreis hamis infixis totæ in terrã infodiebãtur, mediocribusq́.

intermissis

LIBER VII. 107

intermißis spatijs, omnibus locis disserebantur, quos stimulos nominabant. His rebus perfectis, regiones se cutus, quàm potuit æquißimas, pro loci natura quatuordecim millia passuum complexus, pares eiusdem generis munitiones, diuersas ab his, contra exterioré hostem perfecit: ut ne magna quidem multitudine, si ita accidat, eius discessu munitionum præsidia circunfundi possent, neu cum periculo ex castris egredi cogerentur: dierum triginta pabulum, frumentumq́. habere omnes conuectum iubet. Dum hæc ad Alexiam geruntur, Galli, concilio principum indicto, non omnes, qui arma ferre possent, ut censuit Vercingetorix, conuocandos statuunt, sed certum numerum cuique ciuitati imperandum; ne, tanta multitudine confusa, nec moderari, nec discernere suos, nec frumenti rationem habere possent. imperant Heduis, atque eorum clientibus, Segusianis, Ambuaretis, Aulercis, Brannouicibus, Brannouijs millia trigintaquinque, parem numerum Aruernis, adiunctis Heleuteris, Cadurcis, Gaballis, Vellauijs, qui sub imperio Aruernorum esse consueuerunt; Senonibus, Sequanis, Biturigibus, Xanthonibus, Ruthenis, Carnutibus vigintiduo millia, Bellouacis decem, totidḗ Lemouicibus, octona Pictonibus, & Turonis, & Parisijs, & Heluetijs; Senonibus, Ambianis, Mediomatricis, Petrocorijs, Neruijs, Morinis, Nitiobrogibus quina millia, Aulercis, Cenomanis totidem, Atrebatibus quattuor millia, Bellocassis, Lexouijs, Aulercis, Eburonibus, terna, Rauracis, et Boijs triginta.

O 3 ginta.

ginta. uniuersis ciuitatibus, quæ Oceanum attingunt, quæq́. eorum consuetudine Armoricæ appellantur, quo sunt in numero Curiosolites, Rhedones, Ambibari, Cadetes, Osissmi, Lemouices, Vnelli, Sena. ex his Bellouaci suum numerum non contulerunt; quòd se suo nomine, atque arbitrio cũ Romanis bellum gesturos dicerent, neque cuiusquam imperio obtemperaturos. rogati tamen a Cómio, pro eius hospitio duo millia miserunt. huius opera Commij, ita ut antea demonstrauimus, fideli atque utili superioribus annis erat usus in Britannia Cæsar: pro quibus meritis ciuitatem eius immunem esse iusserat; iura, legesq́. reddiderat; atque ipsi Morinos attribuerat. tanta tamen uniuersæ Galliæ consensio fuit libertatis uindicandæ, & pristinæ belli laudis recuperãdæ, ut neque beneficijs, neque amicitiæ memoria mouerentur, omnesq́. & animo, & opibus in id bellum incumberent, coactis equitum VIII millibus, et peditum circiter CCXL. hæc in Heduorum finibus recensebantur; numerusq́. inibatur: præfecti constituebantur: Commio Atrebati, Virdumaro, et Eporedorigi Heduis, Vergasillauno Aruerno, consobrino Vercingetorigis, summa imperij traditur. ijs delecti ex ciuitatibus attribuuntur, quorum consilio bellum administraretur. omnes alacres, et fiduciæ pleni ad Alexiam proficiscuntur. nec erat omniũ quisquam, qui adspectum modo tãtæ multitudinis sustineri posse arbitraretur, præsertim ancipiti prœlio; cũ ex oppido eruptione pugnaretur, & foris tantæ copiæ equitatus, peditatusq́. cernerentur.

tur. at ij, qui Alexiæ obsidebátur, præterita die, qua suorum auxilia exspectauerant, consumpto omni frumento, inscij, quid in Hæduis gereretur, concilio coacto, de exitu fortunarum suarum consultabant, ac narijs dictis sententijs, quarum pars deditionem, pars, dum uires suppeterent, eruptionem censebant, non prætereunda uidetur oratio Critognati, propter eius singularem, ac nefariam crudelitatem. hic, summo in in Aruernis natus loco, & magnæ habitus auctoritatis, Nihil, inquit, de eorum sententia dicturus sum, qui turpissimam seruitutem deditionis nomine appellant; neque hos habendos ciuium loco, neque ad consilium adhibendos censeo. cum ijs mihi res sit, qui eruptionem probant: quorum in consilio omnium uestrú consensu pristinæ residere uirtutis memoria uidetur. animi est ista mollicies, non uirtus, inopiam paullisper ferre non posse. qui se ultro morti offerant, facilius reperiuntur, quàm qui dolorem patienter ferant. atque ego hanc sententiá probarem. nam apud me multum dignitas potest, si ullá, præterquam uitæ nostræ, iacturam fieri uiderem. sed in consilio capiendo omnē Galliam respiciamus, quam ad nostrum auxilium concitauimus. quid, hominū millibus octoginta uno loco interfectis, propinquis, consanguineisq. nostris, animi fore existimatis, si pæne in ipsis cadaueribus prælio decertare cogentur? nolite hos uestro auxilio spoliare, qui uestræ salutis caussa suum periculum neglexerint; nec stultitia, ac temeritate uestra, aut imbecillitate animi omnem Galliam prosternere, ac per-

O 4 *petuæ*

petuæ seruituti addicere. an, quòd ad diem non uenerint, de eorum fide, constantiaq́. dubitatis? quid ergo, Romanos in illis ulterioribus munitionibus animi ne caussa quotidie exerceri putatis? si illorum nuntijs confirmari non potestis, omni aditu præsepto, ijs utimini testibus, appropinquare eorum aduentum; cuius rei timore exterriti, diem, noctemq́. in opere uersantur. quid ergo mei consilij est? facere, quod nostri maiores nequaquam pari bello Cimbrorum, Teutonumq́. fecerunt, qui in oppida compulsi, ac simili inopia subacti, eorum corporibus, qui ætate inutiles ad bellum uidebantur, uitâ tolerauerunt, neque se hostibus tradiderunt. cuius rei exemplum si non haberemus, tamen libertatis caussa institui, & posteris prodi pulcherrimum iudicarem. nam quid huic simile bello fuit? depopulata Gallia, magnaq́. illata calamitate, Cimbri finibus nostris aliquando excesserunt, atque alias terras petierunt, iura, leges, agros, libertatem nobis reliquerunt. Romani uero quid petunt aliud, aut quid uolunt, nisi inuidia adducti, quos fama nobiles, potentesq́. bello cognouerunt, horum in agris, ciuitatibusq́. considere, atque his æternam iniungere seruitutê? neque enim unquâ alia côdicione bella gesserût. quòd si ea, quæ in lôginquis nationibus gerûtur, ignoratis; respicite finitimâ Galliam, quæ in prouinciâ redacta, iure et legibus cômutatis, securibus subiecta, perpetua premitur seruitute. Sentêtijs dictis, côstituunt, ut, qui ualetudine, aut etate inutiles sunt bello, oppido excedant; atq. omnia prius experiantur,

LIBER VII.

riantur, quàm ad Critognati sententiam descendant, illo tamen potius utendum consilio, si res cogat, atque auxilia morentur, quàm deditionis, aut pacis subeundam condicionem. Mandubij, qui eos oppido receperant, cum liberis, atque uxoribus exire coguntur. ij cum ad munitiones Romanorum accessissent, flentes omnibus precibus orabant, ut se in seruitutem receptos cibo iuuarent. hos Cæsar, dispositis in uallo custodijs, recipi prohibebat. interea Commius, et reliqui duces, quibus summa imperij permissa erat, cum omnibus copijs ad Alexiá perueniunt., et, colle exteriore occupato, nõ longius quingentis passibus a nostris munitionibus considunt. postero die equitatu ex castris eductó, omnem eã planiciem, quam in longitudinem tria millia passuum patere demonstrauimus, cõplent, pedestresq; copias, paullum ab eo loco, abditas in locis superioribus constituunt. erat ex oppido Alexia despectus in campum. concurritur, his auxilijs uisis: sit gratulatio inter eos, atque omnium animi ad lætitiã excitantur: itaque productis copijs ante oppidum considunt; et proximã fossam crations integunt, atque aggere explent, seq́. ad eruptionem, atque omnes casus comparant. Cæsar, omni exercitu ad utranque partem munitionum disposito, ut, si usus ueniat, suum quisque locum teneat, et nouerit, equitatum ex castris educi, et prælium cõmitti iubet. erat ex omnibus castris, quæ summum undique iugum tenebãt, despectus; atque omnium militum intenti animi pugnæ euentũ exspectabãt. Galli inter equites, ra

ros

ros sagittarios, expeditosq́; leuis armaturæ interiecerant, qui suis cedentibus auxilio succurrerent: et nostrorum equitum impetum sustinerent, ab his cóplures de improuiso uulnerati, prælio excedebant. cum suos pugna superiores esse Galli cósiderent, et nostros premi multitudine uiderent, ex omnibus partibus, et ij, qui munitionibus continebantur, et ij, qui ad auxilium conuenerant, clamore, et ululatu suorum animos confirmabant. quòd in conspectu omniũ res gerebatur, neque recte, aut turpiter factũ cælari poterat; utrosque et laudis cupiditas, et timor ignominiæ ad uirtutẽ excitabat. cum a meridie prope ad solis occasum dubia uictoria pugnaretur, Germani una in parte consertis turmis in hostes impetum fecerunt, eosq́; propulerunt. quibus in fugam coniectis, sagittarij circumuenti, interfectiq́; sunt. item ex reliquis partibus nostri cædétes usque ad castra insecuti, sui colligendi facultatem non dederunt. at ij, qui ab Alexia processerant, mæsti, prope uictoria desperata, se in oppidum receperunt. uno die intermisso, Galli, atque hoc spatio, magno cratium, scalarum, harpagonum numero effecto, media nocte silentio ex castris egressi, ad campestres munitiones accedunt, subito clamore sublato, qua significatione, qui in oppido obsidebátur, de suo aduẽtu cognoscere possent, crates proijcere, fundis, sagittis, lapidibus nostros de uallo deturbare, reliquaq́;, quæ ad oppugnationem pertinent, administrare. eodem tempore, clamore exaudito, dat tuba signũ suis Vercingetorix, atque ex oppido educit.

nostri,

nostri, ut superioribus diebus suus cuique erat locus attributus, ad munitiones accedũt; fundis libralibus, sudibusq́., quas in opere disposuerant, ac glandibus Gallos perterrent. prospectu tenebris adempto, multa utrinque uulnera accipiuntur, complura tormentis tela coniiciuntur. At M. Antonius, et C. Trebonius, legati, quibus eæ partes ad defendendum obuenerãt, qua ex parte premi nostros intellexerant, ijs auxilio ex ulterioribus castellis deductos submittebant. dum longius ab munitione aberant Galli, plus multitudine telorum proficiebant: postea quàm propius successerunt; aut se ipsi stimulis inopinantes induebant, aut, in scrobes delapsi transfodiebantur, aut ex uallo, turribus traiecti pilis muralibus interibãt: multis undique uulneribus acceptis, nulla munitione perrupta, cũ lux appareret, neriti, ne ab latere aperto ex superioribus castris eruptione circumuenirentur, se ad suos receperunt. at interiores, dum ea, quæ a Vercingetorige ad eruptionẽ præparata erãt, proferunt, priores fossas explent, diutius in ijs rebus administrandis morati, prius suos discessisse cognouerũt, quàm munitionibus appropinquarent: ita, re infecta, in oppidum reuerterunt. Bis magno cum detrimento repulsi Galli, quid agant, consulunt: locorum peritos adhibent: ab his superiorum castrorum situs, munitionesq́. cognoscunt. erat a septemtrionibus collis, quẽ quia, propter magnitudinem circuitus, opere circumplecti non potuerãt, nostri necessario pæne iniquo loco, et leniter declini castra fecerunt. hæc

C. Antistius

C. Antistius Reginus, et C. Caninius Rebilus, legati, cum duabus legionibus obtinebant. cognitis per exploratores regionibus, duces hostium sexaginta millia ex omni numero deligunt earum ciuitatum, quæ maximam uirtutis opinionem habebant, quid, quoq́; pacto agi placeat, occulte inter se constituunt, adeundi tempus definiunt, cum meridies esse uideatur. ijs copijs Vergasillaunum Aruernum, unum ex quattuor ducibus, propinquum Vercingetorigis, præficiunt. ille ex castris prima uigilia egressus, prope cõfecto sub luce itinere, post montem se occultauit, militesq́; ex nocturno labore sese reficere iussit: cum iam meridies appropinquare uideretur, ad ea castra, quæ supra demonstrauimus, contendit; eodéq́; tempore equitatus ad campestres munitiones accedere, et reliquæ copiæ se pro castris ostendere cœperunt. Vercingetorix ex arce Alexiæ suos conspicatus, ex oppido egreditur; e castris lõgurios, musculos, falces, reliquaq́;, quæ eruptionis caussa parauerat, profert. pugnatur uno tẽpore omnibus locis, atque omnia tentãtur. quæ minime uisa pars firma esset, huc cõcurritur. Romanorũ manus tãtis munitiõibus distinetur, nec facile pluribus locis occurrit. multum ad terrendos nostros ualuit clamor, qui post tergum pugnãtibus extitit, quòd suũ periculum in aliena uident uirtute cõsistere. omnia enim plerunque, quæ absunt, uehementius hominum mentes perturbant. Cæsar idoneum locum nactus, quid quaque in parte geratur, cognoscit, laborãtibus submittit, utrisque ad omnia occurrit:

currit: unum illud esse tempus prædicat, quo maxime contendi conueniat. Galli, nisi perfregerint munitiones, de omni salute desperant. Romani si rem obtinuerint, finem laborum omnium exspectant. maxime ad superiores munitiones laboratur, quò Vergasillaunum missum demonstrauimus. exiguum loci ad decliuitatem fastigium magnum habet momentum. alij tela conijciunt. alij, testudine facta, subeunt. defatigatis inuicem integri succedunt. agger ab uniuersis in munitionem conießtus, et adscensum dat Gallis, et ea, quæ in terram occultauerant Romani, contegit. nec iam arma nostris, nec uires suppetunt. his rebus cognitis, Cæsar Labienum cum cohortibus sex subsidio laborátibus mittit, et imperat, si sustinere nõ possit, deductis cohortibus eruptione pugnaret; id, nisi necessario, non faciat. ipse adit reliquos: cohortatur, ne labori succumbant: omniū superiorum dimicationū fructum in eo die, atque hora docet consistere. interiores, desperatis cāpestribus locis propter magnitudinem munitionum, loca prærupta ex adscēsu tentāt. huc ea, quæ parauerant, conferunt: multitudine telorum ex turribus propugnantes deturbant: aggere, et cratibus aditus expediunt: falcibus uallum, ac loricam rescindunt. Cæsar mittit primo Brutum adolescentem cū cohortibus sex: post cum alijs septem Fabium legatum: postremo ipse, cum uehementius pugnaretur, integros subsidio adducit. restituto prælio, ac repulsis hostibus, eò, quò Labienū miserat, cōtēdit: cohortes quattuor ex proximo castello educit: equitū

se

se partem sequi, partem circumire exteriores muni
tiones, et ab tergo hostes adoriri iubet. Labienus,
postquam neque aggeres, neque fossa uim hostiu su
stinere poterant, coactis una de quadraginta cohortibus, quas ex proximis præsidijs deductas sors obtu
lit, Cæsarem per nuntios facit certiorem, quid facien
dum existimet. accelerat Cæsar, ut prælio intersit.
eius aduentu ex colore uestitus cognito, quo insigni in
prælijs uti consueuerat, turmisq́; equitum, et cohorti
bus uisis, quas se sequi iusserat, ut de locis superioribus hæc decliuia, et deuexa cernebantur, hostes committunt prælia. utrinque clamore sublato, excipitur
rursus ex uallo, atque omnibus munitionibus clamor nostri, emissis pilis, gladijs rem gerunt. repente
post tergu equitatus cernitur: cohortes aliæ appropin
quant: hostes terga uertunt: fugientibus equites oc-
currunt: fit magna cædes. Sedulius dux, et princeps
Lemonicum occiditur: Vergasillaunus Aruernus ui
uus in fuga cóprehenditur: signa militaria septuagin
ta quattuor ad Cæsaré referuntur. pauci ex tanto nu
mero se incolumes in castra recipiunt. cóspicati ex op
pido cædem, et fugá suorú, desperata salute, copias a
munitionibus reducunt. fit protinus, hac re audita, ex
castris Gallorum fuga. quòd nisi crebris subsidijs, ac
totius diei labore milites fuissent defessi, omnes hostium copiæ deleri potuissent. de media nocte missus
equitatus nouissimum agmen consequitur. magnus
numerus capitur, atque interficitur: reliqui ex fuga
in ciuitates discedunt. postero die Vercingetorix,
concilio

LIBER VII.

concilio connocato, id se bellum suscepisse non suarum necessitatum, sed communis libertatis caussa demonstrat; &, quoniam sit fortunæ cedendum, ad utranque rem se illis offerre, seu morte sua Romanis satisfacere, seu uiuum tradere uelint. mittuntur de his rebus ad Cæsarem legati, iubet arma tradi, principes produci. ipse in munitione pro castris consedit: eò duces producũtur. Vercingentorix deditur: arma proij ciuntur. reseruatis Heduis, atque Aruernis, si per eos ciuitates recuperare posset, ex reliquis captiuis toto exercitui capita singula prædæ nomine distribuit. his rebus confectis, in Heduos proficiscitur: ciuitatem recipit. eò legati ab Aruernis missi, quæ imperaret, se facturos pollicentur. imperat magnum numerum obsidum: legiones in hiberna mittit: captiuorum circiter uiginti millia Heduis Aruernisq́. reddit: T. Labienum cum duabus legionibus, et equitatu in Sequanos proficisci iubet: huic M. Sempronium Rutilum attribuit: C. Fabium & L. Minucium Basilium cum duabus legionibus in Rhemis collocat, ne quam a finitimis Bellouacis calamitatem accipiant: C. Antistium Reginum in Ambibaretos, T. Sextium in Bituriges, C. Caninium Rebilum in Ruthenos cum singulis legionibus mittit: Q. Tullium Ciceronem, & P. Sulpicium Cabiloni, & Matiscona in Heduis ad Auarim, rei frumentariæ caussa collocat: ipse Libracte hiemare constituit. Huius anni rebus cognitis, Romæ dierum uiginti supplicatio indicitur.

A. HIRTII, VEL OPPII, COMMENTARIORVM DE BELLO GALLICO LIB. VIII.

COACTVS assiduis tuis uocibus, Balbe, cum quotidiana mea recusatio, non difficultatis excusationem, sed inertiæ uideretur deprecationem habere, difficillimam rem suscepi. Cæsaris nostri commentarios rerum gestarum Galliæ, non comparandos superioribus, atque insequentibus eius scriptis, contexui, nouissimeq; imperfecta ab rebus gestis Alexandriæ confeci, usque ad exitum non quidem ciuilis dissensionis, cuius finem nullum uidemus, sed uitæ Cæsaris. quos utinam qui legent, scire possint, quàm inuitus susceperim scribendos, quo facilius caream stultitiæ, atque arrogantiæ crimine, qui me medium interposuerim Cæsaris scriptis. constat enim inter omnes, nihil tam operose ab alijs esse perfectum, quod non horum elegantia commentariorum superetur: qui sunt editi, ne scientia tantarum rerum gestarum scriptoribus deesset: adeoq; probantur omnium iudicio, ut præreptā, non præbita, facultas scriptoribus uideatur. cuius tamen rei maior nostra, quàm reliquorum, est admiratio. ceteri enim, quàm bene, atque emendate; nos, etiam quàm facile, atque celeriter eos perfecerit,

rit, sumus. Erat autem in Cæsare cum facultas, atque elegantia summa scribendi, tum uerissima suorum scientia consiliorum explicandorum. Mihi ne illud quidem accidit, ut Alexandrino, atque Africano bello interessem. quæ bella quanquam ex parte nobis Cæsaris sermone sint nota: tamen aliter audimus ea, quæ rerum nouitate, aut admiratione nos capiút, aliter, quæ pro testimonio sumus dicturi. sed ego ni mirum, dum omnes excusationis caussas colligo, ne cum Cæsare conferar, hoc ipsum crimen arrogantiæ subeo, quòd me iudicio cuiusquam existimem posse cum Cæsare comparari. Vale.

OMNI Gallia deuicta, Cæsar cum a superiore æstate nullum bellandi tēpus intermisisset, militesq́. hibernorum quiete reficere a tantis laboribus uellet; complures eodem tempore ciuitates renouare belli consilia nuntiabantur, coniurationesq́; facere. cuius rei uerisimilis caussa afferebatur, quòd Gallis omnibus cognitum esset, neque, ulla multitudine in unum locum coacta, resisti posse Romanis, nec, si diuersa bella complures eodem tempore intulissent ciuitates, satis auxilij, aut spatij, aut copiarum habiturum exercitum populi R. ad omnia persequenda: non esse autem alicui ciuitati sortem incommodi recusandam, si tali mora reliquæ possent se uindicare in libertatē. quæ ne opinio Gallorū confirmaretur, Cæsar M. Antonium quæstorem suis præfecit hibernis: ipse, equitatus præsidio, pridie Kal. Ianuarij ab oppido Bibracte proficiscitur ad legionem duodecimam, quam non longe a finibus Heduorum collocauerat in finibus Biturigum, eiq́. adiungit legionem undecimam, quæ proxima fuerat. binis cohortibus ad impedimenta tuenda relictis, reliquum exercitum in copiosissimos agros Biturigum inducit: qui cum latos fines, & complura oppida haberent, unius legionis hibernis non poterant contineri, quin bellũ pararent, coniurationesq́. facerent, repentino aduentu Cæsaris accidit, quod imperatis, disiectisq́. fuit necesse, ut, sine timore ullo rura colentes, prius ab equitatu opprimerentur, quàm confugere in oppida possent. naq́ue etiam illud uulgare incursionis signum hostium, quod incendijs ædificiorum intelligi consueuit, Cæsaris id erat interdicto sublatum: ne aut copia pabuli, frumentíque, si longius progredi uellet, deficeret, aut hostes incendijs terrerentur. multis hominũ millibus captis, perterriti Bituriges, qui primum aduentum effugere potuerant Romanorum, in finitimas ciuitates, aut priuatis hospicijs confisi, aut societate consiliorum, confugerant, frustra. nam Cæsar magnis itineribus omnibus locis occurrit; nec dat ulli ciuitati spatiũ de aliena potius, quàm de domestica salute cogitandi. qua celeritate, & fideles amicos retinebat, & dubitantes, terrore ad condiciones pacis adducebat; tali condicione proposita Bituriges, cũ sibi uiderent clementia Cæsaris reditum patere in eius amicitiam, finitimasq́. ciuitates sine ulla pœna dedisse obsides, atque in fidem receptas esse, idem fecerunt. Cæsar militibus pro tanto labore, ac patientia, qui brumalibus diebus,

bus, itineribus difficillimis, frigoribus intolerandis, studiosissime permanserant in labore, ducenos sestertios, centurionibus duo millia nummum prædæ nomine condonanda pollicetur: legionibusq́. in hiberna remissis, ipse se recepit die x l. Bibracte. ibi cum ius diceret, Bituriges ad eum legatos mittunt auxilium petitum contra Carnutes, quos intulisse bellum sibi querebantur. qua re cognita, cum non amplius decem & octo dies in hibernis esset commoratus, legiones quartadecimam et sextam ex hibernis ab Arare educit: quas ibi collocatas, explicandæ rei frumentariæ caussa, superiore commentario demõstratum est. ita cum duabus legionibus ad persequendos Carnutes proficiscitur. cum fama exercitus ad hostes esset perlata, calamitate ceterorum ducti Carnutes, desertis uicis, oppidisq́., quæ tolerãdæ hiemis caussa, constitutis repente, exiguis ad necessitatem ædificijs, incolebant, (nuper enim deuicti complura oppida dimiserant) disperfi profugiunt. Cæsar erumpentes, eo maxime tempore, acerrimas tempestates cum subire milites nollet, in oppido Carnutum Genabo castra ponit, atque, in tecta partim Gallorum, partim coniectis celeriter stramentis, quæ tentorioru integendorum gratia erant inædificata, milites contegit, equites tamen et auxiliarios pedites in omnes partes mittit, quascũque petisse dicebantur hostes: nec frustra. ná plerúq. magna præda potiti nostri reuertuntur. oppressi Carnutes hiemis difficultate, terrore periculi, cum, tectis expulsi, nullo loco diutius consistere auderent, nec

P 2   siluarum

siluarum præsidio tēpeſtatibus duriſſimis tegi poſſēt: diſperſi, magna parte amiſſa ſuorum, diſſipantur in finitimas ciuitates. Cæſar tempore anni difficillimo, cum ſatis haberet, conuenientes manus diſſipare, ne quod initium belli naſceretur; quantumq́. in ratione eſſet, exploratum haberet, ſub tēpus æſtinorum nullum ſummum bellum poſſe conſtari; C. Trebonium cū duabus legionibus, quas ſecum habebat, in hibernis Genabi collocauit: ipſe, cum crebris legationibus Rhemorum certior fieret, Bellouacos, qui belli gloria Gallos omnes Belgasq́. præſtabant, finitimasq́. ijs ciuitates, duce Corbeo Bellouaco, et Cōmio Atrebate, exercitum comparare, atque in unum locum cogere, ut omni multitudine in fines Sueſſionū, qui Rhemis erant attributi, facerent impreſſionē; pertinere autem nō tantum ad dignitatem, ſed etiam ad ſalutē ſuam iudicaret, nullam calamitatem ſocios optime de republica meritos accipere; legionem ex hibernis euocat rurſus undecimam; litteras autem ad C. Fabium mittit, ut in fines Sueſſionum legiones duas, quas habebat, adduceret; alteramq́. ex duabus a T. Labieno accerſit. ita, quantum hibernorum oportunitas, belliq́. ratio poſtulabat, perpetuo ſuo labore, inuicem legionibus expeditionum onus iniungebat. his copijs coactis, ad Bellouacos proficiſcitur; caſtrisq́. in eorum finibus poſitis, equitum turmas dimittit in omnes partes ad aliquos excipiendos, ex quibus hoſtium cōſilia cognoſceret. equites officio functi, renuntiant paucos in ædificijs eſſe inuentos, atque hos, non qui agrorum inco-

lendorum

LIBER VIII.

lendorum cauſſa remanſiſſent, (nanque eſſe undique
diligenter demigratum) ſed qui ſpeculandi gratia eſſent remiſſi. a quibus cum quæreret Cæſar, quo loco
multitudo eſſet Bellouacorum, quodque eſſet conſiliū
eorum, inueniebat, Bellouacos omnes, qui arma ferre
poſſent, in unū locum conueniſſe; itemq́. Ambianos,
Aulercos, Caletes, Vellioeaſſos, Atrebates locum caſtris excelſum, impedita circūdatum palude, delegiſ-
ſe; omnia impedimēta in ulteriores ſiluas contuliſſe;
cōplures eſſe principes belli auctores, ſed multitudinem maxime Corbeo obtemperare, quòd ei ſummo
odio eſſe nomen populi R. intellexiſſent: paucis aute
diebus, ex his caſtris Commium diſceſſiſſe ad auxilia
Germanorū adducenda, quorum et vicinitas propinqua, et multitudo eſſet infinita: conſtituiſſe autem Bellouacos, omnium principum conſenſu, ſumma plebis
cupiditate, ut, ſi diceretur Cæſar cū tribus legionibus
venire, offerrent ſe ad dimicandum; ne, miſeriore, ac
duriore poſtea condicione, cū toto exercitu decertare
cogerentur: ſin maiores copias adduceret, in eo loco
permanerent, que delegiſſent; pabulatione autē, quæ
propter anni tempus cum exigua, tum diſiecta eſſet,
& frumentatione, & reliquo commeatu ex inſidijs
prohibere Romanos. quæ Cæſar cum conſentientibus
plurimis cognouiſſet, atque ea, quæ proponerentur,
conſilia plena prudentiæ, longéq́. a temeritate barba
rorum remota eſſe iudicaret; omnibus rebus inſeruĭ-
endum ſtatuit, quo celerius hoſtes, contempta ſuorum
paucitate, prodirent in aciem. ſingularis enim uir-

P 3 tutis

tutis ueterrimas legiones septimam, octauam, et no
nam habebat, summæ spei, delectaq́; iuuentutis un
decimam; quæ, octauo iam stipendio facta, tamen,
collatione reliquarum, non dum eandem uetustatis,
et uirtutis ceperat opinionem. itaque consilio aduo-
cato, rebus ijs, quæ ad se essent delatæ, omnibus expo
sitis, animos multitudinis confirmat: si forte hostes
trium legionum numero posset elicere ad dimicandum, agminis ordinem ita constituit; ut legio septima, octaua, nona, ante omnia iret impedimenta; dein
de omnium impedimentorum agmen, (quod tamen
erat mediocre, ut in expeditionibus esse consueuit) co
geret undecima; ne maioris multitudinis species acci
dere hostibus posset, quàm ipsi depoposcissent. hac ra
tione pæne quadrato agmine instructo, in conspectū
hostium, celerius opinione eorum, exercitū adducit.
quas legiones repente instructas uelut in acie certo
gradu accedere Galli cū uiderent, quorū erant ad Cæ
sarem plena fiduciæ consilia perlata, siue certaminis
periculo, siue subito aduentu, seu exspectatione nostri
cōsilij, copias instruunt pro castris, nec loco superiore
decedunt. Cæsar, etsi dimicare optauerat, tamen, admiratus tantā multitudinē hostium, ualle intermissā,
magis in altitudinē depressa, quàm late patente, castra castris hostium confert. hæc imperat uallo pedū
XII muniri, coronisq́ue pro hac ratione eius altitudinis inædificari; fossam duplicē, pedum quinum de-
num, lateribus directis, deprimi, turres crebras exci
tari, in altitudinē trium tabulatorū, pontibus transs-
iectis,

tectis, constratisq́, coniungi; quorum frontes viminea
loricula munirentur, ut hostis a duplici propugnatorum ordine depelleretur; quorum alter ex pontibus,
quo tutior altitudine esset, hoc audacius, longiusq́. tela promitteret; alter, quo propior hostem in uallo collocatus esset, ponte ab incidentibus telis tegeretur,
portis fores, altioresq́. turres imposuit. huius munitionis duplex erat consilium, nanque et operum magnitudinem, et timorem suum sperabat fiduciam barbaris allaturum; et, cum pabulatum, frumentatumq́.
longius esset proficiscendum, paruis copijs castra munitione ipsa uidebat posse defédi, interim, crebro paucis utrinque procurrentibus, inter bina castra palude
interiecta, contendebatur: quam tamen paludem no[n]
nunquam aut nostra auxilia, aut Gallorum Germanorumq́. transibant: acriusq́. hostes insequebantur,
aut uicissim hostes, eodé transgressi, nostros longius
submouebant. accidebat auté quotidianis pabulationibus id, quód accidere erat necesse, cum raris, disiectisq́. ex ædificijs pabulú conquireretur, ut impeditis
locis dispersi pabulatores circumuenirentur: quæ res
etsi mediocre detrimentum iumentorum, ac seruorú
nostris afferebat, tamé stultas cogitationes incitabat
barbaroru, atque eo magis, quód Comius, qué profectum ad auxilia Germanorum accersenda dixerá, cú
equitibus uenerat: qui tametsi numero non amplius
erant quingétis: tamé Germanorú aduentu barbari
instabantur. Cæsar cú animaduerteret hosté coplures
dies castris paludi, et loci natura munitis se tenere:

P 4 neque

neque oppugnari castra eorum sine dimicatione perniciosa, nec locum munitionibus claudi, nisi a maiore exercitu posse, litteras ad Treboniū mittit, ut, quā celerrime posset, legionem XIII, quæ cum T. Sextio legato in Biturigibus hiemabat, accerseret; atque ita cum tribus legionibus magnis itineribus ad se ueniret: ipse equites inuicem Rhemorum, ac Lingonum, reliquarumq̃. ciuitatum, quorum magnum numerum euocauerat, præsidio pabulationibus mittit, qui subitas hostium incursiones sustineret. quod cum quotidie fieret, ac iam consuetudine diligentia minueretur, quod plerunque accidit diuturnitate, Bellouaci delecta manu peditum, cognitis stationibus quotidianis equitum nostrorum, siluestribus locis insidias disponunt; eodemq̃. equites postero die mittunt, qui primum elicerent nostros in insidias, deinde circumuétos aggrederentur. cuius mali sors incidit Rhemis, quibus illa dies fungē di muneris obuenerat. náque ij, cū repēte hostium equites animaduertissent, ac numero superiores paucitatē contempsissent, cupidius insecuti a peditibus undique sunt circumdati: quo facto perturbati, celerius, quā cōsuetudo fert equestris prælij, se receperunt, amisso Vertisco, principe ciuitatis, præfecto equitū; qui cū nix equo propter ætatē posset uti, tamē consuetudine Gallorū, neque ætatis excusatione in suscipiēda præfectura usus erat, neq̃. dimicari sine se uoluerat. inflátur, atq̃. incitátur hostiū animi secundo prælio, principe, et præfecto Rhemorū interfecto. nostri detrimēto admonétur, diligētius exploratis locis

cis stationes disponere, ac moderatius cedenté insequi hosté. nó intermittútur interim quotidiana prælia in cóspectu utroruǵue castroru, quæ ad uada, trásitusq́. fiebant paludis. qua cótentione Germani, quos propterea Cæsar traduxerat Rheni, ut equitibus interpositi præliarentur, cum constantius uniuersi paludé transissent, paucisq́. resistentibus interfectis, pertinacius reliquam multitudinem essent insecuti, perterriti non solum ij, qui aut cominus opprimebantur, aut eminus uulnerabantur, sed etiam, qui longius subsidiari consueuerant, turpiter fugerunt; nec prius finem fugæ fecerunt, sæpe amissis superioribus locis, quàm se aut in castra suorum reciperét, aut non nulli pudore coacti longius profugerét. quorum periculo sic omnes copiæ sunt perturbatæ, ut uix indicari posset, utrù secundis, minimisq́. rebus insolentiores, an aduersis mediocribusq́. timidiores essent, compluribus diebus ijsdem in castris consumptis, cù propius accessisse legiones, et C. Trebonium legatum cognouissent; duces Belloüacorum ueriti similem obsessionem Alexiæ, noctu dimittunt eos, quos aut ætate, aut uiribus inferiores, aut inermes habebant, unaq́. reliqua impedimenta: quorũ perturbatum, et confusum dum explicant agmen, (magna enim multitudo carrorũ etiam expeditos sequi Gallos cósueuit) oppressi luce, copijs armatorum, castrorum uias instruunt, ne prius Romani persequi se inciperent, quàm lógius agmé impedimentorum suorum processisset. at Cæsar neque resistentes táto colle adscensu lacessendos iudicabat,
neque

neque non usque eò legiones admonendas, ut disce dere ex eo loco sine periculo barbari militibus instanti-
bus non possent. ita, cum paludem impeditam à castris castra diuidere, quæ transeundi difficultas celeri
tatem insequendi tardare posset; atque id iugù, quod
trans paludem, pæne ad hostium castra pertineret,
mediocri ualle à castris eorum intercisum animaduer
teret; pontibus palude constrata, legiones traducit,
celeriterq. in summam planiciem iugi peruenit: quæ
decliui fastigio duobus ab lateribus muniebatur. ibi
legionibus instructis ad ultimum iugù peruenit; aci-
emq. eo loco constituit, unde tormento missa tela in
hostiù cuneos conijci possent. barbari, confisi loci natura, cum dimicare non recusarent, si forte Romani
subire collem conarentur, paullatimq. copias distribu
tas dimittere non auderent, ne dispersi perturbarentur, in acie permanserunt. quorù pertinacia cognita,
Cæsar, uiginti cohortibus instructis, castrisq. eo loco
metatis, muniri iubet castra. absolutis operibus, legio
nes pro uallo instructas collocat: equites frænatis e-
quis in stationibus disponit. Bellouaci, cum Romanos
ad insequédum paratos uiderent, neque pernoctare,
neque diutius permanere sine cibarijs eodé loco possent, tale consilium sui recipiendi inierunt. fasces, ubi
consederant (nã in acie sedere Gallos consuesse, supe
rioribus cõmentarijs declaratù est) per manus stra
mentorù, ac uirgultorù, quorù summa erat in castris
copia, inter se traditos, ante aciem collocauerunt, ex-
tremoq. tépore diei, signo pronuntiato, uno tempore
                                                incenderunt.

incenderunt. ita continens flamma copias omnes repente à conspectu texit Romanorũ: quod ubi accidit, barbari vehementissimo cursu fugerunt. Cæsar, etsi discessum hostium animaduertere non poterat, incendijs oppositis, tamen id cõsilium cum fuga causa initum suspicaretur, legiones promouet, et turmas mittit ad insequendum: ipse, ueritus insidias, ne forte in eodem loco subsistere hostis, atque elicere nostros in locum conaretur iniquum, tardius præcedit. equites, cum intrare fumum, et flammam densissimam timerent, ac, si qui cupidius intrauerant, uix suorum ipsi priores partes aduerterent; equorum insidias ueriti, liberam facultaté sui recipiendi Bellouacis dederunt. ita, fuga timoris simul, calliditatisq́. plena, sine ullo detrimento, millia nõ amplius decé progressi hostes, munitissimo loco castra posuerunt. inde, cum sæpe in insidijs equites, peditesq́. disponerent, magna detrimenta Romanis in pabulationibus inferebant. quod cum crebrius accideret, ex captiuo quodam cõperit Cæsar, Corbeum, Bellouacorum ducem, fortissimorum millia sex peditum delegisse, equitesq́. ex omni numero mille, quos in insidijs eo loco collocaret, qué in locum, propter copiá frumenti, ac pabuli, Romanos pabulatum missuros suspicaretur. quo cognito cõsilio, Cæsar legiones plures, quàm solebat, educit, equitatumq́; qua cõsuetudine pabulatoribus mittere præsidio cõsueuerat, præmittit: huic interponit præsidia leuis armaturæ: ipse cũ legionibus quà potest maxime appropinquat hostes in insidijs dispositis, eũ sibi

delegissent

delegissent campum ad rem gerendam non amplius
patentem in omnes partes passibus mille, siluis undi
que impeditissimis, aut altissimo flumine, uelut inda
gine, munitu, hunc insidijs circumdederunt nostri. ex
plorato hostium cõsilio, ad prœliandum animo, atque
armis parati, cum subsequentibus legionibus, nullam
dimicationẽ recusarent, turmatim in eum locum de
uenerunt. quorum aduentu cum sibi Corbeus obla
tam occasionem rei gerendæ existimaret, primus cũ
paucis se ostendit, atque in proximas turmas impe
tum facit. nostri constanter impetum sustinent insi
diatorum, neque plures in unum locum conueniunt;
quod plerunque equestribus prælijs cum propter ali
quem timorẽ accidit, tum multitudine ipsorum detri
mẽtum accipitur. cum dispositis turmis inuicem rari
præliarentur; neque ab lateribus circumueniri suos
paterentur; erumpunt ceteri, Corbeo præliante, ex
siluis. sit magna contentione diuersum prælium: quod
cum diutius pari Marte iretur, paullatim ex siluis
instructa multitudo procedit peditum, quæ nostros
cogit cedere equites: quibus celeriter subueniunt le
uis armaturæ pedites, quos ante legiones missos do
cui; turmisq́. nostrorum interpositi cõstanter præliãn
tur, pugnatur aliquãdiu pari cõtentione: deinde, ut ra
tio postulabat prælij, qui sustinuerãt primos impetus
insidiarũ, hoc ipso sunt superiores, quòd nullum ab in
sidiátibus imprudentes acceperãt detrimentũ. acce
dunt propius interim legiones: crebriq́; eodẽ tempore
et nostris, et hostibus nuntij afferuntur, imperatorẽ
                                                instructis

instructis copijs adesse, qua re cognita, præsidio cohortium confisi nostri acerrime præliantur; ne, si tardius rem gessissent, uictoriæ gloriam communicasse cum legionibus uiderentur. hostes concidunt animis, atque itineribus diuersis fugâ quærunt, nequidquam: nam, quibus difficultatibus locorum Romanos claudere uoluerant, ijs ipsi tenebantur: uicti tamen, perculsique, maiore parte amissa, consternati, quò sors tulerat, confugiunt, partim siluis petitis, partim flumine; qui tamen in fuga a nostris acriter insequentibus conficiuntur: cum interim nulla calamitate uictus Corbeus, excedere prælio, siluasq́. petere, haud inuitantibus nostris ad deditionem, potuit adduci, quin, fortissimè præliando, compluresq́. uulnerando, cogeret elatos iracundia uictores in se tela coniicere. tali modo re gesta, recentibus prælij uestigijs, ingressus Cæsar, cum uictos tanta calamitate existimaret hostes, nuntio accepto, locum castrorum relicturos, quæ non longius ab ea cæde abesse, plus minus octo millibus passuum dicebantur, tametsi flumine impeditum transitum uidebat, tamen, exercitu traducto, progreditur. at Bellouaci, reliquæq́. ciuitates, repente ex fuga paucis, atque his uulneratis receptis, qui siluarum beneficio casum euitauerant, omnibus aduersis, cognita calamitate, interfecto Corbeo, amisso equitatu, et fortissimis peditibus, cũ aduentare Romanos existimarent, concilio repente cantu tubarum conuocato, conclamant, ut legati, obsidesq́. ad Cæsarem mittantur. hoc omnibus probato
consilio

consilio Comius Atrebas ad eos profugit Germanos, a quibus ad id bellum auxilia mutuatus erat. Ceteri e vestigio mittunt ad Cæsarem legatos, petuntq́ ut ea pœna sit contentus hostium, quam si sine dimicatione inferre integris posset, pro sua clementia, atque humanitate nunquam profecto esset illaturus: afflictas opes equestri prœlio Bellouacorum esse: delectorum peditum multa millia interiisse, uix refugisse nuntios cædis; tamen magnum, ut in tanta calamitate, Bellouacos eo prœlio commodum esse consecutos, quòd Corbeus, auctor belli, cõcitator multitudinis esset interfectus: nunquam enim senatum tantum in ciuitate illo uiuo, quantũ imperitam plebem potuisse. hæc orantibus legatis, commemorat Cæsar, eodem tempore superiore anno Bellouacos, ceterasq́ Galliæ ciuitates suscepisse bellum; pertinacissime hos ex omnibus in sententia permansisse, neque ad sanitatem reliquorum deditione esse perductos: scire atque intelligere se, caussam peccati facillime mortuis delegari: nemine uero tantum pollere, ut, inuitis principibus, resistente senatu, omnibus bonis repugnantibus, infirma manu plebis bellũ concitare et gerere posset: sed tamen se contentũ fore ea pœna, quam sibi ipsi contraxissent. Nocte insequẽti legati respõsa ad suos referunt, obsides conficiunt, concurrunt reliquarum ciuitatum legati, quæ Bellouacorũ speculabantur euentum: obsides dant: imperata faciunt: excepto Commio, quem timor cohibebat cuiusquam fidei suam cõmittere salutem. nam superiore anno T. Labienus,

Cæsare

LIBER VIII.   120

Cæsare in Gallia citeriore ius dicente, cùm Commiŭ comperisset soliciarè ciuitates, et coniurationem contra Cæsarem facere, infidelitatem eius sine ulla perfidia iudicauit comprimi posse: quem quia non arbitrabatur uocatum in castra uenturum, ne tentando cautiorem faceret, C. Volusenum Quadratum misit, qui eum per simulationem colloquij curaret interficiendum. ad eam rem delectos tradidit centuriones. cum in colloquium uentum esset, et, ut conuenerat, manŭ Commij Volusenus arripuisset, centurio, uelut insueta re permotus, celeriter à familiaribus prohibitus Commij, conficere hominem non potuit; grauiter tamen primo ictu gladio caput percussit. cum utriuque gladij districti essent, non tam pugnandi, quàm diffugiendi fuit utrorumque consilium; nostrorum, quòd mortifero uulnere Commium credebant affectum; Gallorum, quòd, insidijs cognitis, plura, quàm uidebant, extimescebant. quo facto statuisse Commius dicebatur, nunquam in conspectŭ cuiusquam Romani uenire. Bellicosissimis gentibus deuictis, Cæsar, cum uideret nullam iam esse ciuitatem, quæ bellum pararet, quo sibi resisteret, sed nonnullos ex oppidis demigrare, ex agris effugere; ad præsens imperiŭ euitandum, plures in partes exercitum dimittere cõstituit. M. Antonium quæstorē cum legione undecima sibi cōiungit: C. Fabium legatum cum cohortibus xxv mittit in diuersissimā partē Galliæ; quòd ibi quasdā ciuitates in armis esse audiebat, neque C. Caninium Rebilum legatum, qui in illis regionibus præerat,

satis

satis firmas duas legiones habere existimabat. T. Labienum ad se euocat: legionemq́. duodecimam, quæ
cum eo fuerat in hibernis, in togatam Galliam mittit,
ad colonias ciuium Romanorum tuendas; ne quod simile incommodum accideret de incursione barbarorum, ac superiore æstate Tergestinis accidisset; quia
repentino latrocinio, atque impetu incolæ illorũ erant
oppressi: ipse ad deuastandos, depopulandosq́. fines
Ambiorigis proficiscitur: quẽ perterritum, atque fu
gientem cum redigi posse in suam potestatem desperas
set, proximum suæ dignitati esse ducebat, adeo fines
eius uastare ciuibus, ædificijs, pecore, ut odio suorum
Ambiorix, si quos fortuna fecisset reliquos, nullum
reditum propter tantas calamitates haberet in ciuita
tem. cum in omnes fines partium Ambiorigis aut le
giones, aut auxilia dimisisset; atq́. omnia cædibus, incendijs, rapinis uastasset, magno numero hominum in
terfecto, aut capto, Labienum cum duabus legionibus
in Treuiros mittit; quorum ciuitas, propter Germa
niæ uiciuitatem, quotidianis exercitata bellis, cultu
et feritate non multum a Germanis differebat: neque
imperata unquam, nisi exercitu coacta, faciebat. interim C. Caninius legatus, cum magnã multitudinem
conuenisse hostium in fines Pictonũ litteris nuntijsq́.
Duracij cognouisset, qui perpetuo in amicitia Romanorum permanserat, quòd pars quædam ciuitatis e-
ius defecisset, ad oppidum Lemonicum cõtendit, quo
cũ aduentaret; atque ex captiuis certius cognosceret,
multis hominum millibus, Dumnaco duce Andium,

Dura-

Duracium clausum, Lemouicum oppugnari; neque infirmas legiones hostibus committere auderet, castra munito loco posuit. Dumnacus, cum appropinquare Caninium cognouisset, copijs omnibus ad legiones conuersis, castra Romanorum oppugnare instituit. cum complures dies in oppugnationem consumpsisset; et, magno suorum detrimento, nullam partem munitionum conuellere potuisset; rursus ad obsidendum Lemouicum redit. eodem tempore C. Fabius legatus cõplures ciuitates in fidem recipit, obsidibus firmat, litterisq́. C. Caninij certior fit, quæ in Pictonibus gerãtur. quibus rebus cognitis, proficiscitur ad auxilium Duracio ferendum. at Dumnacus, aduétu Fabij cognito. desperata salute, si tempore eodem coactus esset et Romanorum & externum sustinere hostem, et respicere, ac timere oppidanos; repente eo ex loco cum copijs recedit, nec se satis tutum fore arbitratur, nisi flumen Ligerim, quod erat ponte, propter magnitudinẽ, cõstratum, copias traduxisset. Fabius, etsi nõ dum in cõspectum uenerat hostis, neque se cum Caninio coniunxerat, tamen, doctus ab ijs, qui locorum nouerát naturam, potissimum credidit, hostes perterritos eũ locum, quem petebant, petituros. itaque cum copijs ad eundẽ pontem contendit, equitatumq́. tantum procedere ante agmen imperat legionum, quantum cum processisset, sine defatigatione equorum in eadẽ se reciperét castra. cõsequuntur equites nostri, ut erat præceptum, inuaduntq́. Dumnaci agmẽ: et fugiẽtes perterritosq́. sub sarcinis in itinere

Q   aggressi,

aggressi, magna præda, multis interfectis, potiuntur.
itaque, re bene gesta, se recipiunt in castra. insequen
ti nocte Fabius equites præmittit, sic paratos, ut co
fligerent, atque omne agmen morarentur, dum con
sequeretur ipse. cuius præceptis, ut res gereretur, Q.
Titatius Varus, præfectus equitum, singularis et ani
mi, et prudentiæ uir, suos hortatur, agmenq́. hostiū
cōsecutus turmas partim idoneis locis disponit, par
tim equitum prælium cōmittit. consistit audacius e-
quitatus hostium, succedentibus sibi peditibus, qui to
to agmine subsistentes, equitibus suis contra nostros
ferunt auxilium. fit prælium acri certamine. nanque
nostri, contemptis pridie, superatisq́. hostibus, cum
subsequi legiones meminissent, et pudore cedendi, et
cupiditate per se conficiendi prælij, fortissime contra
pedites præliātur, hostesq́. nihil amplius copiarum ac
cessurum credentes, ut pridie cognouerát, delendi e-
quitatus nostri nacti occasionē uidebátur. cū aliquan
diu summa cōtētione dimicaretur, Dúnacus instruit
aciē; quæ suis esset equitibus inuicem præsidio. tū re
pente cōsertæ legiones in cōspectum hostiū ueniunt.
quibus uisis perculsæ barbaroru turmæ, ac perterritæ acies hostiū, perturbato impedimentorū agmine,
magno clamore discursuq́. passim fugæ se mādāt. at
nostri equites, qui paulo ante cū resistentibus fortissi
me cōflixerāt, lætitia uictoriæ elati, magno undique
clamore sublato, cedētibus circumfusi, quantū equorum uires ad persequēdum, dextraq́. ad cædendū ua
lent, tantum eo prælio interficiunt. itaque amplius
millibus

millibus xii aut armatorum, aut eorum, qui timo
re arma proiecerant interfectis, omnis multitudo ca
pitur impedimentorum. qua ex fuga, cum constaret
Drapetem Senonē, qui, ut primum defecerat Gallia,
collectis undique perditis hominibus, seruis ad liberta
tem uocatis, exsulibus omnium ciuitatū accitis, rece
ptis latronibus, impedimenta, et commeatus Romanorū interceperat, nō amplius hominum duobus mil
libus ex fuga collectis, prouinciam petere, unaq́; con
silium cum eo Luterium Cadurcum cepisse, quem in
superiore commentario, prima defectione Galliæ facere in prouinciā impetum uoluisse, cognitum est; Ca
ninius legatus cum legionibus duabus ad eos persequendos contendit, ne de timore, aut detrimento pro
uinciæ, magna infamia, perditorum hominū latroci
nijs, caperetur. C. Fabius cum reliquo exercitu in
Carnutes, reliquasq́; proficiscitur ciuitatēs, quarum
eo prælio, quod cum Dumnaco fecerat, copias esse ac
citas sciebat. nō enim dubitabat, quin recenti calami
tate submissiores essent futuræ: dato uero spatio, ac tē
pore, eodem instante Dumnaco, possent concitari.
qua in re summa felicitas celeritasq́; in recipiendis ci
uitatibus Fabium cōsequitur. nā Carnutes, qui sæpe
uexati, nunquā pacis fecerāt mētionē, datis obsidibus
ueniunt in deditionem; ceteræq́; ciuitates, positæ in ul
timis Galliæ finibus, Oceano coniunctæ, quæ Armori
cæ appellantur, auctoritate adductæ Carnutū, aduen
tu Fabij, legionumq́;, imperata sine mora faciūt. Dū
nacus, suis finibus expulsus, errans, latitansq́;, solus

Q 2   extremas

extremas Galliæ regiones petere coactus est. at Drapes unaq́. Luterius, cum legiones, Caniniumq́. adesse cognoscerent, nec se sine certa pernicie, persequente exercitu, putarent prouinciæ fines intrare posse; nec iam liberá uagandi, latrocinandiq́. facultaté haberent; consistunt in agris Cadurcorum. ibi cum Luterius apud suos ciues quondam, integris rebus, multum potuisset; semperq. auctor nouorum consiliorú, magnam apud barbaros auctoritatem haberet; oppidú Vxellodunum, quod in clientela fuerat eius, natura loci egregie munitum, occupat suis et Drapetis copijs; oppidanosq́. sibi coniungit. quò cum confestim C. Caninius uenisset, animaduerteretq́. omnes oppidi partes præruptissimis saxis esse munitas, quò, defendente nullo, tamen armatis adscendere esset difficile; magna autem impedimenta oppidanorum uideret, quæ si clandestina fuga subtrahere conarentur, effugere non modo equitatú, sed ne legiones quidem possent; tripartito cohortibus diuisis, trina excelsissimo loco castra fecit; a quibus paullatim, quantú copiæ patiebantur, uallum in oppidi circuitu ducere instituit. quod cum animaduerterent oppidani, miserrimaq́. Alexiæ memoria soliciti simile casum obsessionis uererentur; maximeq́. ex omnibus Luterius, qui fortunæ illius periculum fecerat, moneret rationem frumenti esse habendá; constituunt omnium consensu, parte ibi relicta copiarum, ipsi cum expeditis ad importandum frumentum proficisci. eo consilio probato, proxima nocte, duobus millibus armatorum relictis,
reliquos

LIBER VIII

reliquos ex oppido Drapes, et Luterius educunt: ij
paucos dies morati, ex finibus Cadurcorum, qui par
tim re frumentaria subleuare eos cupiebant, partim
prohibere, quo minus sumerent, non poterant, ma
gnum numerum frumenti comparant, non nunquam
autem expeditionibus nocturnis castella nostrorum
adoriuntur. quam ob caussam C. Caninius toto oppido munitiones circumdare conatur, ne aut opus effectum tueri non possit, aut plurimis in locis infirma di
sponat praesidia. magna copia frumenti cōparata, con
sidunt Drapes, et Luterius non longius ab oppido decem millibus passuum, unde paullatim frumentum
in oppidum supportarent. ipsi inter se prouincias par
tiuntur. Drapes castris praesidio cum parte copiarum
restitit. Luterius agmen iumentorum ad oppidum
adducit: dispositis ibi praesidijs, hora noctis circiter
decima, siluestribus angustisq́. itineribus frumentum
importare in oppidum instituit. quorum strepitum ui
giles castrorum cum sensissent, exploratoresq́. missi,
quae agerentur, renuntiassent, Caninius celeriter cū
cohortibus armatis ex proximis castellis in frumenta
rios sub ipsam lucem impetum fecit. ij repentino ma
lo perterriti diffugiunt ad sua praesidia: qua nostri
ut uiderunt, acrius contra armatos incitati neminem
ex eo numero uiuum capi patiuntur. profugit inde
cum paucis Luterius, nec se recipit in castra. re bene gesta, Caninius ex captiuis comperit, partem co
piarum cum Drapete esse in castris intra millia passuum decem. qua re ex compluribus cognita, cum

Q 3 intelligeret

intelligeret, fugato duce altero, perterritos reliquos
facile opprimi posse; magnæ felicitatis esse arbitrabatur, neminem, ex cæde refugisse in castra, qui de acce
pta calamitate nuntium Drapeti perferret. sed cum
in experiundo periculum nullum uideret, equitatum
omnem, Germanosq́. pedites summæ uelocitatis omnes ad castra hostium permittit. ipse legionem unam
intra castra distribuit; alteram secum expeditam ducit. cum propius hosté accessisset, ab exploratoribus,
quos præmiserat, cognoscit, castra eorum, ut barbarorum fert consuetudo, relictis locis superioribus ad
ripas fluminis esse demissa. at Germanos, equitesq́.
imprudentibus omnibus de improuiso aduolasse, &
prælium commisisse. qua re cognita, legionem armatam instructamq́. adducit. ita, repente omnibus ex
partibus signo dato, loca superiora capiuntur. quod
ubi accidit, Germani, equitesq́., signis legionis uisis,
uehemétissimè præliantur. cófestim omnes cohortes
undique impetum faciunt: omnibus aut interfectis,
aut captis, magna præda potiuntur. capitur ipse eo
prælio Drapes. Caninius, felicissimè re gesta, sine ullo pænè militis uulnere, ad obsidendos oppidanos reuertitur; externoq́. hoste deleto, cuius timore augere
præsidia, et munitione oppidanos circundare prohibi
tus erat, opera undique imperat administrari. uenit
eodē cum suis copijs postero die C. Fabius, partemq́.
oppidi sumit ad obsidendum. Cæsar interim M. Antonium quæstorem cum cohortibus xv in Bellouacis
reliquit; ne qua rursus nouorum consiliorum ad capiendum

*prendum bellum facultas daretur : ipse reliquas ciui-
tates adit; obsides plures imperat; timentes omnium
animos consolatione sanat. Cum in Carnutes uenisset,
quorum consilio in ciuitate superiore commentario
Cæsar exposuit initium belli esse ortum, quòd præcipue eos, propter conscientiâ facti, timere animaduertebat ; quo celerius ciuitatem metu liberaret, principem sceleris ipsius, & concitatorem belli Guturna-
tum ad supplicium deposcit. qui etsi ne ciuibus quidem suis se committebat, tamen celeriter, omnium
cura quæsitus, in castra perducitur. cogitur in eius
supplicium Cæsar contra naturam suam, maximo
militum consensu; qui omnia pericula, et detrimenta belli a Guturnato accepta referebant; adeo ut uer-
beribus exanimatum corpus securi feriretur. ibi crebris litteris Caninij fit certior, quæ de Drapete, &
Luterio gesta essent, quóque in consilio permanerent oppidani. quorum etsi paucitatem contemnebat,
tamen pertinaciam magna pœna esse afficiendam iudicabat ; ne uniuersa Gallia non uires sibi defuisse ad
resistendum Romanis, sed constantiam putaret ; ne
ue hoc exemplo ceteræ ciuitates, locorum oportunitate freta, se uindicarent in libertatem ; cum omnibus Gallis notum esse sciret, reliquam esse unam
æstatem suæ prouinciæ; quam si sustinere potuissent, nullum ultra periculum uererentur. itaque Q.
Calenum legatum cum legionibus duabus relinquit,
qui iustis itineribus se subsequeretur : ipse cum omni*

Q 4   *equitatu*

equitatu quàm potest celerrime ad Caninium conten
dit. cum, contra exspectatione omnium, Cæsar Vxel
lodunum uenisset; oppidumq́. operibus clausum ani
maduerteret; neque ab oppugnatione recedi uideret
ulla condicione posse; magna autē copia frumenti abū
dare oppidanos, ex perfugis cognosceret; aqua prohibere hostem tentare cœpit. flumen infimā uallem diui
debat, quæ pæne totum montem cingebat, in quo posi
tum erat præruptum undique oppidum Vxellodunū.
hoc auertere loci natura prohibebat. sic enim imis ra
dicibus mōtis ferebatur, ut nullam in partem, depres-
sis fossis, deriuari posset. Erat autem oppidanis diffici
lis & præruptus eò descensus; ut, prohibentibus nostris, sine uulneribus ac periculo uitæ neque adire flu
men, neque arduo se recipere possent adscēsu. qua dif
ficultate eorum cognita, Cæsar, sagittarijs funditori-
busq́. dispositis, tormentis etiā quibusdam locis cōtra
facillimos descensus collocatis, aqua fluminis prohibe
bat oppidanos, quorū omnis postea multitudo aquatum unum in locum conueniebat. sub ipsius enim oppidi murum magnus fons prorumpebat, ab ea parte,
quæ fere pedum CCC interuallo fluminis circuitu ua
cabat. hoc fonte prohiberi posse oppidanos cum opta-
rent reliqui, Cæsar unus uideret, non sine magno peri
culo, e regione eius, uineas agere aduersus montem,
& aggeres struere cœpit magno cum labore, & con
tinua dimicatione. oppidani enim loco superiore decurrunt, et eminus sine periculo præliātur, multosq́.
pertinaciter succedentes uulnerant. non deterrentur
tamen

LIBER VIII.

tamen milites nostri uineas proferre, & labore atque operibus locorum uincere difficultates. eodem tempore tectos cuniculos agunt ad caput fontis. quod genus operis sine ullo periculo, & sine suspicione hostium facere licebat. exstruitur agger in altitudinem pedum nouem, collocatur in eo turris decem tabulatorum, non quidem quæ mœnibus æquaretur, (id enim nullis operibus effici poterat,) sed quæ superare fontis fastigium posset. ex ea cum tela tormentis iacerentur ad fontis aditus; nec sine periculo possent aquari oppidani; non tantum pecora atque iumenta, sed etiam magna hominum multitudo siti consumebatur. quo malo perterriti oppidani, cupas seuo, pice, scandulis complent, eas ardentes in opera prouoluunt. eodem tempore acerrime præliantur, ut ab incendio restinguendo dimicationis periculo deterreant Romanos. magna repente in ipsis operibus flamma existit. quæcunque enim per locum præcipitem missa erant, ea uineis & aggere suppressa cóprehendebant id ipsum, quod morabatur. milites contra nostri, quanquã periculoso genere prælij, locoq́. iniquo premebantur, tamen omnia paratissimo sustinebant animo. res enim gerebatur & excelso loco, et in conspectu exercitus nostri: magnusq́. utrinque clamor oriebatur: ita ut quisque poterat, maxime insignis, quo notior, testatiorque uirtus eius esset, telis hostium flammæq́. se offerebat. Cæsar, cum complures suos uulnerari uideret, ex omnibus oppidi partibus cohortes montem adscendere, &, simulatione mœnium occupandorum, clamorem undique

undique iubet tollere. quo facto perterriti oppidani, cum quid ageretur in locis reliquis, essent ignari, reuocant ab impugnandis operibus armatos, murisq; disponunt. ita nostri sine praelij facto, celeriter opera flamma comprehensa partim restinguunt, partim interscindunt. cum pertinaciter resisterent oppidani, magna etiā parte suorum siti amissa, in sententia permanebāt. ad postremū cuniculis uenae fontis intercisae sunt, atq; auersae. quo facto repente fons perennis exhaustus, tantā attulit oppidanis salutis desperatione, ut id non hominum cōsilio, sed deorum uoluntate factum putarent. itaque necessitate coacti, se tradiderunt. Caesar, cum suā lenitatē cognitā omnibus sciret, neque uereretur, ne quid crudelitate naturae uideretur asperius fecisse, neque exitū cōsiliorum suorū animaduerteret, si tali ratione diuersis in locis plures rebellare coepissent, exēplo supplicij deterrendos reliquos existimauit. itaque omnibus, qui arma tulerant, manus praecidit, uitamq; concessit; quo testatior esset poena improborum. Drapes, quē captum esse a Caninio docui, siue indignatione et dolore uinculorū, siue timore grauioris supplicij, paucis diebus sese cibo abstinuit, atq; ita interijt. eodem tempore Lucterius, quē profugisse ex praelio scripsi, cum in potestatem uenisset Epasnacti Aruerni, (crebro enim mutādis locis, multorum fidei se cōmittebat, quòd nusquā diutius sine periculo cōmoraturus uidebatur, cum sibi conscius esset, quàm inimicū deberet Caesarem habere) hunc Epasnactus Aruernus amicissimus populi R. sine dubitatione ulla

la uinctā ad Cæsarē duxit. Labienus interim in Treuiris equestre prælium secundum facit; cōpluribusq́; Treuiris interfectis, et Germanis, qui nullis aduersus redegit potestatē, atque in ijs Surum Heduum, qui et R. auxilia denegabant, principes eorū uiuos in suan uirtutis et generis summā nobilitatē habebat, solusq́; ex Heduis ad id tempus permanserat in armis. Ea re cognita, Cæsar cum in omnibus partibus Galliæ bene res gestas uideret, iudicaretq́. superioribus æstiuis Galliā deuictam et subactā esse, Aquitaniā nunquā ipse adisset, sed per P. Crassum quadā ex parte deuicisset, cū duabus legionibus in eā parte est profectus, ubi extremum tempus cōsumeret æstiuorū. quā rem, sicut cetera, celeriter feliciterq́. confecit. náq́. omnes Aquitaniæ ciuitates legatos ad eū miserūt, obsidesq́; ei dederunt. quibus rebus gestis, ipse cū equitum præsidio Narbonem profectus est, exercitū per legatos in hiberna deduxit, quattuor legiones in Belgio collocauit cū M. Antonio, et C. Trebonio, et P. Vatinio, et Q. Tullio legatis; duas in Heduos misit, quorū in omni Gallia summā esse auctoritatē sciebat; duas in Treuiris ad fines Carnutum posuit, quæ omnem regionem coniunctā Oceano continerent; duas reliquas in Lemouicum fines non longe ab Aruernis, ne qua pars Galliæ uacua ab exercitu esset. paucos dies ipse in prouincia moratus, cum celeriter omnes conuentus percucurrisset; publicas cōtrouersias cognouisset; bene meritis præmia tribuisset (cognoscendi enim maximam facultatem habebat, quali quisque animo in
remp.

remp. fuisset totius Galliæ defectione, quam sustinuerat fidelitate, atque auxilijs prouinciæ illius. his rebus confectis, ad legiones in Belgium se recipit, hibernauitq́; Nemetocennæ. ibi cognoscit, Commium Atrebatem prælio cum equitatu suo contendisse. ná, cum Antonius in hiberna uenisset, ciuitasq́; Atrebatum in officio maneret; Commius, qui post illam uulnerationem, quam supra commemoraui, semper ad omnes motus paratus suis ciuibus esse consuesset, ne consilia belli quærentibus auctor armorum, duxq́ue deesset, parente Romanis ciuitate, cum suis equitibus se suosq́; latrocinijs alebat, infestisq́; itineribus commeatus cóplures, qui comportabantur in hiberna Romanorum, intercipiebat. erat attributus Antonio præfectus equitum C. Volusenus Quadratus, qui cum eo hibernaret. hunc Antonius ad persequendum equitatum hostium mittit. Volusenus autem ad eam uirtutem, quæ singularis in eo erat, magnú odiú Commij adiungebat, quo libentius id faceret, quod imperabatur. itaque, dispositis insidijs, sæpius eius equites aggressus, secúda prælia faciebat. nouissime, cum uehementius cótenderetur, ac Volusenus ipsius intercipiendi Commij cupiditate pertinacius eum cú paucis insecutus esset; ille autem fuga uehementi Volusenum longius produxisset; repente omnium suorú inuocat fidem, atque auxilium, ne sua uulnera, perfidia interposita, paterentur inulta; cóuersoq́; equo, se a ceteris incautius permittit in præfectum. faciunt idem omnes eius equites, paucosq́; nostros connertunt,

tunt, atque insequuntur. Commius incensum calcaribus equum iungit equo Quadrati, lanceaq́; infesta mediū femur eius magnis uiribus transfiicit. præfecto uulnerato, non dubitant nostri resistere, & conuersi hostem pellere. quod ubi accidit, complures hostiū, magno nostrorum impetu pulsi, uulnerantur, et partim in fuga proteruntur, partim intercipiūtur. quod ubi malū dux equi uelocitate euitauit, grauiter uulneratus præfectus, ut uitæ periculum aditurus uideretur, refertur in castra. Commius autem, siue expiato suo dolore, siue magna parte amissa suorum, legatos ad Antonium mittit, seq́; ibi futurum, ubi præscripserit, & ea facturū, quæ imperauerit, obsidibus datis firmat: unum illud orat, ut timori suo concedatur, ne in conspectum ueniat cuiusquá Romanī. quá postulationem Antonius cum iudicaret ab iusto nasci timore, ueniam petenti dedit; obsides accepit.

SCIO Cæsarem singulorum annorum singulos commentarios fecisse: quod ego non existimaui mihi esse faciendum: propterea quòd insequens annus L. Paullo, & C. Marcello cos. nullas habet Galliæ magnopere res gestas. ne quis tamen ignoraret, quibus in locis Cæsar, exercitusq́; eo tempore fuissent, pauca scribenda, coniungendaq́; huic cōmentario statui.

CAESAR, cum in Belgio hiemaret, unum illud propositum habebat, continere in amicitia ciuitates, nulli spem, aut caussam dare armorum. nihil enim minus uolebat, quàm sub discessu suo necessitatem sibi aliquam imponi belli gerendi; ne, cum exercitum

citum deducturus esset, bello aliquod relinqueretur,
quod omnis Gallia libenter sine præsenti periculo su-
sciperet. itaque honorifice ciuitates appellando, prin
cipes maximis præmijs afficiendo, nulla onera noua imponendo, defessam tot aduersis prælijs Galliam,
condicione parendi meliore, facile in pace continuit.
ipse, hibernis peractis, contra consuetudinem in Italiam quammaximis itineribus est profectus, ut municipia & colonias appellaret, quibus M. Antonij,
quæstoris sui, comendaret sacerdotij petitionem.con
tendebat enim gratia, cum libenter pro homine sibi
coniunctissimo, quem paullo ante præmiserat ad peti
tionem, tum acriter contra factionem & potentiam
paucorum, qui, M. Antonij repulsa, Cæsaris inter-
cedentis conuellere gratiam cupiebant.hunc etsi augu
rem prius factum, quàm Italiam attingeret, in itine
re audierat, tamen non minus iustam sibi caussam
municipia & colonias adeundi existimauit, ut ijs gra
tias ageret, quòd frequentiam, atque officium suum
Antonio præstitissent, simulq̓ se et honoré suu insequentis anni comendaret petitione;propterea quòd
insolenter aduersarij sui gloriarentur, L. Lentulum,
et C. Marcellum cos. creatos, qui omnem honoré et
dignitaté Cæsaris exspoliarent; ereptum Ser. Galbæ
consulatum,cum is multo plus gratia, suffragijsq̓. ua-
luisset, quòd sibi coiunctus et familiaritate, et necessi
tudine legationis esset. exceptus est Cæsaris aduentus
ab omnibus municipijs et colonijs incredibili honore,
atque amore. tum primum enim ueniebat ab illo uniuersæ

uersa Galliæ bello, nihil relinquebatur, quod ad ornatum portarum, itinerum, locorumq́; omnium, quà Cæsar iturus erat, excogitari posset. cum liberis omnis multitudo obuiam procedebat. hostiæ omnibus locis immolabantur: triclinijs stratis fora, teplaq́; occupabantur, ut uel exspectatissimi triumphi lætitia percipi posset. tanta erat magnificentia apud opulentiores, cupiditas apud humiliores. Cum omnes regiones Galliæ togatæ Cæsar percucurrisset, summa celeritate ad exercitum Nemotecennam redijt; legionibusq́; ex omnibus hibernis ad fines Treuirorum euocatis, eò profectus est, ibiq́; exercitum lustrauit. T. Labienum Galliæ Togatæ præfecit, quo maiore cómendatione cóciliaretur ad cósulatus petitioné. ipse tantum itinerum faciebat, quantum satis esse ad mutationem locorum propter salubritaté existimabat. ibi quanquã crebro audiebat, Labienum ab inimicis suis solicitari; certiorq́; fiebat, id agi paucorum consilijs, ut, interposita senatus auctoritate, aliqua parte exercitus spoliaretur; tamen neque de Labieno credidit quidquam, neque contra senatus auctoritatem, ut aliquid faceret, potuit adduci. indicabat enim, liberis sententijs patrum conscriptorum caussam suam facile obtineri. nam C. Curio tribunus pl. cum Cæsaris caussam dignitatemq́ue defendendam suscepisset, sæpe erat senatui pollicitus, si quem timor armorum Cæsaris læderet, & quoniam Pompeij dominatio atque arma non minimum

nimium terrorem foro inferrent, discederet uterque
ab armis, exercitusq́; dimitteret: fore eo facto liberam, & sui iuris ciuitatem. neque hoc tantum pollicitus est, sed etiam per se discessionem facere cœpit.
quod ne fieret, consules, amiciq́; Pompeij iusserunt;
atque ita rem moderando, discesserunt. magnum hoc
testimonium senatus erat uniuersi, conueniensq́; superiori facto. nam Marcellus proximo anno cum in
pugnaret Cæsaris dignitaté, contra legem Pompeij,
& Crassi retulerat ante tempus ad senatum de Cæsa
ris prouincijs: sententijsq́; dictis, discessionem facien
te Marcello, qui sibi omnem dignitatem ex Cæsaris
inuidia quærebat, senatus frequens in alia omnia tran
siit. quibus non frangebantur animi inimicorum Cæ
saris, sed admonebantur, quo maiores pararent necessitudines, quibus cogi posset senatus id probare,
quod ipsi constituissent. Fit deinde S. C. ut ad bellum
Parthicum legio una a Cn. Pompeio, altera a C. Cæ
sare mitterentur. neque obscurè hæ duæ legiones u-
ni Cæsari detrahuntur. nam Cn. Pompeius legionem
primam, quam ad Cæsarem miserat, confectam ex
delectu prouinciæ, Cæsari eam tanquam ex suo numero dedit. Cæsar tamen, cum de uoluntate aduersariorum se exspoliari nemini dubium esset, Cn. Pope-
io legioné remisit, et ex suo numero x v, quá in Gal
lia citeriore habuerat, ex S. C. iubet tradi. in eius lo
cum x i i i legionem in Italiam mittit, quæ præsidia
tueretur, ex quibus præsidijs x v deducebatur: ipse
exercitum distribuit per hiberna: C. Treboniú cum
legionibus

legionibus IV in *Belgio* collocat: *C. Fabium* cum totidem in *Heduos* deducit. sic enim existimabat tutissimam fore *Galliam*, si *Belgæ*, quorum maxima uirtus, et *Hedui*, quorum auctoritas summa esset, exercitibus continerentur. ipse in *Italiam* profectus est. quò cum ueniffet, cognoscit, per *C. Marcellum* consulem legiones duas ab se remissas, quæ ex *S. C.* deberent ad *Parthicum* bellum duci, *Cn. Pompeio* traditas atque in *Italia* retentas esse. hoc facto quanquam nulli erat dubium, quin arma contra *Cæsarem* pararentur: tamen *Cæsar* omnia patienda esse statuit, quoad sibi spes aliqua relinqueretur, iure potius disceptandi, quàm belli gerendi.

C. IVLII CAESARIS
COMMENTARIORVM
DE BELLO CIVILI LIB. I.

ITTERIS a Fabio C. Cæsaris
consulibus redditis, ægre ab ijs
impetratum est, summa tribunorum pl. contentione, ut in senatu
recitarentur. ut uero ex litteris
ad senatum referretur, impetra-
ri non potuit. referunt consules de rep. in ciuitate.
L. Lentulus consul senatui reiq́; pub. se non defuturú
pollicetur; si audacter, ac fortiter sententias dicere
uelint: sin Cæsarem respiciant, atque eius gratiam sequantur, ut superioribus fecerint temporibus; se sibi
consiliú capturum, neque senatus auctoritati obtem-
peraturum; habere se quoque ad Cæsaris gratiam,
atque amicitiam receptum. in eandem sententiam loquitur Scipio: Pompeio esse in animo, reip. non deesse, si senatus sequatur; sin cunctetur, atque agat
lenius, nequidquam eius auxilium, si postea uelit,
imploraturum. Hæc Scipionis oratio, quòd senatus
in urbe habebatur, Pompeiusq́; aberat, ex ipsius
ore Pompeij mitti uidebatur. dixerat aliquis lenio-
rem sententiam ut primò M. Marcellus, ingressus in
eá orationem, non oportere ante de rep. ad senatú referri, quàm delectus tota Italia habiti, et exercitus
cóscripti essent; quo præsidio tuto, et liberè senatus,
quæ uellet, decernere auderet: ut M. Calidius, qui
censebat,

censebat, ut Pompeius in suas prouincias proficisceretur, ne qua esset armorum caussa: timere Cæsarem, abreptis ab eo duabus legionibus, ne ad eius periculum reseruare, & retinere eas ad urbem Pompeius uideretur: ut M. Rufus, qui sententiam Calidij, paucis fere mutatis uerbis, sequebatur. ij omnes conuicio L. Lentuli consulis, correpti exagitabantur. Lentulus sententiam Calidij pronuntiaturum se omnino negauit. Marcellus, perterritus conuicijs, a sua sententia discessit. sic uocibus consulis, terrore præsentis exercitus, minis amicorum Pompeij, plerique compulsi, inuiti, & coacti Scipionis sententiam sequuntur; uti ante certam diem Cæsar exercitum dimittat; si non faciat, eum aduersus remp. facturum uideri. intercedit M. Antonius, Q. Cassius, tribuni pl. refertur confestim de intercessione tribunorum. dicuntur sententiæ graues. ut quisque acerbissime crudelissimeq́. dixit, ita quammaxime ab inimicis Cæsaris collaudatur. misso ad uesperum senatu, omnes, qui sunt eius ordinis, a Pompeio euocantur. laudat Pompeius, atque in posterum confirmat: segniores castigat, atque incitat. multi undique ex ueteribus Pompeij exercitibus, spe præmiorum, atque ordinum, euocantur; multi ex duabus legionibus, quæ sunt traditæ a Cæsare, accersuntur. completur urbs ad ius comitiorum. tribunos pl. C. ✶ Curio euocat. omnes amici consulum, necessarij Pompeij, atque eorum, qui ueteres inimicitias cum Cæsare gerebant, coguntur in senatum: quorū uocibus, et

R 2   concursu

concursu terrentur infirmiores, dubij confirmantur; plerisque uero libere potestas decernédi eripitur. pollicetur L. Pisò censor sese iturum ad Cæsarem, item L. Roscius prætor, qui de his rebus eum doceant, sex dies ad eã rem conficiendam spatij postulant. dicuntur etiã a non nullis sententiæ, ut legati ad Cæsarem mittantur, qui uoluntatem senatus ei proponant. omnibus his resistitur; omnibusq́. oratio consulis, Scipionis, Catonis opponitur. Catonem ueteres inimicitiæ Cæsaris incitant, et dolor repulsæ. Lentulus æris alieni magnitudine, et spe exercitus, ac prouinciarum, et regum appellandorũ largitionibus monetur, seq́. alterum fore Syllam, inter suos gloriatur, ad quem summa imperij redeat. Scipionem eadem spes prouinciæ atque exercituũ impellit; quos se, pro necessitudine, partiturũ cum Pompeio arbitratur: simul iudicioru᷉ metus, adulatio, atque ostentatio sui, et potétiũ, qui in rep. iudicijsq́. tum plurimum pollebãt. ipse Pompeius ab inimicis Cæsaris incitatus, quòd neminé dignitate secũ exæquari uolebat, totum se ab eius amicitia auerterat, et cũ cõmunibus inimicis in gratiã redierat; quorũ ipse maximã parté illo affinitatis tempore adiunxerat Cæsari. simul infamia duarum legionũ permotus, quas ab itinere Asiæ, Syriæq́. ad suã potentiã, dominatumq́. connerterat, ré ad arma deduci studebat. His de caussis agitur omnia raptim atque turbate; neque docẽdi Cæsaris propinquis eius spatiũ datur; nec tribunis pl. sui periculi deprecandi, neque etiam extremi iuris intercessionem retinẽdi, quod L.

Sylla

Sylla reliquerat, facultas tribuitur; sed de sua salute die septimo cogitare coguntur; quod illi turbulentissimi superioribus têporibus tribuni pl. octauo denique mēse suarum actionum respicere, ac timere consueuerāt. decurritur ad illud extremum atque ultimum S. C. quò, nisi pæne in ipso urbis incendio, atque despera✶tione omnium salutis, latorum audacia, nunquam ante discessum est; dent operam cōsules, prætores, tribuni pl. quiq̄. proconsules sunt ad urbem, ne quid resp. detrimenti capiat. Hæc S. C. perscribuntur ad VII. iduū Ianuarij. itaque quinque primis diebus, quibus haberi senatus potuit, qua ex die cōsulatum inijt Lentulus, biduo excepto comitiali, et de imperio Cæsaris, et de amplissimis uiris tribunis pl. grauissime acerbissimeq̄. decernitur. profugiunt statim ex urbe tribuni pl. seseq̄. ad Cæsarē cōferunt. is eo tempore erat Rauēna, exspectabatq̄ suis leuissimis postulatis respōsa; si qua hominum æquitate res ad otium deduci posset. Proximis diebus habetur senatus extra urbē. Pompeius eadē illa, quæ per Scipionē ostenderat, agit; senatus uirtutē cōstantiāq̄ collaudat: copias suas exponit: legiones habere sese paratas X: præterea cognitū cōpertūq̄ sibi, alieno esse animo in Cæsarē milites, neq̄ ijs posse persuaderi, uti eū defendāt, aut sequātur. Statim de reliquis rebus ad senatū refertur, tota ut Italia delectus habeatur: Faustus Sylla propræt. in Mauritaniā mittatur. pecunia uti ex ærario Pōpeio detur. refertur etiā de rege Iuba, ut socius sit, atque amicus. Marcellus uero passurū se in præsentia negat. de Fau-

sto impedit Philippus tribunus pl. de reliquis rebus
S. C. perscribuntur, prouinciæ priuatis decernuntur,
duæ consulares, reliquæ prætoriæ. Scipioni obuenit
Syria, L. Domitio Gallia: Philippus, et Marcellus
priuato consilio prætereuntur, neq. eorum sortes deii
ciuntur. In reliquas prouincias prætores mittuntur.
neq. expectant, quod superioribus annis acciderat, ut
de eorum imperio ad populū referatur; paludatiq́ue,
uotis nuncupatis, exeunt. consules, quod ante id tem
pus acciderat nunquam, ex urbe proficiscuntur, li-
ctoresq́. habent in urbe et Capitolio priuatim, cōtra
omnia uetustatis exēpla. tota Italia delectus haben
tur: arma imperantur: pecuniæ a municipiis exigun
tur, et e fanis tolluntur: omnia diuina, et humana iu
ra permiscentur. quibus rebus cognitis, Cæsar apud
milites concionatur: omnium temporum iniurias inimicorum in se cōmemorat: a quibus et inductum, et
deprauatum Pōpeium queritur, inuidia, atque obtre
ctatione laudis suæ, cuius ipse honori, et dignitati sem
per fauerit, adiutorq́, fuerit. nouum in rep. introdu
ctum exēplum queritur, ut tribunicia intercessio armis notaretur, atq. opprimeretur, quæ superioribus
annis armis esset restituta: Syllam, nudata omnibus
rebus tribunicia potestate, tamen intercessionem libe
ram reliquisse; Pōpeium, qui amissa restituisse uidea
tur, bona etiā, quæ ante habuerat, ademisse: quotiés-
cunque sit decretū, darent magistratus operā, ne quid
resp. detrimenti caperet; qua uoce, et quo S. C. popu
lus R. ad arma sit uocatus; factum in perniciosis legibus

bus, in ui tribunicia, in secessione populi, templis, locisq́. editioribus occupatis: (atque hæc superioris ætatis exêpla expiata Saturnini, atq́. Gracchorũ casibus docet) quarum rerum illo têpore nihil factum, ne cogitatum quidê. nulla lex promulgata, non cum populo agi cœptum, nulla secessio facta. hortatur, cuius imperatoris ductu nouê annis rêp. felicissime gesserint, plurimaq́. prœlia secunda fecerint, omnem Galliam, Germaniamq́. pacauerint. ut eius existimationem, dignitatemq́. ab inimicis defendant. Cõclamant legionis tertiædecimæ, quæ aderat, milites, (hanc enim initio tumultus euocauerat: reliqua non dum conuenerant) sese paratos esse imperatoris sui, tribunorumq́. pl. iniurias defendere. Cognita militũ uoluntate, Ariminũ cum ea legione proficiscitur: ibiq́. tribunos pl. qui ad eum confugerant, conuenit: reliquas legiones ex hibernis euocat, et subsequi iubet. eò L. Cæsar adolescens uenit; cuius pater Cæsaris erat legatus. is, reliquo sermone confecto, cuius rei caussa uenerat, habere se a Pôpeio ad eũ priuati officij mandata demonstrat; uelle Pompeium, se Cæsari purgatum; ne ea, quæ reip. caussa egerit, in suã cõtumeliam uertat: semper se reip. cõmoda priuatis necessitudinibus habuisse potiora: Cæsarê, quoque pro sua dignitate debere & studium et iracundiã suam reip. dimittere, neque adeo grauiter irasci inimicis, ne, cum illis nocere se speret, reip. noceat. pauca eiusdem generis addit, cum excusatione Pôpeij coniuncta. eadem fere, atque eisdem de rebus prætor Roscius agit cum Cæsare, sibiq́. Pôpeiũ

R 4   comme-

commemorasse demonstrat. quæ res etsi nihil ad leuandas iniurias pertinere uidebantur: tamen, idoneos nactus homines, per quos ea, quæ uellet, ad eũ perferrentur, petit ab utroque, quoniam Pompeij mandata ad se detulerint, ne grauentur sua quoque ad eum postulata deferre; si paruo labore magnas cõtrouersias tollere, atque omnem Italiam metu liberare possent: sibi semper reip. primam fuisse dignitatem uitaq. potiorem: doluisse se, quòd populi R. beneficiũ sibi per cõtumeliam ab inimicis extorqueretur; ereptoq. semestri imperio, in urbem retraheretur, cuius absentis rationem haberi proximis comitijs populus iussisset; tamen hanc honoris iacturã sui reip. caussa æquo animo tulisse: cum litteras ad senatum miserit, ut omnes ab exercitibus discederent, ne id quidẽ impetrauisse: tota Italia delectus haberi, retineri legiones duas, quæ ab se, simulatione Parthici belli, sint adductæ: ciuitatem esse in armis: quonam hæc omnia, nisi ad suam perniciem, pertinere? sed tamen ad omnia se descendere paratũ, atque omnia pati reip. caussa: proficiscatur Pompeius in suas prouincias; ipsi exercitus dimittatur; discedant in Italia omnes ab armis; metus e ciuitate tollatur; libera comitia, atque omnis resp. senatui populoq. R. permittatur: hæc quo facilius certisq. cõdictionibus fiant, et iureiurando sanciatur; aut ipse propius accedat, aut se patiatur accedere: fore uti per colloquia oẽs cõtrouersiæ cõponãtur. Acceptis mãdatis Roscius cũ L. Cæsare Capuã peruenit ibiq. cõsules, Pompeiũq. inuenit; postulata Cæsaris re
nuntiat.

nuntiat,illi,re deliberata,respondent,scriptaq́. ad eu᷑
mandata per eos remittunt. quoru᷑ hæc erat summa:
Cæsar in Galliam reuerteretur, Arimino excederet,
exercitus dimitteret: quæ si fecisset, Pópeium in Hispanias iturum. interea,quoad fides esset data, Cæsarem facturum quæ polliceretur,nó intermissuros con
sules, Pompeiumq́. delectus. Erat iniqua condicio,po
stulare, ut Cæsar Arimino excederet, atque in prouin
cia reuerteretur, ipsum et prouincias,et legiones alie-
nas tenere: exercitum Cæsaris uelle dimitti;delectus
habere: polliceri se in prouinciam iturum,neque,an-
te quem diē iturus sit,definire: ut, si, peracto Cæsaris co᷑sulatu, Pópeius profectus non esset,nulla tamen
mendacij religione obstrictus uideretur. tēpus uero
colloquio nó dare,neque accessurum polliceri, magnā
pacis desperationē afferebat. itaque ab Arimino M.
Antonium cum cohortibus quinque Arretiū mittit:
ipse Arimini cū duabus legionibus subsistit,ibíq́. delectum habere instituit: Pisaurum, Fanum, Anconā
singulis cohortibus occupat.interea certior factus,Ti
gnium Thermum prætorē cohortibus quinque tenere, oppidum munire, omniumq́. esse Tigniorum optimam erga se uoluntatē, Curionem cum tribus cohortibus, quas Pisauri et Arimini habebat,mittit.cuius
aduentu cognito, diffisus municipij uoluntatis Ther-
mus cohortes ex urbe educit, et profugit: milites in
itinere ab eo discedunt,ac domum reuertuntur:Curio
omnium summa uoluntate Tignium recipit. Quibus
rebus cognitis, confisus municipiorum uoluntatibus

Cæsar

Cæsar cohortes legionis XIII ex præsidijs deducit, Auximumq́. proficiscitur : quod oppidū Attius, cohortibus introductis, tenebat, delectumq́. toto Piceno, circumissis senatoribus, habebat. aduētu Cæsaris cognito, decuriones Auximi ad Attiū Varū frequentes conueniunt : docent, sui iudicij rē non esse ; neque se, neque reliquos municipes pati posse, C. Cæsarem, imperatorē bene de rep. meritum, tātis rebus gestis, oppido, mœnibusq́. prohiberi : proinde habeat rationem posteritatis, & periculi sui. Quorum oratione permotus Attius Varus, præsidium, quod introduxerat, ex oppido educit, & profugit. hanc ex primo ordine pauci Cæsaris consecuti milites, consistere cogunt : cōmissoq́. prælio, deseritur a suis Varus : nonnulla pars militum domū discedit : reliqui ad Cæsarē perueniunt : atque una cū ijs deprehēsus L. Puppius, primipili cēturio, adducitur, qui hunc eundem ordinē in exercitu Cn. Pōpeij antea duxerat. At Cæsar milites Attianos collaudat, Puppium dimittit, Auximatibus agit gratias, seq́. eorū facti memorē fore pollicetur. Quibus rebus Romā nuntiatis, tantus repente terror inuasit, ut, cum Lentulus consul ad aperiendū ærarium uenisset, ad pecuniā Pompeio ex S. C. proferendam, protinus, aperto sanctiore ærario, ex urbe profugeret. Cæsar enim aduentare, iam iamq́. adesse eius equites falso nuntiabantur. hunc Marcellus collega, et plerique magistratus consecuti sunt. Cn. Pōpeius, pridie eius diei ex urbe profectus, iter ad legiones habebat, quas, a Cæsare acceptas, in Apulia,

hibernorum

hibernorum caussa, disposuerat. delectus intra urbē intermittuntur; nihil citra Capuā tutum esse omnibus uidetur. Capuæ primum sese confirmát, et colligunt; delectumq́. colonorum, qui lege Iulia Capuā deducti erant, habere instituunt; gladiatoresq́., quos ibi Cæsar in ludo habebat, in forum productos Lentulus libertati confirmat, atque ijs equos attribuit, & se sequi iussit: quos postea, monitus a suis, quòd ea res omnium iudicio reprehendebatur, circum familiares conuentus Capaniæ, custodiæ caussa, distribuit. Auximo Cæsar progressus, omnem agrum Picenum percurrit. cunctæ earum regionum præfecturæ libentissimis animis eum recipiunt, exercitumq́. eius omnibus rebus iuuant. etiā ex Cingulo, quod oppidum Labienus constituerat, suaq́. pecunia exædificauerat, ad eū legati ueniunt, quæq́. imperauerit, sese cupidissime facturos pollicentur. milites imperat: mittūt. interea legio duodecima Cæsarē consequitur. cum his duabus Asculum Picenum proficiscitur. id oppidū Lentulus Spinther decem cohortibus tenebat: qui, Cæsaris aduentu cognito, profugit ex oppido, cohortesq́; secum abducere conatus, a magna parte militum deseritur. relictus in itinere cum paucis, incidit in Vibullium Rufum, missum a Pompeio in agrum Picenum confirmandorum hominum caussa: a quo factus Vibullius certior, quæ res in Piceno gererentur, milites ab eo accipit, ipsum dimittit. item ex finitimis regionibus, quas potest, contrahit cohortes ex delectibus Pompeianis: in ijs Camerino fugientem Vlcillem
Hirum

Hirum cum sex cohortibus, quas ibi in præsidio habuerat, excipit. quibus coactis, tredecim efficit: cū ijs ad Domitium Ahenobarbum Corfinium magnis itineribus peruenit, Cæsaremq́ adesse cū legionibus duabus, nuntiat. Domitius per se circiter xx cohortes ex Alba, et Marsis, et Pelignis, et finitimis ab regionibus coegerat. Recepto Asculo, expulsóq́. Lentulo, Cæsar conquiri milites, qui ab eo discesserant, delectumq́. institui iubet: ipse, unum diem ibi, rei frumentariæ caussa, moratus, Corfinium contendit. eò cū uenisset, cohortes quinque præmissæ a Domitio ex oppido, ponte fluminis interrumpebant, qui erat ab oppido millia passuum circiter tria. ibi cum antecursoribus Cæsaris prœlio commisso, celeriter Domitiani, a ponte repulsi, se in oppidum receperunt. Cæsar, legionibus traductis, ad oppidum constitit, iuxtáq́. muros castra posuit. Re cognita, Domitius ad Pompeium in Apuliam peritos regionum, magno proposito præmio, cum litteris mittit; qui petant, atque orent, ut sibi subueniat: Cæsarem duobus exercitibus, et locorū angustijs facile intercludi posse, frumentóq́. prohiberi: quod nisi fecerit, se cohortesq́. amplius triginta, magnumq́. numerum senatorum, atque equitum Romanorum in periculum esse uenturum. interim, suos cohortatus, tormenta in muris disponit: certasq́. cuique partes ad custodiam urbis attribuit: militibus in concione agros ex suis possessionibus pollicetur, quaterna in singulos iugera, et pro rata parte centurionibus, euocatísque. Interim Cæsari nuntiatur, Sulmonēses,

quod

quod oppidum a Corfinio septem millium interuallo
abest, cupere ea facere, quæ uellet, sed a Q. Lucretio
senatore, et Attio Peligno prohiberi, qui id oppidum
septem cohortium præsidio tenebāt. mittit eò M. An
tonium cum legionis octauæ cohortibus quinque: Sul
monenses, simul atque nostra signa uiderunt, portas
aperuerunt; uniuersíq. & oppidani, et milites obuiā
gratulantes Antonio exierunt: Lucretius et Attius
de muro se deiecerunt. Attius ad Antoniū deductus
petit, ut ad Cæsarem mitteretur. Antonius cum cohortibus, et Attio, eodem die, quo profectus erat, re
uertitur. Cæsar eas cohortes cum exercitu suo coniun
xit, Attiúq. incolumem dimisit. Cæsar tribus primis
diebus castra magnis operibus munire, et ex finitimis
municipijs frumentum comportare, reliquasq́. copias
expectare instituit. eo triduo legio octaua ad eum ue
nit, cohortesq́. ex nouis Galliæ delectibus XXII, e-
quitesq́. a rege Norico circiter trecenti. quorum ad
uentu altera castra ad alteram oppidi partem ponit.
ijs castris Curionem præfecit: reliquis diebus oppidum uallo castellisq́. circummunire instituit. cuius o-
peris maxima parte effecta, eodem fere tempore mis
si ad Pompeium reuertuntur. Litteris perlectis, Do
mitius dissimulans, in cōsilio pronuntiat, Pompeium
celeriter subsidio uenturum; hortaturq́. eos, ne animo deficiant, quæq́. usui ad defendendum oppidum
sint, parent. ipse arcano cum paucis familiaribus suis
colloquitur; consiliumq́. fugæ capere constituit. cum
uultus Domitij cum oratione non consentiret, atque
om-

omnia trepidãtius timidiusq́. ageret, quàm superioribus diebus cõsuesset, multumq́. cum suis, consultandi caussa, secreto præter consuetudinem colloqueretur, concilia conuentusq́. hominum fugeret; res diutius tegi, dissimulariq́. non potuit. Pompeius enim rescripserat, sese rem in summum periculum deducturum non esse, neque suo consilio, aut uoluntate Domitium se in oppidum Corfinium contulisse: proinde, si qua facultas fuisset, ad se cum omnibus copijs ueniret. id ne fieri posset, obsidione, atque oppidi circummunitione fiebat. Diuulgato Domitij consilio, milites, qui erant Corfinij, prima uespere secessionem faciunt, atque ita inter se per tribunos mil. centurionesq́., atque honestissimos sui generis colloquuntur; obsideri se a Cæsare; opera munitionesq́. prope esse perfectas; ducem suum Domitium, cuius spe atque fiducia permanserint, proiectis omnibus, fugæ cõsilia capere; debere se suæ salutis rationẽ habere. Ab his primo Marsi dissentire incipiunt, eamq́. oppidi partem, quæ munitissima uideretur, occupant: tantaq́. inter eos dissensio extitit, ut manum conserere, atque armis dimicare conarétur. post paullo tamen, internuntijs ultro citroq́. missis, quæ ignorabant, de L. Domitij fuga cognoscunt: itaque omnes uno consilio Domitium productum in publicum circumsistunt, et custodiunt; legatosq́. ex suo numero ad Cæsarẽ mittunt; sese paratos esse portas aperire, quæq́. imperauerit facere, & L. Domitium uiuum in eius potestatẽ tradere. Quibus rebus cognitis, Cæsar, etsi

magni

magni interesse arbitrabatur quamprimũ oppido potiri, cohortesq́. ad se in castra traducere, ne qua aut largitionibus, aut animi confirmatione, aut falsis nuntijs commutatio fieret uoluntatis; quòd sæpe in bello paruis momentis magni casus intercederent; tamen, ueritus, ne, militum introitu, & nocturni temporis licentia, oppidum diriperetur, eos, qui uenerant, collaudat, atque in oppidum dimittit, portas, murosq́. asseruari iubet: ipse ijs operibus, quæ facere instituerat, milites disponit, non certis spatiis intermissis, ut erat superiorum dierum cõsuetudo, sed perpetuis uigiliis, stationibusq́ue, ut contingant inter se, atque omnem munitionem expleant: tribunos mil. et præfectos circummittit; atq. hortatur, non solum ab eruptionibus caueant, sed etiã singulorum hominum occultos exitus asseruent. neque eorum tam remisso, ac languido animo quisquam omnium fuit, qui ea nocte conquieuerit. tanta erat summa rerum exspectatio, ut nullus in aliam parte mente atque animo traheretur, quid ipsis Corfiniensibus, quid Domitio, quid Lentulo, quid reliquis accideret, qui quosque euẽtus exciperẽt. quarta uigilia circiter Lentulus Spinther de muro cum uigiliis custodibusq́. nostris colloquitur, uelle, si sibi fiat potestas, Cæsarem conuenire. facta potestate, ex oppido mittitur; neque ab eo prius Domitiani milites discedunt, quàm in conspectum Cæsaris deducatur. cum eo de salute sua agit, atque obsecrat, sibi ut parcat; ueteremq́. amicitiam commemorat; Cæsarisq́. in se beneficia exponit; quæ erant maxima:

quòd

quòd per eum in collegium pontificum uenerat ; quòd
prouinciam Hispaniam ex prætura habuerat ; quòd
in petitione consulatus ab eo erat subleuatus. Cuius
orationem Cæsar interpellat: se, non maleficij caussa,
ex prouincia egressum, sed uti se a contumelijs inimi
corum defenderet ; ut tribunos pl. ea re ex ciuitate
expulsos, ad suam dignitatem restitueret ; ut se, &
populum R. paucorum factione oppressum, in liberta
tem uindicaret. Cuius oratione confirmatus Lentulus, ut in oppidum reuerti liceat, petit ; quòd de sua
salute impetrauerit, fore etiam reliquis ad suá spem
solatio: adeo esse perterritos non nullos, ut suæ uitæ
durius consulere cogantur. Facta potestate, discedit.
Cæsar, ubi illuxit, omnes senatores, senatorumq́. liberos, tribunos mil. equitesq́. Romanos ad se produci iubet. erant senatorij ordinis L. Domitius, et P.
Létulus Spinther, Vibullius Rufus, Sex. Quinctilius
Varus quæstor, L. Rubrius, præterea filius Domitij,
alijq́. complures adolescentes, & magnus numerus
equitu Romanoru, et decurionu, quos ex municipijs
Domitius euocauerat. hos omnes productos a contu-
meliis militu, connicijsq́. prohibet: pauca apud eos lo
quitur ; quòd sibi aperte eoru gratia relata nō sit, pro
suis in eos maximis beneficijs dimittit omnes incolumes. HS L X, quod auru adduxerat Domitius, atque
in publicum deposuerat, allatum ad se ab duumuiris
Corfiniensibus, Domitio reddit ; ne continentior in ui
ta hominum, quàm in pecunia fuisse uideatur: etsi eá
pecuniam publicam esse constabat, datamq́. a Pompeio in

peio in stipendium, milites Domitianos sacramentum apud se dicere iubet: atque eo die castra mouet: iustumq́, iter conficit, septem omnino dies ad Corsiniū cōmoratus, et per fines Marrucinorum, Ferentinorum, Larinatium in Apuliam peruenit. Pompeius, ijs rebus cognitis, quæ erant ad Corfinium gesta, Luceria proficiscitur Canusium, atque inde Brundisium: copias undique omnes ex nouis delectibus ad se cogi iubet; seruos, pastores armat; atque his equos attribuit: ex ijs circiter trecentos equites cōficit. L. Manlius prætor Alba cum cohortibus sex profugit, Rutilus Lupus prætor Taracina cum tribus; quæ procul equitatum Cæsaris conspicatæ, cui præerat Biuius Curius, relicto prætore, signa ad Curium transferunt, atque ad eum trāseunt. item reliquis itineribus non nullæ cohortes in agmen Cæsaris, aliæ in equites incidunt. reducitur ad eum deprehensus ex itinere Cn. Magius Cremona, præfectus fabrū Cn. Pompey: quem Cæsar ad eū remittit cum mādatis: quoniam ad id tēpus facultas colloquendi non fuerit, atque ad se Brundisium sit uenturus, interesse reip. et communis salutis, se cum Pompeio colloqui; neque uero idem perfici longo itineris spatio, cum per alios condiciones ferantur, ac si coram de omnibus condicionibus disceptetur. His datis mādatis, Brundisium cum legionibus sex peruenit, ueteranis quattuor, reliquis, quas ex nouo delectu confecerat, atque in itinere compleuerat. Domitianus enim cohortes protinus a Corsinio in Siliciam miserat. reperit Consules

S   Dyrrhachium

Dyrrhachium profectos cum magna parte exercitus, Pompeium remanere Brundisij cum cohortibus uiginti, neque certum inueniri poterat, obtinendi ne caussa Brundisij ibi remansisset, quo facilius omne Hadriaticum mare, extremis Italiæ partibus, regionibusq́. Græciæ, in potestatem haberet, atque ex utraque parte bellum administrare posset, an inopia nauium ibi restitisset: ueritusq́., ne Italiá ille dimittendá non existimaret, exitus administrationesq́. Brundisini portus impedire instituit e quorum operũ hæc erat ratio. Qua fauces erat angustissimæ portus, molem, atque aggerem ab utraque parte litoris iaciebat, quòd his locis erat mare uadosum, longius progressus, cum agger altiore aqua contineri non posset, rates duplices, quoquo uersus pedum triginta, e regione molis collocabat. has quaternis anchoris ex quattuor angulis distinebat, ne fluctibus mouerentur. his perfectis, collocatisq́. alias deinceps pari magnitudine rates iungebat. has terra, atque aggere cõtegebat, ne aditus, atque incursus ad defendendum impediretur: a fronte, atque ab utroque latere cratibus, ac pluteis protegebat. in quarta quaque earum turres binorum tabulatorum excitabat, quo commodius ab impetu nauium incendijsq́. defenderet. Contra hæc Pompeius naues magnas onerarias, quas in portu Brundisino deprehenderat, adornabat. ibi turres cum ternis tabulatis erigebat, easq́. multis tormẽtis, et omni genere telorum cõpletas ad opera Cæsaris appellebat, ut rates perrũperet, atq́. opera disturbaret.

sic

sic quotidie utrinq. eminus fundis, sagittis, reliquisq́;
telis pugnabatur. Atque hæc ita Cæsar administrabat, ut codiciones pacis dimittendas non existimaret.
ac, tametsi magnopere admirabatur, Magium quem
ad Pōpeium cum mandatis miserat, ad se non remit
ti; atque ea res sæpe tentata, etsi impetus eius consi-
liaq́; tardabat; tamen omnibus rebus in eo perseue-
randum putabat. itaque Caninium Rebilum legatū,
familiarem, necessariumq́; Scribonij Libonis, mittit
ad eum colloquij caussa: mandat, ut Libonem de con
cilianda pace hortetur: in primis, ut ipse cum Pompeio colloqueretur, postulat. magnopere sese confide
re demonstrat, si eius rei sit potestas facta, fore, ut æ-
quis condicionibus ab armis discedatur: cuius rei ma
gnam partem laudis, atque existimationis ad Libonem peruēturam, si illo auctore, atque agente, ab ar
mis sit discessum. Libo, a colloquio Caninij digressus,
ad Pompeiū proficiscitur: paullo post renuntiat, quòd
consules absint, nihil sine illis de cōpositione agi posse. ita sæpius re frustra tentatam Cæsar aliquando di
mittendam sibi iudicabat, et de bello agendum. Prope dimidia parte operis à Cæsare effecta, diebusq́; in
ea re consumptis nouem, naues a consulibus Dyrrha
chio remissæ, quæ priorem parte exercitus eò depor-
tauerant, Brundisium reuertuntur. Pompeius siue
operibus Cæsaris permotus, siue etiam quòd ab initio
Italia excedere constituerat, aduentu nauium profe
ctionē parare incipit: et, quo facilius impetū Cæsaris
tardaret, ne sub ipsa profectione milites oppidum irrumperent,

rumperent, portas obstruit, uicos plateasq́; inædificat, fossas transuersas uijs perducit, atque ibi sudes stipitesq́; præacutos defigit. hæc leuibus cratibus, terraq́; inæquat. aditus autem, atque itinera duo, quæ extra murū ad portum ferebant, maximis defixis trabibus, atque eis præacutis præsipit. his paratis rebus, milites silentio naues conscendere iubet; expeditos autem ex euocatis sagittarijs, funditoribusq́; raros in muro turribusq́; disponit; hos certo signo reuocare constituit, cū omnes milites naues cōscendissent; atque ijs expedito loco actuaria nauigia relinquit. Brundisini, Pōpeianorum militum iniurijs, atque ipsius Pompeij contumelijs permoti, Cæsaris rebus fauebant. itaque, cognita Pōpeij profectione, concursantibus illis, atque in ea occupatis, uulgo ex tectis significabant. per quos re cognita, Cæsar scalas parari, militesq́; armari iubet, ne quâ rei gerendæ facultatē dimittas. Pompeius sub noctem naues soluit. qui erant in muro custodiæ caussa collocati, eo signo, quod conuenerat, reuocantur, notisq́; itineribus ad naues decurrunt. milites, positis scalis muros adscendunt, sed moniti a Brundisinis, ut uallum cæcū, fossasq́; caueant, subsistunt, et, longo itinere ab ijs circumducti, ad portū perueniunt, duasq́; naues cū militibus, quæ ad moles Cæsaris adhæserant, scaphis lintribusq́; deprehendunt, deprehensasq́; excipiunt. Cæsar, etsi ad spem conficiendi negotij maxime probabat, coactis nauibus, mare trāsire, et Pōpeium sequi, prius quàm ille sese transmarinis auxilijs confirmaret; tamen rei

eius

eius moram, temporisq́, longinquitatem timebat; quòd, omnibus coactis nauibus; Pompeius præsentem facultatem insequendi sui ademerat. Relinquebatur, ut ex longinquioribus regionibus Galliæ, Picenóq́., et a Freto naues essent exspectandæ: sed id, propter anni tempus, longum, atque impeditum uidebatur. interea ueterem exercitum, duas Hispanias confirmari, quarum altera erat maximis beneficijs Pompeij deuincta, auxilia, equitatum parari, Galliam, Italiamq́, tentari se absente, nolebat. itaque in præsentia Pompeij insequendi rationem omittit: in Hispaniam proficisci constituit: duumuiris municipiorum omnium imperat, ut naues côquirant, Brundisiumq́, deducendas curent. mittit in Sardiniam cum legione una Valerium legatum, in Siciliam Curionè propræ tore cum legionibus tribus. eundem, cum Siciliam recepisset, protinus in Africam traducere exercitum iubet. Sardiniam obtinebat M. Cotta, Siciliam M. Cato. Africam sorte Tubero obtinere debebat. Caralitani, simul ad se Valerium mitti audierunt, non dû profecto ex Italia, sua sponte ex oppido Cottam eijciunt. ille perterritus, quòd omnem prouinciam consentire intelligeret, ex Sardinia in Africam profugit. Cato in Sicilia naues longas ueteres reficiebat, nouas ciuitatibus imperabat: hæc magno studio agebat: in Lucanis Brutijsq́., per legatos suos, ciuium R. delectus habebat: equitum peditumq́. certum numerû a ciuitatibus Siciliæ exigebat. quibus rebus pene perfectis, aduétu Curionis cognito, quæritur in

S 3   concione

cöcione sese proiectum, ac proditum a Cn. Pompeio;
qui, omnibus rebus imparatissimus, non necessarium
bellum suscepisset; et ab se, reliquisq. in senatu inter-
rogatus, omnia sibi esse ad bellum apta, ac parata
confirmauisset, hac in concione questus, ex prouincia
fugit. Nacti uacuas ab imperijs, Sardiniam Valerius, Curio Siciliam, cum exercitibus eò perueniunt.
Tubero, cum in Africam ueniffet, inuenit in prouincia cum imperio Atium Varum, qui ad Auximum,
ut supra demonstrauimus, amissis cohortibus, protinus ex fuga in Africam peruenerat; atque eam sua
sponte uacuam occupauerat; delectuq. habito, duas
legiones effecerat, hominum, et locorum notitia, et
usu eius prouinciæ nactus aditus ad ea conanda, quòd
paucis ante annis ex prætura eam prouinciam obtinuerat. hic uenientem Vticam cum nauibus Tubero
nem portu atque oppido prohibet, neque affectum
ualetudine filium exponere in terram patitur, sed,
sublatis anchoris, excedere eo loco cogit. His rebus
confectis, Cæsar, ut reliquum tempus a labore inter
mitteretur, milites in proxima municipia deducit:
ipse ad urbem proficiscitur. coacto senatu, iniurias
inimicorum commemorat: docet, se nullum extraor-
dinarium honorem appetisse, sed, exspectato legitimo
tempore consulatus, eo fuisse contentum, quod omni
bus ciuibus pateret: latum ab decem tribunis pl. con
tra dicentibus inimicis, Catone uero acerrime repu-
gnante, et pristina consuetudine dicendi mora dies
extrahente, ut sui ratio absentis haberetur, ipso consule

sule Pompeio: qui si improbasset,cur fieri passus esset? sin probasset,cur se uti populi beneficio prohibuisset? patientiam proponit suam, cum de exercitibus dimittendis ultro postulauisset; in quo iacturā dignitatis, atque honoris ipse facturus esset. acerbitatem inimicorum docet; qui, quod ab altero postularent, in se recusaret, atque omnia permisceri mallet, quā imperium exercitusq́. dimittere.iniuriam in eripiendis legionibus prædicat, crudelitatem et insolentiam in circumscribendis tribunis pl. condiciones a se latas, et expetita colloquia, et denegata cōmemorat. pro quibus rebus orat, ac postulat, remp. suscipiant, atque una secum administrent.sin timore defugiant, illis se oneri non futurum,et per se remp. administraturum. legatos ad Pompeium de compositione mitti oportere: neque se reformidare, quòd in senatu paullo ante Pompeius dixisset, ad quos legati mitterentur,ijs auctoritatem attribui,timoremq́. eorum,qui mitterent, significari:tenuis atque infirmi hæc animi uideri:se uero,ut operibus antè studuerit,sic iustitia, et æquitate uelle superare. Probat rem senatus de mittendis legatis:sed,qui mitterentur, nō reperiebātur,maximeq́.timoris caussa pro se quisque id munus legationis recusabat. Pōpeius enim discedens ab urbe in senatu dixerat, eodem se habiturū loco,qui Roma remansissent,et qui in castris Cæsaris fuissent.sic triduū disputationibus, excusationibusq́. extrahitur. subijcitur etiam L. Metellus tribunus pl. ab inimicis Cæsaris, qui hanc rem distrahat,reliquasq́.res, quascunque

S 4

cunque agere instituerat, impediat. cuius cognito consilio, Cæsar, frustra diebus aliquot consumptis, ne reliquum tempus omittat, infectis ijs, quæ agere destinauerat, ab urbe proficiscitur, atque in ulteriorem Galliam peruenit. quo cù uenisset, cognoscit missum in Hispaniam a Pompeio Vibullium Rufum, quem paucis diebus ante, Corsinij captum, ipse dimiserat: profectum item Domitium ad occupandum Massiliã nauibus actuarijs septem; quas, Sicilia, et in Cosano a priuatis coactas seruis, libertis, colonis suis compleuerat: præmissos etiam legatos Massilienses domum nobiles adolescentes; quos ab urbe discedens Pompeius erat adhortatus, ne noua Cæsaris officia ueterum suorum beneficiorum in eos memoriam expellerent. quibus mandatis acceptis, Massilièses portas Cæsari clauserunt. Albicos, barbaros homines, qui in eorum fide antiquitus erant, montesq́. supra Massiliam incolebant, ad se uocauerant: frumentum ex finitimis regionibus, atque ex omnibus castellis in urbem cõuexerant: armorum officinas in urbe instituerant: muros, classem, et portas reficiebát. Euocad se Cæsar Massiliensium X V primos: cum his agit, ne initium inferẽdi belli a Massiliensibus oriatur: debere eos Italiæ totius auctoritatẽ sequi potius, quàm unius hominis uolũtati obtemperare. reliqua, quæ ad eorum sanandas mentes pertinere arbitrabatur, commemorat. cuius orationem domum legati referunt: atque ex auctoritate hac Cæsari renũtiant: intelligere se, diuisum esse populum R. in partes duas:
neque

neque sui iudicij, neque suarum esse uirium, discernere, utra pars iustiorem habeat caussam: principes uero esse earum partium Cn. Pompeium, et C. Cæsarem, patronos ciuitatis, quorum alter agros Volgarum, Arecomicorum, et Heluorum publice ijs concesserit, alter bello uictas Gallias attribuerit, uectigaliaq́; auxerit: quare paribus eorum beneficijs parem se quoque uoluntatem tribuere debere, et neutrũ eorum cõtra alterum iuuare, aut urbe, aut portibus recipere. Hæc dum inter eos aguntur, Domitius nauibus Massiliã peruenit, atque ab ijs receptus, urbi præficitur. summa ei belli administrandi permittitur. eius imperio classe quoquouersus dimittũt: onerarias naues, quas ubique possunt, deprehendunt, atque in portu deducunt: earum clauis, aut materia, atque armamẽtis instructis ad reliquas armandas resiciendasq́; utuntur: frumenti quod inuentũ est, in publicum cõferunt: reliquas merces cõmeatusq́; ad obsidionẽ urbis, si accidat, reseruat. Quibus iniurijs permotus Cæsar, legiones tres Massiliã adducit: turres, uineasq́; ad oppugnationẽ urbis agere, naues longas Arelate numero duodecim facere instituit. quibus effectis, armatisq́; diebus triginta, a qua die materia cæsa est, adductisq́; Massiliã, bis D. Brutũ præfecit: C. Treboniũ legatũ ad oppugnationẽ Massiliæ reliquit. Dũ hæc parat, atque administrat, C. Fabium legatũ cũ legionibus tribus, quas Narbone circũq́; ea loca hiemãdi caussa disposuerat, in Hispaniã præmisit; celeriterq́; Pyrenæos saltus occupari iubet, qui eo tẽpore re ab L. Afranio legato præsidijs tenebatur: legiones reliquas, quæ longius hiemabant, subsequi iubet. Fabius, ut erat imperatum, adhibita celeritate, præsidium ex saltu deiecit, magnisq́. itineribus ad exercitum Afranij contendit. Aduentu Vibullij Rufi, quē a Pompeio missum in Hispaniam demonstratum est, Afranius, & Petreius, et Varro, legati Pompeij, quorum unus tribus legionibus Hispaniam citeriorē, alter a saltu Castulonensi ad Anam duabus legionibus, tertius ab Ana Vectonum agrum, Lusitaniamq́. pari numero legionum obtinebat, officia inter se partiantur; ut Petreius ex Lusitania per Vectones cum omnibus copijs ad Afranium proficiscatur. Varro cum ijs, quas habebat, legionibus omnem ulteriorem Hispaniam tueatur. His rebus constitutis, equites, auxiliaq́. totius Lusitaniæ a Petreio, Celtiberis, Cantabris, barbarisque omnibus, qui ad Oceanum pertinent, ab Afranio imperantur, quibus coactis, celeriter Petreius per Vectones ad Afranium peruenit. constituunt communi consilio bellum ad Ilerdam propter ipsius loci oportunitatem gerere. Erant, ut supra demonstratum est, legiones Afranij tres, Petreij duæ, præterea scutati citerioris prouinciæ, et cetratæ ulterioris Hispaniæ cohortes circiter octoginta, equitum utriusque prouinciæ circiter quinque millia. Cæsar legiones in Hispaniam præmiserat, ad sex millia auxilia peditum, equitum tria millia, quæ omnibus superioribus bellis habuerat, et parem ex Gallia numerum, quem ipse petiuerat, nominatim

ex omnibus ciuitatibus nobilissimo & fortissimo quo
que euocato. hinc optimi generis hominum ex Aquitanis, montanisq́,, qui Galliam prouinciã attingunt.
Audierat Pompeium per Mauritaniam cum legionibus iter in Hispaniam facere, confestimq́. esse uenturum. simul à tribunis mil. centurionibusq́. mutuas
pecunias sumpsit, has exercitui distribuit, quo facto,
duas res consecutus est, quòd pignore animos centurio
num deuinxit, et largitione redemit militum uoluntates. Fabius finitimarum ciuitatum animos litteris,
nuntijsq́. tentabat. in Sicore flumine pontes effecerat
duos, inter se distantes millia passuum quattuor. his
pontibus pabulatum mittebat; quòd ea, quæ citra flu
men fuerant, superioribus diebus consumpserat. Hoc
idem fere, atque eadem de caussa, Pompeiani exerci
tus duces faciebant; crebroq́. inter se equestribus præ
lijs contendebant. huc cum quotidiana consuetudine
congressæ pabulatoribus præsidio proprio legiones
Fabiæ duæ flumen transissent; impedimentaque, et
omnis equitatus sequeretur; subito, ui iumentorum,
et aquæ magnitudine, pons est interruptus, et reliqua multitudo equitum interclusa. quo cognito à Pe
treio, et Afranio, ex aggere atque cratibus, quæ flu
mine ferebantur, celeriter ponte Afranius, qué oppido castrisq́. coniunctum habebat, legiones quattuor,
equitatumq́. omné trãsiecit, duabusq́. Fabianis occurrit legionibus. cuius aduẽtu nuntiato, L. Plancus,
qui legionibus præerat, necessaria re coactus, locum
capit superiorem; diuersamq́. aciem in duas partes.
constituit;

constituit, ne ab equitatu circumueniri posset. ita congressus impari numero, magnos impetus legionum equitatusq́. sustinet. commisso ab equitibus prœlio, signa duarum legionum procul ab utrisque conspiciūtur: quas C. Fabius ulteriore ponte subsidio nostris miserat, suspicatus fore id, quod accidit, ut duces aduersariorum occasione, et beneficio fortunæ ad nostros opprimendos nterentur: quarum aduentu prœlium dirimitur, ac suas uterque legiones reducit in castra. Eo biduo Cæsar cum equitibus nongentis, quos sibi præsidio reliquerat, in castra peruenit. pons, qui fuerat tempestate interruptus, pæne erat refectus. hunc noctu perfici iussit. ipse, cognita locorum natura, ponti castrisq́. præsidio sex cohortes reliquit, atque omnia impedimenta: et postero die omnibus copijs, triplici instructa acie, ad Ilerdam proficiscitur; et sub castris Afranij constitit: et, ibi paulisper sub armis moratus, facit æquo loco pugnandi potestatē. potestate facta, Afranius copias educit, et in medio colle sub castris cōstituit. Cæsar, ubi cognouit per Afranium stare, quo minus prœlio dimicaretur, ab insimis radicibus montis, intermissis circiter passibus quadringentis, castra facere constituit: et, ne in opere faciendo milites repentino hostium incursu exterrerentur, atque opere prohiberentur, uallo muniri uetuit, quod eminere, et procul uideri necesse erat, sed a fronte cōtra hostem pedum quindecim fossam fieri iussit. prima et secunda acies in armis, ut ab initio constituta erat, permanebat. post hos opus in occulto acies tertia

tia faciebat: sic omne prius est perfectum, quàm intelligeretur ab Afranio castra muniri. sub uesperum Cæsar intra hanc fossam legiones reducit, atque ibi sub armis proxima nocte conquiescit. postero die omnem exercitum intra fossam continet: et, quòd longius erat agger petendus, in præsentia similem rationem operis instituit: singulaq̀; latera castrorum singulis attribuit legionibus munienda: fossasq̀; ad eandem magnitudinem perfici iubet: reliquas legiones in armis expeditas contra hostem constituit. Afranius, Petreiusq́ue, terrendi causa, atque operis impediendi, copias suas ad infimas montis radices producunt, et prælio lacessunt. neque iccirco Cæsar opus intermittit, confisus præsidio legionum trium, et munitione fossæ, illi non diu commorati, nec longius ab infimo colle progressi, copias in castra reducunt. tertio die Cæsar uallo castra communit: reliquas cohortes, quas in superioribus castris reliquerat, impedimentaq̀; ad se traduci iubet. Erat in oppido Ilerda, et proximo colle, ubi castra Petreius atque Afranius habebat, planicies circiter passuu trecentoru: atque in hoc fere medio spatio tumulus erat paullo editior: quem si occupasset Cæsar, et cõmunisset, ab oppido, et pote, et cõmeatu omni, quẽ in oppidũ contulerat, se interclusurũ aduersarios cõfidebat. hoc sperans, legiones tres ex castris educit: acieq̀; in locis idoneis instructa, unius legionis antesignanos præcurrere, atque occupare eũ tumulũ iubet. qua re cognita, celeriter, quæ in statione pro castris erant Afranij cohortes,

breuiore

breuiore itinere ad eundem occupandum locum mittuntur, contenditur praelio, et, quòd prius in tumulum Afraniani uenerant, nostri repelluntur, atque, alijs summissis praesidijs, terga uertere, seq́. ad signa legionum recipere coguntur. genus erat pugnae militum illorum, ut magno impetu primo procurrerent, audacter locum caperent, ordines suos non magnopere seruarent, rari, dispersíq. pugnarent; si praemerentur, pedem referre, et loco excedere, non turpe existimarent, cum Lusitanis, reliquisq́. barbaris genere quodam pugnae assuefacti; quod ferè fit, quibus quisque in locis miles inueterauerit, uti multum earum regionum consuetudine moueatur. haec tamen ratio nostros perturbat, insuetos huius generis pugnae. circumiri enim sese ab aperto latere procurrentibus singulis, arbitrabantur: ipsi autem suos ordines seruare, neque ab signis discedere, neque sine graui caussa eum locum, quem ceperant, dimitti censuerant oportere. itaque, perturbatis antesignanis, legio, quae in eo cornu constiterat, locū non tenuit, atque in proximū collem sese recepit. Caesar, paenè omni acie perterrita, quod praeter opinionem consuetudinéq. acciderat, cohortatus suos legionem nonam subsidio ducit: hostē insolentē, atque acriter nostros insequentē, supprimit, rursusq́. terga uertere, seq́. ad oppidum Ilerdam recipere, et sub muro consistere cogit. sed nonae legionis milites, elati studio, dum sarcire acceptū detrimentū uolunt, temerè insecuti fugientes, in locum iniquum progrediuntur, & sub monte, in quo
erat

erat oppidum positū, succedunt. hinc se recipere cum
uellēt, rursus illi ex loco superiore nostros premebãt.
præruptus locus erat, utraque ex parte directus, ac
tantum in latitudinem patebat, ut tres instructæ cohortes eum locum explerent, et neque subsidia a lateribus summitti, neque equites laborantibus usui esse
possent: ab oppido autem decliui fastigio uergebat, in
longitudinem passuū circiter quadringentorū. hac nostris erat receptus, quòd eò, incitati studio, inconsul-
tius processerát. hoc pugnabatur loco, et propter angustias iniquo, et quòd sub ipsis radicibus montis constiterant, ut nullum frustra telum in eòs mitteretur:
tamen uirtute, et patientia nitebantur, atque omnia
uulnera sustinebant. augebantur illis copiæ: atque ex
castris cohortes per oppidum crebro summittebátur;
ut integri defessis succederent. hoc idem Cæsar facere
cogebatur: ut, summissis in eundē locū cohortibus, de-
fessos reciperet. hoc cū esset modo pugnatū continenter horis quinque; nostriq́, grauius a multitudine pre-
merétur; consumptis omnibus telis, gladijs districtis,
impetum aduersus mótem in cohortes faciunt; pau-
cisq́, deiectis, reliquos sese conuertere cogunt. summotis sub murum cohortibus, ac non nulla parte propter
terrorem in oppidum compulsis, facilis est nostris receptus datus. equitatus autem noster ab utroque latere, etsi deiectis atque inferioribus locis constiterat,
tamen in summum iugum uirtute conititur, atque
inter duas acies pereequitans, commodiorem ac tutiorem nostris receptum dat, ita uario certamine pugnatum

gnatum est. nostri in primo congressu circiter septuaginta ceciderunt, in his Q. Fulginius ex primo hastato legionis quartædecimæ, qui propter eximiam uirtutem ex inferioribus ordinibus in eum locum peruenerat. uulnerantur amplius sexcenti. ex Afranianis interficiuntur T. Cæcilius, primi pili centurio, &, præter eum, centuriones quattuor, milites amplius ducenti. sed hæc eius diei præfertur opinio, ut se utrique superiores discessisse existimarent: Afraniani, quòd, cùm esse omnium iudicio inferiores uiderentur, cominus tamen diu stetissent, & nostrorum impetum sustinuissent, et initio locũ tumulumq́. tenuissent, quæ caussa pugnandi fuerat; et nostros primo congressu terga uertere coegissent: nostri autem, quòd, iniquo loco, atque impari congressu numero, quinque horis prælium sustinuissent, quòd montem gladijs districtis adscendissent, quòd ex loco superiore terga uertere aduersarios coegissent, atque in oppidum compulissent. illi eum tumulum, pro quo pugnatũ est, magnis operibus munierunt, præsidiumq́. ibi posuerunt.
Accidit etiam repentinum incommodum biduo, quo hæc gesta sunt. tanta enim tẽpestas cooritur, ut, nunquam illis locis maiores aquas fuisse, constaret. tum autem ex omnibus montibus nix profluit, ac summas ripas fluminis superauit, pontesq́. ambos, quos C. Fabius fecerat, uno die interrupit. quæ res magnas difficultates exercitui Cæsaris attulit. castra enim, ut supra demonstratum est, cũ essent inter flumina duo, Sicorim, et Cingam, spatio milium triginta, neutrum horum

horum transiri poterat ; necessarioq̃. omnes his angustijs continebantur : neque ciuitates , quæ ad Cæsaris
amicitiam accesserant, frumentum supportare, neque
ij, qui pabulatum longius progressi erant , interclusi
fluminibus, reuerti, neque maximi comitatus, qui ex
Italia Galliáq̃. ueniebant , in castra peruenire poterant. tempus erat difficillimum , quo neque frumenta in hibernis erant, neque multum a maturitate aberant: ac ciuitates exinanitæ, quòd Afranius pæne o-
mne frumentum ante Cæsaris aduentum Ilerdam cõ-
uexerat ; reliqui si quid fuerat , Cæsar superioribus
diebus consumpserat: pecora, quod secundum poterat
esse inopiæ subsidium, propter bellum finitimæ ciuita
tes longius remouerant : qui erant pabulandi, aut frumentandi caussa progressi, hos leuis armaturæ Lusitani, peritíq̃. earum regionum cetrati citerioris Hispaniæ cõsectabantur, quibus erat procliue transnare flumen ; quòd consuetudo eorum omnium est, ut sine u-
tribus ad exercitum non eant. At exercitus Afranij
omnium rerum abundabat copia. multũ erat frumentum prouisum, & conuectum superioribus temporibus : multum ex omni prouincia comportabatur: magna copia pabuli suppetebat . harum rerum omnium
facultates sine ullo periculo pons Ilerdæ præbebat, et
loca trans flumen integra , quò omnino Cæsar adire
non poterat. eæ permanserunt aquæ dies complures .
conatus est Cæsar reficere pontes : sed nec magnitudo
fluminis permittebat ; ne ad ripam dispositæ cohortes
aduersariorum perfici patiebantur : quod illis prohi-
T   bere

bere erat facile, tum ipsius fluminis natura, atque
aquae magnitudine, tum quòd ex totis ripis in unum
atque angustum locum tela iaciebantur; atque erat
difficile, eodem tempore rapidissimo flumine opera
perficere, et tela uitare. Nuntiatur Afranio, magnos comitatus, qui iter habebant ad Caesarem, ad
flumen constitisse. uenerant eò sagittarij ex Ruthenis, equites ex Gallia cum multis carris, magnísq́; in
pedimentis, ut fert Gallica consuetudo. erant praeterea cuiusque generis hominum millia circiter sex cũ
seruis liberísque: sed nullus ordo, nullum imperium
certum, cum suo quisque consilio uteretur, atque om
nes sine timore iter facerent, usi superiorum temporum atque itinerum licentia. Erant complures hone
sti adolescentes, senatorum filij, et equestris ordinis:
erant legationes ciuitatum: erant legati Caesaris. hos
omnes flumina continebat. ad hos opprimendos cum
omni equitatu, tribúsq́; legionibus Afranius de nocte proficiscitur, imprudentésq́; ante missis equitibus
aggreditur. celeriter tamen sese Galli equites expediunt, prœliuḿq́; committunt. ij, dum pari certami
ne res geri potuit, magnum hostium numerum pauci
sustinere; sed, ubi signa legionum appropinquare cœ
perunt, paucis amissis, sese in mótes proximos conferunt. hoc pugnae tempus magnum attulit nostris ad
salutẽ momentum. nacti enim spatium, se in loca supe
riora receperunt. desiderati sunt eo die sagittarij circi
ter ducenti, equites pauci, calonũ atque impedimẽto
rũ non magnus numerus. his tamen omnibus annona
creuit:

creuit: quæ fere res inopia non solù præsentis, sed etiã futuri temporis timor ingrauescere consueuit. iamq́; ad denarios quinquaginta in singulos modios annona peruenerat, et militũ uires inopia frumenti diminue rat; atque incõmoda in dies angebantur; et tam paucis diebus magna erat rerum facta commutatio, ac se fortuna inclinauerat; ut nostri magna inopia necessariarum rerum conflictarentur; illi omnibus abundarent rebus, superioresq́; haberentur. Cæsar ijs ciuitatibus, quæ ad eius amicitiam accesserant, quo minor erat frumenti copia, pecus imperabat; calones ad longinquiores ciuitates dimittebat: ipse præsentem inopiam, quibus poterat subsidijs, tutabatur. Hæc Afranius, Petreiusq́ue, et eorum amici, pleniora etiam, atque uberiora, Romam ad suos perscribebant. multa rumor fingebat: ut pæne bellum confectum uideretur. quibus litteris, nuntijsq́; Romam perlatis, magni domum concursus ad Afranium, magnæ gratulationes fiebant. multi ex Italia ad Cn. Pompeium proficiscebantur, alij ut principes talem nuntium attulisse, alij ne euentum belli exspectasse, aut ex omnibus nouissimi uenisse uiderentur. Cum in his angustijs res esset: atque omnes uiæ ab Afranianis militibus, equitibusq́; obsiderentur: nec pótes perfici possent: imperat militibus Cæsar, ut naues faciant, cuius generis eum superioribus annis usus Britanniæ docuerat. carinæ primum, ac statumina ex leui materia fiebant: reliquum corpus nauium nauibus contextũ corijs integebatur. has perfectas carris

iunctis

iunctis deuehit noctu millia passuum à castris xxii.
militesq́; his nauibus flumen transportat; continen-
temq́; ripæ collem improuiso occupat. hunc celeriter,
prius quàm ab aduersarijs sentiatur, communit. huc
legionem postea traducit; atque ex utraque parte pô
tem institutum perficit biduo. ita commeatus, et qui
frumenti caussa processerant, tuto ad se recipit, et ré
frumentariam expedire incipit. Eodem die equitum
magnam partem flumen traiecit: qui inopinantes pa
bulatores, et sine ullo dissipatos timore aggressi, quá-
maximum numerum iumentorum, atque hominum
intercipiunt: cohortibusq́; cetratis subsidio missis,
scienter in duas partes sese distribuunt, alij, ut præda
subsidio sint, alij, ut uementibus resistant, atque eos
propellant: unamq́; cohortem, quæ temere ante cete
ras extra aciem procurrerat, seclusam a reliquis cir-
cumueniunt, atque interficiunt, incolumesq́; cum ma
gna præda eodem ponte in castra reuertuntur. Dum
hæc ad Ilerdam geruntur, Massilienses, usi L. Domi
tij consilio, naues longas expediunt numero decem-
septem: quarum erant undecim tectæ. multa his minora nauigia addunt; ut ipsa multitudine nostra classis terreatur: magnum numerum sagittariorum, ma
gnum Albicorum, de quibus supra demonstratum
est, imponúe: atque hos præmijs, pollicitationibusq́;
incitant. certas sibi deposcit naues Domitius, atque
has colonis, pastoribusq́., quos secum adduxerat,
complet. sic, omnibus rebus instructa classe, magna fi
ducia ad nostras naues procedunt, quibus præerat D.
Brutus.

Brutus, hæ ad insulam, quæ est contra Massiliam, stationes obtinebant. erat multo inferior numero nauiû Brutus: sed delectos ex omnibus legionibus fortissimos uiros antesignanos, centuriones Cæsar ei classi attribuerat, qui sibi id muneris depoposcerant. ij manus ferreas, atque harpagones parauerant; magnoq́. numero pilorum, tragularum, reliquorumq́. telorû se instruxerant. ita, cognito hostium aduentu, suas naues ex portu educunt, cum Massiliensibus confligunt. pugnatum utrinque est fortissime, atque acerrime: neque multum Albici nostris uirtute cedebant, homines asperi, & montani, exercitati in armis: atque ij, modo digressi a Massiliensibus, recentem eorum pollicitationem animis continebant; pastoresq́. indomiti, spe libertatis excitati, sub oculis domini suâ probare operam studebant. ipsi Massilienses, et celeritate nauium, et scientia gubernatorum confisi, nostros eludebant, impetusq́. eorum excipiebant: &, quod licebat latiore spatio, producta longius acie circumuenire nostros, aut pluribus nauibus adoriri singulas, aut remos transcurrentes detergere si possent, contendebant: cum propius erat necessario uentum, ab scientia gubernatorum, atque artificij, ad uirtutê montanorum confugiebant. Nostri, quod minus exercitatis remigibus, minusq́. peritis gubernatoribus utebantur; qui repente ex onerarijs nauibus erant producti, neque dum etiam uocabulis armamentorû cognitis, tum etiâ grauitate et tarditate nauium impediebantur. facta enim subito ex humida materia,

T 3   non

non eundem usum celeritatis habebant. itaque, dum locus cominus pugnandi daretur, æquo animo singulas binis nauibus obijciebant: atque, iniecta manu ferrea, & retenta utraque naue, diuersi pugnabant, atque in hostium naues transcendebant; &, magno numero Albicorum, & pastorum interfecto, parté nauium deprimunt, non nullas cum hominibus capiunt, reliquas in portum cópellunt. eo die naues Massiliensium cum ijs, quæ sunt capta, intereunt IX. Hoc primum Cæsari ad Ilerdam nuntiatur. simul, perfecto ponte, celeriter fortuna mutatur. illi, perterriti uirtute equitû, minus libere, minus audacter uagabantur. alias, non longo ab castris progressi spatio, ut celerem receptum haberent, angustius pabulabantur: alias, longiore circuitu, custodias stationesq́. equitum uitabant; aut, aliquo accepto detrimento, aut procul equitatu uiso, ex medio itinere, proiectis sarcinis, fugiebant: postremo etiá plures intermittere dies, et, præter consuetudinem omnium, noctu constituerant pabulari. interim Oscises et Calaguritani, qui erant cum Oscensibus cótributi, mittunt ad eum legatos, seseq́. imperata facturos pollicentur. hos Taraconenses, & Lacetani, et Ausetani, et paucis post diebus Illurgauonenses, qui flumen Iberü attingunt, insequuntur. petit ab his omnibus, ut se frumento iuuent, pollicentur, atque, omnibus undique conquisitis iumentis, in castra deportant. transit etiá cohors Illurgauonensis ad eum, cognito ciuitatis consilio; et signa ex statione transfert. magna celeriter sit cómu
tatio

tatio rerú, perfecto ponte, magnis quinque ciuitatibus ad amicitiam adiunctis, expedita re frumētaria,
extinctis rumoribus de auxilijs legionum, quæ cum
Pompeio per Mauritaniam uenire dicebantur. multæ longinquiores ciuitates ab Afranio desciscunt, &
Cæsaris amicitiā sequuntur. Quibus rebus perterritis
animis aduersariorum, Cæsar, ne semper magno circuitu per pontē equitatus esset mittendus, nactus ido
neum locum, fossas pedum triginta in latitudinem co
plures facere instituit, quibus partem aliquā Sicoris
auerteret, uadumq́, in eo flumine efficeret. his pæne
effectis, magnum in timorem Afranius, Petreiusq́.
perueniunt, ne omnino frumento, pabuloq́. intercluderentur; quòd multū Cæsar equitatu ualebat: itaque constituunt ipsi locis excedere, & in Celtiberiā
bellum transferre. huic consilio suffragabatur etiam
illa res, quòd ex duobus contrarijs generibus, quæ su
periore bello cum L. Sertorio steterant, ciuitates ui-
ctæ nomen, atque imperium absentis timebant: quæ
in amicitia manserant Pōpeij, magnis affectæ benefi
cijs eum diligebant; Cæsaris autem in barbaris erat
nomen obscurius. hinc magnos equitatus, magnaq́.
auxilia expectabant; et suis locis bellum in hiemem
ducere cogitabant. Hoc inito consilio, toto flumine
Ibero naues cóquirere, et Octogesam adduci iubent.
id erat oppidum positū ad Iberum, milliaq́. passuum
a castris aberat x x ad eum locum fluminis, nauibus
iunctis, pontē imperāt fieri: legionesq́. duas flumen
Sicorim traducunt: castraq́. muniunt uallo pedū duo

T 4   decim.

decim, qua re per exploratores cognita, summo labore militum Cæsar continuato diem noctemq́. opere in flumine auertendo, huc iam rem duxerat, ut equites, etsi difficulter, atque ægre fiebat, possent tamē, atque auderent flumen transire; pedites uero tantum modo humeris, ac summo pectore extarent; ut tum altitudine aquæ, tum etiam rapiditate fluminis ad transeundum impedirentur, sed tamen eodem fere tē pore pons in Ibero prope effectus nuntiabatur: et in Sicori uadum reperiebatur. Iá uero eo magis illi maturandum iter existimabant. itaque, duabus auxiliaribus cohortibus Ilerdæ præsidio relictis, omnibus copijs Sicorim transeunt, & cum duabus legionibus, quas superioribus diebus traduxerant, castra coniungunt. Relinquebatur Cæsari nihil, nisi uti equitatu agmen aduersariorum male haberet, & carperet. pons enim ipsius magnum circuitum habebat; ut multo breuiore itinere illi ad Iberum peruenire possent. Equites ab eo missi flumen transeunt; & cum de tertia uigilia Petreius, atque Afranius castra mouissent, repente sese ad nouissimum agmen ostendunt, et, magna multitudine circumfusa, morari, atque iter impedire incipiunt. Prima luce ex superioribus locis, quæ Cæsaris castris erant coniuncta, cernebatur, equitatus nostri prælio nouissimos illorum premi uehementer, ac non nunquam sustinere extremum agmen atque interrumpi, alias inferri signa, & uniuersarum cohortium impetu nostros propelli, deinde rursus conuersos insequi: totis uero castris, milites circulari, et
dolere

LIBER I.

dolere hostem ex manibus dimitti, bellum necessario longius duci: centuriones tribunosq́. militum adire, atque obsecrare, ut per eos Cæsar certior fieret, ne labori suo, neu periculo parceret: paratos esse sese: posse, et audere eà transire flumen, qua traductus esset equitatus. quorum studio, et uocibus excitatus Cæsar, etsi timebat tantæ magnitudinis flumini exercitum obijcere, conandum tamen, atque experiendum iudicat. itaque infirmiores milites ex omnibus centurijs deligi iubet, quorum aut animus, aut uires uidebantur sustinere non posse. hos cum legione una præsidio castris relinquit: reliquas legiones expeditas educit: magnoq́. numero iumentorum in flumine supra atque infra constituto, traducit exercitum. pauci ex his militibus, ui fluminis abrepti, ab equitatu excipiuntur, ac subleuantur: interijt tamen nemo. traducto incolumi exercitu, copias instruit; triplicéq́. aciem ducere incipit. ac tantum fuit in militibus studium, ut, milliú sex ad iter addito ad uadú circuitu, magnaq́. fluminis mora interposita, eos qui de tertia uigilia exissent, ante horã diei nonã consequerentur. quos ubi Afranius procul uisos cú Petreio conspexit, noua re perterritus, locis superioribus cõstitit, aciéq́. instruit. Cæsar in campis exercitu reficit; ne defessum prælio obijciat. rursus conantes progredi insequitur, et moratur. illi necessario maturius, quàm constituerant, castra ponunt: (suberant enim montes, atque a millibus passuum quinque itinera difficilia, atque angusta excipiebant. hos intra montes se recipiebant;

piebant,ut equitatum effugerent Cæsaris,præsidijsq́;
in angustijs collocatis, exercitum itinere prohiberét;
ipsi sine periculo, ac timore Iberum copias traducerent; quod fuit illis conandum, atque omni ratione
efficiendum) et, totius diei pugna, atque itineris labore defessi, rem in posterum diem distulerunt. Cæsar quoque in proximo colle castra ponit. media circi
ter nocte ijs, qui adaquandi caussa longius a castris
processerant, ab equitibus correptis, sit ab his certior Cæsar, duces aduersariorum silentio copias castris educere. quo cognito, signum dari iubet, et ua-
sa militari more conclamari. illi, exaudito clamore,
ueriti ne noctu, impediti, sub onere confligere cogerentur, aut ne ab equitatu Cæsaris in angustijs, tenerentur, iter supprimunt, copiasq́; in castris continét.
Postero die Petreius cum paucis equitibus occulte
ad explorand:s loca proficiscitur. hoc idem fit ex castris Cæsaris. mittitur L. Decidius Saxo cum paucis,
qui loci naturam pospiciat. uterque idem suis renuntiat; quinque millia passuū proxima intercedere itineris campestris; inde excipere loca aspera, et montuosa; qui prior has angustias occupauerit, ab hoc
hoste prohiberi nihil esse negotij. Disputatur in cóci-
lio a Petreio, et Afranio, et tépus profectionis quæritur. plerique censebant, ut noctu iter facerét: posse
prius ad angustias ueniri, quàm sentirentur. alij,
quod pridie noctu conclamatum esset in castris Cæsaris, argumenti sumebant loco, non posse clā exiri, ex
clēsundi noctu equitatum Cæsaris, atque omnia loca,
atque

atque itinera obsideri: nocturnaq́; prælia esse uitáda; quod perterritus miles in ciuili dissensione timori magis, quàm religioni, consulere consueuerit: at lucem multum per se pudorē omnium oculis, multum etiā tribunorum mil. & centurionum præsentiā afferre: quibus rebus coerceri milites, et in officio contineri soleant: quare omni ratione esse interdiu peyrumpendū: etsi aliquo accepto detrimento, tamen summa exercitus salua, locum quem petant, capi posse. Hæc uicit in concilio sententia; et prima luce postridie constituunt proficisci. Cæsar, exploratis regionibus, albēte cælo, omnes copias castris educit; magnoq́; circuitu, nullo certo itinere exercitum ducit, nanque itinera, quæ ad Iberum, atque Octogesam pertinebant, castris hostium oppositis tenebantur; ipsi erant transcendendæ ualles maximæ, ac difficillimæ; saxa multis locis præruptα iter impediebant; ut arma per manus necessario traderentur, militesq́; inermes, subleuatiq́; alij ab alijs magná partem itineris cōficerent. sed hunc laborē recusabat uerno; quòd enim omnium laborū finem fore existimabant, si hostem Ibero intercludere, et frumento prohibere potuissent. Ac primo Afranianí milites, uisendi caussa, læti ex castris procurrebát, cótumeliosisq́; nocibus prosequebátur, necessarý uictus inopia coactos fugere, atque ad Ilerdā reuerti. erat enim iter a proposito diuersum; cōtrariáq́; in parté iri uidebatur. duces uero eorū suū consilium laudibus ferebant, quod se castris tenuissent. multumq́; eorum opinionem adiuuabat, quòd sine
iumentis

iumentis impedimentisq́. ad iter profectos uidebant;
ut non posse diutius inopiam sustinere cófiderent, sed,
ubi paullatim retorqueri agmen ad dexteram conspe
xerunt; iamq́. primos superare regionem castrorum
animaduertunt; nemo erat adeo tardus, aut fugiens
laboris, quin, statim castris exeundum, atque occur
rendum, putaret. conclamatur ad arma; atque omnes copiæ, paucis præsidio relictis cohortibus, exeút,
rectoq́. ad Iberum itinere contendunt. erat in celeritate omne positum certamen, utri prius angustias,
montesq́. occuparent: sed exercitum Cæsaris uiarum
difficultates tardabant; Afranij copias equitatus Cæ
saris insequens morabatur. res tamen ab Afranianis
huc erat necessario deducta, ut, si priores montes,
quos petebant, attigissent, ipsi periculum uitarent,
impedimenta totius exercitus, cohortesq́ue, in castris
relictas, seruare non possent; quibus interclusis exer
citu Cæsaris auxilium ferri nulla ratione poterat. con
fecit prior iter Cæsar; atque ex magnis rupibus nactus planiciem, in hac contra hostem aciem instruit.
Afranius, cum ab equitatu nouissimum agmen premeretur, et ante se hostem uideret, collem quendam
nactus, ibi constitit. ex eo loco quattuor cetratorum
cohortes in montem, qui erat in conspectu omnium
excelsissimus, mittit. hunc magno cursu concitatos
iubet occupare, eo consilio, uti ipse eodem omnibus
copijs contenderet, et, mutato itinere, iugis Octoge
sam peruenilet. hunc cum obliquo itinere cetrati peterent; conspicatus equitatus Cæsaris, in cohortes
impetum

impetum facit; nec minimam partem temporis equitum uim cetrati sustinere potuerunt; omnesq́. ab his circumuenti, in conspectu utriusque exercitus interficiuntur. erat occasio bene gerendæ rei. neque uero id Cæsarem fugiebat, tanto sub oculis accepto detrimento, perterritum exercitum sustinere non posse, præsertim circumdatū undique equitatu, cum in loco æquo, atque aperto confligeretur. idq́. ex omnibus partibus ab eo flagitabatur. concurrebant legati, centuriones, tribuniq́. mil. ne dubitaret prælium committere; omnium esse militum paratissimos animos; Afranianos cōtra multis rebus sui timoris signa misisse; quòd suis non subuenissent; quòd de colle non recederent; quòd uix equitum incursus sustinerent; collatisq́. in unum locum signis conferti, neque ordines, neque signa seruarent: quòd si iniquitatem loci timeret, datum iri tamē aliquo loco pugnandi facultatem; quòd certe inde decedendum esset Afranio, nec sine aqua permanere posset. Cæsar in eam spem uenerat, se, sine pugna, et sine uulnere suorum, rem conficere posse; quòd re frumentaria aduersarios interclusisset, cur, etiam secundo prælio, aliquos ex suis amitteret? cur uulnerari pateretur optime meritos de se milites? cur denique fortunam periclitaretur? præsertim cum non minus esset imperatoris, consilio superare, quàm gladio. mouebatur etiam misericordia ciuiū, quos interficiendos uidebat: quibus saluis, atque incolumibus, rem obtinere malebat. hoc consilium Cæsaris a plerisque non probabatur. milites uero palam
inter

inter se loquebantur, quoniam talis occasio uictoriæ dimitteretur, etiam cum uellet Cæsar, sese non esse pugnaturos. ille in sua sententia perseuerat, et paullu ex eo loco digreditur, ut timore aduersarijs minuat. Petreius, atque Afranius, oblata facultate, in castra sese referunt. Cæsar, præsidijs montibus dispositis, omni ad Iberum intercluso itinere, quàm proxime potest hostium castris castra communit. Postero die duces aduersariorum perturbati, quòd omnem rei frumentariæ, fluminisq́. Iberi spem amiserant, de reliquis rebus consultabant. erat unum iter, Ilerdam si reuerti, uellent; alterum, si Tarconem peterent. Hæc consultantibus eis, nuntiatur aquatores ab equitatu preßi nostro: qua re cognita, crebras stationes disponunt equitum, et cohortiũ alariarum; legionariasq́. interijciunt cohortes; uallumq́. ex castris ad aquã ducere incipiunt; ut intra munitionem et sine timore, et sine stationibus aquari possent. id opus inter se Petreius, atque Afranius partiuntur: ipsiq́. , perficiendi operis caußa, lõgius progrediuntur, quorum discessu liberam nacti milites colloquiorum facultatem, uulgo procedunt; et, quem quisque in castris notum, aut municipẽ habebat, conquirit, atque uocat. primũ agunt gratias omnes omnibus, quòd sibi perterritis pridie pepercissent; eorũ se beneficio uiuere: deinde imperatoris fidẽ quærunt, rectè ne se illi sint cõmissuri; et, quòd nõ ab initio fecerint, armaq́. cum hominibus necessarijs, ut cõsanguineis cõtulerint, cõqueratur. his prouocati sermonibus, fidẽ ab imperatore

tore de Petreij, et Afranij uita petunt; ne quod in se scelus concepisse, neu suos prodidisse uideantur. quibus confirmatis rebus, se statim signa translaturos cōfirmant; legatosq̃. de pace primorum ordinum centuriones ad Cæsaré mittunt. interim alij suos in castra, inuitandi cauſſa, adducunt: alij ab suis adducuntur; adeo, ut una castra iam facta ex binis uiderentur, compluresq̃. tribuni militum, et centuriones ad Cæsarem uenerunt, seq̃. ei commendant. hoc idem fit a principibus Hispaniæ; quos illi euocauerant, et secum in castris habebant obsidum loco. ij suos notos, hospitesq̃. quærebant, per quem quisque eorum aditum commendationis haberet ad Cæsarem. Afranij etiā filius adolescens de sua, et parentis sui salute cum Cæsare per Sulpicium legatum agebat. erant plena lætitia, et gratulatione omnia, eorum, qui tanta pericula uitaſſe, et eorū, qui sine uulnere tantas res confeciſſe uidebantur. magnamq̃. fructum suæ pristinæ lenitatis omnium iudicio Cæsar ferebat; consiliumq̃. eius a cunctis probabatur. Quibus rebus nuntiatis Afranio, ab instituto opere discedit, seq̃. in castra recipit, sic paratus, ut uidebatur, ut, quicunque accidiſſet casus, hunc quieto, & æquo animo ferret. Petreius uero non deserit sese; armat familiam; cum hac, & prætoria cohorte cetratorum, barbarisq̃. equitibus paucis, beneficiarijs suis, quos suæ custodiæ cauſſa habere consueuerat, improuiso ad uallum aduolat; colloquia militum interrumpit, nostros repellit ab castris; quos deprehendit, interficit. reliqui
coeunt

coëut inter se, et, repetino periculo exterriti, sinistras sagis inuoluunt, gladiosq; distringunt, atque ita se a cetratis, equitibusq; defendunt, castrorum propinquitate confisi; seq́. in castra recipiunt; et ab ijs cohortibus, quæ erant in statione ad portas, defenduntur. Quibus rebus confectis, flens Petreius manipulos circuit; militesq́; appellat; neue, neu Pompeiū absentem, imperatorem suum, aduersarijs ad supplicium tradant, obsecrat. fit celeriter concursus in prætorium. postulant, ut iurent omnes, se exercitum, ducesq́; non deserturos, neque prodituros, neque sibi se paratim a reliquis consilium capturos. princeps in hæc uerba iurat: ipse ad idem iusiurandum adigit. Afraniū. subsequuntur tribuni militum, centurionesq́; centuriatim producti milites idem turant: edicunt, penes quem quisque sit miles Cæsaris, ut producatur. productos palam in prætorio interficiunt. sed plerique, quos ceperant, cælant, noctuq́; per uallum emittunt. sic terror oblatus a ducibus, crudelitas in supplicio, uana religio iurisiurādi, spem præsentis deditionis sustulit, mentesq́; militum conuertit, et rē ad pristinam belli rationem redegit. Cæsar milites aduersariorum, qui in castra per tempus colloquij uenerunt, summa diligentia conquiri, et remitti iubet. sed ex numero tribunorum militum, centurionumq́; non nulli sua uoluntate apud eum remanserunt: quos ille postea magno in honore habuit: centuriones, ampliorisq́; ordinis equites Romanos in tribunicium restituit honorem. Premebantur Afraniani pabulatione;

tione : aquabantur ægre : frumenti copiam legionarij non nulli habebant, quòd dierum uigintiduorum ab Ilerda frumentum iussi erant efferre. cetrati, auxiliaresq́. nullam, quorum erant et facultates ad parandum exiguæ, et corpora insueta ad onera portanda. itaque magnus eorum quotidie numerus ad Cæsa rem perfugiebat. In his erat angustijs res: sed ex propositis consilijs duobus explicitius uidebatur, ad Ilerdam uerti: quòd ibi paullulum frumenti reliquerant. ibi se reliquum consilium expleturos considebant. Tarraco aberat longius: quo spatio plures ré posse casus recipere intelligebant. hoc probato consilio, ex castris proficiscuntur. Cæsar, equitatu præmisso, qui nouissimum agmen carperet, atque impe diret, ipse cum legionibus subsequitur. nullum intercedebat tempus, quin extremi cum equitibus prœliarentur. genus erat hoc pugnæ. expeditæ cohortes no uissimú agmen claudebát: pluresq́. in locis campestri bus subsistebant. si mons erat adscendendus: facile ipsa loci natura periculum repellebat: quòd ex locis superioribus, qui antecesserant, suos adscendentes protege bant. cum uallis, aut locus decliuis suberat; neque ij, qui antecesserant, morantibus opem ferre poterant; equitesuero ex loco superiore in aduersarios tela conijciebant: tum magno erat in periculo res; tum inquirebant, ut, cum eiusmodi esset locis appropinquatum, legionum signa consistere iubérét, magnoq́. impetu equitatú repellerent; eo summoto, repente inci tato cursu sese in ualles uniuersi dimitterét, atque ita
V   transgressi,

transgressi, rursus in locis superioribus consisterent, nam tantum ab equitum suorum auxilijs aberant, quorum numerum habebant magnum, ut eos, superioribus perterritos prælijs, in medium reciperent agmen, ultroq́. eos tuerentur: quorum nulli ex itinere excedere licebat, quin ab equitatu Cæsaris exciperetur. tali dū pugnatur modo; lente, ac paullatim proceditur; crebroq́ue, ut sint auxilio suis, subsistunt, ut tum accidit. millia enim progressi quattuor, uehementiusq́. peragitati ab equitatu, montem excelsum capiunt: ibiq́. una fronte contra hostem castra muniunt, neque iumentis onera deponunt. ubi Cæsaris castra posita, tabernaculaq́. constituta, et dimissos equites pabulandi caussa animaduertere; sese subito proripiunt hora circiter sexta eiusdem diei; et spem nacti moræ, discessu nostrorum equitum, iter facere incipiunt. qua re animaduersa, Cæsar, relictis ijs munitionibus, subsequitur; præsidio impedimentis paucas cohortes relinquit: hora decima subsequi, pabulatores, equitesq́. reuocari iubet. celeriter equitatus ad quotidianum itineris officium reuertitur: pugnatur acriter ad nouissimū agmen, adeo, ut pæne terga conuertant: compluresq́. milites, etiā non nulli centuriones interficiūtur. instabat agmen Cæsaris, atque uniuersum imminebat, tum uero, neque ad explorandum idoneum locū castris, neque ad progrediendum data facultate, consistunt necessario; et procul ab aqua, et natura iniquo loco, castra ponunt. sed ijsdem de caussis Cæsar, quæ supra sunt demonstrata, prælio non lucessit; et eo die
taber-

tabernacula statui passus non est, quo paratiores essent ad insequendum omnes, siue noctu, siue interdiu erumperent. illi, animaduerso uitio castrorum, tota nocte munitiones proferunt, castraq́. castris conuertunt. hoc idem postero die a prima luce faciunt, totumq́. in ea re diem consumunt. sed, quantum opere processerant, & castra protulerant, tanto aberant ab aqua longius; & praesenti malo alijs malis remedia dabantur. prima nocte aquandi caussa nemo egreditur ex castris. proximo die, praesidio in castris relicto, uniuersas ad aquam copias educunt; pabulatum emittitur nemo. his eos supplices malis Caesar necessariam subire deditionem, quàm praelio decertare, malebat. conatur tamen eos uallo, fossaq́. circumuenire; ut quammaxime repentinas eorum eruptiones demoretur: quo necessario descensuros existimabat. illi, & inopia pabuli adducti, et quo essent ad id expeditiores, omnia sarcinaria iumenta interfici iubent. in his operibus, consilijsq́. biduum consumitur. tertio die magna iam pars operis Caesaris processerat, illi impediendae rei, quae munitionis caussa fiebat, hora circiter octaua signo dato, legiones educunt, aciemq́. sub castris instruunt. Caesar ab opere legiones reuocat, equitatum omnem conuenire iubet, aciem instruit. contra opinionem enim militum famemq́ue omnium, uideri praelio diffugisse, magnum detrimentum afferebat. sed eisdem de caussis, quae sunt cognitae, qui minus dimicare uellet, mouebatur, atque hoc etiam magis, quòd spatij breuitas

V 2

nitas, etiam in fugam coniectis aduersarijs, non multum ad summam uictoriæ iuuare poterat. non enim amplius pedum millibus duobus ab castris castra distabant. hinc duas partes acies occupabant. tertia uacabat, ad incursum, atque impetum militum relicta. si prælium committeretur, propinquitas castrorum celerem superatis ex fuga receptum dabat. Hac de caussa constituerat signa inferentibus resistere, prior prælio non lacessere. Acies erat Afraniana duplex; legio quinta et tertia in subsidijs locum alariæ cohortis obtinebat: Cæsaris triplex: sed primam aciem quaternæ cohortes ex quinta legione tenebát: has subsidiariæ ternæ, et rursus aliæ totidem, suæ cuiusque legionis, subsequebantur, sagittarij, funditoresq́. media continebantur acie: equitatus latera cingebat. tali instructa acie, tenere uterque propositum uidebatur; Cæsar, ut, nisi coactus prælium non committeret; ille, ut opera Cæsaris impediret. producitur tamen res; aciesq́. ad solis occasum continentur: inde utrique in castra discedunt. postero die munitiones institutas Cæsar parat perficere; illi uadum fluminis Sicoris tentare, si transire possent. qua re animaduersa, Cæsar Germanos leuis armaturæ, equitumq́. parte flumen transijcit, crebrasq́. in ripis custodias disponit. tandem, omnibus rebus obsessi, quartum iam diem sine pabulo retentis iumentis, aquæ, ligni, et frumenti inopia, colloquium petunt, et, id si fieri possit, semoto a militibus loco, ubi id a Cæsare negatum, et, palam si colloqui uellent, concessum

est

est; datur obsidis loco Cæsari filius Afranij, uenitur in eum locum, quem Cæsar deligit, audiente utroque exercitu, loquitur Afranius: non esse aut ipsis, aut militibus succensendum, quòd fidem erga imperatorem suum Cn. Pompeium conseruare noluerint: sed satis iam fecisse officio, satisq́; supplicij tulisse, perpessos omnium rerum inopiam: nunc uero, pæne ut feminas circummunitos, prohiberi aqua, prohiberi ingressu, neque corpore dolorem, neque animo ignominiam ferre posse: itaque se uictos confiteri: orare, atque obsecrare, si quis locus misericordiæ relinquatur, ne ad ultimum supplicium progredi necesse habeant. Hæc quàm potest demississime, atque subiectissime exponit, ad ea Cæsar respondit. Nulli omnium has partes, uel querimoniæ, uel miserationis, minus conuenisse: reliquos enim omnes suum officium præstitisse; se, qui, etiam bona conditione, et loco, et tempore æquo, confligere noluerit, ut quam integerrima essent ad pacem omnia; exercitum suum, qui, iniuria etiam accepta, suisq́; interfectis, quos in sua potestate habuit, conseruarit, et texerit; illius denique exercitus milites, qui per se de concilianda pace egerint; qua in re omnium suorum uitæ consulendum putarunt: sic omnium ordinum partes in misericordia constitisse: ipsos duces a pace abhorruisse: eos neque colloquij, neque induciarum iura seruasse; et homines imperitos, et per colloquium deceptos crudelissime interfecisse: accidisse igitur his, quod plerunque hominibus nimia pertinacia, atque

arro-

arrogantia accidere soleat, uti eò recurrant, et id cupidissimè petant, quod paullo ante contempserint: neque nunc se illorum humilitate, neque aliqua temporis oportunitate postulare, quibus rebus augeantur opes suæ, sed eos exercitus, quos contra se multos iam annos aluerint, uelle dimitti: neque enim sex legiones alia de caussa missas in Hispaniam, septimamq. ibi conscriptam, neque tot, tantasq. classes paratas, neque summissos duces rei militaris peritos: nihil horum ad pacandas Hispanias, nihil ad usum prouinciæ prouisum, quæ, et propter diuturnitatem pacis, nullum auxilium desiderarit: omnia hæc iampridem contra se parari: in se noui generis imperia constitui; ut idem ad portas urbanis præsideat rebus, et duas bellicosissimas prouincias absens tot annos obtineat: in se iura magistratuum commutari, ne ex præcura, et consulatu, ut semper, sed per paucos probati, et electi in prouincias mittantur: in se ætatis excusationem nihil ualere, quòd superioribus bellis probati ad obtinendos exercitus euocentur: in se uno non seruari quod sit omnibus datum semper imperatoribus, ut, rebus feliciter gestis, aut cum honore aliquo, aut certe sine ignominia domum reuertantur, exercitumq. dimittant: quæ tamen omnia et se tulisse patienter, et esse laturum: neque nunc id agere, ut ab illis abductum exercitum teneat ipse, quod tamen sibi difficile non sit, sed ne illi habeant, quo contra se uti possint: proinde, ut esset dictum, prouincijs excederent, exercitumq.

citumq́ue dimitterent: si id sit factum, nociturum se nemini: hanc unam, atque extremam pacis esse condicionem. Id uero militibus fuit pergratum, et iocundum, ut ex ipsa significatione potuit cognosci, ut, qui aliquid uicti incommodi exspectauissent, ultro inde præmium missionis ferrent. nam, cum de loco, et tempore eius rei controuersia inferretur, et uoce, et manibus uniuersi ex uallo, ubi constiterant, significare cœperunt, ut statim dimitterentur, neque, omni interposita fide, summum esse posse, si in aliud tempus defferretur. paucis cum esset in utranque partem uerbis disputatum; res huc deducitur, ut ij, qui habeant domicilium, aut possessiones in Hispania, statim: reliqui ad Varum flumen dimittantur: ne quid eis noceatur, neue quis inuitus sacramento cogatur a Cæsare, cauetur. Cæsar ex eo tempore, dum ad flumen Varum ueniatur, se frumentum daturum pollicetur: addit etiam, ut, quid quisque eorum in bello amiserit, quæ sint penes milites suos, ijs, qui amiserint, restituatur: militibus, æqua facta æstimatione, pecuniam pro ijs rebus soluit. quascunque postea controuersias inter se milites habuerant, sua sponte ad Cæsarem introduxerunt. Petreius, atque Afranius, cum stipendium ab legionibus, pæne seditione facta, flagitarentur, cuius illi diem non dum uenisse dicerent; Cæsar ut cognosceret, postulatum est; eoq́ue utrique, quod statuit, contenti fuerunt. Parte circiter tertia exercitus eo biduo dimissa, duas legiones suas antecedere, reliquas subsequi iussit, ut no longo inter se spatio castra facerent:

facerent: eiq́. negotio Q. Fusium Calenum legatum
præfecit, hoc eius præscripto ex Hispania ad Varum
flumen est iter factum; atque ibi reliqua pars exerci
tus dimissa est.

C. IVLII CAESARIS
COMMENTARIORVM
DE BELLO CIVILI LIB. II.

VM hæc in Hispania geruntur,
C. Trebonius legatus, qui ad op
pugnationem Massiliæ relictus
erat, duabus ex partibus aggerem, uineas, turresq́. ad oppidum agere instituit, una erat
proxima portui, naualibusq́ue,
altera ad partem, qua est aditus ex Gallia, atque Hi
spania ad id mare, quod adigit ad hostium Rhodani.
Massilia enim fere ex tribus oppidi partibus mari al
luitur. reliqua quarta est, quæ aditum habet a terra. huius quoque spatij pars ea, quæ ad arcem pertinet, loci natura, & ualle altissima munita longam,
& difficilem habet oppugnationem. ad ea perficien-
da opera C. Trebonius magnam iumentorum, atque
hominum multitudinem ex omni prouincia uocat:
uimina, materiamq́. comportari iubet. quibus comparatis rebus, aggerem in altitudinem pedum octoginta exstruit. sed tanti erant antiquitus in oppido
omnium rerum ad bellum apparatus, tantaq́. multitudo

LIBER II.

titudo tormentorum, ut eorum uim nullæ contextæ
uiminibus uineæ sustinere possent. asseres enim pedū
XII cuspidibus præfixi, atque hi maximis balistis
missis, per quattuor ordines cratium in terra defige-
bantur. itaque, pedalibus lignis coniunctis inter se,
porticus integebatur; atque hac agger inter manus
proferebatur. antecedebat testudo pedum sexaginta, æquandi loci caussa facta; item ex fortissimis lignis, euoluta omnibus rebus, quibus ignis iactus, et
lapides defendi possent. sed magnitudo operum, altitudo muri, atque turrium, multitudo tormentorum
omnem administrationem tardabat. crebræ tamen
per Albicos eruptiones fiebant ex oppido; ignesque
aggeri, et turribus inferebantur. quæ facile nostri repellebant milites; magnisq́. ultro illatis detrimentis,
eos, qui eruptionē fecerant, in oppidum reijciebant.
Interim L. Nasidius, ab Cn. Pompeio cum classe nauium sedecim, in quibus paucæ erant æratæ, L. Domitio, Massiliensibusq́. subsidio missus, Freto Siciliæ,
imprudente, atque inopinante Curione, prouehitur:
appulsisq́. Messanam nauibus, atque inde, propter
repentinum terrorem, principum, ac senatus fuga facta, ex naualibus eorum unam deducit. hac adiuncta, ad reliquas naues cursum Massiliam uersus perficit; præmissáq. clam nauicula, Domitium, Massi-
liensesq́. de suo aduētu certiores facit; eosq́. magnopere hortatur, ut rursus cum Bruti classe, additis
suis auxilijs, confligant. Massilienses post superius incommodum ueteres ad eundem numerum ex naualibus

bus

bus productas naues refecerant, summaq́. industria
armauerant, (remigum, gubernatorumq́. magna co
pia suppetebat) piscatoriasq́. adiecerant, atque con
texerant, ut essent ab ictu telorum remiges tuti. has
sagittarijs, tormentisq́. compleuerant. tali modo instructa classe, omnium seniorum, matrum familia, uir
ginum precibus, & fletu excitati, ut extremo tempore ciuitati subuenirent, non minore animo, ac fiducia,
quàm ante dimicauerant, naues conscendunt. commu
ni enim fit uitio naturæ, ut inuisis, latitantibus, atque
incognitis rebus magis confidamus, uehementiusque
exterreamur, ut tum accidit. aduentus enim L. Nasidij summa spe, & uoluntate ciuitatem compleuerat. nacti idoneum uentum, ex portu exeunt, et Tau
renta, quod est castellum Massiliensium, ad Nasidiū
perueniunt: ibíque naues expediunt: rursusq́. se ad
confligendum animo confirmant: & consilia commu
nicant. dextra pars Massiliensibus attribuitur, sinistra Nasidio. eodem Brutus contendit, aucto nauium numero. nam ad eas, quæ factæ fuerant A-
relatæ per Cæsarem, captiuæ Massiliensium accesserant sex. has superioribus refecerat diebus, atque o-
mnibus rebus instruxerat. itaque, suos cohortatus,
quos integros superauissent, ut uictos contemnerent,
plenus spei bonæ, atque animi aduersus eos profi-
sciscitur. facile erat, ex castris C. Trebonij, atque omnibus superioribus locis prospicere in urbem, ut omnis iuuentus, quæ in oppido remanserat, omnesq́. superioris ætatis, cum liberis, atque uxoribus, publi-
cisq́.

eisq́; custodijs, aut ex muro ad cælum manus tenderent, aut templa deorum immortalium adirent, & ante simulacra proiecti victoriam ab dijs exposcerent. neque erat quisquam omnium, qui non in eius diei casu suarum omnium fortunarum euentum consistere existimaret. nam & honesti ex iuuentute, & cuiusque ætatis amplissimi, nominatim euocati, atque obsecrati, naues conscenderant, ut, si quid aduersi accidisset, ne ad conandum quidem sibi quidquam reliqui fore uiderent, si superauissent, uel domesticis opibus, uel externis auxilijs de salute urbis confiderent. Commisso prælio, Massiliensibus res nulla ad uirtutē defuit: sed memores eorum præceptorum, quæ paulo ante ab suis acceperant, hoc animo decertabant, ut nullum aliud tempus ad conandum habituri uiderentur, & , quibus in pugna uitæ periculum accideret, non ita multo se reliquorum ciuium fatum antecedere existimarent, quibus, urbe capta, eadem esset belli fortuna patienda: diductisq́; nostris paullatim nauibus, & artificio gubernatorum mobilitati nauium locus dabatur; &, si quando nostri, facultatem nacti, ferreis iniectis manibus nauem religauerant, undique suis laborantibus succurrebant. Neque uero coniuncti Albici comminus pugna deficiebant. neque multum cedebant uirtute nostris. simul ex minoribus nauibus magna uis eminus missa telorum, multa nostris de improuiso imprudentibus, atque impeditis uulnera inferebant. conspicatáq́; naues triremes duæ nauem D. Bruti,

quæ

quæ ex signo facile agnosci poterat, duabus ex parti
bus sese in eam incitauerant: sed tantum, re prouisa,
Brutus celeritate nauis enisus est, ut paruo momento
antecederet. illæ adeo grauiter inter se, incitatæ, con
flixerunt, ut uehementissime utræque ex concursu la
borarent; altera uero, perfracto rostro, tota collabe
fieret. qua re animaduersa, quæ proximæ ei loco ex
Bruti classe naues erant, in eas impeditas impetum
faciunt, celeriterq́. ambas deprimunt. Sed Nasidia
næ naues nulli usui fuerunt, celeriterq́. pugna ex
cesserunt. non enim has aut conspectus patriæ, aut
propinquorum præcepta ad extremum uitæ pericu
lum adire cogebant. itaque ex eo numero nauium
nulla desiderata est: ex Massiliensium classe quinque
sunt depressæ, quattuor captæ, una cum Nasidianis
profugit; quæ omnes citeriorem Hispaniam petine
runt. at ex reliquis una præmissa Massiliam, huius
nuntij perferendi gratia, cum iam appropinquaret
urbi, omnis sese multitudo ad cognoscendum effu
dit: ac, re cognita, tantus luctus excepit, ut urbs ab
hostibus capta eodem uestigio uideretur. Massilien
ses tamen nihilo segnius ad defensionem urbis reliqua
apparare cœperunt. Est animaduersum ab legiona
rijs, qui dexteram partem operis administrabant,
ex crebris hostium eruptionibus magno sibi esse præ
sidio posse, si pro castello, ac receptaculo turrim ex
latere sub muro fecissent, quam primo ad repentinos
incursus humilem, paruamq́, secerant. huc se refere
bant. hinc, si qua maior oppresserat uis, propugna
bant:

bant: hinc ad repellendum, & prosequendum hostium procurrebant. patebat hæc quoquouersus pedes xxx. sed parietū crassitudo pedum v, postea uero, ut est rerum omnium magister usus, hominum adhibita solertia, inuentum est, magno esse usui posse, si hæc esset in altitudinem turris elata. id hac ratione perfectum est, ubi turris altitudo perducta est ad contabulationem; eam in parietes instruxerunt, ita ut capita tignorum extrema parietum structura tegerentur; ne quid emineret, ubi ignis hostium adhæresceret. hanc insuper contignationem, quantum tectū plutei, ac uinearum passum est, latereculo adstruxerunt: supraq́; eum locum tigna transuersa iniecerunt, non longe ab extremis parietibus, quibus suspenderent eam contignationem, quæ turri tegumento esset futura: supraq́; ea tigna directo transuersas trabes iniecerunt, easq́; asseribus religauerunt: has trabes paullo longiores atque eminentiores, qui extremi parietes erant, effecerunt; ut esset, ubi tegumēta perpédere possent, ad defendendos ictus, ac repellendos, dum inter eam contignationem parietes exstruerentur: eamq́; contabulationem summam lateribus, lutoq́; construerunt; ne quid ignis hostium nocere posset: contonesq́; insuper iniecerant, ne aut tela tormentis missa tabulationem perfringerent, aut saxa ex catapultis latericium discuterét. storias autem ex funibus anchorarijs tres in longitudinem parietum turris, latas quattuor pedes fecerunt: easq́; ex tribus partibus, quæ ad hostes uergebant, eminentibus
trabi-

trabibus circum turrem præpendentes religauerunt.
quod unum genus tegumentis alijs locis erant exper
ti nullo telo, neque tormento traijci posse. ubi uero ea
pars turris, quæ erat perfecta, tecta, atque munita
est ab omni ictu hostium, pluteos ad alia opera abduxerunt: turris tectum per se ipsum prehensionibus
ex contignatione prima suspendere, ac tollere cœperunt: ubi, quantum storiarum demissio patiebatur,
tantum eleuabant. intra hæc tegumenta abditi, atque
muniti, parietes lateribus exstruebant: rursusq. a-
lia prehensione ad ædificandum sibi locum expedie-
bant: ubi tempus alterius contabulationis uidebatur, tigna item ut primo tecta, extremis lateribus in
struebant, exq. ea contignatione rursus summam
contabulationem, storiasq. eleuabant. ita tuto, ac si
ne ullo uulnere, ac periculo sex tabulata exstruxe-
runt: fenestrasq., quibus in locis uisum est, ad tormenta mittenda in struendo relinquerunt. ubi ex ea
turri, quæ circum essent, opera tueri se posse consisi
sunt, musculum pedum LX longum, ex materia bi
pedali, quem a turri latericia ad hostium turrem,
murumq. perducerent, facere instituerunt: cuius mu
sculi hæc erat forma. Duæ primum trabes in solo æ-
que longæ, distantes inter se pedes quattuor, collocan
tur: inq. eis columnellæ pedum in altitudinem V de
figuntur, has inter se capreolis molli fastigio coniungunt, ubi tigna, quæ musculi tegēdi caussa ponant; col
locētur. eo super tigna bipedalia inijciunt: eaq. lami
nis, clauisq. religant, ad extremum musculi tectum
trabesq.

trabesq́. extremas: quadratas regulas, quattuor patentes digitos, desigunt, quæ lateres, qui super musculo struantur, contineant. ita fastigiato, atque ordinatim structo, ut trabes erant in capreolis collocatæ, lateribus, lutoq́. musculus, ut ab igne, qui ex muro iaceretur, tutus esset, contegitur. super lateres coria induuntur; ne canalibus aqua immissa lateres diluere posset. coria autem, ne rursus igni, ac lapidibus corrumpantur, centombus conteguntur. hoc opus omne, tectum uineis, ad ipsam turrim perficiunt, subitoq́ue, inopinantibus hostibus, machinatione nauali, phalangis subiectis, ad turrim hostium admouent, ut ædificio iungatur. quo malo perterriti subito oppidani, saxa quàm maxima possunt uectibus promouent, præcipitataq́. muro in musculum deuoluunt. ictum firmitas materiæ sustinet; &, quidquid incidit, fastigio musculi delabitur. id ubi uident, mutant consilium: cupas, tæda, ac pice refertas, incendunt, easq́ue de muro in musculum deuoluunt. innolutæ labuntur: delapsæ, ab lateribus longurijs, furcisq́. ab opere remouentur. interim sub musculo milites uectibus infima saxa turris hostium, quibus fundamenta continebantur, conuellunt. musculus ex turri latericia a nostris, telis, tormentisq́. defenditur; hostesq́. ex muro, ac turribus submouentur: non datur libera muri defendendi facultas. compluribus iam lapidibus ex ea, quæ suberat, turri subductis, repentina ruina pars eius turris concidit, pars reliqua consequens procumbebat. :um hostes, turris repentina ruina commoti,

commoti, inopinato malo turbati, deorum irâ perculsi, urbis direptione perterriti, inermes cum infulis sese porta foras uniuersi proripiunt; ad legatos, atque exercitum supplices manus tendunt. qua noua re oblatâ, omnis administratio belli consistit: militesq́; auersi a prælio, ad studium audiendi, et cognoscendi feruntur. ubi hostes ad legatos exercitumq́; peruenerunt, uniuersi se ad pedes proijciunt: orant, ut aduentus Cæsaris exspectetur: captâ suam urbem uidere, opera perfecta, turrem subrutam, itaque a defensione desistere: nullam exoriri moram posse, quo minus, cum uenisset, si imperata non facerent, ad nutum e uestigio diriperentur. docent, si omnino turris concidisset, non posse milites contineri, quin spe prædæ in urbem irumperent, urbemq́; delerent. hæc, atque eiusdem generis complura, ut ab hominibus doctis, magna cum misericordia, fletuq́; pronũtiantur. quibus rebus cõmoti legati, milites ex opere deducunt, oppugnatione desistũt, operibus custodias relinqunt. induciarum quodam genere misericordia facto, aduentus Cæsaris exspectatur: nullum ex muro, nullum a nostris mittitur telum: ut re confecta, omnes curâ, et diligentiâ remittunt. Cæsar enim per litteras Trebonio magnopere mandauerat, ne per uim oppidum expugnari pateretur; ne grauius permoti milites, et defectionis odio, et contemptione sui, et diutino labore, omnes puberes interficerent. quod se facturos minabãtur: ægreq́; tunc sunt retenti, quin oppidum irrumperent: grauiterq́; eam rem pertulerunt; quòd
stetisse

LIBER II.

stetisse per Trebonium, quo minus oppido potirêtur, uidebatur. At hostes sine fide tempus, atque occasionem fraudis, ac doli quærunt. interiectis aliquot diebus, nostris languentibus, atque animo remissis, subito, meridiano tempore, cum alius discessisset, alius ex diutino labore in ipsis operibus quieti se dedisset; arma uero omnia reposita, contectaq́. essent; portis se foras erumpunt; secundo, magnoq́. uento ignem operibus inferunt. hunc sic distulit uentus, uti uno tempore agger, plutei, testudo, turris, tormentaq́. flammam conciperent, et prius hæc omnia consumerentur, quàm, quemadmodum accidisset, animaduerti posset. Nostri, repentina fortuna permoti, arma, quæ possunt, arripiunt. alij ex castris sese incitant. fit in hostes impetus eorum: sed muro, sagittis, tormentisq́. fugientes persequi prohibentur. illi sub murum se recipiunt; ibiq́. musculum, turrimq́. latericiam libere incendunt. ita multorum mensium labor, hostiú perfidia, et ui tempestatis, puncto temporis interijt. tentauerunt hoc idem Massilienses. postero die, eandem nacti tempestatem, maiori cum fiducia ad alterã turrem aggeremq́. eruptione pugnauerunt; multúq́. ignem intulerunt. sed, ut superioris temporis contentionem nostri omnem remiserant, ita, proximi diei casu admoniti, omnia ad defensionem parauerant. itaque, multis interfectis, reliquos, in fugam dare, in oppidum repulerunt. Trebonius ea, quæ sunt amissa, multo maiore studio militum administrare, et reficere instituit. nam, ubi tantos suos labores, et apparatus

X

tus male cecidisse uiderunt; indutijsq́; per scelus uio
latis, suam uirtutem irrisui fore perdoluerunt; quòd,
unde agger omnino comportari posset, nihil erat reli
quum, omnibus arboribus longe, lateq́; in finibus
Massiliensium excisis, et connectis; aggerem nouige
neris, atque inauditum ex latericijs duobus muris,
senum pedum crassitudine, atque eorum murorum
contignationem facere instituerunt, æqua fere latitu
dine, atque ille congestus ex materia fuerat agger.
ubi autem spatium inter muros, aut imbecillitas ma
teriæ postulare uideretur, pilæ interponuntur, transf
uersaria tigna injiciuntur, quæ firmamēto esse possint.
et, quicquid est contignatum, cratibus consternitur,
cratesq́; luto integuntur. Sub tecto miles dextera, ac
sinistra muro tectus, aduersus plutei obiectu, operi
quæcunque usui sunt, sine periculo supportat. celeri
ter res administratur: diuturni laboris detrimentum
solertia, et uirtute militū breui recócinatur. portæ,
quibus locis uidetur, eruptionis caussa in muro relin
quuntur, quod ubi hostes uiderunt ea, quæ diu, lōgoq́;
spatio refici non posse sperassent, paucorū dierum ope
ra, et labore ita refecta, ut nullius persaia, neque e-
ruptioni locus esset; neque quidquā omnino relinque
retur, quo aut ui militibus, aut igni operibus noceri
posset; eodéq́; exemplo sentiunt totam urbem, quà sit
aditus, ab terra, muro, turribusq́; circumiri posse, sic,
ut ipsis cōsistendi in suis munitionibus locus nō esset;
cum pæne ædificata in muris ab exercitu nostro mœ
nia uideretur; ac tela manu conijcerentur; suorumq́;

cortormentorum usum, quibus ipsi magna sperauissent, spatio propinquitatis interire; pariq́. condicione e muro, ac turribus bellandi data, virtute se nostris adæquare non posse intelligunt; ad easdem deditionis condiciones recurrunt. M. Varro in ulteriore Hispania initio, cognitis ijs rebus, quæ sunt in Italia gesta, diffidens Pompeianis rebus, amicissime de Cæsare loquebatur: præoccupatum sese legatione, ab Cn. Pompeio teneri obstrictum fide: necessitudinem quidem sibi nihilo minorem cum Cæsare intercedere: neque se ignorare, quod esset officium legati, qui fiduciariam operam obtineret, quæ uires suæ, quæ uoluntas erga Cæsarem totius prouinciæ. Hæc omnibus referebat sermonibus; neque se in ullam partem mouebat. postea vero, cum Cæsarem ad Massiliam detineri cognouit, copias Petreij cum exercitu Afranij esse coniunctas, magna auxilia conuenisse, magna esse in spe, atque exspectatione, et consentire omnem citeriorem prouinciam, quæq́. postea acciderant, de angustijs ad Ilerdam rei frumentariæ accepit; atque hæc ad eum latius, atque inflatius Afranius præscribebat, se quoque ad motum fortunæ mouere cœpit; delectum habuit tota prouincia; legionibus completis, duabus cohortes circiter triginta alarias addidit, frumenti magnum numerum coegit, quod Massiliensibus, item quod Afranio, Petreioq́. mitteret, naues longas x, Gaditanis, ut facerent, imperauit; complures præterea Hispali faciendas curauit: pecuniam omnem, omniaq́. ornamenta ex fano Herculis in oppidum Gades contulit.

X 2

tulit. eò sex cohortes, præsidij caussa, ex prouincia misit: Caium, Gallonium, equitem Romanum, familiarem Domitij, qui eò, procurandæ hereditatis caussa, uenerat, missus a Domitio, oppido Gadibus præfecit: arma omnia priuata, et publica in domum Gallonij contulit: ipse habuit graues in Cæsarem conciones: sæpe ex tribunali prædicauit, aduersa Cæsarem prælia fecisse, magnum numerum ab eo militum ad Afranium perfugisse: hæc se certis nuntijs, certis auctoribus comperisse. Quibus rebus perterritis ciuibus Romanis eius prouinciæ, sibi ad remp. administrandam HS CLXXXX millia, & argenti pondo XX millia, tritici modios CXX millia polliceri cogit, quas Cæsari esse amicas ciuitates arbitrabatur, ijs grauiora onera iniungebat: qui uerba, atque orationem aduersus remp. habuissent, eorum bona in publicum addicebat; præsidiaq́; eò deducebat; & iudicia in priuatos reddebat: prouinciam omnem in sua, & Pompeij uerba per insiurandum adigebat. cognitis ijs rebus, quæ sunt gestæ in citeriore Hispania, parabat bellum. ratio autem hæc erat belli, ut secum duas legiones Gadis conferret, naues, frumentumq́; omne ibi contineret. prouinciam enim omnem Cæsaris rebus fauere cognouerat. in insula, frumento, nauibusq́; comparatis, bellum duci, non difficile existimabat. Cæsar, etsi multis necessarijsq́; rebus in Italiam reuocabatur, tamen constituerat nullam partem belli in Hispanijs relinquere; quòd, magna esse Pompeij

peij beneficia ; et magnas clientelas in citeriore prouincia, sciebat. itaque, duabus legionibus missis in ulteriorem Hispaniam cum Q. Cassio tribuno pl. ipse cum equitibus sexcentis, magnis itineribus, progreditur ; edictumq. præmittit, ad quam diem magistratus, principesq. omnium ciuitatum sibi esse præsto Cordubæ uellet. quo edicto tota prouincia peruulgato, nulla fuit ciuitas, quin ad id tempus partem senatus Cordubam mitterent; nullus ue ciuis Romanus paullo notior, quin ad diem conueniret. simul ipse Cordubæ conuentus per se portas Varroni clausit ; custodias, uigiliasq. in muro, turribusq. disposuit. cohortes duas, quæ Colonicæ appellabantur, cum eo casu ueniſſent, tuendi oppidi cauſſa, apud se retinuit. Iisdem diebus Carmonenses, quæ est longe firmissima totius prouinciæ ciuitas, deductis tribus in arcem oppidi cohortibus a Varrone præsidio, per se cohortes eiecit, portasq. præclusit. hoc uero magis properare Varro, ut cum legionibus quamprimum Gades contenderet ; ne itinere, aut traiectu intercluderetur. tanta ac tam secunda in Cæsarem uoluntas prouinciæ reperiebatur. Progresso ei paullo longius litteræ a Gadibus redduntur ; simul atque cognitum sit de edicto Cæsaris, consensisse Gaditanos principes cum tribunis cohortium, quæ essent ibi in præsidio, ut Gallonium ex oppido expellerent, urbem, insulamq. Cæsari seruarent : hoc inito consilio, denuntiauisse Gallonio, ut sua sponte, dum sine periculo liceret, excederet Gadibus: si id non feciſ-

X 3   ſet.

set, sibi consilium capturos: hoc timore adductum Gallonium Gadibus excessisse. His cognitis rebus, altera ex duabus legionibus, quæ Vernacula appellabatur, ex castris Varronis, adstante, & inspectante ipso, signa sustulit, seseq́. Hispalim recepit, atque in foro, et porticibus sine maleficio consedit. quod factum adeo eius conuentus ciues Romani comprobauerunt, ut domum ad se quisque hospitio cupidissime reciperet. Quibus rebus perterritus Varro, cum, itinere conuerso, sese Ilipam Italicam uenturum promisisset, certior a suis factus est, præclusas esse portas: tum uero, omni interclusus itinere, ad Cæsarem mittit, paratum se esse legionem, cui iusserit, tradere. ille ad eum Sex. Cæsarem mittit, atque huic tradi iubet. tradita legione, Varro Cordubam ad Cæsarem uenit: relatis ad eum publicis rationibus cum fide, quod penes eum est pecunia, tradit; & , quod ubique habeat frumenti, ac nauium, ostendit. Cæsar, habita concione Corduba, omnibus generatim gratias agit; ciuibus Romanis, quòd oppidum in sua potestate studuissent habere; Hispanis, quòd præsidia expulissent; Gaditanis, quòd conatus aduersariorum infregissent, seseq́. in libertaté uindicassent; tribunis mil. centurionibusq́. qui eò præsidij causa uenerant, quòd eorum consilia sua uirtute confirmassent; pecunias, quas erant in publicum Varroni ciues Romani polliciti, remittit; bona restituit ijs, quos liberius locutos hanc pœnam tulisse cognouerat, tributis quibusdam publicis, priuatisq́. præmijs; reliquos in posterū bona spe complet; biduumq́. Cor
dubæ

LIBER II.

dubæ commoratus, Gades proficiscitur; pecunias, monumentaq́;, quæ ex fano Herculis collata erant in priuatam domum, referri in templum iubet; prouinciæ Q. Cassiũ præficit; huic quattuor legiones attribuit; ipse ijs nauibus, quas M. Varro, quasq́. Gaditani iussu Varronis fecerant, Tarraconem paucis diebus peruenit. ibi totius fere citerioris prouinciæ legationes Cæsaris aduentum exspectabant. eadem ratione priuatim, ac publice quibusdam ciuitatibus habitis honoribus, Tarracone discedit; pedibusq́. Narbonem, atque inde Massiliam peruenit: ibi, legem de dictatore latam, seseq́. dictatorem dictum a M. Lepido prætore, cognoscit. Massilienses, omnibus defessi malis, rei frumentariæ ad summam inopiam adducti, bis prælio nauali superati, crebris eruptionibus susi, graui etiam pestilentia conflictati, ex diutina conclusione, et mutatione uictus, (panico enim uetere, atque hordeo corrupto omnes alebantur; quod, ad huiusmodi casus antiquitus paratum, in publicum cõtulerant) deiecta turri, labefacta magna parte muri, auxilijs prouinciarum, & exercituum desperatis, quos in Cæsaris potestatem uenisse cognouerant, sese dedere sine fraude constituunt. sed paucis ante diebus L. Domitius, cognita Massiliensium uoluntate, nauibus tribus comparatis, ex quibus duas familiaribus suis attribuerat, unam ipse conscenderat, nactus turbidam tempestatem est profectus. hunc conspicatæ naues, quæ, missu Bruti, consuetudine quotidiana, ad partum excubabant, sublatis anchoris sequi cœperunt. ex ijs unum

X 4 ipsius

ipsius nauigium contendit, et fugere perseuerauit, auxilioq́. tempestatis ex conspectu abijt ; duo, perterrita concursu nostrarum nauium, sese in portum receperunt. Massilienses arma, tormentaq́. ex oppido, ut est imperatum, proferunt: naues ex portu, nanalibusq́. educunt: pecuniam ex publico tradút. Quibus rebus confectis, Caesar magis eos pro nomine, et uetustate, quàm pro meritis in se ciuitatis, cóseruans, duas ibi legiones praesidio relinquit; ceteras in Italiam mittit: ipse ad urbem proficiscitur. Iisdem temporibus C. Curio, in Africam profectus ex Sicilia, etiam ab initio copias P. Atij Vari despiciens, duas legiones ex quattuor, quas a Caesare acceperat, & quingentos equites transportabat: biduoq́., & noctibus tribus nauigatione consumptis, appulit ad eum locum, qui appellatur Aqualaria. hic locus abest a Clupeis passuum uigintiduo millia, habetq́ue non incommodam aestate stationem, & duobus eminentibus promontorijs continetur. huius aduentum L. Caesar filius cum decem longis nauibus ad Clupeam praestolans, quas naues, Vticae ex praedonum bello subductas, P. Atius reficiendas, huius belli causa, curauerat ; ueritusq́. nauium multitudinem, ex alto refugerat ; appulsáq. ad proximum litus trireme constrata, & in litore relicta, pedibus Adrumentum profugerat. id oppidum C. Considius Longus, unius legionis praesidio, tuebatur. reliquae Caesaris naues eius fuga Adrumentum se receperunt. hunc secutus M. Rufus quaestor nauibus duodecim,

quas

quas præsidio onerarijs nauibus Curio ex Sicilia eduxerat, postquam relictam in litore nauem conspexit, hanc remulco abstraxit: ipse ad Curionem cum classe redit. Curio Marcium Vticá nauibus præmittit: ipse eodem cum exercitu proficiscitur: biduiq́. iter progressus, ad flumen Bagradam peruenit: C. Caniniū Rebilum legatum cum legionibus reliquit: ipse cum equitatu antecedit ad castra exploranda Corneliana; quòd is locus peridoneus castris habebatur. id autem est iugum directum, eminens in mare, utraque ex parte præruptum, atque asperum, sed paullo tamen leniore fastigio ab ea parte, quæ ad Vticā uergit. abest directo itinere ab Vtica paullo amplius passus mille. sed hoc itinere est fons, quò mare succedit longius: lateq́. is locus restagnat: quem si quis uitare noluerit, sex millium circuitu in oppidum perueniet. hoc explorato loco, Curio castra Vari conspicit, muro oppidoq́. coniuncta ad portam, quæ appellatur Bellica, admodum munita natura loci, una ex parte ipso oppido Vtica, altera theatro, quod est ante oppidum, substructionibus eius operis maximis, aditu ad castra difficili, et angusto. simul animaduertit, multa undique portari, atque agi plenissimis uijs, quæ, repentini tumultus timore, ex agris in urbem conferantur. huc equitatū mittit, ut diriperet, atque haberet loco prædæ. eodemq́. tempore his rebus subsidio D C equites Numidæ ex oppido, peditesq́. CCCC mittūtur a Varo, quos auxilij caussa rex Iuba paucis diebus āte Vticā miserat. huic et paternū hospitium cum Pōpeio, et
simul-

simultas cum Curione intercedebat; quòd tribunus pl. legem promulgauerat, qua lege regnum Iubæ publicauerat. concurrunt equites inter se. neque uero primum impetum nostrorum Numidæ ferre potuerunt: sed, interfectis circiter CXX, reliqui se in castra ad oppidum receperunt. Interim, aduentu longarum nauium, Curio pronuntiari onerarijs nauibus iubet, quæ stabant ad Vticam numero circiter CC. se in hostium habiturum loco, qui non è uestigio ad castra Corneliana uela duxisset. qua pronuntiatione facta, temporis puncto, sublatis anchoris, omnes Vticam relinquunt, et, quò imperatum est, transeunt. quæ res omnium rerum copia compleuit exercitum. His rebus gestis, Curio se in castra ad Bagradam recepit, atque uniuersi exercitus conclamatione imperator appellatur. postero die Vticam exercitum ducit, et prope oppidum castra ponit. non dum opere castrorum perfecto, equites ex statione nuntiant, magna auxilia equitum, peditumq́. ab rege missa, Vticam uenire. eodemq́. tempore uis magna pulueris cernebatur; et uestigio temporis primum agmen erat in conspectu. nouitate rei Curio permotus, præmittit equites, qui primum impetum sustineant, ac morentur: ipse celeriter, ab opere deductis legionibus, aciem instruit: equitesq́. committunt prælium: et prius, quàm plane legiones explicari, et consistere possent, tota auxilia regis impedita, ac perturbata, quòd nullo ordine, & sine timore iter fecerant, in fugam se conijciunt: equitatuq́. omni fere incolumi, quòd se per
litora

litora celeriter in oppidum recepit, magnum peditum numerum interficiunt. Proxima nocte centuriones Marsi duo ex castris Curionis, cum manipularibus suis uigintiduo, ad Atium Varum perfugiunt. ij, seu uere, quam habuerant, opinionem perferunt, siue etiam auribus Vari seruiunt. nam, quæ uolumus, & credimus libenter, &, quæ sentimus ipsi, reliquos sentire speramus. confirmant quidem certe, totius exercitus animos alienos esse a Curione; maxime opus esse, in conspectum exercitum uenire, & colloquendi dare facultatem. qua opinione adductus Varus, postero die mane legiones ex castris educit. facit idem Curio: atque, una ualle non magna interiecta, suas uterque copias instruit. Erat in exercitu Vari Sex. Quinctilius Varus; quem fuisse Corfinij, supra demõstratum est. hic, dimissus a Cæsare, in Africam uenerat: legionesq́. eas traduxerat Curio, quas superioribus temporibus Corfinio receperat Cæsar, adeo, ut, paucis mutatis centurionibus, ijdem ordines, manipulíq. constarent. hanc nactus appellationis causam Quinctilius circumire aciem Curionis, atque obsecrare milites cœpit, ne primam sacramenti, quod apud Domitium, atque apud se quæstorem dixissent, memoriam deponerent; neu contra eos arma ferrent, qui eadem essent usi fortuna, eademq́. in obsidione perpessi; neu pro ijs pugnarent, a quibus in contumeliam perfuga appellarentur. his pauca ad spem largitionis addit, quæ ab sua liberalitate, si se, atque Atium secuti essent, exspectare deberent. Hac habita
oratione,

oratione, nullam in partem ab exercitu Curionis sit significatio: atque ita suas uterque copias reducit. at in castris Curionis magnus omnium incessit timor. nam is uarijs hominū sermonibus celeriter augetur. unusquisque enim opinione fingebat, et ad id, quod ab alio audierat, sui aliquid timoris addebat. hoc ubi uno auctore ad plures permanauerat, atque alius alij tradiderat; plures auctores eius rei uidebantur. ciuile bellum; genus hominum, quod liceret libere facere, et sequi, quod uellent; legiones eæ, quæ paullo ante apud aduersarios fuerant, (nam etiam Cæsaris beneficium mutauerat consuetudo) quæ offerrentur; municipia etiam diuersis partibus coniuncta. neque enim ex Marsis, Pelignisq́. ueniebant, ut qui superiore nocte in contubernijs, commilitonesq́. non nulli grauiores sermones militum uulgo durius accipiebant. non nulla etiam ab ijs, qui diligentiores uideri uolebant, fingebantur. quibus de caussis concilio conuocato, de summa rerum deliberare incipit. erant sententiæ, quæ conandum omnibus modis castraq́. Vari oppugnanda censerent; quòd huiusmodi militum consilijs otium maxime contrarium esse arbitrarentur. postremo præstare dicebant, per uirtutem in pugna belli fortuna experiri, quàm, desertos, & circumuentos a suis, grauissimum supplicium pati. porro erant, qui censerent, de tertia uigilia in castra Corneliana recedendum; ut, maiore spatio temporis interiecto, militum mentes sanarentur; simul, si quid grauius accidisset, magna multitudine
nauium

nauium et tutius, et facilius in Siciliam receptus daretur. Curio, utrunque improbans consilium, quantum alteri sententiæ deesset animi, tantum alteri superesse dicebat: hos turpissimæ fugæ rationem habere, illos etiam iniquo loco dimicandum putare. Qua enim, inquit, fiducia, et opere, et natura loci munitissima castra expugnari posse confidimus? aut uero quid proficimus, si, accepto magno detrimento, ab oppugnatione castrorum discedimus? quasi non & felicitas rerum gestarum exercitus beneuolentiã imperatoribus, & res aduersæ odia concilient. Castrorum autem mutatio quid habet, nisi turpem fugam, & desperationem omnium, & alienationem exercitus? nam neque prudentes suspicari oportet, sibi parum credi; neque improbos scire, sese timeri: quòd illis licentiam timor augeat, nostris studia diminuat. Quòd si iam, inquit, hæc explorata habemus, quæ de exercitus alienatione dicuntur; quæ quidem ego aut omnino falsa, aut certe minora opinione esse confido: quanto, hæc dissimulare, et occultare, quàm per nos cõfirmari, præstat? an non, uti corporis uulnera, ita exercitus incommoda sunt tegenda, ne spem aduersarijs augeamus? At etiam, ut media nocte proficiscamur, addunt: quo maiorem, credo, licentiam habeant, qui peccare conentur. nanque huiusmodi res aut pudore, aut metu tenétur: quibus rebus nox maxime aduersaria est. Quare neque tãti sum animi, ut sine spe castra oppugnãda censeã; neque tãti timoris; ut ipse deficiã: atq. omnia prius experiẽda arbitror;

magnaq́.

magnaq́; ex parte iam me una uobiscum de re iudicium facturum confido. Dimisso concilio, concionem aduocat militum: commemorat, quo sit eorum usus studio ad Corfinium Cæsar; ut magnam partem Italiæ, beneficio, atque auctoritate eorū, suam fecerit. Vos enim, uestrumq́; factum, inquit, omnia deinceps municipia sunt secuta; neque sine caussa & Cæsar amicissime de nobis, & illi grauissime iudicauerunt. Pompeius enim, nullo prælio pulsus, uestri facti præiudicio demotus, Italia excessit: Cæsar me, quem sibi carissimum habuit, prouinciamq́; Siciliam, atque Africam, sine quibus urbem, atque Italiā tueri non potest, uestræ fidei commisit. Adsunt, qui uos hortentur, ut a nobis desciscatis. quid enim est illis optatius, quàm uno tempore & nos circumuenire, & uos nefario scelere obstringere? aut quid irati grauius de nobis sentire possunt, quàm, ut eos prodatis, qui se uobis omnia debere iudicant? et in eorum potestatem ueniatis, qui se per uos perisse existimant? An uero in Hispania res gestas Cæsaris non audistis? duos pulsos exercitus? duos superatos duces? duas receptas prouincias? hæc acta diebus XL, quibus in conspectū aduersariorum uenerit Cæsar. an, qui incolumes resistere non potuerunt, perditi resistant? uos autem, incerta uictoria, Cæsarem secuti, dijudicata iam belli fortuna, uictum sequamini? cum uestri officij præmia percipere debeatis. Desertos enim se, ac proditos a uobis dicunt; & prioris sacramenti mentionem faciunt. Vos ne uero L. Domitium, an uos

L. Domi-

LIBER II.   168

L. Domitius deseruit? nonne extremam pati fortunam paratos proiecit ille? non sibi, clam nobis, salutem fuga petiuit? non, proditi per illum, Cæsaris beneficio estis conseruati? Sacramento quidem uos tenere qui potuit? cum, proiectis fascibus, & deposito imperio, priuatus, & captus ipse in alienam uenisset potestatem. relinquitur noua religio, ut, eo neglecto sacramento, quo nunc tenemini, respiciatis illud, quod deditione ducis, & capitis diminutione sublatum est. At credo, si Cæsarem probatis, in me offenditis: qui de meis in uos meritis prædicaturus non sum; quæ sunt adhuc & mea uoluntate, & uestra expectatione leuiora. sed tamen sui laboris milites semper, euentu belli, præmia petiuerunt: qui qualis sit futurus, ne uos quidem dubitatis. Diligentiam quidem nostram, aut quem ad finem adhuc res processit, fortunamq́ cur prætereant? An pænitet uos, quòd saluum atque incolumé exercitum, nulla omnino naue desiderata, traduxerim? quòd classem hostium primo impetu aduenieus profligauerim? quòd bis per biduum equestri prælio superauerim? quòd ex portu, sinuq́. aduersariorum CC naues onerarias adduxerim? eoq́. illos compulerim, ut neque pedestri itinere, neque nauibus commeatu iuuari possint? Hac uos fortuna, atque his ducibus repudiatis, Corfiniensem ignominiam, an Italiæ fugam, an Hispaniarum deditionem, an Africi belli præiudicia sequimini? Equidem me Cæsaris militem dici uolui: uos me imperatoris nomine appellauistis, cuius si uos pænitet; uestrum nobis
beneficium

beneficium remitto, mihi meum restituite nomen; ne ad contumeliam honorem dedisse uideamini. Qua oratione permoti milites, crebro etiã dicentem interpellabant; ut magno cum dolore infidelitatis suspicionem sustinere uiderentur. discedentem uero ex concione, uniuersi cohortantur, magno sit animo, neu dubitet prælium cõmittere, & suam fidem, uirtutemq́; experiri. quo facto commutata omnium uoluntate, & opinione, consensu suo constituit Curio, cum primum sit data potestas, prælio rem committere. postero die productos, loco eodem, quo superioribus diebus cõstiterat, in acie collocat. ne Varus quidem Atius dubitat copias producere; siue solicitandi milites, siue æquo loco dimicandi detur occasio, ne facultatem prætermittat. Erat uallis inter duas acies, ut supra demonstratum est, non ita magno, aut difficili, et arduo adscensu. hanc, uterque, si aduersariorum copiæ transire conarentur, exspectabat; quo æquiore loco prælium cõmitteretur. simul a sinistro cornu P. Atij equitatus omnis, & una leuis armatura interiecti cõplures, cum se in uallem demitterent, cernebantur. ad eos Curio equitatum, et duas Marrucinorum cohortes mittit: quorũ primum impetũ equites hostium non tulerunt, sed, admissis equis, ad suos refugerunt: relicti ab ijs, qui una procurrerant, leuis armaturæ, circumueniebantur, atque interficiebantur ab nostris. huc tota Vari conuersa acies, suos fugere, & concidi uidebat. Tum Rebilus, legatus Cæsaris, quem Curio secum ex Sicilia duxerat, quòd
magnum

magnum habere usum in re militari sciebat, Perterritum, inquit, hostem uides Curio: quid dubitas uti temporis oportunitate? Ille unum elocutus, ut memoria tenerent milites ea, quæ pridie sibi confirmassent, sequi sese iubet, et procurrit ante omnes: adeoq́; erat impedita uallis, ut in adscensu, nisi subleuati a suis, primi non facile eniterentur. sed, præoccupatis animis Atianorum militum timore, et fuga, et cæde suorum, nihil de resistendo cogitabant, omnesq́. iam se ab equitatu circumueniri arbitrabantur. itaque prius, quàm telum abijci posset, aut nostri propius accederent, omnis Vari acies terga uertit, seq́. in castra recepit. qua in fuga Fabius Pelignus quidam, ex infimis ordinibus, de exercitu Curionis, primum agmen fugientium consecutus, magna uoce Varum nomine appellans requirebat, uti unus esse ex eius militibus, et monere aliquid uelle, ac dicere uideretur. ubi ille, sæpius appellatus, aspexit, ac restitit, et, quis esset, aut quid uellet, quæsiuit; humerum apertum gladio appetit: paullumq́. abfuit, quin Varum interficeret. quod ille periculum, sublato ad eius conatum scuto, uitauit. Fabius, a proximis militibus circũuentus, interficitur. ac fugientium multitudine, ac turba portæ castrorum occupãtur; atque iter impeditur; pluresq́. in eo loco sine uulnere, quàm in prælio, aut fuga, intereunt. neque multum abfuit, quin etiã castris expellerentur: ac nõ nulli protinus eodem cursu in oppidum contenderunt. sed cum loci natura, tũ munitio castrorum aditum prohibebat; quòd ad præ-

Y   lium

lium egreſſi Curionis milites, ijs rebus indigebant, quæ ad oppugnationem caſtrorum erant uſui. itaque Curio exercitum in caſtra reducit, ſuis omnibus præter Fabium incolumibus, ex numero aduerſariorum circiter ſexcentis interfectis, atque uulneratis: qui omnes, diſceſſu Curionis, multiq́. præterea, per ſimulationem uulnerum, ex caſtris in oppidum propter timorem ſeſe recipiũt. Qua re animaduerſa Varus, et terrore exercitus cognito, buccinatore in caſtris, et paucis ad ſpeciem tabernaculis relictis, de tertia uigilia ſilentio exercitum in oppidum reducit. Poſtero die Curio Vticam obſidere, et uallo circummunire inſtituit. Erat in oppido multitudo inſolens belli, diuturnitate otij; Vticenſes, pro quibuſdam Cæſaris in ſe beneficijs, illi amiciſſimi; conuentus, qui ex uarijs generibus conſtaret; terror ex ſuperioribus prœlijs magnus. itaque de deditione omnes palã loquebantur; et cum P. Atio agebant, ne ſua pertinacia omnium fortunas perturbari uellet. Hæc cum agerentur, nuntij, præmiſſi ab rege Iuba, uenerunt, qui illum cũ magnis copijs adeſſe dicerent, et de cuſtodia, ac defenſione urbis hortarentur. quæ res eorum perterritos animos confirmauit. Nuntiabantur hæc eadẽ Curioni, ſed aliquãdiu fides fieri non poterat. tantã habebat ſuarũ rerum fiduciã. iamq́. Cæſaris in Hiſpania res ſecundæ in Africam nuntijs, ac litteris perferebãtur. quibus omnibus rebus ſublatus, nihil contra ſe regem auſurum exiſtimabat. ſed, ubi certis auctoribus comperit, minus V, et XX millibus longe ab Vtica eius copiis pias abesse; relictis munitionibus, sese in castra Cornelia na recepit. huc frumentum comportare, castra munire, materiam conferre cœpit. statimq́. in Siciliā misit, uti duæ legiones, reliquusq́. equitatus ad se mitteretur. Castra erant ad bellum ducendum aptissima, natura, et loci munitione, et maris propinquitate, et aquæ, et salis copia: cuius magna vis iam ex proximis erat salinis eò congesta. non materia multitudine arborum, non frumentum, cuius erant plenissimi agri, deficere poterat. itaque, suorum omnium consensu, Curio reliquas copias exspectare, et bellum ducere parabat. His constitutis rebus, probatisq́. consilijs, ex perfugis quibusdam oppidanis audit, Iubam, reuocatum finitimo bello, et controuersijs Leptitanorum, restitisse in regno; Saburam, eius præfectum, cum mediocribus copijs missum, Vticæ appropinquare. his auctoribus temere credens, consilium commutat, et prælio rem committere constituit. multum ad hanc rem probandam adiuuat adolescentia, magnitudo animi, superioris temporis prouentus, fiducia rei bene gerendæ. his rebus impulsus, equitatum omnem prima nocte ad castra hostium mittit ad flumen Bagradam, quibus prærat Sabura, de quo ante erat auditum. sed rex cum omnibus copijs insequebatur, et, sex millium passuum interuallo a Sabura, consederat. equites missi, nocte iter conficiunt: imprudentes, atque inopinantes hostes aggrediuntur. Numidæ enim, quadam barbara consuetudine, nullis ordinibus passim consederant.

Y 2   hos

hos oppreſſos somno, et diſperſos adorti, magnum eorum numerũ interficiunt: multi perterriti profugiũt.
quo facto ad Curionem equites reuertuntur, capti-
uosq́; ad eum reducunt. Curio cum omnibus copijs
quarta uigilia exierat, cohortibus quinque caſtris
præsidio relictis. progreſsus millia paſsuum ſex, e-
quites conuenit: rem geſtam cognouit: ex captiuis
quærit, quis caſtris ad Bagradam præſit: respondent,
Saburam: reliqua, ſtudio itineris conficiendi, quærere
prætermittit: proximaq́; reſpiciens ſigna, Videtis
ne, inquit, milites captiuorum orationem cum perfugis conuenire? abeſſe regem, exiguas eſſe copias
miſſas, quæ paucis equitibus pares eſſe non potuerũt.
proinde ad prædam, ad gloriam properate; ut iam
de præmijs ueſtris, et de referenda gratia cogitare in-
cipiamus. Erant per ſe magna, quæ geſſerant equites, præſertim cum eorum exiguus numerus cũ tanta multitudine Numidarum conferretur. hæc tamen
ab ipſis inflatius commemorabantur; ut de ſuis homines laudibus libenter prædicant. multa præterea
ſpolia præferebantur, capti homines, equitesq́; pro-
ducebantur: ut, quidquid intercederet temporis, hoc
omne uictoriam morari uideretur. ita ſpei Curionis
militum ſtudia non deerant. equites ſequi iubet ſeſe;
iterq́; accelerat, ut quammaxime ex fuga perterritos adoriri poſſet. at illi, itinere totius noctis confecto, ſubſequi non poterant: atque alij alio loco reſiſtebant. ne hæc quidem res Curionem ad ſpem morabatur. Iuba certior factus a Sabura de nocturno prælio,
duo

duo millia Hispanorum, et Gallorum equitum, quos suæ custodiæ caussa circum se habere consueuerat, et peditum eam partem, cui maxime confidebat, Saburæ submittit: ipse cum reliquis copijs, elephantisq́. x̄ ī. lentius subsequitur, suspicatus, præmissis equitibus, ipsum affore Curionem. Sabura copias equitū, peditumq́. instruit: atque his imperat, ut, simulatione timoris, paullatim cedant, ac pedem referant: sese, cum opus esset, signum prælij daturum, et, quod rem postulare cognouisset, imperaturum. Curio, ad superiorem spem addita præsentis temporis opinione, hostes fugere arbitratus, copias ex locis superioribus in campum deducit. quibus ex locis cum longius esset progressus, confecto iam labore exercitu xvi. millium spatio, consistit. dat signum suis Sabura, aciem constituit, et circuire ordines, atque hortari incipit: sed peditatu dumtaxat procul ad speciem utitur, equites in aciem mittit. Non deest negotio Curio: suosq́. hortatur, ut spem omnem in uirtute reponant. nec militibus quidem, ut defessis, neque equitibus, ut paucis, et labore confectis, studium ad pugnandum, uirtusq́. deerat. sed ij, numero ducenti, (reliqui in itinere substiterant) quamcunque in partem impetum fecerant, hostes loco cedere cogebant: sed neque longius fugientes prosequi, nec uehementius equos incitare poterant. At equitatus hostium ab utroque cornu circuire aciem nostram, et auersos proterere incipit. cum cohortes ex acie procurrissent, Numidæ integri celeritate impetum nostrorum

rum effugiebant, rursusq́. ad ordines suos se recipientes, circumibant, et ab acie excludebant. sic neque in loco manere, ordinesq́. seruare, neque procurrere, et casum subire, tutú uidebatur. hostium copiæ, summissis ab rege auxilijs, crebro augebantur. nostros uires lassitudine deficiebant, simul ij, qui uulnera acceperant, neque acie excedere, neque in locum tutum referri poterant; quòd tota acies equitatu hostium circumdata tenebatur. hi, de sua salute desperantes, ut extremo uitæ tempore homines facere consuerút, aut suam mortem miserabantur, aut parentes suos commendabãt, si quos ex eo periculo fortuna seruare potuisset. plena erant omnia timoris, et luctus. Curio ubi, perterritis omnibus, neque cohortationes suas, neque preces audiri intelligit, unam, ut in reliquis rebus, spem reliquam salutis esse arbitratus, proximos colles capere uniuersos, atque eò inferri signa iubet. hos quoque præoccupat missus a Sabura equitatus. tum uero ad summam desperationem nostri perueniunt; et partim fugientes ab equitatu interficiuntur, partim integri procumbunt. hortatur Curionem Cn. Domitius, præfectus equitum, cum paucis equitibus circumsistens, ut fuga salutem petat, atque in castra contendat: et se ab eo non discessurum pollicetur. at Curio, nunquam amisso exercitu, quem a Cæsare fidei suæ commissum acceperit, se in eius conspectum reuersurum, confirmat; atque ita prælians interficitur. equites perpauci ex prælio se recipiunt. sed ij, quos ad nouissimum agmen, equorum

rum reficiendorum caussa, substitisse demonstratum est, fuga totius exercitus procul animaduersa, sese incolumes in castra conferunt, milites ad unum omnes interficiuntur. His rebus cognitis, M. Rufus quæstor, in castris relictus a Curione, cohortatur suos, ne animo deficiant. illi orant, atque obsecrant, ut in Siciliã nauibus reportentur. pollicetur: magistrisq́; imperat nauium, ut primo uespere omnes scaphas ad litus appulsas habeant. sed tantus fuit omnium terror, ut alij adesse copias Iubæ dicerent, alij cum legionibus instare Varum, iamq́; se puluerem uenientium cernere: quarum rerum nihil omnino acciderat: alij classem hostium celeriter aduolaturam suspicarentur. itaque, perterritis omnibus, sibi quisque consulebat. qui in classe erant, proficisci properabant. horum fuga nauium onerariarũ magistros incitabat. pauci lenunculi ad officium, imperiumq́; conueniebant. sed tanta erat, completis litoribus, contentio, qui potissimum ex magno numero conscenderent; ut multitudine, atque onere non nulli deprimerentur, reliqui hoc timore propius adire tardarentur. quibus rebus accidit, ut pauci milites, patresq́; familiæ, qui aut gratia, aut misericordia ualerent, aut naues adnare possent, recepti in Siciliam incolumes peruenirent. reliquæ copiæ, missis ad Varum noctu, legatorum numero, centurionibus, sese ei dediderunt. quorum cohortes militum Iuba postero die ante oppidum conspicatus, suam esse prædicans prædam, magnam partem eorum interfici iussit: paucos electos in re-

Y 4 gnum

gnum remisit; cum Varus suam fidem ab eo lædi
quereretur, neque resistere auderet: ipse equo in op
pidum uectus, prosequentibus compluribus senatoribus, quo in numero erat Ser. Sulpicius, et Licinius
Damasippus, paucis diebus, quæ fieri uellet, Vticæ
constituit, atque imperauit: diebusq́. æque post pau
cis, se in regnum cum omnibus copijs recepit.

C. IVLII CAESARIS
COMMENTARIORVM
DE BELLO CIVILI LIB. III.

DICTATORE habente co-
mitia Cæsare, consules crean-
tur Iulius Cæsar, & P. Seruilius. is enim erat annus, quo per
leges ei consulem fieri liceret.
His rebus confectis, cum fides
tota Italia esset angustior, ne-
que creditæ pecuniæ soluerentur, constituit, ut arbi-
tri darentur, per eos fierent æstimationes possessio-
num, & rerum, quanti quæque earum ante bellum
fuissent, atque eæ creditoribus traderentur. hoc &
ad timorem nouarum tabularum tollendum, minuen
dumque, qui fere bella, & ciuiles dissensiones sequi
consueuit, & ad debitorum tuendam existimationem esse aptissimum existimauit. item, prætoribus,
tribunisq́. pl. rogationes ad populum ferentibus, non
nullos, ambitus Pompeia lege damnatos, illis tempo
ribus,

ribus, quibus in urbe præsidia legionum Pompeius habuerat, quæ iudicia, alijs audientibus iudicibus, alijs sententiam ferentibus, singulis diebus erant perfecta, in integrum restituit; qui se illi initio ciuilis belli obtulerant, si sua opera in bello uti uellet; perinde æstimans, ac si usus esset, quoniam sui fecissent potestatem. Statuerat enim, hos prius iudicio populi debere restitui, quàm suo beneficio uideri receptos; ne aut ingratus in referenda gratia, aut arrogans in præripiendo populi beneficio uideretur. His rebus, & serijs Latinis, comitijsque omnibus perficiundis x I dies tribuit: dictaturaq̃. se abdicat, & ab urbe proficiscitur, Brundisiumq̃. peruenit: eò legiones v11, equitatum omnem uenire iusserat. sed tantum nauium reperit, ut anguste x v millia legionariorum militum, et quingentos equites transportare possent. hoc unum inopia nauium Cæsari ad conficiendi belli celeritatem defuit. atque ea copia ipsa hoc infrequẽtiores imponuntur, quod multis Gallicis tot bellis defecerant; longumq̃. iter ex Hispania magnum numerum diminuerat; & grauis autumnus in Apulia, circumq̃. Brundisium, ex saluberrimis Galliæ, & Hispaniæ regionibus, omnem exercitum ualetudine tentauerat. Pompeius, anni spatium ad comparandas copias nactus, quod uacuum a bello, atque ab hoste otiosum fuerat, magnam ex Asia, Cycladibusq̃. insulis, Corcyra, Athenis, Ponto, Bithynia, Syria, Cilicia, Phœnice, et Ægypto classem coëgerat, magnam omnibus locis ædificandam curauerat; magnã

impera-

imperatam Asiae, Syriae, regionibusq́; omnibus, & dynastis, & tetrarchis, & liberis Achaiae populis pecuniam exegerat; magnam societates earum prouinciarum, quas ipse obtinebat, sibi numerare coegerat. legiones effecerat ciuium Romanorum IX, quinque ex Italia, quas traduxerat, unam ex Sicilia ueteranam, quam factam ex duabus Gemellam appellabat, unam ex Creta, & Macedonia ex ueteranis militibus; qui dimissi a superioribus imperatoribus, in ijs prouincijs consederant; duas ex Asia, quas Lentulus consul scribendas curauerat, praeterea magnum numerum ex Thessalia, Boeotia, Achaia, Epiroq́ue, supplementi nomine, in legiones distribuerat. his Antonianos milites admiscuerat. praeter has exspectabat cum Scipione ex Syria legiones duas. sagittarios ex Creta, Lacedaemone, Ponto, atque Syria, reliquisq́; ciuitatibus tria millia numero habebat, funditorum cohortes sex, mercenarias duas, equites septem millia: ex quibus sexcentos Gallos Deiotarus adduxerat, quingentos Ariobarzanes ex Cappadocia: ad eundem numerum Cotus ex Thracia dederat, & Sadalem filium miserat. ex Macedonia CC erant, quibus Rascipolis praeerat, excellenti uirtute. quingentos ex Gabinianis Alexandria, Gallos, Germanosq́ue, quos ibi A. Gabinius praesidij caussa apud regem Ptolemaeum reliquerat, Pompeius filius cum classe adduxerat, DCCC, quos ex seruis suis, pastorumq́; suorum coegerat. CCC Tarcundarius, Castor, & Donilaus

laus ex Gallogræcia dederat, horum alter una uenerat, alter filium miserat. CC ex Syria a Comageno Antiocho, cui magna præmia Pompeius tribuit, missi erant, in his plerique hippotoxotæ. huc Dardanos, Bessos, partim mercenarios, partim imperio, aut gratia comparatos, item Macedonas, Thessalos, & reliquarum gentium, & ciuitatum, adiecerat; atque eum, quem supra demonstrauimus, numerum expleuerat. frumenti uim maximam ex Thessalia, Asia, Aegypto, Creta, Cyrenis, reliquisq̃. regionibus comparauerat. hiemare Dyrrhachio, Apolloniæ, omnibusq̃. oppidis maritimis constituerat, ut mare Cæsarem transire prohiberet: eiusq̃. rei caussa omni in ora maritima classem disposuerat. præerat Aegyptijs nauibus Pompeius filius, Asiaticis D. Lælius, & C. Triarius, Syriacis C. Cassius, Rhodijs C. Marcellus cum C. Pomponio, Liburnicæ, atque Achaicæ classi Scribonius Libo, & M. Octauius: toti tamen officio maritimo M. Bibulus præpositus cuncta administrabat: ad hunc summa imperij respiciebat. Cæsar, ut Brundisium uenit, concionatus apud milites, quoniam prope ad finem laborum, ac periculorum esset peruentum, æquo animo mancipia, atque impedimenta in Italia relinquerent; ipsi expediti naues conscenderent, quo maior numerus militum posset imponi; omniaque ex uictoria, & ex sua liberalitate sperarent; conclamantibus omnibus, imperaret, quod uellet; quodcunque imperauisset, se æquo animo esse facturos; 11.
non.

non. Ian. naues soluit, impositis, ut supra demonstratum est, legionibus VII. postridie terram attigit Ceraunioriorum, saxa inter, & alia loca periculosa quietam nactus stationem, & portus omnes timens, quos teneri ab aduersarijs arbitrabatur, ad eum locum, qui appellatur Pharsalus, omnibus nauibus ad unam incolumibus, milites exposuit. Erat Orici Lucretius Hispilo, & Minucius Rufus cum Asiaticis nauibus XVIII, quibus iussu D. Lælij præerant; M. Bibulus cum nauibus CX. Corcyræ, sed neque ij, sibi consisi, ex portu prodire sunt ausi; cum Cæsar omnino XII naues longas præsidio duxisset; in quibus erat & ipse: neque Bibulus, impeditis nauibus, dispersisq́. rebus suis mature occurrit: quòd prius ad continentem est Cæsar, quàm de eius aduentu fama in eas regiones perferretur. expositis militibus, naues eadem nocte Brundisium a Cæsare remittuntur, ut reliquæ legiones, equitatusq́. transportari possent. huic officio præpositus erat Fusius Calenus legatus, qui celeritatem in transportandis legionibus adhiberet. sed serius a terra prouectæ naues, neque usæ nocturna aura, in redeundo offenderunt. Bibulus enim Corcyræ certior factus de aduentu Cæsaris, sperans se alicui parti onustarum nauium occurrere posse, inanibus occurrit; & nactus circiter XXX, in eas diligentiæ suæ, ac doloris iracundia erupit, omnesq́. incendit; eodemq́. igne nautas, dominosq́. nauium interfecit, magnitudine pœna reliquos deterrere sperans. Hoc confecto negotio, a Salonis ad Orici portum

LIBER III.

tum stationes, litora, omnia longe, lateq́; classibus occupauit: custodijsq́; diligentius dispositis, ipse grauissima hieme in nauibus excubabat, neque ullum laborem, aut munus despiciens, neque subsidium exspectans, si in Cæsaris conspectum ueniret. Sed post discessum Lyburnarum, ex Illyrico M. Octauius cum ijs, quas habebat, nauibus Salonas peruenit; ibiq́; concitatis Dalmatis, reliquisq́; barbaris, Issam a Cæsaris amicitia auertit: conuentum Salonis cum neque pollicitationibus, neque denuntiatione periculi permouere posset, oppidum oppugnare instituit. est autem oppidum & loci natura, & colle munitum. sed celeriter ciues Romani, ligneis effectis turribus, sese muniérunt: &, cum essent infirmi ad resistendum, propter paucitatem hominum, crebris confecti uulneribus, ad extremum auxilium descéderunt; seruosq́; omnes puberes liberauerunt; &, præsectis omnium mulierum crinibus, tormenta effecerunt. quorum cognita sententia, Octauius quinis castris oppidum circumdedit; atque uno tempore obsidione, & oppugnationibus eos premere cœpit. illi, omnia perpeti parati, maxime re frumentaria laborabant. qua de re missis ad Cæsarem legatis, auxilium ab eo petebant: reliqua, ut poterant, per se incommoda sustinebant: et, longo interposito spatio, cum diuturnitas oppugnationis negligentiores Octauianos effecisset, nacti occasionem meridiani temporis, discessu eorum, pueris mulieribusq́; in muro dispositis, ne quid quotidianæ consuetudinis desideraretur, ipsi, manu
facta,

facta, cum ijs, quos nuper manumissos liberauerant, in proxima Octauij castra irruperunt. his expugnatis, eodem impetu altera sunt adorti, inde tertia, & quarta, & deinceps reliqua: omnibusq́; eos castris expulerunt, &, magno numero intersecto, reliquos, atque ipsum Octauium in naues cógere coegerunt. hic fuit oppugnationis exitus. iamq́; hiems appropinquabat, &, tantis detrimentis receptis, Octauius, desperata oppugnatione oppidi, Dyrrhachium sese ad Pompeium recepit. Demonstratum est, L. Vibullium Rufum, Pompeij præfectum, bis in potestatē peruenisse Cæsaris, atque ab eo esse dimissum, semel ad Corfinium, iterum in Hispania. hunc pro suis beneficijs Cæsar iudicauerat idoneum, quem cum mandatis ad Cn. Pompeium mitteret; eundemq́; apud Cn. Pompeium auctoritatem habere intelligebat. erat autem hæc summa mādatorū: debere utrunque pertinaciæ finē facere, & ab armis discedere, neque amplius fortunam periclitari: satis esse magna utrinque incómoda accepta; quæ pro disciplina, & præceptis habere possent, ut reliquos casus timerent: illum ab Italia expulsum, amissa Sicilia, et Sardinia, duabusq́; Hispanijs, et cohortibus in Italia, atque Hispania ciuium Romanorum centum, atque triginta: se morte Curionis, et detrimento Africani exercitus tanto, militumq́; deditione ad Corcyram: proinde sibi, ac reip. parcerent, quantumq́; in bello fortuna posset, iam ipsi incómodis suis satis essent documento. hoc unum esse tempus de pace agendi, dum sibi uterque

consi-

consideret, & pares ambo uiderentur: si uero alteri paullum modo tribuisset fortuna, non esse usurū conditionibus pacis eum, qui superior uideretur, neque fore æqua parte contentum, qui se omnia habiturum confideret: condiciones pacis, quoniam antea conuenire non potuissent, Romæ a senatu, et a populo peti debere: interea & reip. et ipsis placere oportere, si uterque in concione statim iurauisset, se triduo proximo exercitum dimissurum, depositisq́ armis, auxilijsque, quibus nunc considerent, necessario populi senatusq́. iudicio fore utrunque contentum: hæc quo facilius Pōpeio probari possent, omnes suas terrestres, urbiumq́. copias dimissurum. Vibullius, his expositis a Cæsare, non minus necessariū esse existimauit, de repentino aduentu Cæsaris Pōpeium fieri certiorē, uti ad id consilium capere possit, ante quàm de mandatis agi inciperet: atque ideo, continuato, et nocte, et die itinere, atque mutatis ad celeritatē iumentis, ad Pōpeium contendit; ut, adesse Cæsarem omnibus copijs, nunciaret. Pōpeius erat eo tēpore in Candauia; iterq́. ex Macedonia in hiberna Apolloniā Dyrrhachiumq́. habebat. sed, re noua perturbatus, maioribus itineribus Apolloniā petere cœpit, ne Cæsar oræ maritimæ ciuitates occuparet. At ille, expositis militibus, eodē die Orici proficiscitur. quò cū uenisset, L. Torquatus, qui iussu Pōpeij oppido præerat, præsidiúmq́. ibi Parthinorū habebat, conatus portis clausis oppidum defendere, Græcos murum adscendere, atque arma capere iubet. illi autem cum se contra imperium populi R.

li R. pugnaturos esse negarent; oppidani autem sua sponte Cæsarem recipere conarentur, desperatis omnibus auxiliis, portas aperuit, et se, atque oppidum Cæsari dedit; incolumisq́; ab eo cóseruatus est. Recepto Cæsar Orico, nulla interposita mora Apolloniã proficiscitur. eius aduentu audito, L. Straberius, qui ibi præerat, aquam comportare in arcem, atque eam munire, obsidesq́; ab Apolloniatibus exigere cœpit. illi uero daturos se negare; neque portas consuli præclusuros; neque sibi iudicium sumpturos contra, atque omnis Italia, populusq́; R. iudicauisset. quorum cognita uoluntate, clam profugit. Apolloniates ad Cæsarem legatos mittunt, oppidóq́; recipiunt. hos sequuntur Bullidenses, Amatini, & reliquæ finitimæ ciuitates, totáq́; Epirus; &, legatis ad Cæsarem missis, quæ imperaret, facturos pollicentur. At Pompeius, cognitis ijs rebus, quæ erant Orici, atque Apolloniæ gestæ, Dyrrhachio timens, diurnis eó nocturnisq́; itineribus, contendit. simul ac Cæsar appropinquare dicebatur, tantus terror incidit eius exercitui, quòd properans noctem diei coniunxerat, neque iter intermiserat, ut pæne omnes in Epiro, finitimisq́; regionibus signa relinquerent; complures arma proijcerent, at fugæ simile iter uideretur. sed, cum prope Dyrrhachium Pompeius constitisset, castraq́; metari iussisset, perterrito etiam tum exercitu, princeps Labienus procedit, iuratq́; se eum non deserturum, eundemq́; casum subiturũ, quæcunque ei fortuna tribuisset. hoc idé reliqui iurant legati. hos tribuni mil. centurionesq́; sequuntur,

tur, atque idem omnis exercitus iurat. Cæsar profe
cto occupato itinere ad Dyrrhachium, finem prope-
randi facit: castraq́. ad flumen Apsum ponit, in fini
bus Apolloniatium, ut uigilijs, castellisq́. benemeri-
tæ ciuitates tutæ essent: ibiq́. reliquarum ex Italia le
gionum aduentum exspectare, et sub pellibus hiema
re constituit. hoc idem Pōpeius facit; et trans flumen
Apsum positis castris, eò copias omnes, auxiliaq́. con
duxit. Calenus, legionibus, equitibusq́. Brundisii in
naues positis, ut erat præceptum a Cæsare, quantum
nauium facultatem habebat, naues soluit; paullumq́.
a portu progressus, litteras a Cæsare accipit; quibus
est certior factus, portus, litoraq́. omnia classibus ad
uersariorum teneri. quo cognito, se in portum recipit, nauesq́. omnes reuocat: una ex ijs, quæ perseue
rauit, neque imperio Caleni obtemperauit, quòd e-
rat sine militibus, priuatoq́. consilio administraba-
tur, delata Oricum, atque a Bibulo expugnata est:
qui de seruis, liberisq́. omnibus ad impuberes suppli
cium sumit, et ad unum interficit. ita, exiguo tempo
re, magno casu totius exercitus salus constitit. Bibu
lus, ut supra demonstratum est, erat cum classe ad
Oricum: et, sicut mari, portubusq́. Cæsarem prohibebat, ita ipse omni terra earum regionum prohibe-
batur. præsidijs sex im dispositis, omnia litora a Cæsare
tenebantur, neque lignandi, neque aquandi, neque na
ues ad terram religādi potestas fiebat. erat res in ma
gna difficultate, summisq́. angustijs rerum necessaria
rum premebátur, adeo, ut cogerentur, sicuti reliquū
Z   com-

commeatum, ita ligna, atque aquam Corcyra nauibus onerarijs supportare, atque uno tempore accidit, ut, difficilioribus usi tempestatibus, ex pellibus, quibus erant tectæ naues, nocturnum excipere rorem cogerentur: quas tamen difficultates patienter, et æquo animo ferebant; neque sibi nudanda litora, et relinquendos portus existimabant. Sed, cũ essent in quibus demonstraui angustijs; ac se Libo cum Bibulo coniunxisset; loquuntur ambo ex nauibus cum M. Acilio, et Statio Murco legatis, quorum alter oppidi muris, alter præsidijs terrestribus præerat; uelle se de maximis rebus cũ Cæsare loqui, si sibi eius facultas detur. huc addunt pauca, rei confirmandæ caussa, ut de compositione acturi uiderentur. interim postulãt, ut sint indutiæ; atque ab ijs impetrant. magnum enim, quod afferebant, uidebatur: et Cæsarem id summe sciebant cupere: et, perfecturum aliquid de Bibuli mandatis, existimabatur. Cæsar eo tempore cum legione una profectus erat ad recipiendas ulteriores ciuitates, et rem frumentariam expediendam, qua anguste utebatur. erat autem ad Buthrotum oppositum Corcyræ. ibi ab Acilio certior, et Murco per litteras factus de postulatis Libonis, et Bibuli, legionem relinquit; ipse Oricum reuertitur. eò cum ueniesset, euocantur illi ad colloquium. prodit Libo, atque excusat Bibulum, quòd is iracundia summa erat, inimicitiasq́. habebat etiam priuatas cum Cæsare, ex ædilitate, et prætura conceptas: ob eam rem colloquium uitasse, ne res maximæ spei, maximæq́. utilitatis

eius

eius iracundia impedirentur: Pompey summam esse, ac fuisse semper uoluntatem, ut componerentur, atque ab armis discederetur: sed potestatem se eius rei nullam habere ; propterea quòd de consilij sententia summã belli, rerumq́. omnium Põpeio permiserint: sed, postulatis Cæsaris cognitis, missuros ad Põpeiũ, atque illum reliqua perfecturum, hortantibus ipsis: interea manerent indutiæ, dum ab illo redwi posset; ne ue alter alteri noceret. huc addit pauca de caussa, et de copijs, auxilijsq́. suis. Quibus rebus neque tum respondendum Cæsar existimabat : neque nunc, ut memoriæ prodatur, satis caussæ putamus. Postulabat Cæsar, ut legatos sibi ad Pompeium sine periculo mittere liceret; idq́. ipsi fore reciperent, aut acceptos per se ad eum perducerent: quòd ad indutias pertineret, sic belli rationem esse diuisam; ut illi classe naues, auxiliaq́. sua impedirent; ipse ut aqua, terraq́. eos prohiberet; et, si hoc sibi remitti uellent, remitterent ipsi de maritimis custodijs ; sin illud tenerent, se quoque id retenturum : nihilo minus tamen agi posse de compositione, ut hæc non remitterentur; neque hanc rem esse impedimenti loco. Illi neque legatos Cæsaris recipere, neque periculũ præstare corum, sed totam rem ad Pompeium reijcere: unũ instare de indutijs, uehementissimeq́. contendere. quos ubi Cæsar intellexit, præsentis periculi, atque inopiæ uitandæ caussa, omnem oratione instituisse, neque ullã spem, aut conditione pacis asserre; ad reliquam cogitatione belli sese recepit. Bibulus, multos dies terra

Z 2 prohi-

prohibitus, et grauiore morbo ex frigore, ac labore
implicitus, cum neque curari posset, neque susceptũ
officium deserere uellet, uim morbi sustinere non potuit. eo mortuo, ad neminem unum summa imperij
redit: sed separatim suam quisque classem ad arbitrium suum administrabat. Vibullius, sedato tumul
tu, quem repentinus aduentus Cæsaris concitauerat,
ubi primum, rursus adhibito Libone, et L. Lucceio,
et Theophane, quibus communicare de maximis rebus Põpeius consueuerat, de mandatis Cæsaris agere instituit; eum ingressum in sermonem Pompeins in
terpellauit, et loqui plura prohibuit. Quid mihi, inquit, aut uita, aut ciuitate opus est, quam beneficio
Cæsaris habere uidebor? cuius rei opinio tolli non po
terit, nisi cum in Italiam, ex qua profectus sum, redu
citus existimabor, bello perfecto. Ab ijs Cæsar hæc di
cta cognouit, qui sermoni interfuerunt. conatus tamẽ
nihilo minus est alijs rationibus per colloquia de pace
agere. inter bina castra Pompeij, atque Cæsaris insu
flumen tantũ intererat Apsus: crebraq; inter se col
loquia milites habebant: neque ullum interim telum
per pactiones colloquentiũ transijciebatur. mittit P.
Vatinium legatum ad ripam ipsam fluminis; qui ea,
quæ maxime ad pacem pertinere uiderētur, ageret;
& crebro magna uoce pronuntiaret, liceret ne ciuibus ad ciues de pace legatos mittere; quod etiam fugitiuis ab saltu Pyrenæo, prædonibusq; licuisset; præ
sertim, ut id agerent, ne ciues cum ciuibus armis decertarent. multa suppliciter locutus, ut de sua, atque
omnium

omnium salute debebat, silentioq́. ab utrisque militibus auditus, responsum est ab altera parte, A. Varronem profiteri se altera die ad colloquiū uenturum, atque una etiā utrinque admodū tuto legati uenire, et, quæ uellent, exponere possent; certumq́. ei rei tēpus constituitur. quò cum esset postero die uentū; magna utrinque multitudo cōuenit; magnaq́. erat eius rei exspectatio: atque omnium intenti animi ad pacem esse uidebantur. qua ex frequentia T. Labienus prodijt, summa oratione loqui de pace, atque altercari cum Vatinio incipit. quprū mediam orationem interrumpunt undique subito tela immissa; quæ ille obtectus armis militum uitauit. uulnerantur tamen cōplures, in his Cornelius Balbus, M. Plotius, L. Tiburtius, centuriones, militesq́. non nulli. Tum Labienus, Desinite ergo de compositione loqui. nam nobis, nisi Cæsaris capite relato, pax esse nulla potest. Iisdē temporibus Romæ M. Cælius Rufus prætor, caussa debitorū suscepta, initio magistratus tribunal suum iuxta C. Trebonij, prætoris urbani, sellā collocauit; et, si quis appellasset de æstimatione, & de solutionibus, quæ per arbitrium fierent, ut Cæsar præsens cōstituerat, fore auxilio pollicebatur. sed fiebat æquitate decreti, et humanitate Trebonij, qui his tēporibus clementer, et moderate ius dicendū existimabat, ut reperiri non posset, a quibus initiū appellandi nasceretur. nam fortasse inopiam excusare, et calamitatē aut propriam suā, aut temporū queri, et difficultates auctionandi proponere, etiā mediocris est animi: integras

tegras uerò tenere possessiones, qui se debere fatean-
tur, cuius animi, aut cuius impudentiæ est? itaque, qui
hoc postularet, reperiebatur nemo. atque ipsis, ad
ad quorum cômodum pertinebat, durior inuentus est
Cœlius. & ab hoc profectus initio, ne frustra ingressus turpem caussam uideretur, legem promulgauit,
ut sexies seni dies sine usuris credita pecuniæ soluan-
tur. cum resisteret Seruilius consul, reliquiq́. magistratus; et minus opinione sua efficeret; ad hominum
excitanda studia, sublata priore lege, duas promulgauit; unam, qua mercedes habitationũ annuas con
ductoribus donauit; aliam tabularũ nouarum: impe-
tuq́. multitudinis in C. Trebonium facto, et nõ nullis
uulneratis, eũ de tribunali deturbauit: de quibus rebus Seruilius consul ad senatum retulit. senatusq́. Cœ
liũ ab rep. remouendũ censuit. hoc decreto, eum tõsul
senatu prohibuit, et cõcionari conantẽ de rostris dedu
xit. ille, ignominia, et dolore permotus, palã se proficisci ad Cæsarẽ simulauit clã, nũtijs ad Milonẽ missis,
qui, Clodio interfecto, eius nomine erat dãnatus, atque, eo in Italiã euocato, quòd, magnis muneribus da
tis, gladiatoriæ familiæ reliquias habebat, sibi côiun-
xit; atque eũ in Turinum ad solicitãdos pastores pre-
misit. ipse cũ Cassilinum uenisset, unoq́. tẽpore signa
eius militaria, atque arma Capuæ essent cõprehensa,
familia Neapoli uisa, atque proditio oppidi appareret, patefactis cõsilijs, exclusus Capua, et periculũ ue
ritus, quòd cóuentus arma ceperat, atque eũ hostis lo
co habẽdum existimabat, cõsilio destitit, atque eo itinere

nere sese auertit. Interim Milo, dimissis circũ municipia litteris, ea, quæ faceret, iussu, atque imperio facere Pópeij, quæ mandata ad se per Bibulum delata essent, quos ex ære alieno laborare arbitrabatur, soli citabat. apud quos cũ proficere nihil posset, quibusdã solutis ergastulis, Cosam in agro Turino oppugnare cœpit. eò cũa Q. Pedio prætore cum legione lapide ictus esset ex muro, perijt: et Cœlius profectus, ut dictitabat, ad Cæsaré, peruenit Turios: ubi, cũ quosdã eius municipij solicitaret, equitibusq́. Cæsaris Gallis, atque Hispanis, qui eò præsidij caussa missi erat, pecunia polliceretur, ab ijs est interfectus. itaque magnarum initia rerũ, quæ occupatione magistratuũ, et tẽporum solicitam Italiam habebant, celerem, et facilẽ exitũ habuerunt. Libo, profectus ab Orico cũ classe, cui præerat, nauium quinquaginta, Brundisiũ uenit; insulamque, quæ contra Brundisinũ portum est, occupauit; quòd præstare, unum locũ, arbitrabatur, quà necessarius nostris erat egressus, quàm omnium litora, ac portus custodia clausos teneri. hic, repentino aduentu, naues onerarias quasdã nactus incendit; et una frumento onustam abduxit; magnumq́. nostris terrorem iniecit; et, noctu militibus, et sagittarijs in terrã expositis, præsidium equitũ deiecit; et adeo loci oportunitate profecit, ut ad Pópeium litteras mitteret, naues reliquas, si uellet, subduci, et refici iuberet; sua classe auxilia sese Cæsaris prohibiturũ. Erat eo tempore Antonius Brundisij; qui uirtuti militum confisus, scaphas nauium magnarũ circiter LX cratibus,

bus, pluteisq́; contexit; eoq́; milites delectos imposuit; atque eas in litore pluribus locis separatim disposuit; nauesq́; triremes duas, quas Brundisij faciēdas curauerat, per caussam exercendorum remigum ad fauces portus prodire iussit. has cum audacius progressas Libo uidisset, sperans intercipi posse, quadriremes quinque ad eas misit. quæ cū nauibus nostris appropinquassent; nostri ueterani in portum refugiebant; illi, studio incitati, incautius sequebantur. iam ex omnibus partibus subito Antonianæ scaphæ, signo dato, se in hostes incitauerunt; primoq́; impetu unam ex his quadriremem cum remigibus, defensoribusq́; suis ceperunt; reliquas turpiter fugere coegerunt. ad hoc detrimentum accessit, ut, equitibus per orā maritimam ab Antonio dispositis, aqua prohiberentur. qua necessitate, et ignominia permotus Libo, discessit a Brundisio, obsessionemq́; nostrorum omisit. Multi iam menses transierant; & hiems præcipitauerat; neque Brūdisio naues, legionesq́; ad Cæsarem ueniebant: ac non nullæ eius rei prætermissæ occasiones Cæsari uidebantur; quòd certe sæpe flauerant uēti, quibus necessario cōmittendū existimabat. quantoq́; eius amplius processerat tēporis; tāto erāt alacriores ad custodias, qui classibus præerant; maioremq́; fiduciā prohibendi habebant: et crebris Pompeij litteris castigabantur, quoniā primo uenientem Cæsarē non prohibuissent, ut reliquos eius exercitus impedirent: duriusq́; quotidie tempus ad transportandū lenioribus uentis exspectabant. Quibus rebus
permotus

permotus Cæsar, Brundisium ad suos seuerius scripsit, ut, nacti idoneum uentum, ne occasionem nauigandi dimitterent; & ad Oricum, siue ad litora Apolloniatium, cursum dirigerent; quòd eò naues eijcere possent. hæc a custodibus classium loca maximè uacabant; quòd se longius partibus committere non auderent. illi, adhibita audacia, & uirtute, administrantibus M. Antonio, & Fusio Caleno, multum ipsis militibus hortantibus, neque ullum periculum pro salute Cæsaris recusantibus, nacti Austrum naues soluunt; atque altera die Apolloniam, Dyrrhachiumq́. præteruehuntur. qui cum essent ex continenti uisi, Q. Coponius, qui Dyrrhachij classi Rhodiæ præerat, naues ex portu educit; &, cum iam nostris, remissiore uento, appropinquasset, idem Auster increbuit, nostrisq́. præsidio fuit. neque uero ille ob eam caussam conatu desistebat, sed labore, & perseuerantia nautarum, se uim tempestatis superare posse sperabat, præteruectosq́. Dyrrhachium magna ui uenti nihilo secius sequebatur. nostri, usi fortunæ beneficio, tamen impetum classis timebant, si forte uentus remisisset, nacti portu, qui appellatur Nympham, ultra Lyssum millia passuum tria, eò naues introduxerunt: qui portus ab Africo tegebatur, ab Austro non erat tutus: leniusq́. tempestatis, quàm classis, periculum existimauerunt. quò simul atque intus est itum, incredibili felicitate Auster, qui per biduū flauerat, in Africum se uertit. hic subita comutationem fortunæ uidere licuit. qui modo sibi timuerant,

rant, hos tutissimus portus recipiebat: qui nostris nauibus periculum intulerant, de suo timere cogebantur. itaque, tempore commutato, tempestas & nostro texit, et naues Rhodias afflixit, ita, ut ad unam constratæ omnes numero XVI oliderentur, & naufragio interirent; &, ex magno remigum, propugnatorumq́. numero, pars ad scopulos allisa interficeretur, pars a nostris distraheretur: quos omnes conseruatos Cæsar domum remisit. nostræ naues duæ, tardius cursu confecto, in noctem coniectæ, cum ignorarent quem locum reliquæ cepissent, contra Lyssum in anchoris constiterunt. has, scaphis, minoribusq́. nauigijs compluribus sumptis, Otacilius Crassus, qui Lyssi præerat, expugnare parabat: simul de deditione eorum agebat, & incolumitatem deditis pollicebatur. harum altera nauis ducentos uiginti ex legione tironum sustulerat: altera ex ueterana paullo minus ducentis se compleuerat. hic cognosci licuit, quantum esset hominibus præsidij in animi fortitudine. tirones enim, multitudine nauium perterriti, & salo, nauseaq́. confecti, iureiurando accepto, nihil ijs nocituros hostes, se Otacilio dediderunt: qui omnes, ad eum perducti, contra religionem iurisiurandi in eius conspectu crudelissime interficiuntur. at ueteranæ legionis milites, item conflictati & tempestatis, & sentinæ uitijs, nó ex pristina uirtute remittendum aliquid putauerunt; sed, tractandis condicionibus, & simulatione deditionis extracto primo noctis tempore, gubernatorē in terram nauem eijcere cogunt: ipsi idoneum

neum locum nacti, reliquam noctis partem ibi confecerunt, & luce prima, missis ad eos ab Otacilio equitibus, qui eá partem oræ maritimæ asseruabant, circiter CCCC, quiq́, eos armati ex præsidio secuti sunt, se defenderunt ; &, non nullis eorum interfectis, incolumes ad nostros sese receperunt. quo facto, conuentus ciuium Romanorum, qui Lyssum obtinebat, quod oppidum ijs antea Cæsar attribuerat, muniendumq́, curauerat, Antonium recepit, omnibusq́. rebus inuit. Otacilius, sibi timens, oppido fugit, et ad Pompeium peruenit. Ex omnibus copijs Antonius, quarum erat summa ueteranorum trium legionum, uniusq́. tironum, et equitū octingétorum, plerasque naues in Italiá remittit ad reliquos milites equitesq́. transportandos: pontones, quod est genus nauium Gallicarum, Lyssi reliquit, hoc consilio, ut, si forte Pompeius, uacuam existimans Italiam, eò transiecisset exercitum, quæ opinio erat edita in uulgus, aliquam Cæsar ad insequendum facultatem haberet: nuntiosq́. ad eum celeriter mittit, quibus regionibus exercitum exposuisset, et quid militum transuexisset. hoc eodem fere tempore Cæsar, atque Pompeius cognoscunt. nam præternectas Apolloniam, Dyrrhachiumq́. naues uiderant: ipsi iter secundum eas terras direxerant: sed, quò essent eæ delatæ, primis diebus ignorabant : cognitaq́. re, diuersa sibi ambo consilia capiunt ; Cæsar, ut quamprimum se cum Antonio coniungeret ; Pompeius, ut uenientibus in itinere se opponeret, &, si imprudentes ex insidijs
adoriri

adoriri posset . eodemq́. die uterque eorum ex castris statiuis a flumine Apso exercitum educunt, Pompeius clam, & noctu, Cæsar palam, atque interdiu. sed Cæsari, circuitu maiore, iter erat longius, aduerso flumine, ut nado transire posset. Pompeius, quia expedito itinere flumen ei transeundum non erat, magnis itineribus ad Antonium contendit: atque, ubi eum appropinquare cognouit, idoneum locum nactus, ibi copias collocauit: suosq́. omnes castris continuit, ignesq́. fieri prohibuit; quo occultior esset eius aduentus. Hæc ad Antonium statim per Græcos deferuntur. ille, missis ad Cæsarem nuntijs, unum diem sese castris tenuit. altero die ad eum peruenit Cæsar. cuius aduentu cognito, Pompeius, ne duobus circumcluderetur exercitibus, ex eo loco discedit, omnibusq́. copijs ad Asparagum Dyrrhachinorum peruenit, atque ibi idoneo loco castra ponit. His temporibus Scipio, detrimentis quibusdã circa monte Amanum acceptis, sese imperatorem appellauerat. quo facto ciuitatibus, tyrannisq́. magnas imperauerat pecunias: ité a publicanis suæ prouinciæ debitam biennij pecuniam exegerat, & ab eisdem insequentis anni mutuam præceperat: equitesq́. toti prouinciæ imperauerat. quibus coactis, finitimis hostibus, Parthis post se relictis, qui paulo ante M. Crassum imperatorem interfecerant, et M. Bibulum in obsidione habuerant, legiones, equitesq́. ex Syria deduxerat; sum maq́. solicitudine, ac timore Parthici belli in prouinciam cum uenisset; ac non nullæ militum uoces audiren-

LIBER III. 183

direntur, sese, contra hostem si ducerentur, ituros, contra ciuem, et consulem arma non laturos; deductis Pergamum, atque in locupletissimas urbes in hiberna legionibus, maximas largitiones fecit; et, cósir mandorum militum caussa, diripiendas ijs ciuitates dedit. interim acerbissime imperatæ pecuniæ tota prouincia exigebantur. multa præterea generatim ad auaritiam excogitabantur. in capita singula seruorú, ac liberorum tributú imponebatur, columnaria, ostiaria, frumentum, milites, remiges, arma, tormenta, uecturæ imperabantur. cuius modo rei nomen reperiri poterat, hoc satis esse ad cogendas pecunias uidebatur. non solum urbibus, sed pæne uicis, castellisq́. singulis cum imperio præficiebantur. qui horum quid acerbissime, crudelissimeq́. fecerat, is et uir, & ciuis optimus habebatur. erat plena lictorum, et imperiorum prouincia, conserta præfectis, atque exactoribus: qui, præter imperatas pecunias, suo etiam priuato imperio compendio seruiebant. dictitabant enim, se, domo, patriaq́. expulsos, omnibus necessarijs egere rebus; ut honesta præscriptione rem turpissimam tegerent. Accedebat ad hæc grauissima usura, quod in bello plerumque accidere consueuit, uniuersis imperatis pecunijs: quibus in rebus prolationem diei donationem esse dicebant. itaque æs alienum prouinciæ eo biennio multiplicatú est. nec minus ob eam caussam ciuibus Romanis eius prouinciæ, sed in singulos conuentus, singulasq́. ciuitates, certæ pecuniæ imperabantur: mutuasq́. illas ex S.C. exigi dictitabant: publicanis,

blicanis, uti in sorte fecerant, insequentis anni uectigal pro mutuo. praeterea Ephesi a fano Dianae deposi
tas antiquitus pecunias Scipio tolli iubebat, ceterasq́;
eius deae statuas, cum in fanum uentum esset, adhibitis compluribus senatorij ordinis, quos aduocauerat
Scipio, litterae ei redduntur a Pompeio, mare transiis-
se cum legionibus Caesare, properaret ad se cum exer
citu uenire, omniaq́; posthaberet. His litteris acceptis, quos aduocauerat, dimittit: ipse iter in Macedo
niam parare incipit: paucisq́; post diebus est profectus. haec res Ephesiae pecuniae salutem attulit. Caesar, Antonij exercitu coniuncto, deducta Orico legione, quam tuendae orae maritimae caussa posuerat,
tentandas sibi prouincias, longiusq́; procedendum exi
stimabat; &, cum ad eum legati uenissent ex Thessalia, Aetoliaq́ue, qui, praesidio misso, pollicerentur
earum gentium ciuitates imperata facturas, L. Cassium Longinum cum legione tironū, quae appellabatur uigesimaseptima, atque equitibus ducētis in Thessaliam, C. Caluisium Sabinum cum cohortibus quin
que, paucisq́; equitibus in Aetoliam misit: maxime
eos, quòd erant propinquae regiones, de re frumentaria, ut prouiderent, hortatus est. Cn. Domitium Cal
uinum cum legionibus duabus, undecima, & duodecima, & equitibus quingentis in Macedoniam proficisci iubet. cuius prouinciae ab ea parte, quae libera appellabatur, Menedemus, princeps earum regio
num, missus legatus, omnium suorum excellens stu
diū profitebatur. Ex his Caluisius, primo aduentu,

summa

summa omnium. Aetolorum receptus uoluntate, præ sidijs aduersariorum Calidone, et Naupacto reiectis, omni Aetolia potitus est. Cassius in Thessaliam cum legione peruenit. hic, cum essent factiones duæ, uaria uoluntate ciuitatum utebatur. Egesaretus, ueteris homo potentiæ, Pompeianis rebus studebat. Petreius, summæ nobilitatis adolescens, suis, ac suorum opibus Cæsarem enixe iuuabat. eodemq́. tempore Domitius in Macedoniam uenit: et, cum ad eum frequentes ciuitatum legationes conuenire cœpissent, nuntiatum est, adesse Scipionem cum legionibus, magna et opinione, et fama omnium. nam plerunque in nouitate fama antecedit. hic, nullo in loco Macedoniæ moratus, magno impetu contendit ad Domitium; et, cum ab eo millia passuum uiginti abfuisset, subito se ad Cassium Longinum in Thessaliam conuertit. hoc adeo celeriter fecit; ut simul, adesse, et uenire, nuntiaretur. et, quo iter expeditius faceret, M. Fauoniū ad flumen Haliacmonem, quod Macedoniam a Thessalia diuidit, cum cohortibus octo præsidio impedimentis legionum reliquit, castellumq́. ibi muniri iussit. Eodem tempore equitatus regis Cotti ad castra Cassij aduolauit, qui circum Thessaliam esse consueuerat. tum, timore perterritus Cassius, cognito Scipionis aduentu, uisisq́. equitibus, quos Scipionis esse arbitrabatur, ad montes se conuertit, qui Thessaliam cingūt; atque ex his locis Ambraciam uersus iter facere cœpit. At Scipionem, properantem sequi, litteræ sunt consecutæ a M. Fauonio, Domitium cum legionibus adesse,

adesse, nec se præsidium, ubi constitutus esset, sine
auxilio Scipionis tenere posse. quibus litteris acceptis
consilium Scipio iterq̨ue commutat: Cassium sequi desistit: Fauonio auxilium ferre contendit. itaque, die
ac nocte continuato itinere, ad eum peruenit, tam op-
portuno tempore, ut simul Domitiani exercitus puluis cerneretur, et primi antecursores Scipionis uiderentur. ita Cassio industria Domitij, Fauonio Scipionis celeritas salutem attulit. Scipio, in castris statiuis
biduo moratus, ad flumen, quod inter eum, et Domitij castra fluebat, Haliacmonem, tertio die prima
luce exercitum uado transducit; et, castris positis, postero die mane, copias ante frontem castrorum struit.
Domitius tum quoque sibi dubitandum non putauit,
quin, productis legionibus, prælio decertaret. sed,
cum esset inter bina castra campus, circiter millium
passuum sex; castris Scipionis aciem suam subiecit. ille a uallo non discedere perseuerauit. attamen, ægre
uetentis Domitianis militibus, est factum, ne prælio
contenderetur, et maxime, quòd riuus difficilibus ripis, castris Scipionis subiectus, progressus nostrorum
impediebat. quorum studium, alacritatemq̨ pugnandi cum cognouisset Scipio, suspicatus fore, ut postero
die aut inuitus dimicare cogeretur, aut magna cum
infamia castris se continere, qui cum magna exspectatione uenisset, temere progressus turpem habuit
exitum; et noctu, ne conclamatis quidem uasis, flumen transit, atque in eandem partem, ex qua uenerat, redijt: ibiq̨ prope flumen edito natura loco castra posuit:

stra posuit; paucis diebus interpositis, noctu insidias
equitum collocauit: quo in loco superioribus fere diebus nostri pabulari consueuerant. et cum, quotidiana
consuetudine, Q. Varus, præfectus equitum Domitij, ueniβet; subito illi ex insidijs consurrexerunt. sed
nostri fortiter eorum impetum tulerunt; celeriterq́.
ad suos quisque ordines redijt; atque ultro uniuersi
in hostes impetum fecerunt. ex his circiter octoginta
interfectis, reliquis in fugam coniectis, duobus amiβ
sis, in castra se receperunt. His rebus gestis, Domitius, sperans Scipionem ad pugnam elici poβe, simu
lauit sese, angustijs rei frumétariæ adductum, castra
mouere; uasisq́. militari more conclamatis, progressus millia paβuum tria, loco idoneo, et occulto omnem exercitum, equitatumq́. collocauit. Scipio, ad
sequendum paratus, equitatum, magnamq́. partem
leuis armaturæ ad explorandum iter Domitij, et cognoscendum præmisit. qui cum eβent progreβi, pri-
maq́. turmæ insidias intrauiβent; ex fremitu equorum illata suspicione, ad suos se recipere cœperunt;
quiq́. hos sequebantur, celerem eorum receptum có
spicati restiterunt. nostri, cognitis insidijs, ne frustra
reliquos exspectarent, duas nacti hostium turmas ex
ceperunt. in his fuit M. Opimius, præfectus equitum.
reliquos omnes earum turmarum aut interfecerunt,
aut captos ad Domitium deduxerunt. Deductis oræ
maritimæ præsidijs, Cæsar, ut supra demóstratú est,
tres cohortes Orici, oppidi tuédi causa, reliquit; ijsq́.
custodiá nauium lógarum tradidit, quas ex Italia tra

A a   du-

duxerat, huic officio, oppidoq́; præerat Acilius lega
tus, is naues nostras in interiorem partem post oppidum reduxit, et ad terram deligauit, faucibusq́; portus nauem onerariam submersam obiecit, et huic alteram coniunxit; super qua turrim effectam ad ipsum
introitum portus opposuit, & militibus copleuit, tu-
endamq́; ad omnes repentinos casus tradidit. Quibus
cognitis rebus, Cn. Pópeij filius, qui classi Ægyptiæ
præerat, ad Oricú uenit, submersamq́; nauim remulco, multisq́; contendens funibus abduxit: atque alteram nauē, quæ erat ad custodiam ab Acilio posita,
pluribus aggressus nauibus, in quibus ad libram fece
rat turres, ut ex superiori pugnans loco, integrosq́;
semper defatigatis summittens, & reliquis partibus
simul ex terra scalis, et classe mœnia oppidi tentans,
ut aduersariorum manus diduceret, labore, et multitudine telorum nostros uicit: deiectisq́; defensoribus,
qui omnes scaphis exceptis refugerant, etiam nauē
expugnauit: eodemq́; tempore ex altera parte molem tenuit naturalem obiectam, quæ pæne insulam
contra oppidú effecerat: quattuor biremes, subiectis
scutulis, impulsas uectibus in interiorē partem trans
duxit, ita ex utraque parte naues longas aggressus,
quæ erant deligatæ ad terram, atque inanes, quattuor ex his abduxit, reliquas incendit. hoc cófecto ne
gotio, D. Laliú, ab Asiatica classe abductú, reliquit,
qui commeatus Hellide, atque Amantiæ importari
in oppidum prohibebat: ipse, Lyssum profectus, naues
onerarias triginta, a M. Antonio relictas, intra portú

ag-

aggressus omnes incedit. Lyssum expugnare conatus, defendentibus ciuibus Romanis, qui eius erant conuentus, militibusq́., quos præsidij causa miserat Cæsar, triduum moratus, paucis in oppugnatione amissis, re infecta inde discessit. Cæsar, postquá Pompeium ad Asparagum esse cognouit, eodem cú exercitu profectus, et expugnato in itinere oppido Parthinorum, in quo Pompeius præsidium habebat, tertio die in Macedoniam ad Pompeium peruenit, iuxtaq́. eum castra posuit, et postridie, eductis omnibus copijs, acie instructa, decertandi potestatem Pópeio fecit. ubi eú suis locis se tenere animaduertit; reducto in castra exercitu, aliud sibi consilium capiendum existimauit. itaque postero die omnibus copijs, magno circuitu, difficili, angustoq́. itinere, Dyrrhachium profectus est, sperans Pompeium aut Dyrrhachium compelli, aut ab eo intercludi posse, quòd omnem commeatum, totiusq́. belli apparatum eò contulisset, ut accidit. Pompeius enim, primo ignorans eius consilium, quòd diuerso ab ea regione itinere profectum uidebat, angustijs rei frumétariæ cópulsum discessisse existimabat: postea, per exploratores certior factus, postero die castra mouit, breniore itinere se occurrere ei posse sperás. quod fore suspicatus Cæsar, militesq́. adhortatus, ut æquo animo laborem ferrent, parua parte noctis itinere intermisso, mane Dyrrhachium uenit, cum primum agmen Pópeij procul terneretur, atque ibi castra posuit. Pópeius, interclusus Dyrrhachio, ubi propositú tenere non potuit, secundo usus consilio, edito

A a 2 *loco,*

loco, qui appellatur Petra, aditumq́; habet nauibus mediocrem, atque eas à quibuſdam protegit uentis, caſtra cómunit: eò partem nauium longarum conuenire, frumentum, commeatumq́.ab Aſia, atque omnibus regionibus, quas tenebat, comportari imperat. Cæſar, longius bellum ductum iri exiſtimans, et de Italicis commeatibus deſperans, quòd tanta diligentia omnia litora à Pompeianis tenebantur, claſsesq́; ipſius, quas hieme in Sicilia, Gallia, Italia fecerat, morabantur, in Epirum, rei frumentariæ cauſſa, L. Canuleium legatum miſit: quodq́; hæ regiones aberant longius, locis certis horrea conſtituit, uecturasq́; frumenti finitimis ciuitatibus deſcripſit. Item Lyſſo, Parthinisq́;, et omnibus caſtellis, quod eſſet frumenti, conquiri iuſſit. Id erat perexiguum, cum ipſius agri natura, quòd ſunt loca aſpera, et montuoſa, ac plerunque utuntur frumento importato; tum, quòd Pompeius hæc prouiderat; et ſuperioribus diebus prædæ loco Parthinos habuerat, frumentumq́; omne cóquiſitum, ſpoliatis, effoſſisq́; eorum domibus, per equites comportauerat. Quibus rebus cognitis, Cæſar conſilium capit ex loci natura, erant enim circum caſtra Pompeij permulti editi, atque aſperi colles. hos primum præſidijs tenuit, caſtellaq́; ibi cómunijt. Inde, ut loci cuiuſque natura ferebat, ex caſtello in caſtellum perducta munitione, circumuallare Pópeium inſtituit: hæc ſpectás quòd anguſta re frumétaria utebatur, quòdq́;. Pópeius multitudine equitum ualebat, quo minore periculo undique frumétum, cómeatumq́;

me atumq́; exercitui supportare posset: simul, uti pabulatione Pompeium prohiberet, equitatumq́. eius ad rem gerendam inutilem efficeret: tertio, ut auctoritatem, qua ille maxime apud exteras nationes niti uidebatur, minueret; cum fama per orbem terrarum percrebuisset, illum a Cæsare obsideri, neque audere prælio dimicare. Pompeius neque a mari, Dyrrhachioq́. discedere uolebat; quòd omnẽ apparatum belli, tela, arma, tormenta ibi collocauerat, frumentumq́. exercitui nauibus supportabat; neque munitiones Cæsaris prohibere poterat, nisi prælio decertare uellet; quod eo tempore statuerat non esse faciendum. relinquebatur, ut, extremã rationem belli sequens, quamplurimos colles occuparet, & quamlatissimas regiones præsidijs teneret, Cæsarisq́. copias, quammaxime posset, distineret. idq́. accidit. castellis enim XXIV. effectis, XV millia passuum circuitu amplexus, hoc spatio pabulabatur; multáque erant intra eum locum manu sata, quibus interim iumenta pascerentur. atque, ut nostri perpetuas munitiones uidebant, perductas ex castellis in proxima castella, ne quo loco erumperent Pompeiani, & nostros post tergum adorirentur, timebant: ita illi interiore spatio perpetuas munitiones efficiebant; ne quo loco nostri intrare, atque ipsos a tergo circumuenire possent. sed illi operibus uincebant; quòd et numero militum præstabant, & interiore spatio minorem circuitũ habebant. quæ cum erant loca Cæsari capienda, etsi prohibere Pompeius totis copijs, et dimicare non constituerat,

Aa 3 tuerat,

tuerat, tamen suis locis sagittarios, funditoresq́; mittebat, quorū magnū habebat numerū, multiq́; ex nostris uulnerabantur: magnusq́; intercesserat timor sagittariū, atque omnes fere milites aut ex subcoactis, aut ex centonibus, aut ex corijs tunicas, aut tegmenta fecerant, quibus tela uitarent. In occupandis præsidijs magna ui uterque utebatur, Cæsar, ut quamangustissime Pompeiū contineret, Pompeius, ut quam plurimos colles quāmaxime circuitu occuparet, crebraq́; ob eam causam prœlia fiebāt. in his, cum legio Cæsaris nona præsidium quoddam occupasset, & munire cœpisset, huic loco propinquum, et contrariū collē Pompeius occupauit, nostrosq́; opere prohibere cœpit. et, cum una ex parte prope æquum aditum haberet, primum sagittarijs funditoribusq́; circūiectis, postea leuis armaturæ magna multitudine missa, tormentisq́; prolatis, munitiones impediebat. neque erat facile nostris, uno tempore propugnare, et munire. Cæsar, cum suos ex omnibus partibus uulnerari uideret, recipere se iussit, et loco excedere. erat per decliue receptus: illi autem hoc acrius instabant, neque regredi nostros patiebātur, quòd timore adducti locum relinquere uidebantur. dicitur eo tempore glorians apud suos Pōpeius dixisse, nō recusare se, quin nullius usus imperator existimaretur, si sine maximo detrimento legiones Cæsaris sese recepissēt inde, quò temere essent progressæ. Cæsar, receptui suorum timens, crates ad extremum tumulū contra hostem proferri, et aduersas locari: intra has mediocri latitudine fossā,

tectis

tectis militibus, obduci iussit, locumq́. in omnes partes quammaxime impediri. ipse idoneis locis funditores instruxit, ut præsidio nostris se recipiētibus esset. his rebus completis, legiones reduci iussit. Pompeiani hoc insolentius, atque audacius nostros premere, et instare cœperunt; cratesq́. pro munitione obiectas, propulerunt, ut fossas transcenderent. Quod cum animaduertisset Cæsar, ueritus ne non reducti, sed reiecti uiderentur, maiusq́. detrimentum caperetur, a medio fere spatio suos per Antonium, qui ei legioni præerat, cohortatus, tuba signum dari, atque in hostes impetum fieri iussit. milites legionis nonæ subito constipati pila coniecerunt; et ex inferiore loco aduersus cliuum incitati cursu, præcipites Pompeianos egerunt. quibus ad recipiendum crates directæ, longurij́q. obiecti, et institutæ fossæ magno impedimento fuerunt. nostri uero, qui satis habebant sine detrimento discedere, cópluribus interfectis, quinque omnino suorū amissis, quietissime se receperunt, paulloq́. circa eum locum morati, alijs comprehensis collibus, munitiones perfecerunt. erat noua, et inusitata belli ratio, cum tot castellorum numero, tantoq́. spatio, et tantis munitionibus, et toto obsidionis genere, tum etiam reliquis rebus. nam quicunque alterum obsidere conati sunt, perculsos, atque infirmos hostes adorti, aut prælio superatos, aut aliqua offēsione permotos continuerunt, cū ipsi numero militum, equitumq́. præstarent. caussa autem obsidionis hæc fere esse consueuit, ut frumēto hostes prohibeantur, at tū integras, atque inco-

Ad 4 lu-

lumes copias Cæsar inferiore militum numero continebat; cum illi omnium rerū copia abundarent. quotidie enim magnus undique nauium numerus conueniebat, quæ cōmeatum supportarent: neque ullus flare uentus poterat, quin aliqua ex parte secundū cursum haberet. ipse autem, consumptis longe, latéque frumentis, summis erat in angustijs, sed tamen hæc singulari patientia milites ferebant. recordabantur enim, eadem se superiore anno in Hispania perpessos, labore, & patientia maximū bellum confecisse. meminerant, ad Alexiam magnam se inopiam perpessos, multo etiam maiorem ad Auaricum, maximarum se gentium uictores discessisse. non, illis hordeū cum daretur, non legumina recusabant: pecus uero, cuius rei summa erat ex Epiro copia, magno in honore habebant. est etiam genus radicis inuentū ab ijs, qui fuerant cum Valerio, quod appellatur Chara: quod admistum lacte multum inopiam lenat. id similitudinem panis efficiebat. eius erat magna copia. ex hoc effectos panes, cum in colloquijs Pompeiani famem nostris obiectarent, uulgo in eos iaciebant, ne spem eorum minuerent. iamq́. frumenta maturescere incipiebant; atque ipsa spes inopiam sustentabat; quód celeriter se habituros copiam confidebant. crebroq́. uoces militū in uigilijs, colloquijsq́. audiebantur, prius se cortice ex arboribus uicturos, quàm Pōpeium è manibus dimissuros. frequenter etiã ex perfugis cognoscebant, equos eorum uix tolerari, reliqua uero iumenta interijsse; uti autem ipsos ualetudine non bona, cum angustijs loci, & odore tetro, & multitudine cadauerum, et quotidianis laboribus insuetos operum, tum aquæ summa inopia affectos. omnia enim flumina, atque omnes riuos, qui ad mare pertinebant, Cæsar aut auerterat, aut magnis operibus obstruxerat. atque, ut erant loca montuosa, & ad specus angustiæ uallium, has, sublicis in terram dimissis, præsepserat; terramq́. aggesserat; ut aquam continerent. itaque illi necessario loca sequi demissa, ac palustria, et puteos fodere cogebantur: atque hunc laborem ad quotidiana opera addebant: qui tamen fontes a quibusdam præsidijs aberant longius, et celeriter æstibus exarescebant. At Cæsaris exercitus optima ualetudine, summaq́. aquæ copia utebatur; tum commeatus omni genere præter frumentum abundabat: quibus quotidie melius succedere tempus, maioremq́. spem maturitate frumentorum proponi uidebant. In nouo genere belli nouæ ab utrisque bellandi rationes reperiebantur. illi, cum animaduertissent ex ignibus, nocte cohortes nostras ad munitiones excubare, silentio aggressi, uniuersas in multitudinem sagittas conijciebant, et se confestim ad suos recipiebant. quibus rebus nostri, usu docti, hæc reperiebant remedia, ut alio loco ignes facerent, alio ex cubarent. interim certior factus P. Sylla, quem discedens castris præfecerat Cæsar, auxilio cohorti uenit cum legionibus duabus: cuius aduentu facile sunt repulsi Pompeiani. neque uero conspectum, aut impetum nostrorum tulerunt: primisq́. deiectis, reliqui

liqui se uerterunt, & loco cesserunt. sed insequentes nostros, ne longius prosequerentur, Sylla reuocauit. at plerique existimant, si acrius iusequi noluisset, bellum eo die potuisse finiri. cuius consilium reprehendendum non uidetur. aliæ enim sunt legati partes, atque imperatoris. alter omnia agere ad præscriptum, alter libere ad summam rerum consulere debet. Sylla, a Cæsare castris relictus, liberatis suis, hoc fuit contentus, neque prælio decertare noluit; quæ res tamen fortasse aliquem reciperet casum; ne imperatorias sibi partes sumpsisse uideretur. Pompeianis magnam res ad receptum difficultatem afferebat. nam, ex iniquo progressi loco, in summo constiterant. si per decliue sese reciperent, nostros ex superiore insequentes loco uerebantur. neque multum ad solis occasum temporis supererat. spe enim conficiendi negotij prope in noctem rem deduxerant. ita, necessario, atque ex tempore capto consilio, Pompeius tumultum quendam occupauit: qui tantum aberat a nostro castello, ut telum tormentum ne missum adigi non posset. hoc consedit loco, atque eum cōmuniyt: omnesq́. ibi copias continuit. Eodem tempore duobus præterea locis pugnatum est. nam plura castella Pompeius pariter, distinendæ manus caussa, tentauerat; ne ex proximis præsidijs succurri posset. uno loco Volcatius Tullius impetum legionis sustinuit cum cohortibus tribus; atque eam loco depulit. alterọ Germani, munitiones nostras egressi, cōpluribus interfectis, sese ad suos incolumes receperūt. ita,

uno

uno die sex prælijs factis, tribus ad Dyrrhachium, tribus ad munitiones, cum horum omnium ratio haberetur, ad duorum millia numero ex Popeianis cecidisse reperiebamus, euocatosq́. centuriones cóplures. in eo fuit numero, Valerius Flaccus, L. filius, eius, qui prætor Asiam obtinuerat: signaq́. sunt sex militaria relata. nostri non amplius xx omnibus sunt prælijs desiderati, sed in castello nemo fuit omnino militum, quin uulneraretur: quattuorq́. ex una cohorte centuriones oculos amiserunt. & , cum laboris sui, periculiq́. testimonium afferre uellent, millia sagittarum circiter triginta, in castellum coniecta, Cæsari renuntiauerunt: scutoq́. ad eum relato Scæuæ centurionis, inuenta sunt in eo foramina CCXXX. quem Cæsar, ut erat de se meritus, & de rep. donauit millibus ducentis æris, atque ab octauis ordinibus ad primipilum se traducere pronuntiauit. eius enim opera castellum conseruatum esse, magna ex parte, constabat. cohortemq́. postea duplici stipendio, frumento ue, & speciarijs, militaribusq́. donis amplissime donauit. Pompeius, noctu magnis additis munitionibus, reliquis diebus turres exstruxit; & , in altitudinem pedû xv effectis operibus, uineis eam partem castrorum obtexit; et, quinque intermissis diebus, alteram noctem subnubilam nactus, exstructis omnibus castrorum portis, et ad impediendum obiectis, tertia inita uigilia, silentio exercitû eduxit, et se in antiquas munitiones recepit. Aetolia, Acarnania, Amphilochis per Cassium Longinum, et Caluisium Sabinum, ut

demon-

demonstrauimus, receptis, tentandam sibi Achaiam,
ac paullo longius progrediendum existimabat Cæsar:
itaque eò Fusium Calenum misit: et Q. Sabinum, et
Cassium cum cohortibus adiungit. quorum cognito
aduentu, Rutilius Lupus, qui Achaiam missus a
Pompeio obtinebat, Isthmum præmunire instituit,
ut Achaia Fusium prohiberet. Calenus Delphos,
Thebas, et Orchomenum de uoluntate ipsarum ciui
tatum recedit: non nullas urbes per uim expugnauit:
reliquas ciuitates, circummissis legationibus, amicitia Cæsaris conciliare studebat. In his rebus fere erat
Fusius occupatus. Omnibus deinceps diebus Cæsar
exercitum in aciem æquum in locum produxit, si
Pompeius prælio decertare uellet; ut pæne castris
Pompeij legiones subijceret: tantumq́. a uallo eius
prima acies aberat, uti ne in eam telo tormēto ue adi
gi posset. Pompeius autem, ut famam, et opinionem hominum teneret, sic pro castris exercitum con
stituebat, ut tertia acies uallum contingeret, om-
nisq́. eius instructus exercitus telis ex uallo abiectis
protegi posset. Hæc cum in Achaia, atque apud Dyr
rhachium gererentur, Scipionemq́. in Macedoniam
uenisse constaret; non oblitus pristini instituti Cæsar,
mittit ad eum Clodium suum, atque illius familiarem; quem, ab illo traditum initio, et commendatum,
in suorum necessariorum numero habere instituerat.
huic dat litteras, mandataq́. ad eum: quorum hæc
erat summa: sese omnia de pace expertū nihil adhuc,
arbitrari uitio factum eorum, quos esse actores eius
rei

rei uoluisset ; quòd sua mandata perferre non oportuno tempore ad Pompeium uererentur: Scipionem ea auctoritate esse, ut non solum liberè, quæ probasset, exponere, sed etiam ex magna parte compellere, atque errantem regere posset: præesse autem suo nomine exercitui; ut, præter auctoritatem, uires quoque ad coercendum haberet: quod si fecisset, quieté Italiæ, pacem prouinciarum, salutem imperij uni omnes acceptam relaturos. Hæc ad eum mandata Clodius refert, ac primis diebus, ut uidebatur, libenter auditus, reliquis ad colloquium non admittitur, castigato Scipione a Fauonio, ut postea, confecto bello, reperiebamus: infectáq. re, sese ad Cæsarem recepit. Cæsar, quo facilius equitatum Pompeianum ad Dyrrhachium contineret, & pabulatione prohiberet, aditus duos, quos esse angustos demonstrauimus, magnis operibus præmuniuit: castelláq. his locis posuit. Pompeius, ubi nihil proficere equitatum cognouit, paucis intermissis diebus, rursum eum nauibus ad se intra munitiones recipit. Erat summa inopia pabuli, adeo, ut folijs ex arboribus strictis, & teneris arundinum radicibus contusis equos alerent. frumenta enim, quæ fuerant intra munitiones sata, consumpserant; & cogebantur Corcyra, atque Acarnania, longo interiecto nauigationis spatio, pabulum supportare, quóq. erat eius rei minor copia, hordeo adaugere, atque his rationibus equitatum tolerare. sed, postquam non modo hordeum, pabulúmq. omnibus in locis, herbǽq. defectæ, sed etiam fructus

cx

ex arboribus deficiebant, corruptis equis macie, conâ-
dum sibi aliquid Pompeius de eruptione existimauit.
Erant apud Cæsarem ex equitum numero Allobroges duo fratres, Roscillus, et Ægus, Adbucilli filij,
qui principatum in ciuitate multis annis obtinuerat,
singulari uirtute homines, quorum opera Cæsar omnibus Gallicis bellis optima, fortissimaq́. erat usus. his
domi, ob has caussas, amplissimos magistratus mandauerat; atque eos extra ordinem in senatum legendos curauerat: agrosq́. in Gallia ex hostibus captos,
præmiaq́. rei pecuniariæ magna tribuerat; locuple-
tesq́. ex egentibus effecerat. hi, propter uirtutem,
non solum apud Cæsarem in honore erant, sed etiam
apud exercitum cari habebantur. sed, freti amicitia
Cæsaris, et stulta, ac barbara arrogantia elati, despiciebant suos, stipendiumq́. equitum fraudabant, &
prædam omnem domum auertebant. quibus illi rebus
permoti, uniuersi Cæsarem adierunt; palamq́. de eorum iniurijs sunt questi; & ad cetera addiderunt, fal-
sam ab his equitum numerum deferri, quorum stipendium auerterent. Cæsar neque tempus illud animad-
uersionis esse existimans, et multa uirtuti eorum con-
cedens, ré distulit totam; illos secreto castigauit, quòd
quæstui equites haberent; monuitq́. equites, ut ex
sua amicitia omnia exspectarent, et ex præteritis suis
officijs reliqua sperarent. magnam tamen hæc res illis
offensionem, et cōtemptionem ad omnes attulit. idq́.
ita esse, cum ex aliorum obiectationibus, tum etiam
ex domestico iudicio, atque animi conscientia intelligebant.

gebant. quo pudore adducti, et fortasse se non liberari, sed in aliud tempus reseruari arbitrati, discedere a nostris, & nouam tentare fortunam, nouasq́; experiri amicitias constituerunt: & cum paucis collocuti clientibus suis, quibus tantum facinus committere audebant, primum conati sunt præfectum equitum C. Volusenum interficere, ut postea, bello confecto, cognitum est, ut cum munere aliquo persug isse ad Pompeium uiderentur; postquam id difficilius uisum est, neque facultas perficiendi dabatur, quàm maximas potuerunt pecunias mutuati, perinde ac suis satisfacere, et fraudata restituere uellent, multis coemptis equis, ad Pompeium transierunt cum ijs, quos sui cõsilij participes habebant. quos Pompeius, quòd erant honesto loco nati, et instructi liberaliter, magnoq́; comitatu, et multis iumentis uenerant, uiríq́; fortes habebantur, et in honore apud Cæsaré fuerant, quodq́; nouum, et præter consuetudinem acciderat, per omnia sua præsidia circumduxit, atque ostentauit. nam ante id tépus nemo aut miles, aut eques a Cæsare ad Pompeium transierat; cum pæne quotidie a Pompeio ad Cæsarem perfugerent, uulgo uero uniuersi in Epiro, atque Aetolia conscripti milites, earumq́; regionum omnium, quæ a Cæsare tenebantur. sed hi, cognitis omnibus rebus, seu quid in munitionibus perfectum non erat, seu quid a peritioribus rei militaris desiderari uidebatur, temporibusq́; rerum, & spatijs locorum, & custodiarum uera diligentia aniṁ aduersa, prout cuiusque eorum, qui negotijs præerant,

erant, aut natura, aut studium ferebat, hæc ad Pompeium omnia detulerunt. quibus ille cognitis, eruptionisq́. iam ante capto consilio, ut demonstratum est, tegmenta galeis milites ex viminibus facere, atque aggerem comportare iubet. his paratis rebus, magnum numerum leuis armaturæ, et sagittariorum, aggeremq́. omnem noctu in scaphas, & naues actuarias imponit; et de media nocte cohortes sexaginta, ex maximis castris, præsidijsq́. deductas, ad eam partem munitionum ducit, quæ pertinebant ad mare, lógissiméq́. a maximis castris Cæsaris aberant. eodem naues, quas demonstrauimus, aggere, & leuis armaturæ militibus completas, quasq́. ad Dyrrhachium naues longas habebat, mittit; et quid a quoque fieri uelit, præcepit. ad eas munitiones Cæsar Lentulum Marcellinum quæstorem cum legione nona positum habebat. huic, quòd ualetudine minus cómoda utebatur, Fuluium Postumum adiutorem summiserat. Erat eo loco fossa pedum x v, et uallus contra hostem in altitudinem pedum x. tantundemq́. eius ualli agger in latitudinem patebat: ab eo intermisso spatio pedum sexcentorum, alter conuersus in contrariam partem erat uallus, humiliore paullo munitione. hoc enim superioribus diebus timens Cæsar, ne nauibus nostri circumuenirentur, duplicem eo loco fecerat uallum; ut, si ancipiti prœlio dimicaretur, posset resisti. sed operum magnitudo, et continens omnium dierum labor, quòd millia passuum in circuitu x x i i i munitiones erat complexus, perficiendi faciendi spatium non dabat. itaque contra maret transuersum uallum, qui has duas munitiones contingeret, non dum perfecerat. quæ res nota erat Pompeio, delata per Allobroges perfugas; magnumq́. nostris attulit incommodum. nam, ut ad mare nostræ cohortes nonæ legionis excubuerant, accessere subito prima luce Pompeiani exercitus: nouusq́. eorum aduentus extitit: simulq́. nauibus circumuecti milites in interiorē uallum tela iaciebant: fossaq́. aggere complebantur: & legionarij, interioris munitionis defensores, scalis admotis, tormentisq́. cuiusque generis, telisq́. terrebant: magnaq́. multitudo sagittariorum ab utraque parte circumfundebatur. multum autem ab ictu lapidum, quod unum nostris erat telum, uiminea tegumenta galeis imposita defendebant. itaque, cum omnibus rebus nostri premerētur, atque ægre resisterent, animaduersum est uitium munitionis, quod supra demonstratum est; atque inter duos uallos, quà perfectum opus non erat, per mare nauibus expositis, in aduersos nostros impetum fecerunt; atque ex utraque munitione deiectos, terga uertere coegerunt. hoc tumultu nunciato, Marcellinus cohortes subsidio nostris laborantibus summittit; quæ ex castris fugientes conspicatæ, neque illos suo aduentu cōfirmare potuerunt, neque ipsæ hostium impetum tulerunt. itaque, quodcunque addebatur subsidio, id corruptū timore fugientium, terrorē, et periculū augebat. hominū enim multitudine receptus impediebatur in eo prælio, cum graui uulere esset affectus.

B b   aquilifer

aquilifer, et uiribus deficeret, conspicatus equites nostros, Hanc ego, inquit, et uiuus multos per annos
magna diligentia defendi, et nunc moriens eadem fide Cæsari restituo. nolite obsecro committere, quod
ante in exercitu Cæsaris non accidit, ut rei militaris
dedecus admittatur ; incolumemq̃. ad eum referte.
hoc casu aquila conseruatur, omnibus primæ cohortis centurionibus interfectis, præter principem priorem. iamq̃. Pompeiani, magna cæde nostrorum, castris Marcellini appropinquabant, non mediocri terrore illato reliquis cohortibus. et M. Antonius, qui
proximum locum tenebat præsidiorum, ea re nuntiata, cum cohortibus XII descendens ex loco superiore
cernebatur. cuius aduentus Pompeianos compres-
sit, nostrosq̃. firmauit, ut se ex maximo timore colli-
gerét. neque multo post Cæsar, significatione per castella fumo facta, ut erat superioris téporis consuetudo,
deductis quibusdam cohortibus ex præsidijs, eodé uenit. qui, cognito detrimêto, cum animaduertisset Pompeium extra munitiones egressum, castra secundum
mare, ut libere pabulari posset, nec minus aditum nauibus habere, commutata ratione belli, quoniam
propositum non tenuerat, iuxta Pompeium munire
iussit. qua perfecta munitione, animaduersum est a
speculatoribus Cæsaris cohortes quasdá, quod instar
legionis uideretur, esse post siluá, et in uetera castra
duci. castrorum hic situs erat. Superioribus diebus, cú
se nona legio Cæsaris obiecisset Pompeianis copys,
atque opera, ut demonstrauimus, circummuniret,
castra

castra eo loco posuit. hæc siluam quandam contingebant, neque, longius a mari passibus CCCC aberat. post, mutato consilio, quibusdã de caussis, Cæsar paullo ultra eum locum castra transtulit: paucisq́. intermissis diebus, hæc eadem Pompeius occupauerat; et, quod eo loco plures erat legiones habiturus, relicto interiore uallo, maiorem adiecerat munitionem. ita minora castra, inclusa maioribus, castella atque arcis locũ obtinebant. Item ab angulo castrorum sinistro munitionem ad flumen perduxerat, circiter passus CCCC; quo liberius, ac sine periculo milites aquarentur. sed is quoque, mutato consilio, quibusdã de caussis, quas commemorari necesse non est, eo loco excesserat. ita cõplures dies manserant castra: munitiones quidem integræ omnes erant. eo signo legionis illato, speculatores Cæsari renuntiarunt. hoc idem uisum ex superioribus quibusdam castellis confirmauerant. is locus aberat a nouis Pompey castris circiter passus D. hanc legionem sperans Cæsar se opprimere posse, et cupiens eius diei detrimentũ sarcire, reliquit in opere cohortes duas, quæ speciem munitionis præberent: ipse diuerso itinere, quàm potuit occultissime, reliquas cohortes numero XXXIII, in quibus erat legio nona, multis amissis centurionibus, diminutoq́. militũ numero, ad legionẽ Pompey, castraq́. minora duplici acie duxit. neque eũ prima opinio fefellit. nã & peruenit prius, quàm Pompeius sentire posset: et, tametsi erant munitiones castrorum magnæ, tamen sinistro cornu, ubi erat ipse, celeriter aggressus,

Pom-

Pompeianos ex uallo deturbauit, erat obiectus portis Eritius. hic paulisper est pugnatum; cum irrumpere nostri conarentur, illi castra defenderent, fortissime T. Pulcione, cuius opera proditum exercitum C. Antonij, demonstrauimus, eo loco propugnante, sed tamen nostri uirtute uicerunt: excisoq́. Eritio, primo in maiora castra, post etiam in castellum, quod erat inclusum maioribus castris, irruperunt, et, quòd eò pulsa legio sese receperat, non nullos sibi repugnantes interfecerunt. sed fortuna, quae plurimum potest, cum in reliquis rebus, tum praecipue in bello, paruis momentis magnas rerum commutationes efficit, ut tum accidit. munitionem, quam pertingere a castris ad flumen supra demonstrauimus, dextri Caesaris cornu cohortes, ignorantia loci, sunt secutae, cum portam quaererent castrorum, quòd eam munitionem esse arbitrarentur. quod cum esset animaduersum, coniunctam esse flumini, protinus his munitionibus, defendente nullo, transcenderunt: omnisq́. noster equitatus eas cohortes est secutus. Interim Pompeius, hac longa satis interiecta mora, et re nuntiata, quinctam legionem ab opere deductam subsidio suis duxit: eodemq́. tempore equitatus eius nostris equitibus appropinquabat: et acies instructa a nostris, qui castra occupauerant, cernebatur: omniaq́. sunt subito mutata. Pompeiana enim legio, celeri spe subsidij confirmata, ab decumana porta resistere conabatur, atque ultro in nostros impetu faciebat: equitatus Caesaris, quòd angusto itinere per aggeres adscēdebat, receptui

ceptu, suo timens, initium fugæ faciebat: dextrum cornu, quod erat a sinistro seclusum, terrore equitú animaduerso, ne intra munitionem opprimeretur, ex parte, ex qua proruebat, sese recipiebat: ac plerique ex ijs, ne in angustias inciderent, x pedum munitionis sese in fossas præcipitabant: primisq́; oppressis, reliqui per horum corpora salutem sibi, atque exitum pariebant. Sinistro cornu milites, cum ex uallo, Pompeium adesse, et suos fugere, cerneret, ueriti, ne angustijs intercluderentur, cum extra et intus hostem haberent, eodem, quò uenerant, receptui consulebant: omniaq́; erant tumultus, timoris, fugæ plena, adeo, ut, cum Cæsar signa fugientium manu prehenderet, et consistere iuberet, alij, dimissis equis, eundem cursum conficerent, alij ex metu etiam signa dimitterét, neque quisquam omnino consisteret. His tantis malis hæc subsidia succurrebant, quo minus omnis deleretur exercitus, quòd Pompeius, insidias timens, credo, quòd hæc præter spem acciderant, eius, qui paullo ante ex castris fugientes suos conspexerat, munitionibus appropinquare aliquandiu non audebat; equitesq́; eius, angustijs, portisq́; Cæsaris militibus occupatis, ad insequendum tardabantur. ita paruæ res magnum in utranque partem momentum habuerút. munitiones enim a castris ad flumen perductæ, expugnatis iam castris Pompeij, propriam, et expeditam Cæsaris uictoriã interpellauerunt: eadem res, celeritate insequentium tardata, nostris salutẽ attulit. duobus his unius diei prælijs Cæsar desiderauit mili
Bb 3 tes

tes nongentos sexaginta, et notos equites R. Felgina-
tem, Tuticanum, Gallum, senatoris filium; C. Fel-
ginatem, Placentia; Agranium, Puteolis; M. Sa-
cratiuirum, Capua; tribunos mil. L, et centuriones
x x x. sed horum omnium pars magna in fossis, munitionibusque, et fluminis ripis oppressa, suorum terrore, ac fuga sine ullo uulnere interijt: signaq́. sunt
militaria x x x i i amissa. Pompeius eo prælio imperator est appellatus, hoc nomen obtinuit; atque ita
se postea salutari passus est. sed neque in litteris, quas
scribere est solitus, neque in fascibus insignia laureæ
protulit. At Labienus, cum ab eo impetrauisset, ut
sibi captiuos tradi iuberet, omnesq́. deductos, ostentationis, ut uidebatur, caussa, quo maior perfugis fides haberetur, commilitones appellans, & magna
uerborum contumelia interrogans, solerent ne ueterani milites fugere, in omnium conspectu interficit.
His rebus tantum fiduciæ, ac spiritus Pompeianis accessit, ut nõ de ratione belli cogitarent, sed uicisse iam
sibi uiderentur. non illi paucitatem nostrorum militũ,
non iniquitatem loci, atque angustias præoccupatis
castris, et ancipitem terrorẽ intra extraq́. munitiones, non abscissum in duas partes exercitum, cum alter alteri auxilium ferre non posset, caussæ fuisse cogitabant. non ad hæc addebant, non ex concursu acri facto, non prælio dimicatum; sibiq́. ipsos multitudine,
atque angustijs maius attulisse detrimentum, quàm
ab hoste accepissent. non denique communes belli casus recordabantur, quorũ quàm paruulæ sæpe caussæ
uel fasce

uel fasce suspicionis, uel terroris repentini, uel obiectæ religionis, magna detrimenta intulissent; quoties uel culpa ducis, uel tribuni uitio in exercitu esset offensum: sed perinde, ac si uirtute uicissent, neque ulla cõmutatio rerum posset accidere, per orbem terrarum, fama, ac litteris, uictoriam eius diei concelebrabát. Cæsar, a superioribus consilijs depulsus, omnem sibi commutandam belli ratione existimauit. itaque uno tempore, præsidijs omnibus deductis, et oppugnatione dimissa, coactoq. in unum locum exercitu, concionem apud milites habuit; hortatusq. est, ne ea, quæ accidissent, grauiter ferrent, ne ue his rebus terrerentur, multisq. secundis prælijs unum aduersum, et id mediocre opponerent: habendam fortunæ gratiam, quòd Italiã sine aliquo uulnere cepissent; quòd duas Hispanias, bellicosissimorum hominum, peritissimis, atque exercitatissimis ducibus, pacauissent; quòd finitimas, frumentariasq. prouincias in potestatem redegissent: denique recordari debere, qua facilitate inter medias hostium classes, oppletis non solum portubus, sed etiam litoribus, omnes incolumes essent transportati: si non omnia cederent secunda, fortunam esse industria subleuandam: quod esset acceptum detrimenti, cuiuis potius, quàm suæ culpæ, debere tribui: locum securum ad dimicandum dedisse: potitum esse se hostium castris: expulisse, ac superasse pugnantes: sed, siue ipsorum perturbatio, siue error aliquis, siue etiam fortuna partam iam præsentémque uictoriam interpellassent, dandam

om-

omnibus operam, ut acceptum incommodum virtute sarciretur: quod si esset factum, detrimentum in bonum verteret, uti ad Gergoniam accidisset, atque ijs, qui ante dimicare timuissent, ultro se pretio offerrent. Hac habita concione, non nullos signiferos ignominia notauit, ac loco mouit. Exercitui quidem omni tantus incessit ex incommodo dolor, tantumq́; studium infamiæ sarciédæ, ut nemo aut tribuni, aut centurionis imperium desideraret; et sibi quisque etiam pœna loco grauiores imponeret labores; simulq́; omnes ardereut cupiditate pugnandi; cum superioris etiam ordinis non nulli, oratione permoti, manendum eo loco, et rem prœlio committendam existimarent. Contra ea Cæsar neque satis militibus perterritis confidebat, spatiumq́; interponendum ad recreandos animos putabat; relictisq́; munitionibus, magnopere rei frumentariæ timebat. itaque, nulla interposita mora, sauciorū modo, et ægrorum habita ratione, impedimenta omnia silentio prima nocte ex castris Apolloniam præmisit, ac conquiescere ante iter confectum vetuit. his una legio missa præsidio est. his explicitis rebus, duas in castris legiones retinuit, reliquas de quarta uigilia, compluribus portis eductas, eodem itinere præmisit; paruoq́; spatio intermisso, ut & militare institutum seruaretur, & ne citissima eius profectio cognosceretur, conclamari iussit; statimq́; egressus, & nouissimum agmen consecutus, celeriter e conspectu castrorum discessit. Neque vero Pompeius, cognito consilio eius, moram

ram ullam ad insequendum intulit; sed eadem spe-
ctans, si itinere impeditos, & perterritos deprehendere posset, exercitum e castris eduxit, equitatumq́;
præmisit ad nouissimum agmen demorandum; neque
consequi potuit; quòd multum expedito itinere antecesserat Cæsar. sed, cum uentum esset ad flumen Genusum, quod ripis erat impeditis, consecutus equitatus nouissimos prælio detinebat. huic suos Cæsar equites opposuit; expeditosq́; antesignanos admiscuit
CCCC: qui tantum profecere, ut, equestri prælio
commisso, pellerent omnes, compluresq́; interficerent, ipsiq́; incolumes se ad agmen reciperent. Confecto iusto itinere eius diei, quod proposuerat Cæsar,
traductoq́; exercitu flumē Genusum, ueteribus suis
in castris contra Asparagum consedit; militesq́; omnes intra uallum castroru continuit; equitatumq́ue;
per caussam pabulandi emissum, confestim decumana porta in castra se recipere iussit. Simili ratione Pōpeius, confecto eiusdem diei itinere, in suis ueteribus
castris ad Asparagum consedit: eiusq́; milites, quòd
ab opere, integris munitionibus, uacabant, alij lignandi, pabulandiq́; caussa longius progrediebātur,
alij, quod subito consilium profectionis ceperant, magna parte impedimentorum, & sarcinarum relicta,
ad hæc repetenda inuitati propinquitate superiorum
castrorū, depositis in contubernio armis, uallum relinquebant. quibus ad sequendum impeditis, Cæsar,
quod fere prouiderat, meridiano fere tempore, signo
profectionis dato, exercitum educit; duplicatoq́; eius

diei

diei itinere, VIII millibus passuum ex eo loco procedit, quod facere Pompeius discessu militum non potuit. Postero die Cæsar, similiter præmissis prima nocte impedimentis, de quarta uigilia ipse egreditur; ut, si qua imposita esset dimicandi necessitas, subitum casum expedito exercitu subiret. hoc idem reliquis fecit diebus. quibus rebus perfectum est, ut altissimis fluminibus, atque imperditissimis itineribus nullū acciperet incommodum. Pompeius enim, primi diei mora illata, et reliquorum dierum frustra labore susceptio, cum se magnis itineribus extenderet, et progressos consequi cuperet, quarta die finem sequendi fecit, atque aliud sibi consilium capiendum existimauit. Cæsari, ad saucios deponendos, stipendium exercitui dandum, socios confirmandos, præsidium urbibus relinquendum, necesse erat adire Apolloniam. sed his rebus tantum temporis tribuit, quantum erat properanti necesse: timensq́. Domitio, ne aduentu Pompeij præoccuparetur, ad eum omni celeritate, et studio incitatus ferebatur. totius autem rei consilium his rationibus explicabat, ut, si Pompeius eodem contenderet, abductum illū a mari, atque ab ijs copijs, quas Dyrrhachij comparauerat, frumento, ac commeatu abstractum, pari condicione belli secum decertare cogeret; si in Italiam transiret, cōiunctō exercitu cum Domitio per Illyricum Italiæ subsidio proficisceretur; sin Apolloniā, Oricumq́. oppugnare, et se omni maritima ora excludere conaretur, obsesso tamē Scipione, necessario illum suis auxiliū ferre cogeret. itaque, præ
missis

missis nuntiis ad Cn. Domitium Cæsar scripsit, ecquid fieri uellet, ostendit: præsidioq́; Apolloniæ cohortibus quattuor, Lyssi una, tribus Orici relictis, quiq́; erant ex uulneribus ægri, depositis, per Epirū, atque Acarnaniam iter facere cœpit. Pompeius quoque, de Cæsaris consilio coniectura iudicans, ad Scipionem properandum sibi existimabat, si Cæsar iter illò haberet, ut subsidium Scipioni ferret; si ab ora maritima, Corcyraq́; discedere nollet, quòd legiones, equitatumq́; ex Italia exspectaret, ipse ut omnibus copijs Domitiū aggrederetur. Iis de caussis uterque eorum celeritati studebat, ut suis esset auxilio, et ,ad opprimendos aduersarios, ne occasio temporis deesset. sed Cæsarem Apollonia directo itinere auerterat. Pompeius per Cādauiam iter in Macedoniam expeditum habebat, accessit etiam improuiso aliud incommodum, quòd Domitius, qui dies complures castris Scipionis castra collata habuisset, rei frumentariæ caussa ab eo discesserat, et Heracleam Senticam, quæ est subiecta Candaniæ, iter fecerat; ut ipsa fortuna illum obijcere Pompeio uideretur. hæc ad id tempus Cæsar ignorabat. simul a Pompeio litteris per omnes prouincias, ciuitatesq́; dimissis, prælio ad Dyrrhachium facto, latius, inflatiusq́; multo, quàm res erat gesta, fama percrebuerat, pulsum fugere Cæsarem, pæne omnibus copijs amissis. hæc itinera infesta reddiderant: hæc ciuitates non nullas ab eius amicitia auerterant. quibus accidit rebus, ut , pluribus dimissi itineribus , a Cæsare ad Domitium , & ab Domitio

ad

ad Cæsarem, nulla ratione iter conficere possent. sed Allobroges, Roscilli, atque Ægi familiares, quos perfugisse ad Pompeium demonstrauimus, conspicati in itinere exploratores Domitij, seu pristina sua consuetudine, quòd una in Gallia bella gesserant, seu gloria elati, cuncta, ut erant acta, exposuerunt, et Cæsaris profectione, & aduentum Pompeij docuerunt. a quibus Domitius certior factus, uix IV horarum spatio antecedens, hostium beneficio periculum uitauit, et ad Eginium, quod est obiectum, oppositumq́; Thessaliæ, Cæsari uenienti occurrit. coniuncto exercitu Cæsar Gomphos peruenit: quod est oppidum primum Thessaliæ uenientibus ab Epiro: quæ gens paucis ante diebus ultro ad Cæsarem legatos miserat, ut suis omnibus facultatibus uteretur, præsidiumq́; ab eo militum petierat. sed eò fama iam præcurrerat, quam supra docuimus, de prælio Dyrrhachino, quod multis auxerat partibus. itaque Androsthenes, prætor Thessaliæ, cum se uictoriæ Pompeij comitem esse mallet, quàm socium Cæsaris in rebus aduersis, omnem ex agris multitudinem seruorum, ac liberorum in oppidum cogit; portasq́; præcludit; & ad Scipionem, Pompeiumq́; nuntios mittit, ut sibi subsidio ueniant: se confidere munitionibus oppidi, si celeriter succurratur: longinquam oppugnationem sustinere non posse. Scipio, discessu exercituum a Dyrrhachio cognito, Larissam legiones adduxerat. Popeius nondum Thessaliæ appropinquabat. Cæsar, castris munitis, scalas, musculosq́; ad repentinam oppugnationem

nem fieri, & crates parari iussit. quibus rebus effectis, cohortatus milites docuit, quantum usum haberet ad sublevandam omnium rerum inopiam, potiri
oppido pleno, atque opulento; simul reliquis ciuitatibus urbis huius exemplo inferre terrorem; et id sie-
ri celeriter, priùs, quàm auxilia concurrerent. itaque usus singulari militum studio, eodem, quo uenerat, die, post horam nonam, oppidum altissimis mœnibus oppugnare aggressus, ante solis occasum expugnauit; et ad diripiendú militibus concessit; statimq́;
ab oppido castra mouit, et Metropolim uenit, sic, ut
nuntios expugnati oppidi, famáq́. antecederet. Me-
tropolitæ, eodem primùm usi consilio, ijsdem permo
ti rumoribus, portas clauserunt, murosq́. armatis
cópleuerunt: sed postea, casu ciuitatis comprehensis,
ex captiuis cognito, quos Cæsar ad murum producen
dos curauerat, portas aperuerunt. quibus diligentissimè cóseruatis, collata fortuna Metropolitum cum
casu Gomphensium, nulla Thessaliæ fuit ciuitas, præ
ter Larissæos, qui magnis exercitibus Scipionis tenebátur, quin Cæsari pareret, atque imperata faceret.
ille, segetis idoneam locum in agris nactus, quæ prope iam matura erat, ibi aduentum expectare Pompeij, eoq́. omnem rationem belli conferre constituit.
Pópeius paucis post diebus in Thessaliá peruenit: con
cionatusq́. apud cunctum exercitú, suis agit gratias:
Scipionis milites cohortatur, ut, parta iam uictoria,
prædæ, ac præmiorú uelint esse participes: receptisq́.
omnibus in una castra legionibus, suú cum Scipione
honorem

honorem partitur; classicumq́. apud eum cani, et alterum illi iubet prætorium tendi. auctis copijs Pompeij, duobusq́. magnis exercitibus coniunctis, pristina omnium confirmatur opinio, et spes victoriæ augetur, adeo, ut, quidquid intercederet temporis, id morari reditum in Italiam uideretur; & ,siquando quid Pompeius tardius, aut consideratius faceret, unius esse negotium diei,sed illum delectari imperio, et consulares, prætoriosq́. seruorum habere numero, dicerent.iamq́. inter se palam de præmijs, ac sacerdotijs contendebant; in annosq́. consulatum definiebant. alij domos, bonaq́. eorum, qui in castris erant Cæsaris, petebant: magnaq́. inter eos in consilio fuit controuersia, oporteret ne L. Hirtij quòd is a Pompeio ad Parthos missus esset, proximis comitijs prætorijs absentis rationem haberi: cū eius necessarij fidem implorarent Pompeij, ut præstaret, quod proficiscenti promisisset; ne per eius auctoritatem deceptus uideretur; reliqui, in labore pari, ac periculo, ne unus omnes antecederet, recusarent.iam de sacerdotio Cæsaris Domitius, Scipio, Spintherq́. Lentulus quotidianis contentionibus ad grauissimas uerborū contumelias palā descendẽrunt: cum Lentulus ætatis honorē ostentaret; Domitius urbanam gratiam, dignitatẽq́. iactaret, Scipio affinitate Pompeij consideret. postulauit etiam L. Afranium proditionis exercitus Atius Rufus apud Pompeium, quod gestum in Hispania diceret. et L. Domitius in consilio dixit, placere sibi bello cōfecto, ternas tabellas dari ad iudicandum ijs,

qui

qui ordinis essent senatorij, belloq̃. una cũ ipsis interfuissent, sentẽtiasq̃. de singulis ferrét, qui Romæ remansissent, quiq̃. inter præsidia Pompeij fuissent, neque operam in re militari præstitissent: unam fore tabellam, qui liberandos omni periculo censerent; alteram, qui capitis damnarent; tertiã, qui pecunia multarent. postremo omnes aut de honoribus suis, aut de præmijs pecuniæ, aut de persequendis inimicis agebant. nec, quibus rationibus superare possent, sed quemadmodum uti uictoria deberent, cogitabant. Re frumentaria præparata, confirmatisq̃. militibus, et satis longo spatio temporis a Dyrrhachinis prœlijs intermisso, quod satis perspectum habere uideretur, tentandum Cæsar existimauit, quidnam Pompeius propositi, aut uoluntatis ad dimicandum haberet. itaque ex castris exercitum eduxit, aciemq̃. instruxit, primũ suis locis, pauloq̃. a castris Pompeij longius; continentibus uero diebus, ut progrederetur a castris suis, collibusq̃. Pompeianis aciem subijceret. quæ res in dies confirmatiorem eius efficiebat exercitum. superius tamen institutum in equitibus, quod demonstrauimus, seruabat, ut, quoniã numero multis partibus esset inferior, adolescentes, atque expeditos, ex antesignanis electos milites ad pernicitatem, armis inter equites prœliari iuberet, qui quotidiana cõsuetudine usum quoque eius generis prœliorum perciperent. his erat rebus effectum, ut equites mille apertioribus etiam locis septem millium Pompeianorum impetum, cum adesset usus, sustinere auderent,

derent, neque magnopere eorum multitudine terrerentur. namque etiam per eos dies prælium secundum equestre fecit, atque unum Allobrogem ex duobus, quos perfugisse ad Pompeium supra docuimus, cum quibusdam interfecit. Pompeius, quia castra in colle habebat, ad insimas radices môtis aciem instruebat, semper, ut uidebatur, spectans, si iniquis locis Cæsar se subijceret. Cæsar, nulla ratione ad pugná elici posse Pompeium existimans, hanc sibi commodissimam belli rationem iudicauit, uti castra ex eo loco moueret, semperq́; esset in itineribus, hoc sperans, ut, monendis castris, pluribúsq́. adeundis locis, commodiore frumentaria re uteretur, simulq́., in itinere ut aliquam occasionem dimicandi nancisceretur, & insolitum ad laborem Pompeij exercitum quotidianis itineribus defatigaret. His constitutis rebus, signo iam profectionis dato, tabernaculisq́. detensis, animaduersum est, paulo ante, extra quotidianam consuetudinem, longius a uallo esse aciem Pompeij progressam; ut non iniquo loco posse dimicari uideretur. tunc Cæsar apud suos, cum iam esset agmé in portis, Differendum est, inquit, iter in præsentia nobis, & de prælio cogitandum, sicut semper depoposcimus: animo simus ad dimicandum parati: non facile occasionem postea reperiemus. confestimq́. expeditas copias educit. Pompeius quoque, ut postea cognitum est, suorum omnium hortatu statuerat prælio decertare. namque etiam in concilio superioribus diebus dixerat, prius, quàm concurrerent acies, fore, ut
exerci-

exercitus Cæsaris pelleretur, id cum essent plerique admirati, Scio me, inquit, pæne incredibilem rem polliceri: sed rationem consilij mei accipite, quo firmiore animo in prælium prodeatis. persuasi equitibus nostris, idq; mihi se facturos confirmauerunt, ut, cū propius sit accessum, dextrum Cæsaris cornu ab latere aperto aggrederetur, ut, circumuenta ab tergo acie, prius perturbatum exercitum pellerent, quàm a nobis telum in hostem iaceretur. ita sine periculo legionum, et pæne sine uulnere bellum conficiemus. id autem difficile non est, cum tantum equitatu ualeamus. simul denuntiauit, ut essent animo parati in posterū; et quoniam fieret dimicandi potestas, ut sæpe cogitauissent, ne usu, manuq; reliquorum opinionem fallerent. Hunc Labienus excepit, ut, cum Cæsaris copias despiceret, Pompeij consilium summis laudibus efferret. noli, inquit, existimare Pompei, hunc esse exercitum, qui Galliam, Germaniamq; deuicerit. omnibus interfui prælijs: neque temere incognitam rem pronuntio. perexigua pars illius exercitus superest. magna pars deperijt: quod accidere tot prælijs fuit necesse. multos autumni pestilentia in Italia consumpsit: multi domum discesserunt: multi sunt relicti in cōtinenti. an non audistis ex ijs, qui per caussam ualetudinis remanserunt, cohortes esse Brundisij factas? hæ copiæ, quas uidetis, ex delectibus horum annorū in citeriore Gallia sunt refectæ, et plereæque sūt ex colonijs transpadanis. attamen, quod fuit roboris, duobus prælijs Dyrrhachinis interijt. Hæc cū dixisset, iu-

C c   rauit

rauit se, nisi uictorem, in castra non reuersurum: reliquosque, ut idem facerent, hortatus est. hoc laudans Pompeius, idem iurauit. nec uero ex reliquis fuit quisquam, qui iurare dubitaret. Hæc cum facta essét in concilio, magna spe, et lætitia omnium discessum est. ac iam animo uictoriã percipiebant, quòd de re tanta, et a tam perito imperatore nihil frustra confirmari uidebatur. Cæsar, cum Pompeij castris appropinquasset, ad hunc modum aciem eius instructam animaduertit. erant in sinistro cornu legiones duæ, traditæ a Cæsare initio dissensionis ex S. C. quarum una prima, altera tertia appellabatur. in eo loco ipse erat Pompeius. mediam aciem Scipio cum legionibus Syriacis tenebat. Ciliciensis legio coniuncta cũ cohortibus Hispanis, quas traductas ab Afranio docuimus, in dextro cornu erant collocatæ. has firmissimas se habere Pompeius existimabat. reliquas inter aciem mediam, cornuaq́. interiecerat: numeroq́. cohortes C X expleuerat. hæc erant millia L V, euocatorum circiter duo millia: quæ ex beneficiarijs superiorum exercituũ ad eum conuenerant: quæ tota acie dispenserat. reliquas cohortes V I I castris, propinquisq́. castellis præsidio disposuerat. dextrum cornu eius riuus quidã, impeditis ripis, muniebat. quam ob caussam cunctum equitatum, sagittarios, funditoresq́. omnes in sinistro cornu obiecerat. Cæsar, superius institutum seruans, decimã legionem in dextro cornu, nonam in sinistro collocauerat: tametsi erãt Dyrrhachinis prœlijs uehemẽter attenuatæ: et huic sic adiunxit octauã, ut pæne

unam

mam ex duabus efficeret; atque alteram alteri præsidio esse iusserat. cohortes in acie LXXX constitutas
habebat, quæ summa erat MXXII. cohortes duas
castris præsidio reliquerat. sinistro cornu Antonium,
dextro P. Syllam, media acie Cn. Domitiū præposue-
rat. ipse contra Pompeium consistit. Simul, his rebus
animaduersis, quas demonstrauimus, timens, ne a
multitudine equitum dextrū cornu circhueniretur,
celeriter ex terna acie singulas cohortes detraxit; atque ex his quartam instituit, equitatuiq́. opposuit;
et, quid fieri uellet, ostendit; monuitq́ue, eius diei uictoriam in earum cohortium uirtute constare; simul
tertiæ aciei, totiq́. exercitui imperauit, ne iniussu suo
concurreret: se, cum id fieri uellet, uexillo signum da-
turū. exercitum cū, militari more, ad pugnā cohortaretur, suaq́. in eum perpetui temporis officia prædi-
caret, in primis cómemorauit, testibus se militibus
uti posse, quanto studio pacem petisset, quæ per Vatinium in colloquijs, quæ per A. Clodium cū Scipione
egisset; quibus modis ad Oricum cum Libone de mittendis legatis contendisset: neque se unquā abuti militum sanguine, neque remp. alterutro exercitu priua-
re uoluisse. Hac habita oratione, exposcentibus militibus, & studio pugnæ ardentibus, tuba signum dedit. Erat Crastinus euocatus in exercitu Cæsaris, qui
superiore anno apud eum primum pilum in legione
decima duxerat, uir singulari uirtute. hic, signo
dato, Sequimini me, inquit, manipulares mei qui
fuistis; & nostro imperatori, quam constituistis,

Cc 2 operam

operam date. unum hoc prælium superest: quo confe
cto, et ille suam dignitatem, et nos nostram libertaté
recuperabimus. simul respiciens Cæsarem, Faciá, inquit, hodie imperator, ut aut uiuo mihi, aut mortuo
gratias agas. Hæc cum dixisset, primus ex dextro cor
nu procurrit: atque eum milites electi circiter CXX
uoluntarie eiusdem centuriæ sunt prosecuti. Inter
duas acies tantum erat relictum spatij, ut satis esset
ad concursum utriusque exercitus. Sed Pompeius suis
prædixerat, ut Cæsaris impetum exciperent, ne ue se
loco mouerent, aciemq́. eius distrahi paterentur, idq́.
admonitu C. Triarij fecisse dicebatur: ut primus ex-
cursus, uisq́. militum infringeretur, aciesq́. distódere-
tur: atque suis ordinibus dispositi, dispersos adoriren
tur: leniusq́. cæsura pila sperabat, in loco retentis mi
litibus, quàm si ipsi immissis telis occurrissent: simul
fore, ut, duplicato cursu, Cæsaris milites exanima-
rentur, et lassitudine conficerentur. quod nobis quidem nulla ratione factum a Pompeio uidetur: propterea quòd est quædá animi incitatio, atque alacri-
tas, naturaliter innata omnibus, quæ studio pugnæ in
cenditur. hanc nó reprimere, sed augere imperatores
debent. neque frustra antiquitus institutum est, ut signa undique concinerent, clamoremq́. uniuersi tolle
rent. quibus rebus et hostes terreri, et suos incitari
existimauerunt. Sed nostri milites, dato signo, cum
infestis pilis procurrissent, atque animaduertissent
nó concurri à Pompeianis, usu periti, ac superioribus
pugnis exercitati, sua sponte cursum represserunt,
& ad

et ad medium fere spatium constiterunt, ne, consumptis uiribus, appropinquarent; paruoq́; intermisso temporis spatio, ac rursus renouato cursu, pila miserunt, celeriterq́ue, ut erat præceptum a Cæsare, gladios strinxerunt. neque uero Pompeiani huic rei defuerunt. nam et tela missa exceperunt, et impetum legionum tulerunt, et ordines conseruauerunt; pilisq́; missis, ad gladios redierunt. Eodḗ tempore equites a sinistro Pompeij cornu, ut erat imperatum, uniuersi procurrerunt: omnisq́; multitudo sagittariorum se profudit: quorum impetum noster equitatus non tulit, sed paullum loco motus cessit: equitesq́; Pompeiani hoc acrius instare, et se turmatim explicare, aciemq́; nostram a latere aperto circuire cœperunt. quod ubi Cæsar animaduertit, quartæ aciei, quam instituerat ex cohortium numero, signum dedit. illi celeriter procurrerunt, infestisq́; signis tanta ui in Pompeij equites impetum fecerunt, ut eorum nemo consisteret, omnesq́; conuersi non solum loco excederet, sed protinus incitati fuga montes altissimos peterent. quibus summotis, omnes sagittarij, funditoresq́; destituti inermes sine præsidio interfecti sunt. eodem impetu cohortes sinistrum cornu, pugnantibus etiam tum, ac resistentibus in acie Pompeianis, circumierunt, eosq́; a tergo sunt adorti. Eodem tempore tertiam aciem Cæsar, quæ quieta fuerat, et se ad id tempus loco tenuerat, procurrere iussit. ita, cum recentes, atque integri defessis successissent, alij autem a tergo adorirentur, sustinere Pompeiani non

Cc 3 potue-

potuerint, atque uniuersi terga uerterunt. neque uero Cæsarem fefellit, quin ab ijs cohortibus, quæ contra equitatum in quarta acie collocatæ essent, initiū
uictoriæ oriretur, ut ipse in cohortādis militibus pro-
nūtiauerat. ab his enim primum equitatus est pulsus:
ab ijsdem facta cædes sagittariorum, atque funditos-
rum: ab ijsdem acies Pompeiana a sinistra parte erat
circumuenta, atque initium fugæ factum. sed Pompeius, ut equitatum suum pulsum uidit, atque eam
partem, cui maxime confidebat, perterritā, animaduertit, alijs diffisus, acie excessit, protinusq; se in castra equo contulit, et ijs centurionibus, quos in statione ad prætoriam portam posuerat, clare, ut milites
exaudirent, Tuemini, inquit, castra, et defendite diligenter, si quid durius acciderit: ego reliquas portas
circumeo, et castrorum præsidia confirmo. hæc cum
dixisset, se in prætorium contulit, summa rei diffidēs,
et tamen euentum exspectans. Cæsar, Pompeianis
ex fuga intra uallum compulsis, nullum spatium perterritis dare oportere existimans, milites cohortatus
est, ut beneficio fortunæ uterentur, castraq; oppugna-
rent: qui, etsi magno æstu fatigati, (nam ad meridiem res erat perducta) tamen, ad omnē laborem animo parati, imperio paruerat. castra a cohortibus, quæ
ibi præsidio erant relictæ, industrie defendebantur,
multo etiā acrius a Thracibus, barbarisq; auxilijs.
nam qui acie refugerant milites, & animo perterriti, & lassitudine confecti, missis plerique armis, si-
gnisq; militaribus, magis de reliqua fuga, quàm de
castro-

castrorum defensione, cogitabant. neque uero diutius, qui in uallo constiterant, multitudinem telorum sustinere potuerunt, sed confecti uulneribus, locum reliquerunt, protinusq́. omnes, ducibus usi centurionibus, tribunisq́. mil. in altissimos montes, qui ad castra pertinebant, confugerunt. in castris Pompeij uidere licuit triclinia strata, magnum argenti pondus expositū, recentibus cespitibus tabernacula costrata, L. etiā Lentuli, et non nullorū tabernacula protecta edera, multaq́. præterea, quæ nimiā luxuriam, et uictoriæ fiduciā designarent; ut facile existimari posset, nihil eos de euentu eius diei timuisse, qui non necessarias conquirerent uoluptates. atque ij miserrimo, ac patientissimo exercitui Cæsaris luxuriem obijciebāt, cui semper omnia ad necessarium usum defuissent. Pompeius iam cum intra uallum nostri uersarentur, equum nactus, detractis insignibus imperatorijs, decumana porta se ex castris eiecit, protinusq́. equo citato, Larissam contendit. neque ibi constitit; sed eadem celeritate, paucos suorum ex fuga nactus, nocturno itinere non intermisso, comitatu equitū XXX ad mare peruenit, nauemq́. frumentariā conscendit, sæpe, ut dicebatur, querens, tantam se opinionem fefellisse, ut, a quo genere hominum uictoriā sperasset, ab eo initio fugæ facto pæne proditus uideretur. Cæsar, castris potitus, a militibus cōtendit, ne, in præda occupati, reliqui negotij gerēdi facultatē dimitterét. qua re impetrata, montē opere circumuenire instituit. Pōpeiani, quòd is mōs erat sine aqua, diffisi ei loco, relicto

licto monte, uniuersi iuris eius Larissam uersus se recipere cœperunt. qua spe animaduersa, Cæsar copias suas diuisit; partemq́; legionum in castris Pompey remanere iussit, partem in sua castra remisit: quattuor secum legiones duxit; commodioreq́; itinere Pompeianis occurrere cœpit: & progressus millia passuum VI, aciem instruxit. qua re animaduersa, Pompeiani in quodam monte constiterunt, hunc montem flumen subluebat. Cæsar milites cohortatus, etsi totius diei continenti labore erant confecti, noxq́; iam suberat, tamen munitione flumen a monte seclusit, ne noctu Pompeiani aquari possent. quo iam perfecto opere, illi de deditione, missis legatis, agere cœperut. pauci ordinis senatorij, qui se cum ijs coniunxerant, nocte fuga salutem petierunt. Cæsar prima luce omnes eos, qui in monte consederant, ex superioribus locis in planiciem descendere, atque arma proijcere iussit. quod ubi sine recusatione fecerunt, passisq́; palmis, proiecti ad terram, flentes, ab eo petierunt salutem: consolatus consurgere iussit; & pauca apud eos de lenitate sua locutus, quo minore essent timore, omnes conseruauit; militibusq́; suis iussit, ne qui eorum uiolaretur, neu quid sui desiderarent. hac adhibita diligentia, ex castris sibi legiones alias occurrere, & eas, quas secum duxerat, inuicem requiescere, atque in castra reuerti iussit: eodemq́; die Larissam peruenit. in eo prælio non amplius ducentos milites desiderauit, sed centuriones, fortes uiros, circiter XXX. amisit. interfectus est etiam fortissime pugnans Crastinus, cuius
mentionem

mentionem supra fecimus, gladio in os aduersum
contecto, neque id sunt falsum, quod ille in pugnam
proficiscens dixerat. sic enim Cæsar existimabat, eo
prælio excellentissimam uirtutem Crastini fuisse;opti-
méq́, eum de se meritum iudicabat. ex Pompeiano
exercitu circiter millia XV cecidisse uidebantur: sed
in deditionem uenerunt amplius millia XXIV. nanque etiam cohortes, quæ præsidio in castellis fuerāt,
sese Syllæ similiter dediderunt. multi præterea in finitimas ciuitates refugerunt. signáq́ militaria ex prælio ad Cæsarem sunt relata CLXXX, et aquilæ LIX.
L. Domitius, ex castris in montem refugiens, cum uires eum lassitudine defecissent, ab equitibus est interfectus. Eodem tempore D. Lælius cum classe ad Brū-
disium uenit; eademq́ ratione, qua factum a Libone antea demonstrauimus, insulam obiectam portui
Brundisino tenuit. Similiter Vatinius, qui Brundisio præerat, tectis, instructisq́ scaphis, elicuit naues Lælianas; atque ex his longius productam unam
quinqueremem, & minores duas in angustijs portus cœpit: itemq́ per equites dispositos aqua prohibere classiarios instituit. sed Lælius, tempore anni commodiore usus, ad nauigandum onerarijs nauibus Corcyra, Dyrrhachioq́. aquam suis supportabat; neque
a proposito deterrebatur; neque, ante prælium in
Thessalia factum cognitum, aut ignominia amissarū
nauium, aut necessariarum rerum inopia, ex portu, insuláq́. expelli potuit. Iisdem fere temporibus
Cassius cū classe Syrorum, & Phœnicum, et Cilicum

in

Siciliam uenit: &, cùm esset Cæsaris classis diuisa in duas partes, & dimidiæ parti præesset P. Sulpicius prætor Vibone ad fretum, dimidiæ M. Pomponius ad Messanam, prius Cassius ad Messanam nauibus aduolauit, quàm Pomponius de eius aduentu cognosceret: perturbatumq́. eum nactus, nullis custodijs, neque ordinibus certis, magno uento, et secundo completas onerarias naues tæda, & pice, & stupa, reliquisq́. rebus, quæ sunt ad incendia, in Pomponianam classem immisit, atque omnes naues incendit XXXV, in quibus erant XX constratæ: tantusq́. eo facto timor incessit, ut, cùm esset legio præsidio Messanæ, uix oppidum defenderetur: &, nisi eo ipso tempore quidam nuntij de Cæsaris uictoria per dispositos equites essent allati, existimabant plerique futurum fuisse, ut amitteretur. sed, oportunissime nuntijs allatis, oppidum suit defensum: Cassiusq́. ad Sulpicianam inde classem profectus est Vibonem: applicatisq́. nostris ad terram nauibus, propter eundem timorem, pari, atque antea, ratione egerunt. Cassius, secundum nactus uentum, onerarias naues circiter XL, præparatas ad incendium immisit: &, flamma ab utroque cornu comprehensa, naues sunt combustæ quinque. cumq́. ignis, magnitudine uenti, latius serperet, milites, qui ex ueteribus legionibus erant relicti præsidio nauibus, ex numero ægrorum, ignominiam non tulerunt, sed sua sponte naues conscenderunt, & a terra soluerunt, impetuq́. facto in Cassianam classem, quinqueremes duas, in quarum altera erat Cassius, ceperunt.

perunt. sed Cassius, exceptus scapha, refugit. præterea duæ sunt deprehensæ triremes. neque multo post
de prælio facto in Thessalia cognitum est; ut ipsis Pō-
peianis fides fieret. nam ante id tempus fingi a legatis, amicisq́. Cæsaris arbitrabantur. quibus rebus
cognitis, ex ijs locis Cassius cum classe discessit. Cæsar, omnibus rebus relictis, persequendum sibi Pompeium existimauit, quascunque in partes ex fuga se
recepisset, ne rursus copias comparare alias, et bellum renouare posset : et, quantum itineris equitatu
efficere poterat, quotidie progrediebatur. legionéq́.
unam minoribus itineribus subsequi iussit. Erat edictum Pompeij nomine Amphipoli propositum, uti
omnes eius prouinciæ iuniores, Græci, ciuesq́. R.
iurandi caussa conuenirent. sed, utrum auertendæ
suspicionis caussa Pompeius proposuisset, ut quamdiu-
tissime longioris fugæ consilium occultaret, an nouis
delectibus, si nemo premeret, Macedoniam tenere
conaretur, existimari non poterat. ipse ad anchoram
una nocte constitit; et, uocatis ad se Amphipoli hospitibus, et pecunia ad necessarios sumptus corrogata,
cognito Cæsaris aduentu, ex eo loco discessit, et Mity-
lenas paucis diebus uenit. biduum tempestate reten-
tus, nauibusq́. alijs additis actuarijs, in Ciliciam, atque inde Cyprum peruenit. ibi cognoscit, consensu
omnium Antiochensium, ciuiumq́. R. qui illic nego-
tiarentur, arcem ante captam esse, excludendi sui
caussa; nuntiosq́. dimissos ad eos, qui se ex fuga in finitimas ciuitates recepisse dicerentur, ne Antiochiā
adirent :

adirent: id si fecissent, magno eorum capitis periculo futurum. Idem hoc L. Lentulo, qui superiore anno consul fuerat, & P. Lentulo consulari, ac non nullis alijs acciderat Rhodi. nam quicunque ex fuga Pompeium sequerentur, atque in insulam uenissent, oppido, ac portu recepti non erant: missisq́; ad eos nuntijs, ut ex ijs locis discederent, contra uoluntatem suam naues soluere iubebantur. Iamq́; de Cæsaris aduentu fama ad ciuitates perferebatur. quibus cognitis rebus, Pompeius, deposito adeundæ Syriæ consilio, pecunia societatis sublata, & a quibusdam priuatis sumpta, & æris magno pondere ad militarem usum in naues imposito, duobusq́; millibus hominum armatis, partim quos ex familijs societatum delegerat, partim a negotiatoribus coegerat, quosq́; ex suis quisque ad hanc rem idoneos existimabat, Pelusiū peruenit. ibi casu rex erat Ptolemæus, puer ætate, magnis copijs, cum sorore Cleopatra gerens bellum; quam paucis ante mensibus per suos propinquos, atque amicos regno expulerat : castraq́; Cleopatræ non longo spatio ab eius castris distabant. ad eum Pompeius misit, ut, pro hospitio, atque amicitia patris, Alexandria reciperetur, atque illius opibus in calamitate tegeretur. sed, qui ab eo missi erant, confecto legationis officio, liberius cum militibus regis colloqui cœperunt, eosq́; hortari, ut suum officium Pompeio præstarent, ne eius fortunam despicerent. in hoc erant numero complures Pompeij milites; quos ex eius exercitu acceptos in Syria, Gabinius Alexandriam traduxerat,
belloq́;

belloq́; confecto apud Ptolemæũ, patrem pueri, reliquerat. his tunc cognitis rebus, amici regis, qui propter ætatem eius in procuratione erant regni, siue timore adducti, ut postea prædicabant, ne, solicitato exercitu regio, Pompeius Alexandriã, Ægyptumq́; occuparet, siue, despecta eius fortuna, ut plerẽq́; in calamitate ex amicis inimici existunt, ijs, qui erant ab eo missi, palam liberaliter responderunt, eumq́; ad regem uenire iusserunt: ipsi, clam consilio inito, Achillam, præfectum regium, singulari hominem audacia, et L. Septimium tribunum mil. ad interficiendum Pompeium miserunt. ab his liberaliter ipse appellatus, & quadam notitia Septimij productus, quòd bello prædonum apud eum ordinem dux erat, nauiculam paruulam conscendit cum paucis suis, et ibi ab Achilla, et Septimio interficitur. item L. Lentulus cõprehenditur à rege, et in custodia necatur. Cæsar, cũ in Asiam uenisset, reperiebat T. Ampium conatum esse tollere pecunias Epheso ex fano Dianæ; eiusq́; rei caussa, senatores omnes ex prouincia uocasse, ut, ijs testibus, summa pecuniæ uteretur; sed interpellatum aduentu Cæsaris profugisse. ita duobus temporibus Ephesiæ pecuniæ Cæsar auxilium tulit. Item constabat, Elide in templo Mineruæ, repetitis, atque enumeratis diebus, quo die prælium secundum fecisset Cæsar, simulacrum uictoriæ, quod ante ipsam Mineruam collocatum erat, et ad simulacrum Mineruæ spectabat, ad ualuas se templi, limenq́; conuertisse. Eodemq́; die Antiochiæ in Syria bis tantus

tus exercitus clamor, et signorum sonus exauditus
est, ut in muris armata ciuitas discurreret, hoc idem
Ptolemaide accidit. Pergami in occultis, ac remotis templis, quò, praeter sacerdotes, adire fas non est,
quae Graeci ἄδυτα appellant, tympana sonuerunt.
item Trallibus in templo uictoriae, ubi Caesari sta-
tuam consecrauerant, palma per eos dies in tecto inter coagmenta lapidum ex pauimento extitisse osten-
debatur. Caesar, paucos dies in Asia moratus, cum
audisset Pompeium Cypri uisum, coniectans eum in
Aegyptum iter habere, propter necessitudines regni,
reliquasq́. eius loci oportunitates, cum legionibus,
una, quam ex Thessalia se sequi iusserat, et altera,
quam ex Achaia a Fusio legato euocauerat, equiti-
busq́. octingentis, et nauibus longis Rhodijs decem,
et Asiaticis paucis, Alexandriam peruenit. in his
erant legionibus hominum tria millia ducenti. reliqui,
uulneribus ex praelijs, et labore, ac magnitudine itineris confecti, consequi non potuerant. sed Caesar,
confisus fama rerum gestarum, infirmis auxilijs proficisci non dubitauerat; atque omnem sibi locum tutum fore existimabat. Alexandriae de Pompeij morte cognoscit: atque ibi primum e naui egrediens, clamorem militum audit, quos rex in oppidi, praesidij
caussa, reliquerat; et concursum ad se fieri uidet, quòd
fasces anteferrentur. in hoc omnis multitudo maiesta-
tem regiam minui praedicabat. hoc sedato tumultu,
crebrae cótinuis diebus ex cócursu multitudinis cócita-
tiones fiebát: compluresq́. milites huius urbis omnibus

bus partibus interficiebantur. quibus rebus animaduersis, legiones sibi alias ex Asia adduci iussit, quas ex Pompeianis militibus confecerat. ipse enim necessario Etesiis tenebatur, qui Alexádria nauigantibus sunt aduersissimi uenti. Interim controuersias regum ad populum R. et ad se, quòd esset consul, pertinere existimans, atque eo magis officio suo conuenire, quòd superiore consulatu cum patre Ptolemæo, et lege, et S. C. societas erat facta, ostendit sibi placere, regem Ptolemæum, atque sororem eius Cleopatram exercitus, quos haberent, dimittere, et de controuersiis iure apud se potius, quàm inter se armis, disceptare. Erat in procuratione regni, propter ætatem pueri, nutricius eius, eunuchus, nomine Photinus. is primum inter suos queri, atque indignari cœpit, regem ad dicendã caussam euocari: deinde, adiutores quosdam conscios sui nactus ex regijs amicis, exercitum a Pelusio clam Alexandriam euocauit; atque eundem Achillam, cuius supra meminimus, omnibus copijs præfecit. hunc incitatum suis, et regis inflatũ pollicitationibus, quæ fieri uellet, litteris, nuntijq́; edocuit. In testamento Ptolemæi patris heredes erãt scripti ex duobus filijs maior, et ex duabus ea, quæ ætate antecedebat. hæc uti fierent, per omnes deos, perq́; fœdera, quæ Romæ fecisset, eodem testamento Ptolemæus populũ R. obtestabatur. tabulæ testamẽti, una per legatos eius Romã erãt allatæ, ut in ærario poneréturæ, cũ propter publicas occupationes poni nõ potuisset, apud Põpeiũ sunt depositæ, alteræ eodẽ
exemplo

exemplo relicta, atque obsignatæ Alexandriæ proferebantur. De his rebus cum ageretur apud Cæsaré; isq́. maxime uellet pro communi amico, atque arbitro controuersias regum componere: subito exercitus regius, equitatusq́. omnis uenire Alexandriã nuntiatur. Cæsaris copiæ nequaquam erant tantæ, ut eis extra oppidum, si esset dimicandum, confideret. relinquebatur, ut se suis locis oppido teneret, consiliumq́. Achillæ cognosceret. milites tamen omnes in armis esse iussit: regemq́. hortatus est, ut ex suis necessarys, quos haberet maximæ auctoritatis, legatos ad Achillam mitteret, &, quid esset suæ uoluntatis, ostenderet. a quo missi Dioscorides, et Serapion, qui ambo legati Romæ fuerant, magnamq́ue apud patrem Ptolemæum auctoritatem habuerant, ad Achillam peruenerunt. quos ille, cum in conspectum eius ueniss̃ent, prius, quàm audiret, aut, cuius rei caussa missi essent, cognosceret, corripi, ac interfici iussit. quorum alter, accepto uulnere occupatus, per suos pro occiso sublatus, alter interfectus est. quo facto, regem ut in sua potestate haberet, Cæsar effecit, magnamq́. regium nomen apud suos auctoritatem habere existimans, et ut potius priuato paucorũ, et latronum consilio, quàm regia, susceptum bellum uideretur. Erant cũ Achilla copiæ, ut neque numero, neque genere hominum, neque usu rei militaris contemnendæ uiderétur. millia enim uiginti in armis habebat. hæ constabant ex Gabinianis militibus: qui iam in cõsuetudinem Alexandrinæ uitæ, atque licétiæ uenerant,

nerant, et nomen, disciplinamq́. populi R. dedidicerant, uxoresq́. duxerant, ex quibus plerique liberos habebant. huc accedebant collecti ex prædonibus latronibusq́. Syriæ, Ciliciæq́. prouinciæ, finitimarumq́. regionum. multi præterea capitis dæmnati, exsulesq́. conuenerant: fugitiuisq́. omnibus nostris certus erat Alexandriæ receptus, certaq́. uitæ condicio, ut, dato nomine, militum essent numero: quoru si quis a domino comprehenderetur, concursu militum eripiebatur, qui uim suorum, quod in simili culpa uersabantur, ipsi pro suo periculo defendebant. hi regum amicos ad mortem depoſcere, hi bona locupletum diripere, stipendij augendi caussa, regis domum obsidere, regno expellere alios, alios accerſere, uetere quodam Alexandrini exercitus instituto conſueuerant. erant præterea equitum millia duo, qui inueterauerant có pluribus Alexandriæ bellis. Ptolemæum patrem in regnum reduxerant, Bibuli filios duos interfecerant, bella cum Aegyptijs gesserant. hunc uſum rei militaris habebant. his copijs fidens Achillas, paucitatemq́. militum Cæsaris despiciens, occupabat Alexandriã: præterea oppidi partem, quam Cæsar cum militibus tenebat, primo impetu domum eius irrumpere conatus est. Sed Cæsar, dispositis per uias cohortibus, impetũ eius sustinuit. eodẽq́. tempore pugnatum est ad portum: ac longe maximam ea res attulit dimicationem. simul enim, diductis copijs, pluribus uijs pugnabatur: et magna multitudine naues longas occupare hostes conabantur: quarum erant auxilio L missæ ad

Dd   Pompe

Pompeium: quæ, prælio in Thessalia facto, domum redierant. illæ triremes omnes, et quinqueremes aptæ, instructæq. omnibus rebus ad nauigandum, præter has, XXII erant, quæ præsidij caussa Alexandriæ esse consueuerant, constratæ omnes. quas si occupassent, classe Cæsaris erepta, portum, ac mare totum in sua potestate haberent, commeatu, auxilijsq. Cæsarem prohiberent. itaque tanta est contentione actum, quanta agi debuit; cum ille celerem in ea re nictoriam, hi salutem suam consistere uiderent. sed rem obtinuit Cæsar; omnesq. eas naues, et reliquas, quæ erant in naualibus, incendit; quòd tam late tueri tam parua manu non poterat; confestimq. ad Pharum nauibus milites exposuit. Pharus est in insula turris, magna altitudine, mirificis operibus exstructa, quæ nomen ab insula accepit. hæc insula, obiecta Alexandriæ, portum efficit: sed a superioribus regionibus, in longitudinem passuum nógentorum in mare iactis molibus, angusto itinere, et ponte cum oppido coniungitur. in hac sunt insula domicilia Aegyptiorum, et uicus, oppidi magnitudine: quæq. ubique naues imprudentia, aut tempestate paullulum suo cursu decesserint, has more prædonum diripere consueuerunt. ijs autem inuitis, a quibus Pharus tenetur, nó potest esse, propter angustias, nauibus introitus in portum. hoc tum ueritus Cæsar, hostibus in pugna occupatis, militibusq. expositis, Pharon apprehendit, atque ibi præsidium posuit. quibus est rebus effectum, uti tuto frumentum, auxiliaq. nauibus ad eum supportari possent.

possent, demisit enim circum omnes propinquas regiones; atque inde auxilia euocauit; reliquis oppidi partibus sic est pugnatum, ut æquo prælio discederetur, & neutri pellerentur. id efficiebant angustiæ loci: paucisq́. utrinque interfectis, Cæsar loca maxime necessaria complexus, noctu præmunit. hoc tractu oppidi pars erat regiæ exigua, in quam ipse, habitandi caussa, initio erat inductus, & theatrum coniunctum domui, quod arcis tenebat locum, aditusq́. habebat ad portum, & ad reliqua naualia. has munitiones insequentibus auxit diebus, ut pro muro obiectas haberet, neu pugnare inuitus cogeretur. Interim filia minor Ptolemæi regis, uacuam possessionem regni sperans, ad Achillam se ex regia transiecit, unaq́. bellum administrare cœpit. sed celeriter est inter eos de principatu controuersia orta; quæ res apud milites largitiones auxit. magnis enim iacturis sibi quisque eorum animos conciliabat. Hæc dum apud hostes geruntur, Photinus, nutricius pueri, & procurator regni in parte Cæsaris, cum ad Achillam nuntios mitteret, hortareturq́ue, ne negotio desisteret, neue animo deficeret, indicatis, deprehensisq́. internuntiis, a Cæsare est interfectus. Hæc initia belli Alexandrini fuerunt.

Dd

A. HIRTII, AVT OPPII COMMENTARIORVM DE BELLO ALEXANDRINO LIBER I.

BELLO *Alexandrino conflato,*
Cæsar Rhodo, atque ex Syria,
Ciliciaq́. omnem classem accer-
sit; ex Creta sagittarios, equites
ab rege Nabathæorum Malco
euocat; tormenta undique con-
quiri, & frumentum mitti, auxi
liaq́. adduci iubet. interim munitiones quotidie operi
bus augentur: atque omnes oppidi partes, quæ minus
firmæ esse uiderentur, testudinibus, atque musculis
aptantur: ex ædificijs autem per foramina in proxima ædificia arietes immittuntur; quantumq́. aut rui
nis deijcitur, aut per uim recipitur loci, in tantū munitiones proferuntur. nam incendio fere tuta est Alexandria; quòd signa contignatione, ac materia sunt
ædificia, & structuris, atque fornicibus continentur,
tectaq́. sunt rudere, aut pauimentis. Cæsar studebat
maxime, ut, quamangustissimam partem oppidi pa
lus a meridie interiecta efficiebat, hanc, operibus, ui
neisq́. agendis, a reliqua parte urbis excluderet, illud spectans, primum, ut, cùm esset in duas partes
urbs diuisa, acies uno consilio, atque imperio admini
straretur; deinde, ut laborantibus succurri, atque ex
altera oppidi parte auxilium ferri posset; in primis
uero,

uero, ut aqua, pabuloq́. abundaret: quarum alterius rei copiam exiguam, alterius nullam omnino facultatem habebat, quodq́. utrunque palus large præbere poterat. Neque uero Alexandrinus in gerendis negotijs cunctatio ulla, aut mora inferebatur. nam in omnes partes, per quas fines Aegypti, regnumq́. pertinet, legatos, conquisitoresq́., delectus habendi caussa, miserant; magnumq́. numerum in oppidum telorum, atque tormentorum connexerant, & innumerabilem multitudinem adduxerant. nec minus in urbe maxima armorum erant institutæ officinæ. seruos præterea puberes armauerant: quibus domini locupletiores uictum quotidianum, stipendiumque præbebant. hac multitudine disposita, munitiones semotarum partium tuebantur. ueteranas cohortes uacuas in celeberrimis urbis locis habebant; ut, quacunque regione pugnaretur, integris uiribus ad auxilium ferendum oportunæ essent. omnibus uijs, atque angiportis triplicem uallum obduxerant. (erat autem quadrato exstructus saxo; nec minus quadraginta pedes altitudinis habebat) queq́. partes urbis inferiores erant, has altissimis turribus denorum tabulatorum munierant. Præterea ambulatorias totidem tabulatorum confixerant; subiectisq́. eis rotis, funibus, iumentisq́. obiectis, directis plateis in quamcunque erat uisum partem mouebant. urbs fertilissima, & copiosissima omnium rerum apparatus suggerebat. ipsi homines ingeniosissimi, atque acutissimi, quæ a nobis fieri uiderant, ea solertia efficiebant.

Dd 3

bant, ut nostri illorum opera imitari uiderentur, &
sua sponte multa reperiebant: unoq́; tempore & nostras munitiones infestabant, & suas defendebant:
atque haec principes in consilijs, concionibusq́; agi-
tabant, populum R. paullatim in consuetudinem e-
ius regni uenire occupandi: paucis annis antea Gabinium cum exercitu fuisse in Aegypto: Pompeium
se ex fuga eodem recepisse; ac Caesarem uenisse cum
copijs; neque morte Pompeij quidquam profectú,
quo minus Caesar apud se commoraretur: quem si
non expulissent, futuram ex regno prouinciam: idq́;
agendum mature: nanque eum, interclusum tempe
statibus propter anni tempus, recipere transmari-
na auxilia non posse. Interim dissensione orta inter
Achillam, qui ueterano exercitui praeerat, & Arsinoen, regis Ptolemaei minorem filiam, ut supra
demonstratum est, cum uterque utrique insidiare-
tur, & summam imperij ipse obtinere uellet; prae-
occupat Arsinoe per Ganymedem eunuchum, nu-
tricium suum, atque Achillam interficit. hoc occiso, ipsa sine ullo socio, et custode omne imperium obtinebat; exercitus Ganymedi traditur. is, suscepto
officio, largitionem in milites auget, reliqua pari diligentia administrat. Alexandria est fere tota suffos-
sa, specusq́; habet ad Nilum pertinentes, quibus a-
qua in priuatas domos inducitur, quae paullatim spa
tio temporis liquescit, ac subsidit. hac uti domini aedi
ficiorum, atque eorum familiae consueuerunt. nam,
quae flumine Nilo fertur, adeo est limosa, atque tur
bida,

bida, ut multos, uariosque morbos efficiat. sed ea plebs, ac multitudo cõtenta est necessario, quòd fons urbe tota nullus est. hoc tamen flumen in ea parte urbis erat, quæ ab Alexandrinis tenebatur. quo facto est admonitus Ganymedes, posse nostros aqua intercludi; qui, distributi munitionum tuẽdarum caussa uicatim, ex priuatis ædificijs specubus, & puteis extracta aqua utebantur. hoc probato consilio, magnũ ac difficile opus aggreditur. interseptis enim specubus, atque omnibus urbis partibus exclusis, quæ ab ipso tenebantur, aquæ magnam uim ex mari rotis, ac machinationibus exprimere contendit. hanc locis superioribus fundere in partem Cæsaris nõ intermittebat. quamobrem salsior paullo præter consuetudinẽ aqua trahebatur ex proximis ædificijs; magnãq̀ hominibus admirationem præbebat, quam ob caussam id accidisset; nec satis sibi ipsi credebant; cum se inferiores eiusdem generis, ac saporis aqua dicerent uti, atque ante consuessent: uulgoq̀ue inter se conferebant, & degustando, quantum inter se diserrent aquæ, cognoscebant. paruo uero temporis spatio, hæc propior bibi non poterat omnino, illa inferior corruptior iam, salsiorq̀. reperiebatur. quo facto, dubitatione sublata, tantus incessit timor, ut ad extremum casum omnes deducti uiderentur; atque alij morari Cæsarem dicerent, quin naues conscendere iuberet; alij multo grauiorem extimescerent casum; quòd neque cælari Alexandrinis possent in apparanda fuga, cum hi tam paruo spatio distarent

Dd 4

victoria insolentes, præcursuros, et loca excelsiora, atque ædificia occupaturos; ita fuga, nauibusq́; nostros prohibituros: proinde eius consilij obliuiscerentur, atque omni ratione esse uincendum cogitarent. Hac oratione apud suos habita, atque omnium mentibus excitatis, dat centurionibus negotium, ut, reliquis operibus intermissis, ad sodiendos puteos animū conferant, ne ue quam partem nocturni temporis intermittant. quo suscepto negotio, atque omnium animis ad laborem incitatis, magna una nocte uis aquæ dulcis inuenta est. ita operosis Alexandrinorum machinationibus, maximisq́; conatibus, non longi temporis labore, occursum est. Eo biduo legio trigesima septima ex dedititijs Pompeianis militibus, cum frumento, armis, telis, tormentis, imposita in naues a Domitio Caluino, ad litora Africæ, paullo supra Alexandriam, delata est. hæ naues Euro, qui multos dies continenter flabat, portum capere prohibebantur. sed loca sunt egregia omni illa regione ad tenédas anchoras. hi, cum diu retinerentur, atque aquæ inopia premerentur, nauigio altuario Cæsarem faciunt certiorem. Cæsar, ut per se consilium caperet, quid faciendum uideretur, nauim conscendit, atque omnem classem sequi iussit, nullis nostris militibus impositis; quòd, cum longius paullo discederet, munitiones nu dare nolebat. cumq́; ad eum locum accessisset, qui appellatur Cherbonesus; aquandiq́; caussa remiges in terram exposuisset, non nulli ex numero, cum longius a nauibus prædatum processissent, ab

equi-

equitibus hostium sunt excepti: ex ijs cognouerunt,
Cæsarem ipsum in classe uenisse, nec ullos milites in
nauibus habere. qua re comperta, magnam sibi facultatem fortunam obtulisse bene gerendæ rei crediderunt. Itaque naues omnes, quas paratas habuerant
ad nauigandum, propugnatoribus instruxerunt, Cæsariq́; redeunti cum classe occurrerunt. qui duabus de
caussis eo die dimicare nolebat; quòd et nullos milites
in nauibus habebat, et post horam decimam diei res
agebatur, nox autem allatura uidebatur maiorem fiduciam illis, qui locorum notitia confidebant; sibi etiam hortandi suos auxilium defuturum; quòd nulla
satis idonea esset hortatio, quæ neque uirtutem posset notare, neque inertiam. quibus de caussis naues,
quas potuit, Cæsar ad terram detraxit: quem in locũ
illos successuros non existimabat. erat una nauis Rhodia in dextro Cæsaris cornu, longe ab reliquis collocata. hanc conspicati hostes non tenuerunt sese: magnoq́; impetu quattuor ad eam constratæ naues, et
complures apertæ contenderunt. cui coactus est Cæsar ferre subsidium: ne turpiter in conspectu contumeliam acciperet; quanquam, si quid grauius accidisset,
merito casurum iudicabat. prælium commissum est
magna contentione Rhodiorum: qui cum in omnibus
dimicationibus et scientia, et uirtute præstitissent,
tum maxime illo tempore totum onus sustinere non
recusabant; ne quod suorum culpa detrimentum acceptũ uideretur. ita prælium secundissimum est factũ.
capta est una hostium quadriremis: depressa est altera.

tera. deinde omnibus epibatis nudatæ: magna præterea multitudo in reliquis nauibus propugnatorum est interfecta. quòd nisi nox prælium diremisset, tota classe hostium Cæsar potitus esset. Hac calamitate perterritis hostibus, aduerso uento leniter flante, naues onerarias Cæsar remulco uictricibus suis Alexandriam deducit. eo detrimento adeo sunt fracti Alexandrini, cùm non iam uirtute propugnatorum, sed scientia classiariorum se uictos uiderent, quibus & superioribus locis subleuabantur, ut uix ædificijs defendi possent, et materiam cunctam obijcerent, quòd nostræ classis oppugnationem etiam ad terram uerebantur. ijdem, posteà quàm Ganymedes in concilio confirmauit, sese et eas, quæ essent amissæ, restituturum, et numerum adaucturum, magna spe, et fiducia ueteres reficere naues, accuratiusq́ue huic rei studere, atque inseruire instituerunt: ac, tametsi amplius centum decem nauibus longis in portu, naualibusq́ue amiserant, non tamen reparandæ classis cogitationem deposuerunt. uidebant enim, non auxilia Cæsaris, non commeatus supportari posse, si classe ipsi ualerent. præterea nautici homines, et urbis, et regionis maritimæ, quotidianoq́ue usu à pueris exercitati, ad naturale, ac domesticum bonum refugere cupiebant; et, quantum paruulis nauigijs profecissent, sentiebant: itaque omni studio ad parandam classem incubuerunt. Erant omnibus ostijs Nili custodiæ, exigendi portorij caussa dispositæ. naues ueteres erant in occultis regiæ naualibus, quibus multis annis ad nauigan-

uigandum non erat usi, has reficiebant: illas Alexandriam renocabant. deerant remi: porticus, gymnasia, ædificia publica detegebant: asseres, remorum usum obtinebant: aliud naturalis solertia, aliud urbis copia subministrabat. postremo, non longam nauigationem parabant, sed præsentis temporis necessitati seruiebant, et in ipso portu confligendum uidebant. itaque paucis diebus, contra omnium opinionem, quadriremes uigintiduas, quinqueremes quinque confecerunt. ad has minores, apertasq́; complures adiecerunt: &, in portu periclitati remigio, quid quæque earum efficere posset, idoneos milites imposuerunt, seq́; ad confligendum omnibus rebus parauerunt. Cæsar Rhodias naues nouem habebat, (nam decem missis, una in cursu litore Aegyptio defecerat) Ponticas octo, Lycias quinque, ex Asia duodecim. ex his quinqueremes quinque erant, et quadriremes decem, reliquæ infra hanc magnitudinem, & pleræque apertæ. tamen, uirtute militum confisus, cognitis hostium copijs, se ad dimicandum parabat. postquam eo uentum est, ut sibi uterque eorum confideret; Cæsar Pharon classe circumuehitur, aduersasq́; naues hostibus constituit: in dextro cornu Rhodias collocat, in sinistro Ponticas. inter has spatium quadringentorum passuum relinquit, quod satis esse ad explicandas naues uidebatur. post hunc ordinem reliquas naues subsidio distribuit: quæ quanque earū sequatur, et cui subueniat, constituit, atque imperat. Nō dubitanter Alexandrini classē producunt, atque
instruunt:

instruunt; in fronte collocant XXII. reliquas subsidiarias in secundo ordine constituunt. magnum præterea numerum minorum nauigiorum, et scapharum producunt cum malleolis, ignibusque, si quid ipsa multitudo, & clamor, et flamma nostris terroris afferre possent. Erant inter duas classes uada transitu angusto, quæ pertinent ad regionem Africæ. sic enim prædicant, partem esse Alexandriæ dimidiam Africæ, satisq; diu inter ipsos est exspectatum, ab utris trasseundi fieret initium: propterea quòd ei, qui intrassent, ad explicandam classem, et ad receptum, si durior accidisset casus, impeditiores fore uidebantur. Rhodijs nauibus præerat Euphranor, animi magnitudine, ac uirtute magis cum nostris hominibus, quàm cum Græcis, comparandus. hic, ob notissimam scientiam, atque animi magnitudinem, delectus est ab Rhodijs, qui imperium classis obtineret. qui, ubi Cæsaris animum aduertit, Videris mihi, inquit, Cæsar ueteri, si hæc uada primus nauibus intraueris, ne prius dimicare cogaris, quàm reliquam classem possis explicare. nobis rem committe. nos prælium sustinebimus; neque tuum iudicium fallemus; dum reliqui subsequantur. hos quidem diutius in nostro conspectu gloriari, magno nobis & dedecori, et dolori est. Cæsar, illum adhortatus, atque omnibus laudibus prosecutus, dat signum pugnæ. progressas ultra uadum quattuor Rhodias naues circumsistunt Alexandrini; atque in eas impetum faciunt. sustinent illi, aque arte, solertiaq; se explicant: ac tantum do-

ctrina

ctrina potuit, ut in dispari numero nulla transuersa
hosti obijceretur, nullius remi detergerentur, sed
semper uenientibus aduersæ occurrerent. interim
sunt reliquæ subsecutæ, tum necessario discessum ab
arte est, propter angustias loci; atque omne certamen in uirtute constitit. neque uero Alexandriæ
fuit quisquam aut nostrorum, aut oppidanorum, qui
aut in opere, aut in oppugnatione occupatum animũ
haberet, quin altissima tecta peteret, atque ex omni prospectu locum spectaculo caperet, precibusque,
et uotis uictoriam suis ab dijs immortalibus exposceret. Minimè autem erat par prælij certamen. nostris
enim pulsis, neque terra, neque mari effugium dabatur ullis; omniaq́. uictoribus erant futura in incerto: illi, si superassent nauibus, omnia tenerent; si
inferiores fuissent, reliquam tamen fortunam periclitarentur. simul illud graue, ac miserum uidebatur,
perpaucos de summa, ac de salute omnium decertare: quorum si quis aut animo, aut uirtute cessisset, reliquis etiam esset cadendum, quibus pro se pugnandi
facultas non fuisset. Hæc superioribus diebus sæpenumero Cæsar suis exposuerat; ut hoc maiori animo cõtenderent, quòd omnium salutem sibi commendatam
uiderent. eadem suum quisque contubernalem, amicum, notum prosequens erat obtestatus; ne suam,
atque omnium falleret opinionẽ, quorum iudicio delectus ad pugnam proficisceretur. itaque hoc animo
est decertatum, ut neque maritimis, nauticisq́. solertia, atque ars præsidium ferret; neque numero nauiũ
præstan-

præstantibus multitudo prodesset; neque flexi ad uir
tutem ex tanta multitudine uiri uirtuti nostrorum pos
sent adæquari. Capitur hoc prælio quinqueremus una
cum defensoribus, remigibusque; et deprimuntur
tres, nostris incolumibus omnibus. reliquæ propin-
quam fugam ad oppidum capiunt: quas protexerunt
ex molibus, atque a disicijs imminentibus, & nostros
adire propius prohibuerunt. hoc ne sibi sæpius accidere posset, omni ratione Cæsar contendendum existimauit, ut insulam, molemq́. ad insulam pertiné-
tem in suam redigeret potestatem. perfectis enim ma
gna ex parte munitionibus in oppido, et illam, et urbem uno tempore tentari posse confidebat. quo capto
consilio, cohortes x, et leuis armaturæ electos, quos
idoneos ex equitibus Gallis arbitrabatur, in nauigia
minora, scaphasq́. imponit: alteram insulæ partem,
distinendæ manus caussa, cum constratis nauibus aggreditur, præmijs magnis propositis, qui primus insulam cepisset. ac primo impetum nostrorum pariter
sustinuerunt. uno enim tempore et ex tectis ædificiorum propugnabát; et litora armati defendebát; quo,
propter asperitatem loci, non facilis nostris aditus da
batur: et scaphis, nauibusq́. longis v mobiliter, et
scienter angustias loci tuebantur. sed, ubi, locis primum cognitis, uadisq́. pertentatis, pauci nostri in li
tore constiterunt; atque hos sunt alij subsecuti; con-
stanterq́. in eos, qui in litore æquo institerant, impetum fecerunt: omnes Pharitæ terga uerterút. his pul
sis, custodia portus relicta, ad litora, et uicum appli-
cauerunt;

cauerunt; seq́. ex nauibus ad tuenda ædificia eiecerunt. neque uero diutius ipsi ex munitione se continere potuerunt. etsi erat non dissimile, atque Alexandriæ, genus ædificiorum:(ut minora maioribus conferantur) turresq́. editæ & coniunctæ muri locum obtinebant. neque nostri aut scalis, aut cratibus, aut reliquis rebus parati uenerant ad oppugnandum, sed terror hominibus mentem, consiliumq́. eripit, et membra debilitat; ut tunc accidit. qui se in æquo loco, ac plano pares esse confidebant, ijdem, perterriti fuga suorum, et cæde paucorum, triginta pedum altitudine in ædificijs consistere ausi non sunt, seq́. per molem in mare præcipitauerunt, et octingentorum passuum interuallo ad oppidum enatauerunt. multi tamen ex ijs capti, interfectiq́. sunt. sed numerus captiuorum omnino fuit sexcenti. Cæsar, præda militibus concessa, ædificia diripi iussit, castellumq́. ad pontem, qui propior erat Pharo, communiuit; atque ibi præsidiu͂ posuit. hunc fuga Pharitæ reliquerant; fortiorem illum, propioremq́. oppido Alexandrini tuebantur. sed eum postero die simili ratione aggreditur; quòd, his obtentis duobus, omnem nauigiorum excursum, et repentina latrocinia sublatum iri uidebatur. iamq́. eos, qui præsidio eum locum tenebant, tormentis e nauibus, sagittisq́. depulerat, atque in oppidum redegerat; et cohortium trium instar in terram exposuerat. non enim plures consistere angustiæ loci patiebantur. reliquæ copiæ in nauibus stationem obtinebant. quo facto imperat pontem aduersus hostem præuallari, prænauigari, et, quà exitus nauibus erat, fornice exstructo, quo pons sustinebatur, lapidibus oppleri, atque obstrui. quorū altero opere effecto, ut nulla omnino scapha egredi posset, altero instituto, omnes Alexandrinorum copiæ ex oppido se eiecere, et contra immitiones pontis latiore loco consliterunt; eodemq́; tempore, qua consueuerunt nauigia per pontes ad incendia onerariarum emittere, ad molem constituerunt. Pugnabatur a nostris ex ponte, ex mole, ab illis ex area, quæ erat aduersus pōtem, et ex nauibus contra molē. In his rebus occupato Cæsare, militesq́; hortante, remigum magnus numerus, et classiarioru ex longis nauibus nostris in molem se eiecit. Pars eorū studio spectandi ferebatur; pars etiam cupiditate pugnandi. hi primum nauigia hostium lapidibus, ac fundis a mole repellebant; ac multum proficere multitudine telorum uidebantur: sed postquam ultra eū locum, ab latere eorum aperto, ausi sunt egredi ex nauibus. Alexandrini pauci, ut sine signis, certisq́; ordinibus sine ratione prodierāt, sic temere in naues refugere cœperunt. quorum fuga incitati Alexandrini ex nauibus egrediebantur, nostrosq́; acrius perturbatos insequebantur. simul qui in nauibus longis remanserant, scalas rapere, nauesq́; a terra repellere properabant, ne hostes nauibus potirētur. quibus omnibus rebus perturbati milites nostri, cohortium triū, quæ in ponte, ac prima mole consliterant, cum post se clamorem exaudirēt, fugam suorum uiderent, magnā uim telorū aduersi sustinerent, uti ui ue ab tergo cir-

Ee   cumue-

cumuenirentur, et discessu nauium omnino reditu intercluderentur, munitionem, in pontem institutá, reliquerunt, et magno cursu incitati ad naues contenderunt. quorum pars, proximas nacta naues, multitudine hominum, atque onere depressa est: pars resistens, et dubitans, quid esset capiendum consilij, ab Alexãdrinis interfecta est: non nulli, feliciore exitu, expeditas ad anchoras naues consecuti, incolumes discesserunt: pauci allenati scutis, et animo ad conandum nixi, ad proxima nauigia adnatarunt. Cæsar, quoad potuit, cohortando suos ad pontem, et munitiones contendere, eodem in periculo uersatus est: postquam uniuersos cedere animaduertit, in suum nauigium se recepit. quò multitudo hominum insecuta cum irrueret, neque administrandi, neque repellendi a terra facultas daretur, fore, quod accidit, suspicatus, sese ex nauigio eiecit, atque ad eas, quæ longius constiterant, naues adnatauit, hinc suis laborantibus subsidio scaphas mittens, non nullos conseruauit. nauigiũ quidẽ eius, multitudine depressum militum, una cum hominibus interijt. hoc prælio desiderati sunt ex numero legionariorum militum circiter cccc, et paullo post eum numerum classiarij, et remiges. Alexãdrini eo loco castellũ magnis munitionibus, multisq́ tormẽtis cõfirmauerunt, atque, eggestis ex mari lapidibus, libere sunt usi postea ad mittẽda nauigia. Hoc detrimenta, milites nostri tantũ abfuerunt, ut perturbarentur, ut incensi potius, atque incitati, magnas accessiones fecerint. nã in operibus hostiũ expugnandis, in
prælijs

prælijs quotidianis, quandocunque sors obtulerat, procurrentibus, et erumpentibus Alexandrinis manum comprehendi multis operibus, et ardentibus studijs militum. nec diuulgata Cæsaris cohortatio subsequi legionum aut laborem, aut pugnandi poterat cupiditaté: ut magis deterrendi, et continendi a periculosissimis essent dimicationibus, quàm incitádi ad pugnandum. Alexandrini, cum Romanos et secundis rebus confirmari, et aduersis incitari uiderent, neque ullum belli tertium casum nossent, quo possent esse firmiores, ut coniectura consequi possumus, aut admoniti a regis amicis, qui in Cæsaris erant præsidijs, aut suopte consilio, per occultos nuntios regis probato, legatos ad Cæsarem miserunt, ut dimitteret regem, iraísireq́. ad suos pateretur: paratam enim omnem multitudinem esse, confectam tædio, puellæ fiduciario regno, dominatione crudelissima Ganymedis, facere id, quod rex imperasset: quo si auctore in Cæsaris fidem, amicitiamq́. uenturi essent, nullius periculi timorem multitudini fore impedimento, quo minùs se dederent. Cæsar, etsi fallacem gentem, semperq́. alia cogitátem, alia simulantem, bene cognitam habebat, tamen, petentibus dare ueniam, utile esse statuit: quòd, si quo pacto sentirent ea, quæ postularent, mansurú in fide dimissum regem credebat; sin, id quod magis illorum natura conueniebat, ducem ad bellum gerendum regem habere uellent, splendidius, atque honestius se se contra regem, quàm contra conuenarú, ac fugitinorum manum, bellú esse gesturum. itaque, re

gem cohortatus, ut consuleret regno paterno, parceret præclarissimæ patriæ, quæ turpissimis incendijs, et ruinis esset deformata, ciues suos primum ad sanitatem reuocaret, deinde conseruaret, fidem populo R. sibíq. præstaret; cum ipse tantum ei crederet, ut ad hostes armatos eum mitteret; dextera dexteram tenens, dimittere cœpit adulta iam ætate puerum. at regius animus, disciplinis fallacissimis eruditus, ne a gentis suæ moribus degeneraret, flens orare contra Cæsarē cœpit, ne se dimitteret: non enim regnum ipsum sibi conspectu Cæsaris esse iocundius. compressis pueri lacrymis, Cæsar ipse commotus, celeriter, si illa sentiret, fore eum secum assirmans, ad suos dimisit. ille, ut ex carceribus in liberum cursum emissus, adeo contra Cæsarem acriter bellum gerere cœpit, ut lacrymas, quas in colloquio proiecerat, gaudio uideretur profudisse. Accidisse hoc complures Cæsaris legati, amici, centuriones, militesq́. lætabantur; quòd nimia bonitas eius, fallacijs pueri elusa esset. quasi uero id Cæsar, bonitate tantum adductus, et non prudentissimo consilio, fecisset; cum, duce assumpto, Alexandrini nihilo se firmiores factos, aut languidiores Romanos animaduerterent; eludentibusq́. militibus regis ætatem, atque infirmitatem, magnum dolorem acciperent, neque se quidquam proficere uiderent; rumoresq́. existerent, magna Cæsari præsidia, terrestri itinere, Syria, Ciliciáq. adduci. quod non diu Cæsari auditum erat. interea commeatum, qui nostris mari supportabatur, intercipere statuerunt.
itaque.

itaque, expeditis nauigijs, locis idoneis ad Canopum in statione, dispositis nauibus, insidiabantur nostris cómeatibus. quod ubi Cæsari nuntiatum est, classem iubet expediri, atque instrui. præficitur Ti. Nero. proficiscuntur in ea classe Rhodiæ naues, atque in his Euphranor, sine quo nulla unquam dimicatio maritima parum etiam feliciter confecta erat. at fortuna, quæ plerunque eos, quos plurimis beneficijs ornauit, ad duriorem casum reseruat, superiorum temporum dissimilis Euphranorem persequebatur. nam, cum ad Canopum uentum esset; instructáq. utrinque classis conflixisset; & sua consuetudine Euphranor primus prælium commisisset; et illic triremem hostium perforasset, ac demersisset; proximã longius insecutus, parum celeriter insequentibus reliquis, circumuétus ab Alexandrinis est. cui subsidium nemo tulit; siue quòd in ipso satis præsidij pro uirtute, ac felicitate eius putarent esse; siue quòd ipsi sibi timebant. itaque unus ex omnibus eo prælio bene rem gessit, solus cum sua quadriremi uictrice perijt. Sub idé tépus Mithridates Pergamenus, magnæ nobilitatis domi, sciétiáq. in bello, et uirtutis, fidei, dignitatísq. in amicitia Cæsaris, missus in Syriã, Ciliciámq. initio belli Alexandrini ad auxilia accersenda, cum magnis copijs, quas celeriter, & propensissima ciuitatú uoluntate, et sua diligentia, confecerat, itinere pedestri, quo coniungitur Aegyptus Syriæ, Pelusiú adduxit: idq́. oppidú, firmo præsidio occupatum ab Achilla propter oportunitatem loci, (nanque tota Aegyptus maritimo

Ee 3 accessu

accessu Pharo, pede itri Pelusio, uelut claustris, munita existimatur) repente magnis circumdatum copiis, multiplici præsidio pertinaciter propugnátibus,
et copiarum magnitudine, quas integras uulneratis,
defeßisq́; subijciebat, et perseuerantia, constantiaq́;
oppugnandi, quo die est aggreßus, in suã redegit pote
statem; præsidiumq́; ibi suum collocauit. inde, re bene gesta, Alexandriam ad Cæsarem contendit; om-
nesq́; eas regiones, per quas iter faciebat, auctoritate ea, quæ plerunque adest uictori, placarat, atque in
amicitiam Cæsaris redegerat. Locus est fere regionũ
illarum nobilißimus, non ita longe ab Alexandria,
qui nominatur Delta: quod nomen a similitudine lit
teræ cepit. nam pars quædam fluminis Nili, mire de
riuata inter se, duobus itineribus paulatim, medium
inter se spatium relinquens, diuersißimo ad litus interuallo a mari coniungitur. cui loco cum appropinquare Mithridatem rex cognouisset; et transeundum
ei flumen sciret; magnas aduersus eum copias misit,
quibus uel superari, deleriq́; Mithridatem, uel sine
dubio retineri poße credebat. quemadmodum autem
optabat eũ uinci; sic satis habebat, interclusum a Cæ
sare a se retineri. qua primo copiæ flumen a Delta
transire, et Mithridati occurrere potuerunt, prælium
commiserunt, festinantes præripere subsequétibus ui
ctoriæ societatem. quorum impetum Mithridates ma
gna cum prudentia, consuetudine nostra castris ual-
latis, sustinuit. cum uero incaute, atque insolenter
succedere eos munitionibus uideret, eruptione undique

dique facta, magnum numerum eorũ interficit. quod
nisi locorum notitia reliqui se texissent, partimq́. in
naues, quibus flumen transierant, recepissent; funditus deleti essent. qui ut paululum ab illo timore se
recrearunt, adiunctis ijs, qui subsequebantur, rursus
Mithridatem oppugnare cœperunt. mittitur a Mi-
thridate nuntius Cæsari, qui rem gestam perferret.
cognoscit ex suis, eadem hæc accidisse, rex. ita pæne
sub idem tempus & rex ad opprimendum Mithrida
tem proficiscitur, & Cæsar ad recipiendum. celerio-
re fluminis Nili nauigatione rex est usus, in qua magnam & paratam classem habebat. Cæsar eodem iti
nere uti noluit, ne nauibus in flumine dimicaret: sed
circumuectus eo mari, quod Africæ partis esse dicitur, sicuti supra demonstrauimus, prius tamen regis
copijs occurrit, quàm is Mithridatem aggredi posset,
cumq́. ad se uictorem incolumi exercitu recepit. consederat cum copijs rex loco natura munito, quòd erat
ipse excelsior; planicies ex omnibus partibus subiecta. tribus autẽ ex lateribus uarijs genere munitionibus tegebatur. unum latus erat adiectum flumini
Nilo: alteram editissimo loco ductum, ut partem castrorum obtineret: tertium palude cingebatur. inter
castra, & Cæsaris iter flumen intercedebat angustũ,
altissimis ripis, quod in Nilum influebat. aberat au
tem ab regis castris millia passuum circiter septem.
Rex, cum hoc itinere uenire Cæsarem comperisset,
equitatum omnem, expeditosq́. delectos pedites ad
id flumen misit, qui transitu Cæsarem prohiberent, et

Ee 4   emi-

eminus ex ripis prælium impar inirent. nullum enim
processum uirtus habebat, aut periculum ignauia su-
bibat. quà res incendit dolore milites, equitesq́; nostros; quòd tam diu pari prælio cú Alexandrinis cer
taretur. itaque eodem tempore equites Germani dispersi, uada fluminis quærêtes, partim demissioribus
ripis flumen transnarunt; & legionarij, magnis arboribus excisis, quæ longitudine utranque ripam côtin
gerent, proiectis repentinoq́; aggere iniecto, flumen
transierunt. quorum impetum adeo pertimuerunt
hostes, ut in fuga spem salutis collocarent: sed id frustra: nanque ex ea fuga pauci ad regem refugerunt,
pene omni reliqua multitudine interfecta. Cæsar, re
præclarissime gesta, cum subitum aduentum suum iu
dicaret magnum terrorem Alexandrinis iniecturú,
protinus uictor ad regis castra pertendit. hæc cum
& opere magno uallata, et loci natura munita aduer
teret; confertamq́; armatorum multitudinem collo-
catam in uallo uideret; lassos itinere, ac prœliando mi
lites ad oppugnanda castra succedere noluit: itaque,
non magno interuallo relicto ab hoste, castra posuit.
Postero die castellum, quod rex in proximo uico, non
longe a suis castris muniuerat, brachijsq́; cum opere
castrorum coniunxerat, uici obtinendi caussa, Cæsar
aggressus, omnibus copijs expugnat; non quo, id mi
nori numero militum consequi, difficile factu putaret; sed ut ab ea uictoria, perterritis Alexandrinis,
protinus castra regis oppugnaret. itaque eo cursu,
quo refugientes Alexandrinos ex castello in castra
sunt

sunt milites insecuti, munitionibus successerunt, acerrimeq́. eminus prœliari cœperunt. duabus ex partibus aditus oppugnationis nostris dabatur; una, qua liberum accessum haberi demonstraui; altera, quæ mediocre interuallum inter castra, et flumen Nilum habebat. maxima, electissima Alexandrinorū multitudo defendebat eam partem, quæ facillimum aditum habebat. plurimum autem proficiebant hostes in repellendis, uulnerandisq́. nostris, qui in regione fluminis Nili propugnabant, diuersis enim telis nostri figebantur, aduersi ex uallo castrorum, auersíq́. ex flumine, in quo multæ naues instructæ funditoribus, & sagittarijs nostros impugnabant. Cæsar, cum uideret milites acrius prœliari non posse, nec tamen multum profici propter locorum difficultatem; cumq́. animum aduerteret, excelsissimum locum castrorum relictum esse ab Alexandrinis; quòd et per se munitus esset, et studio partim pugnandi, partim spectandi decurrissent in eum locum, in quo pugnabatur; cohortes illò circuire castra, et summum locum aggredi iussit; hisq́. Carsulenum præfecit, et animi magnitudine, et rei militaris scientia uirum præstantem. quò ut uentum est, paucis defendentibus munitionem, nostris contra militibus acerrime pugnantibus, diuerso clamore, et prœlio perterriti Alexandrini, trepidantes in omnes partes discurrere cœperunt. quorum perturbatione nostrorum animi adeo sunt incitati, ut pæne eodem tempore ex omnibus partibus, primi tamen editissimum locum

castro-

castrorum caperent, ex quo decurrentes, magnam multitudinē hostium interfecerunt. quod periculum plerique Alexandrini fugientes, aceruatim se de uallo præcipitauerunt in eam partem, quæ fluuiini erat adiuncta. horum primis in ipsa fossa munitionis magna ui oppressis, ceteri faciliorem fugam habuerunt. constat fugisse ex castris regem ipsum, receptumq́ in nauem, et multitudine eorum, qui ad proximas naues adnatabant, demerso nauigio perisse. Re feliciss̄ime, celerrimeq́ gesta, Cæsar, magna uictoriæ fiducia, proximo terrestri itinere Alexandriā cum equitibus contendit; atque eam partem oppidi uictor introisse, quæ præsidio hostium tenebatur. neque eum consilium suum fefellit, quin hostes, eo prælio audito, nihil iam de bello essent cogitaturi. dignum adueniens fructum uirtutis, & animi magnitudinis tulit. omnis enim multitudo oppidanorū, armis proiectis, munitionibusque suis relictis, ueste ea sumpta, qua supplices dominātes deprecari consueuerunt, sacrisq́ omnibus prolatis, quorum religione precari offensos, iratosq́ animos regum erat soliti, aduenienti Cæsari occurrerunt, seq́ ei dediderunt. Cæsar in fidem receptos consolatus, per hostium munitiones in suam partem oppidi, magna gratulatione uenit, suorum: qui non tantum bellum ipsum, ac dimicationē, sed etiam talē aduentum eius felicem fuisse lætabantur. Cæsar, Aegypto, atque Alexandria potitus, reges cōstituit, quos Ptolemæus testamēto scripserat, atque obtestatus erat populum R. ne mutarentur. nam, maiore ex

duo-

LIBER I.

duobus pueris rege amisso, minori tradidit regnum, maiori ex duabus filiæ Cleopatræ, quæ manserat in fide, præsidijsq́; eius, minorem Arsinoen, cuius nomine diu regnasse impotenter Ganymedē docuimus, deducere ex regno statuit; ne qua rursus noua dissensio, prius quàm diuturnitate cōfirmarentur regis imperia, per homines seditiosos nasceretur. legione ueterana sexta secum deductâ, ceteras ibi relinquit; quo firmius esset eorum regum imperium: qui neque amorem suorum habere poterant, quòd fideliter permanserant in Cæsaris amicitia; neque uetustatis auctoritatem, paucis diebus reges constituti. simul ad imperij nostri dignitatem, utilitatemq́; publicam pertinere existimabat, si permanerent in fide reges, præsidijs eos nostris esse tutos, & hos, si essent ingrati, posse ijsdem præsidijs coerceri. sic, rebus omnibus confectis, et collocatis, ipse itinere terrestri profectus est in Syriam. Dum hæc in Aegypto geruntur, rex Deiotarus ad Domitium Caluinum, cui Cæsar Asiam, finitimasq́; prouincias administrandas tradiderat, uenit oratum, ne Armeniam minorem, regnum suum, ne ue Cappadociam, regnum Ariobarzanis, possideri, uastariq́; pateretur à Pharnace: quo malo nisi liberaretur, imperata sibi facere, pecuniamq́; promissam Cæsari non posse se persoluere. Domitius, non tantum ad explicandos sumptus rei militaris, cum pecuniam necessariam esse iudicaret, sed etiam turpe populo R. & Cæsari uictori, sibiq́; infame esse statueret, regna sociorum, atque amicorum

corum ab externo rege occupari, nuntios confestim ad Pharnacem misit, Armenia, Cappadociaq́; decederet, ne ue, occupatione belli ciuilis, populi R. ius, maiestatemq́; tentaret. hanc denuntiationem cū maiorem uim habituram existimaret, si propius eas regiones cum exercitu accessisset; ad legiones profectus, unam ex tribus XXXVI. secum ducit, duas in Aegyptum ad Cæsarem mittit, litteris eius euocatas: quarum altera in bello Alexandrino non occurrit; quòd itinere terrestri per Syriam erat missa. adiungit Cn. Domitius legioni XXXVI. duas a Deiotaro, quas ille disciplina, atque armatura nostra complures annos constitutas habebat, equitesq́; centum, totidemq́; ab Ariobarzane sumit. mittit P. Sextium ad C. Pletorium quæstorem, ut legionem adduceret. quæ ex tumultuarijs militibus in Ponto confecta erat, Quintiliumq́; Pati, cum in Ciliciam ad auxilia accersenda. quæ copiæ celeriter omnes iussu Domitij Comana conuenerunt. Interim legati à Pharnace responsum referunt; Cappadocia se decessisse, Armeniam minorē recepisse, quam paterno nomine iure obtinere deberet; denique eius regni caussa integra Cæsari seruaretur: paratum enim se facere, quod is statuisset. Cn. Domitius, cum animaduerteret eum Cappadocia decessisse, non uoluntate adductum, sed necessitate; quòd facilius Armeniam defendere posset, subiectā suo regno, quàm Cappadociam, longius remotam; quodq́; omnes tres legiones adducturum Domitium putasset; ex quibus cū duas ad Cæsarē missas audisset,

audacius

audaciusq́; in Armenia substituisset, perseuerare cœpit, ut eo quoque regno decederet: neque enim aliud
ius esse Cappadociæ, atque Armeniæ: nec iuste eum
postulare, ut in Cæsaris aduentum res integra differ-
retur: id enim esse integrum, quod ita esset, ut fuisset.
His responsis datis, cum ijs copijs, quas supra scripsi,
profectus est in Armeniam; locisq́; superioribus iter
facere instituit. nam ex ponto a Comanis iugum edi
tum siluestre est, pertinens in Armeniam minorem,
quo Cappadocia finitur ab Armenia. cuius itineris
hæ erant certæ oportunitates, quòd in locis superioribus nullus impetus repentinus accidere hostium po
terat, & quòd Cappadocia, his iugis subiecta, ma
gnam commeatus copiam erat subministratura. Cō
plures interim legationes Pharnaces ad Domitium
mittit, quæ de pace agerent, regiaq́; munera Domi
tio ferrent. ea constanter omnia aspernabatur: nec sibi quidquam fore antiquius, quàm dignitatem popu
li R. et regna sociorum recuperare, legatis responde-
bat. magnis et continuis itineribus confectis, cum ad
uentaret ad Nicopolim, quod oppidum in Armenia
minore positum est, plano ipsum loco, mentibus tamen altis ab duobus lateribus obiectis, satis magno
internallo ab oppido remotis castra posuit lōge a Ni
copoli circiter millia passuū septē. quibus ex castris, cū
locus angustus, atque impeditus esset transeundus,
Pharnaces in insidijs delectos pedites, omnesq́; pæne
disposuit equites. magnā autem multitudinem pecoris intra eas fauces dissipari iussit, paganosq́; et oppidanos

danos in ijs locis obuersari: ut si amicus Domitius eas
angustias transiret, nihil de insidijs suspicaretur, cũ
in agris et pecora, et homines animaduerteret uersa
ri, tanquam amicorum aduentu: sin uero ut in hostium fines ueniret, præda diripienda, milites dissipa
rentur, dispersíq́. cæderentur. hac cũ administraret,
nunquam tamen intermittebat legatos de pace, atque
amicitia mittere ad Domitium: cum, hoc ipso crederet eum facilius decipi posse. At contra spes pacis
Domitio in eisdem castris morandi attulit caussam.
ita Pharnaces, amissa proximi temporis occasione,
ueritus ne cognoscerentur insidiæ, suos in castra reuocauit. Domitius postero die propius Nicopolin accessit, castráq́. oppido contulit. quæ dum muniunt
nostri, Pharnaces aciem instruxit suo more, atque
instituto. in fronte enim, simplici directa acie, cornua
trinis firmabantur subsidijs. eadem ratione hac media collocabantur acie, duobus dextra, sinistráq́. interuallis, simplicibus ordinibus instructis. perfecit
inceptum castrorum opus Domitius, parte copiarũ
pro uallo instructa. proxima nocte Pharnaces, interceptis tabellarijs, qui de Alexandrinis rebus litteras ad Domitium ferebant, cognoscit Cæsarem ma
gno in periculo uersari, flagitaréq́. a Domitio, ut
quàprimum sibi subsidia mitteret, propiúsq́. ipse
Alexandriam per Syriã accederet. qua cognita re,
Pharnaces uictoriæ loco ducebat, si trahere tempus
posset; cũ discedẽdum celeriter Domitio putaret. itaque ab oppido, quã facillimũ accessum, et æquissimum
ad di-

ad dimicādum noſtris uidebat, foſſas duas directas, non ita magno medio interuallo relicto, quattuor pedum altitudinis in eum locum deduxit, quo longius cóſtituerat ſuam non producere aciem. inter has foſſas aciem ſemper inſtruebat. equitatum autem ab lateribus omnem extra foſſam collocabat: qui neque aliter utilis eſſe poterat, & multum numero anteibat noſtrum equitatum. Domitius autem, cum Caſaris magis periculo, quàm ſuo, commoueretur, neque ſe tuto diſceſſurum arbitraretur, ſi condiciones, quas reiecerat, rurſus appeteret, aut ſine cauſſa diſcederet; ex propinquis caſtris in aciem exercitū eduxit. tricesimam ſextam legionem in dextro cornu collocauit, Ponticam in ſiniſtro: Deiotari legiones in mediā aciem contulit; quibus tamen anguſtiſſimum frontis reliquit interuallum, reliquis cohortibus in ſubſidijs collocatis. ſic utrinque, acie inſtructa, proceſſum eſt ad dimicandum. ſigno ſub idem tempus ab utroque dato, concurritur acriter, uarieq́; pugnatur. nata tricesima ſexta legio, cū extra foſſam in equitatū regis impetum feciſſet, adeo ſecundum prælium fecit, ut mœnibus oppidi ſuccederet, foſſamq́; tranſiret, aduerſosq́; hoſtes aggrederetur. at Pontica ex altera parte legio, cū paullulum auerſa hoſtibus ceſſiſſet, foſſam ante circuire acies ſecundo conata eſſet, ut aperto latere aggrederetur hoſtem; in ipſo tranſitu foſſæ cōfixa, et oppreſſa eſt. Deiotari uero legiones uix impetū ſuſtinuerunt. ita uictrices regis copiæ cornu ſuo dextro, mediaq́; acie cōuerterunt ſe ad tricesimā ſextam

tam legionem: quæ tamen fortiter uincentium impetum sustinuit; magnis copijs hostium circumdata, præsentißimo animo pugnans in orbem se recepit ad radices montium: quo Pharnaces insequi propter iniquitatem loci noluit. ita, Pontica legione pæne tota amißa, magna parte Deiotari militum interfecta, tricesimasexta legio in loca se superiora contulit, non amplius ducentis quinquaginta desideratis. ceciderunt eo prælio splendidi, ac illustres uiri non nulli equites Romani. quo tamen incommodo Domitius accepto, reliquias exercitus dißipati collegit, itineribusq́. tutis per Cappadociam se in Asiam recepit. Pharnaces, rebus secundis elatus, cum de Cæsare ea, quæ optabat, speraret, Pontum omnibus copijs occupauit: ibiq́. et uictor, et crudelißimus rex, cum sibi fortunam paternam, feliciore euentu, destinaret, multa oppida expugnauit; bona ciuium Romanorum, Ponticorumq́. diripuit; supplicia cõstituit in eos, qui aliquá formæ, atque ætatis commédationem habebant, eaq́ue, quæ morte essent miseriora; Pontumq́ue, nullo defendente, paternum regnum se recepiße gloriaus, obtinebat. Sub idem tempus in Illyrico est incommodum acceptum: quæ prouincia superioribus mensibus retenta non tantum sine ignominia, sed etiá cum laude erat. nanque eò missus æstate cũ duabus legionibus Q. Cornificius, Cæsaris quæstor, propraetor, quanquam erat prouincia minime copiosa ad exercitus alendos, et finitimo bello, ac dißensionibus uastata, et confecta, tamen prudentia, ac diligentia sua,
quòd

quòd magnam curam suscipiebat, ne quò temere progrederetur, et recepit, et defendit. nanque et castella complura, locis editis posita, quorum opportunitas castellanos impellebat ad decursiones faciendas, et bellum inferendum, expugnauit; eaq́. præda milites donauit: quæ etsi erat tenuis, tamen in tanta prouinciæ desperatione, erat grata, præsertim uirtute parta. et cum Octauius ex fuga Pharsalici prælij magna classe in illum se sinum contulisset, paucis nauibus Hiadertinorum, quorum semper in remp. singulare constiterat officium, dispersis Octauianis nauibus erat potitus; ut uel classe dimicare posset, adiunctis captiuis nauibus sociorum: cum diuersissima parte orbis terrarum Cn. Pompeium uictor Cæsar sequeretur; compluresq́. aduersarios in Illyricum, propter Macedoniæ propinquitatem, se, reliquijs ex fuga collectis, compulisse audiret, litteras ad Gabinium mittit, uti cum legionibus tironum, quæ nuper erant conscriptæ, proficisceretur in Illyricum, coniunctisq́. copijs cum Q. Cornificio, si quod periculum prouinciæ inferretur, depelleret: sin ea non magnis copijs tuta esse posset, in Macedoniam legiones adduceret. omnem enim illam partem, regionemq́., uiuo Cn. Pompeio, bellum instauraturam esse credebat. Gabinius, ut in Illyricum uenit, hiberno tempore anni, ac difficili, siue copiosiorem prouinciam existimans, siue multum fortunæ uictoris Cæsaris tribuens, siue uirtute, et scientia sua confisus, quâ sæpe in bellis periclitatus, magnas res, & secundas ductu, auspiq́. suo gesserat;

Ff   neque

neque prouinciæ facultatibus subleuabatur, quæ partim erat exinanita, partim infidelis, neque nauibus, intercluso mari tempestatibus, cómeatus supportari poterat; magnisq́. difficultatibus coactus, non ut nolebat, sed ut necesse erat, bellum gerebat. ita, cum durissimis tempestatibus, propter inopiam, castella, aut oppida expugnare cogeretur, crebra incommoda accipiebat: adeoq́. est a barbaris contemptus, ut, Salonam se recipiens in oppidum maritimum, quod ciues Romani fortissimi, fidelissimiq́. incolebant, in agmine dimicare sit coactus. quo prælio duobus millibus militum amplius amissis, centurionibus XXXVIII, tribunis XV, cum reliquis copijs Saloná se recepit; summaq́. ibi difficultate rerum omnium pressus, paucis mensibus morbo perijt. cuius & infelicitas uiui, & subita mors in magnam spem Octauium adduxit prouinciæ potiundæ: quem tamen diutius in rebus secundis et fortuna, quæ plurimum in bellis potest, diligentiaq́. Cornificij, et uirtus Vatinij uersari passa nõ est. Vatinius, Brundisii cum esset, cognitis rebus, quæ gestæ erant in Illyrico, cum crebris litteris Cornificij ad auxilium prouinciæ ferendum euocaretur; et M. Octauium audiret cum barbaris fœdera percussisse, compluribusq́. locis nostrorum militum oppugnare præsidia, partim classe per se, partim pedestribus copijs per barbaros; etsi, graui ualetudine affectus, uix corporis uiribus animum sequebatur; tamen uirtute uicit incommodum naturæ, difficultatesque hiemis, & subitæ præparationis. nam, cum ipse paucas

in portu naues longas haberet, litteras in Achaiam
ad Q. Calenum mifit, uti sibi claßem mitteret. quod
cum tardius fieret, quàm periculum nostrorum flagi
tabat, qui sustinere impetum Octauij non poterant;
nauibus actuarijs, quarum numerus erat satis magnus, magnitudine quanquam nõ satis iusta ad præ-
liandum, rostra impoſuit. has adiunctas nauibus lon
gis, et numero claßis aucto, militibus ueteranis impositis, quorum magnam copiam habebat, ex omnibus legionibus, qui numero ægrorum relicti erant
Brundifii, cum exercitus in Græciã transportaretur,
profectus est in Illyricum, maritimasq́. non nullas ci
uitates, quæ defecerat, Octauioq́. se tradiderant, par
tim recipiebat, partim remanétes in suo confilio præ
teruehebatur: nec ſibi ullius rei mora, neceßitatemq́.
iniungebat, quin, quamcelerrime poſſet, ipsum Octa
uium perſequeretur. hunc oppugnãtem Epidaurum
terra, mariq́., ubi nostrum erat præsidium, aduentu
ſuo diſcedere ab oppugnatione coegit; præsidiumq́.
nostrum recepit. Octauius, cum Vatinium claſſem
magna ex parte confectam ex nauiculis actuarijs ha
bere cognouiſſet, confiſus sua claſſe, substitit ad inſulã
Thauridem; qua regione Vatinius inſequens nauiga
bat, nõ quòd Octauium ibi restitiſſe ſciret; ſed quòd
eum longius progreſſum inſequi decreuerat. cum pro
pius Thauridê, acceßiſſet, diſtenſis ſuis nauibus, quòd
et tempeſtas erat turbulenta, et nulla ſuſpicio hoſtis,
repente aduerſam ad se uenientem nauem, antennis
ad mediã malũ demiſſis, inſtructã propugnatoribus
Ff 2 animad-

animaduertit. quod ubi conspexit, celeriter uela subduci, demittiq́, antennas iubet, et milites armari: et, uexillo sublato, quo pugnandi dabat signum, quæ primæ naues subsequebantur, idem ut facerent, significabat. parabant se Vatiniani, repente oppressi: parati deinceps Octauiani ex portu procedebant. instruitur utrinque acies, ordine disposita magis Octauiana, paratior militum animis Vatiniana. Vatinius, cum animaduerteret, neque nauiū se magnitudine, neque numero parem esse futuræ dimicationi, fortunæ rem committere maluit: itaque primus sua quinqueremi in quadriremē ipsius Octauij impetum fecit. celerrime, fortissimeq́. contra illo remigante, naues aduersæ rostris cócurrunt adeo uehemēter, ut nauis Octauiana, rostro discusso, ligno contineretur. cōmittitur acriter reliquis locis prælium; cōcurrituráq́. ad duces maxime. nam, cum suo quisque auxilium ferret, magnum comminus in angusto mari prælium factum est: quantoq́. coniunctis magis nauibus confligendi potestas dabatur, tanto superiores erant Vatiniani: qui admiranda uirtute ex suis nauibus in hostiū naues transilire non dubitabant; et, dimicatione æquata, longe superiores uirtute, rem feliciter gerebant. deprimitur ipsius Octauij quadriremis: multæ præterea capiuntur, aut rostris perforatæ merguntur: propugnatores Octauiani partim in nauibus iugulantur, partim in mare præcipitantur: ipse Octauius se in scapham confert: in quam plures cum confugerent, depressa scapha, uulneratus tamen adnatat ad suum myoparonem. eò
receptus,

receptus, cù prælium nox dirimeret, tempestate magna uelis profugit. sequuntur hunc suæ naues non nullæ, quas casus ab illo periculo uendicarat. At Vatinius, re bene gesta, receptui cecinit; suisq́. omnibus incolumibus, in eum se portu uictor recepit, quo ex portu classis Octauiana ad dimicandum processerat. capit ex eo prælio pentiremem uná, triremes duas, dycrotas octo, compluresq́. remiges Octauianos: posteroq́. ibi die fuit, dum suas, captiuasq́. naues reficeret. post diem tertium contendit in insulam Issam; quòd eò se recepisse ex fuga credebat Octauium. erat nobilissimum regionum earum oppidum, cóiunctissimumq́. Octauio. quò ut peruenit, oppidani supplices se Vatinio dediderunt: comperitq́. ipsum Octauium, paruis, paucisq́. nauigijs, uento secundo, regionem Græciæ petijsse, inde ut Siciliam, deinde Africam caperet. ita breui spatio, re præclarissime gesta, prouincia recepta, et Cornificio reddita, classe aduersariorum ex illo toto sinu expulsa, uictor se Brundisium, incolumi exercitu, et classe, recepit. His autem temporibus, quibus Cæsar ad Dyrrhachium Pompeium obsidebat, et prælio Pharsalico rem feliciter gerebat, Alexandriæq́. cum periculo magno, tum etiam maiore periculi fama, dimicabat, Cassius Longinus, in Hispania proprætor, prouinciæ ulterioris obtinendæ caussa, relictus, siue cósuetudine naturæ suæ, siue odio, quod in illam prouinciam susceperat quæstor, ex insidijs ibi uulneratus, magnas odij sui fecerat accessiones; quod uel ex conscientia sua, cú de so-

Ff 3   mutuo

mutuo sentire prouinciam crederet, uel initis signis, et testimonijs eorum, qui difficulter odia dissimulāt, animaduertere poterat, et compensare offensionem prouinciæ exercitus amore cupiebat. itaque, cum primum in unum locum exercitum conduxit, HS centena militibus est pollicitus: nec multo post, cum in Lusitania Medobregam oppidū, montemq́. Herminium expugnasset, quò Medobregenses confugerant; ibíq. imperator esset appellatus; iterum HS centenis milites donauit. multa præterea, et magna præmia singulis cōcedebat: quæ speciosum reddebāt præsentem exercitus amorem, paullatim tamen, et occulte militarem disciplinā, seueritatemq́. minuebāt. Cassius, legionibus in hiberna dispositis, ad ius dicendum Cordubā se recepit, contractumq́. in ex æs alienum, grauissimis oneribus prouinciæ, constituit exsoluere; et, ut largitionis postulat consuetudo, per caussam liberalitatis speciosam, plura largitori quærebantur: pecuniæ locupletibus imperabantur; quas Longinus sibi expensas ferri non tantum patiebatur, sed etiam cogebat: in gregem locupletium simultatum caussæ tenues conijciebantur; neque ullum genus quæstus, aut magni, et euidētis; aut minimi, et sordidi, præter mittebātur, quo domus, et tribunal imperatoris uacaret, nemo erat, qui modo aliquam iacturā facere posset, quin aut uadimonio teneretur, aut in reos referretur. ita etiam magna solicitudo periculorū ad iacturas, et detrimēta rei familiaris adiūgebatur. quibus de caussis accidit, ut, cū Lōginus imperator eadē
faceret,

faceret, quæ fecerat quæstor, similia rursus de morte
eius prouinciales consilia inirent. horum odiū confirmabant non nulli familiares eius: qui, cum in illa societate versarentur rapinarum, nihilo minus oderant
eū, cuius nomine peccabant: sibíq́., quod rapuerant,
acceptum ferebant; quod interciderat, aut erat interpellatum, Cassio assignabant. quinctam legionem no
uam conscribit: augetur odium et ex ipso delectu, &
sumptu additæ legionis. complentur equitum tria mil
lia: maximísq́. onerantur impensis: nec prouinciæ
datur ulla requies. interim litteras accepit a Cæsare,
ut in Africam exercitum transijceret, peráq́. Mauritaniam ad fines Numidiæ perueniret: quòd magna
Cn. Pópeio Iuba Rex miserat auxilia, maióraq́. mis-
surus existimabatur. quibus litteris acceptis, insolen
ti uoluptate efferebatur; quòd sibi nouarum prouin-
ciarū, et fertilissimi regni tanta oblata esset facultas.
itaque ipse in Lusitaniam proficiscitur ad legiones ac-
cersendas, auxiliáq́. adducenda; certis hominibus dat
negotium, ut frumentū, nauésq́. centum præpararen
tur, pecuniǽq́. describerentur, atque imperarentur;
ne qua res, cum redisset, moraretur. reditus eius fuit
celerior omnium opinione. non enim labor, aut uigi-
lantia, cupienti præsertim aliquid, Cassio deerat. exer
citu coacto in unum locum, castris ad Cordubam posi
tis, pro concione militibus exponit, quas res Cæsaris
iussu gerere deberet; polliceturq́. iis, cum in Mauritaniam transiecisset, HS centena se daturum: quinctā
fore in Hispania legionem. ex concione se Cordubam
Ff 4 recepit,

recepit; eoq́. ipso die, meridiana hora, cum in Basilicā iret, quidam Minucius Silo, cliens L. Racilij, libellū, quasi aliquid ab eo postularet, ut miles, ei tradit: deinde post Racilium, (nam is latus Cassij tegebat) quasi responsum ab eo peteret, celeriter dato loco, cum se insinuasset, sinistra corripit eum, dextraq́. bis ferit pugione. clamore sublato, sit a coniuratis impetus uniuersis. Munatius Plancus proximum gladio transficit lictorē. hoc interfecto, Q. Cassium legatum uulnerat. ibi T. Vasius, et L. Mergilio, simili confidentia, Plancum municipem suum adiuuant. erant enim omnes Italicenses. ad ipsum Longinum L. Licinius Squillus inuolat, iacentemq́. leuibus sauciat plagis. concurritur ad Cassium defendēdum. semper enim berones, compluresq́. euocatos cum telis secum habere consueuerat. a quibus ceteri intercluduntur, qui ad eadem facienda subsequebantur. quo in numero fuit Calpurnius Saluianus, & Manilius Tusculus. Minucius inter saxa, quæ iaciebantur, in itinere fugiens opprimitur, et, relato ad domum Cassio, ad eum deducitur. Racilius in proximam se domum familiaris sui confert, dum certū cognosceret, cōfectus ne Cassius esset. L. Laterensis, cum id non dubitaret, accurrit lætus in castra; militibusq́. uernaculis, et secūd̄e legionis, quibus odio sciebat præcipue Cassiū esse, gratulatur. tollitur a multitudine in tribunal, prætor appellatur. nemo enim in prouincia natus, aut uernaculæ legionis miles, aut diuturnitate ia factus prouincialis, quo in numero erat secunda legio, nō cū omni prouincia consenserat

senserat in odio Cassii. nam legiones trigesimam, & uigesimamprimá, paucis mensibus in Italia scriptas, Cæsar attribuerat Longino. quincta legio ibi nuper erat confecta. Interim nuntiatur Laterensi, uiuere Cassium. quo nuntio, dolore magis permotus, quàm animo perturbatus, reficit celeriter se, & ad Cassium uisendum proficiscitur. Re cognita, trigesima legio signa Cordubam infert ad auxilium ferendum imperatori suo. facit hoc idem uigesimaprima. subsequitur has quincta. cù duæ legiones reliquæ essent in castris; secundarij, ueriti ne soli relinqueretur, atque ex eo, quid sensissent, indicaretur, secuti sunt factum superiorum. permansit in sententia legio uernacula, nec ullo timore de gradu deiecta est. Cassius eos, qui nominati erant conscij cædis, iubet comprehendi: legionem quinctam in castra remittit, cohortibus xxx retentis. indicio Minucij cognoscit, L. Racilium, & L. Laterensem, & Annium Scapulam, maximæ dignitatis, et gratiæ prouincialem hominem, sibíq́; tam familiarem, quàm Laterensem, et Racilium, in eadé fuisse coniuratione. nec diu moratur dolorem suum, quin eos interfici iubeat. Minucium libertis tradit excruciandum, item Calpurnium Saluianum; qui profitetur indicium, coniuratorumq́; numerum auget, uere, ut quidam existimant, ut non nulli queruntur, coactus. ijsdem cruciatibus affectus L. Mergilio Squillus nominat plures: quos Cassius interfici iubet, exceptis ijs, qui se pecunia redemerunt. nã palã sestertijs HS CCIƆƆ cum Calpurnio paciscitur, &

cum

cum Q. Sextio quinquaginta. qui, etsi maxime nocentes fuiſſent multati, tamen periculum uitæ dolorq́; uulnerum, pecunia remiſſus, crudelitatem cum auaritia certaſſe ſignificabat. Aliquot poſt diebus litteras à Cæſare miſſas accipit, quibus cognoſcit, Pompeium, in acie uictum, amiſſis copijs fugiſſe. qua re cognita, miſtam dolori uoluptatem capiebat. uictoriæ nuntius lætitiam exprimebat: confectum bellum licentiam téporum intercludebat. ſic erat dubius animus, utrum nihil timere, an omnia licere, mallet. Sanatis uulneribus, accerſit omnes, qui ſibi pecunias expenſas tulerant; acceptasq́; eas iubet referri. quibus parum uidebatur impoſuiſſe oneris, ampliorem pecuniã imperat. æqua autẽ ratione delectum inſtituit: quos ex omnibus cónuentibus, colonijsq́; conſcriptos, tranſmarina militia perterritos, ad ſacramenti redemptionem uocabat. magnum hoc fuit uectigal, maius tamen creabat odium. His rebus confectis, totum exercitum luſtrat. legiones, quas in Africam ducturus erat, et auxilia mittit ad Traiectum: ipſe, claſſem, quam parabat, ut inſpiceret, Hiſpalim accedit: ibiq́; moratur: propterea quòd edicto tota prouincia propoſuerat, ut, quibus pecunias imperaſſet, neque contuliſſent, ſe adirent. qua euocatio uehementer omnes turbauit. interim L. Titius, qui eo tempore tribunus mil. legionis uernaculæ fuerat, nuntiat fama, legionẽ trigeſimam, quam Q. Caſſius legatus ſimul ducebat, cum Ilurgina ad oppidum caſtra haberet, ſeditione facta, centurionibus aliquot occiſis, qui ſigna tolli

non

non patiebantur, discessisse, et ad secundam legionem contendisse, quæ ad fretum alio itinere ducebatur. cognita re, noctu cum v cohortibus undeuicesimanorum egreditur, mane peruenit. ibi eum diem, ut quid ageretur, perspiceret, moratus, Carmonam cōtendit. hic, cum legio trigesima, et nigesimaprima, et cohortes quattuor, et quincta legio, totusq́. conuenisset equitatus, audit quattuor cohortes a uernaculis oppressas ad Obuculam, cum his ad secundam peruenisse legionem, omnesq́. ibi se coniunxisse, et T. Thorium Italicensem ducem delegisse. celeriter habito cōsilio, Marcellum Cordubam, ut eam in potestate retineret, Q. Cassium legatum Hispalim mittit. paucis ei diebus affertur, conuentum Cordubensem ab eo defecisse; Marcellumq́. aut uoluntate, aut necessitate adductum, (nanque id uarie nuntiabatur)consentire cū Cordubensibus; duas cohortes legionis quinctæ, quæ fuerant Cordubæ in præsidio, idé facere. Cassius, his rebus incensus, mouet castra, et postero die Segouiā ad flumen Silicense uenit. ibi habita concione, militū tentat animos: quos cognoscit, non sua, sed Cæsaris absentis caussa, sibi fidissimos esse, nullumq́. periculū deprecaturos, dum per eos Cæsari prouincia restitueretur. interim Thorius ad Cordubā ueteres legiones adducit: ac, ne dissensionis initium natum seditiosa militum, suaq́. uideretur natura, simul, ut contra Q. Cassium, qui Cæsaris nomine maioribus uiribus uti uidebatur, æque potentem opponeret dignitatem; Cn. Pompeio se prouinciam recuperare uelle, palá dictitabat.

ditabat, et forsitan etiam hoc fecerit odio Cæsaris, & amore Pompeij; cuius nomen multum poterat apud eas legiones, quas M. Varro obtinuerat: sed, id qua mente commotus fecerit, coniectura sciri non potest. certe hoc præ se Thorius ferebat: milites adeo fatebantur, ut Cn. Pōpeij nomen in scutis inscriptum haberent. frequens legionibus cōuentus obuiam prodit, neque tantum uirorum, sed etiam matrum familias, ac prætextatorum; deprecaturq́ue, ne hostili aduētu Cordubam diriperent: nam se contra Cassium sentire cum omnibus, contra Cæsarem ne facere cogerentur, orare. tantæ multitudinis precibus, & lacrymis exercitus cōmotus, cum uideret ad Cassium persequendum nihil opus esse Cn. Pompeij nomine, & memoria, tamq́. omnibus Cæsarianis, quàm Pompeianis Longinum esse in odio, neque se conuentum, neque M. Marcellum contra Cæsaris caussam posse perducere, nomen Pompeij ex scutis detraxerunt; Marcellum, qui se Cæsaris caussam defensurum profitebatur, ducem adsciuerunt, prætoremq́. appellarunt, & sibi conuentum adiunxerunt; castraq́. ad Cordubam posuerunt. Cassius eo biduo circiter quattuor millia passuum a Corduba citra flumen Betin in oppidi cōspectu loco excelso facit castra: litteras ad regem Bogudem in Mauritaniam, & ad M. Lepidum procōsulē in Hispaniam citeriorē mittit, subsidio sibi prouinciæq́. Cæsaris caussa quàm primum ueniret. ipse hostili modo Cordubēsiū agros uastat, ædificia incēdit. cuius rei deformitate, atque indignitate legiones, quæ Mar
cellum

cellum sibi ducem ceperant, ad eum concurrerunt, ut in aciem educerentur, orant, priusq́. confligendi sibi potestas fieret, quàm cù tanta cõtumelia nobilissimæ, carissimaq́. possessiones Cordubensium in conspectu suo rapinis, ferro, flammaq́. consumerentur. Marcellus, cum confligere miserrimum putaret, quòd et victoris, et victi detrimentum ad eundem Cæsarem esset redundaturum, neque suæ potestatis esset, legiones Betim traducit, atque aciem instruit. cum Cassiú contra pro castris suis aciem instruxisse loco superiore uideret, caussa interposita, quòd is in æquum non descenderet, Marcellus militibus persuadet, ut se in castra recipiant: itaque copias reducere cœpit. Cassius, quo bono ualebat, Marcellumq́. infirmum esse sciebat, aggressus equitatu legionarios se recipientes, cõplures nouissimos in fluminis ripis interficit. cum hoc detrimento, quid transitus fluminis ultij, difficultatisq́. haberet, cognitum esset, Marcellus castra Betim transfert: crebroq́. uterque legiones in aciem educit; neque tamen confligitur, propter locorum difficultates. erat copijs pedestribus multo firmior Marcellus. habebat enim ueteranas legiones, multisque prœlijs expertas. Cassius fidei magis, quàm uirtuti legionum confidebat. itaque, cum castra castris collata essent, et Marcellus locum idoneum castello cepisset, quo prohibere aqua Cassianos posset; Longinus ueritus, ne genere quodam obsidionis clauderetur in regionibus alienis, sibíq. infestis, noctu silẽtio ex castris proficiscitur, celeriq́. itinere Vllá contẽdit, quod
sibi

fidele esse oppidum credebat. ibi adeo côiuncta ponit mœnibus castra, ut et loci natura, (nanque Vlla in edito môte posita est) et ipsa munitione urbis, undique ab oppugnatione tutus esset. hunc Marcellus insequitur, &, quàm proxime potest Vllâ, castra castris confert: locorumq́. cognita natura, quò maxime rem deducere nolebat, necessitate est adductus; ut neque constigeret; cuius si rei facultas esset, resistere incitatis militibus nô poterat; neque uagari Cassium latius pateretur; ne plures ciuitates ea paterétur, quæ passi erant Cordubenses. castellis idoneis locis collocatis, operibusq́. in circuitu oppidi continuatis, Vllam, Cassiumq́. munitionibus clausit. quæ prius quàm perficerentur, Longinus omnê suum equitatum emisit: quê magno sibi usui fore credebat, si pabulari, frumentariq́. Marcellum non pateretur; magno autê impedimento, si clausus obsidione, et inutilis necessarium consumeret frumentum. Paucis diebus litteris Cassii acceptis, rex Bogud cum copijs uenit; adiungitq́. ei legionem, quam secum adduxerat, compluresq́. cohortes auxiliarias Hispanorum. nanque, ut in ciuilibus dissensionibus accidere consueuit, ita temporibus illis in Hispania non nullæ ciuitates rebus Cassii studebant, plures Marcello fauebant. Accedit cum copijs Bogud ad exteriores Marcelli munitiones. pugnatur utrinque acriter, crebroq́ue, ut accidit, fortuna sæpe ad utrunque transferente uictoriam; nec tamen unquam ab operibus depellitur Marcellus. Interim Lepidus ex citeriore prouincia cum cohortibus legionarijs

narijs trigintaquinque, magnoq́. numero equitum, et
reliquorū auxiliorum uenit ea mente Vllam, ut sine
ullo studio contentiones Cassii, Marcelliq́. compone-
ret. huic uenienti sine dubitatione Marcellus se credit, atque offert. Cassius cōtra suis se tenet præsidijs,
siue eo, quod plus sibi iuris deberi, quàm Marcello,
existimabat, siue eo, quòd, ne præoccupatus animus
Lepidi esset obsequio aduersarij, uerebatur. ponit ad
Vllam castra Lepidus; neque habet a Marcello quid
quam diuisi: ne pugnetur. interdicit: ad exeundum
Cassium inuitat; fidemq́. suam in re omni interponit.
cum diu dubitasset Cassius, quid sibi faciendum, quid
ue Lepido esset credendum; neque ullum exitum con
silij sui reperiret, si permaneret in sententia; postulat, uti munitiones disijcerentur, sibiq́. liber exitus
daretur. non tantum indutijs factis, sed prope iam
constituta opera cum complanarent, custodiéq́. munitionum essent deductæ, auxilia regis in id castellum
Marcelli, quod proximum erat regijs castris, neque
opinantibus omnibus, si tamen in omnibus fuit Cassius, (nam de huius conscientia dubitabatur.) impetum fecerunt, compluresq́. ibi milites oppresserunt.
quòd nisi celeriter, indignatione, & auxilio Lepidi,
prælium esset diremptum; maior calamitas esset acce
pta. cum iter Cassio patefactum esset; castra Marcel
lus cum Lepido coniungit. Lepidus eodem tempore,
Marcellusq́. Cordubam cum suis proficiscitur. Narbonem sub idē tempus Trebonius proconsul ad prouinciam obtinendum uenit. de cuius aduentu ut cognouit

gnouit Cassius, legiones, quas secum habuerat, equitatumq́, in hiberna distribuit: ipse, omnibus suis rebus celeriter correptis, Malacam contendit; ibiq́. aduerso tempore nauigandi naues conscendit, ut ipse prædicabat, ne se Trebonio, & Lepido, & Marcello cómitteret; ut amici eius dictitabant, ne per eam prouinciam minore cum dignitate iter faceret, cuius magna pars ab eo defecerat; ut ceteri existimabant, ne pecunia illa, ex infinitis rapinis confecta, in potestatem cuiusquam ueniret. progressus secunda, ut hiberna, tempestate, cum in Iberum flumen, noctis uitandæ caussa, se contulisset, inde, paullo uehementiore tempestate, nihilo periculosius se nauigaturum credens, profectus aduersis fluctibus occurrentibus ostio fluminis, in ipsis faucibus, cum neque flectere nauem propter uim fluminis, neque directam tantis fluctibus tenere posset, demersa naui perijt. Cum in Syriam Cæsar ex Ægypto uenisset, atque ab ijs, qui Roma uenerant ad eum, cognosceret, litterisq́. urbanis animaduerteret, multa Romæ male, & inutiliter administrari, neque ullam partem reip. satis cómode geri; quòd et contentionibus tribunicijs perniciosæ seditiones orirentur, et ambitione, atque indulgentia tribunorum militũ, et qui legionibus præerant, uulta contra morem, consuetudinemq́. militarem fierent, quæ dissoluendæ disciplinæ, seueritatisq́. essent; eaq́. omnia flagitare aduentum suum uideret, tamé præferendum existimauit, quas in prouincias, regionesq́. uenisset, eas ita relinquere constitutas,

tutas, ut domesticis dissensionibus liberarentur, iura, leges q́. acciperent, et externorum hostium metum deponerent. hæc in Syria, Cilicia, Asia celeriter se confecturū sperabat; quòd hæ prouinciæ nullo bello premebantur. in Bithynia, ac Ponto plus oneris uidebat impendere sibi. non enim excessisse Ponto Pharnacem audierat, neque excessurum putabat, cum secundo prælio esset uehementer inflatus, quod cōtra Domitium Caluinum fecerat. commoratus fere in omnibus ciuitatibus, quæ maiores sunt dignitate, præmia benemeritis et uiritim, et publice tribuit: de controuersiis ueteribus cognoscit, ac statuit reges, tyranos, dynastas prouinciæ, finitimosq́., qui omnes ad eum concurrerant, receptos in fidem, condicionibus impositis prouinciæ tuendæ, ac defendendæ, dimittit et sibi, et populo R. amicissimos. paucis diebus in ea prouincia consumptis, Sex. Cæsarem, amicum, et necessarium suum, legionibus Syriæ præficit; ipse eadem classe, qua uenerat, proficiscitur in Cilicia. cuius prouinciæ ciuitates omnes euocat Tarsum: quod oppidum fere totius Ciliciæ nobilissimum, fortissimumq́. est. ibi, rebus omnibus prouinciæ, et finitimarum ciuitatum constitutis, cupiditate proficiscendi ad bellum gerendum non diutius moratur; magnisq́. itineribus per Cappadociam confectis, biduum Mazace commoratus, Comana, uetustissimum, et sanctissimū in Cappadocia Bellonæ templum, quod tanta religione colitur, ut sacerdos eius deæ maiestate, imperio, et potentia secundus a rege consensu gentis illius habeatur,

beatur, id homini nobilissimo Nicodemi Bithynio ad
iudicauit: qui regio Cappadocum genere ortus, propter aduersam fortunam maiorum suorum, mutatio
nemq́; generis, iure minime dubio, uetustate tamen
intermisso, sacerdotium id repetebat. fratrem autem
Ariobarzanis Ariaratem, cum bene meritus uterque eorum de rep. esset, ne aut regni hereditas Aria
ratem solicitaret, aut heres regni terreret, Ariobar
zani attribuit, qui sub eius imperio, ac ditione esset:
ipse iter cœptū simili uelocitate conficere cœpit. cum
propius pontum, finesq́; Gallogræciæ accessisset: Deiotarus, tetrarches Gallogræciæ, tunc quidem pæne
totius, quod ei neque legibus, neque moribus conces
sum esse cæteri tetrarchæ contendebant, sine dubio
autem rex Armeniæ minoris ab senatu appellatus,
depositis regijs insignibus, neque tantum priuato
uestitu, sed etiam reorum habitu supplex ad Cæsaré
uenit oratum, ut sibi ignosceret, quòd in ea parte po
situs terrarū, quæ nulla præsidia Cæsaris habuisset,
exercitibus, imperijsq́; in Cn. Pompeij castris fuisset:
neque enim se iudicem debuisse esse controuersiarum
populi R. sed parere præsentibus imperijs. Contra
quē Cæsar, cū plurima sua cōmemorasset officia, quæ
cōsul ei decretis publicis tribuisset; cumq́; defensio-
nē eius, nullam posse excusationem eius impridētiæ
recipere, coarguisset; quòd homo tantæ prudentiæ, ac
diligētiæ scire potuisset, quis urbem, Italiáq́; teneret;
ubi senatus, populusq́; R. ubi resp. esset; quis deinde
post L. Lentulum, C. Marcellum consul esset: sed
tamen

tamen se concedere id factum superioribus suis beneficijs, veteri hospitio, atque amicitiæ, dignitati, ætatiq́; hominis, precibus eorum, qui frequentes concurrissent, hospites, atque amici Deiotari, ad deprecandum: de controuersijs tetrarcharum postea se cogniturum esse dixit: regnum nestium ei restituit. legionem autem, quam ex genere ciuium suorum Deiotarus, natura, disciplinaq́; nostra constitutam, habebat, equitatumq́; omnem ad bellum gerendum adducere iussit. Cùm Pontum uenisset, copiasq́; omnes in unū locum coegisset, quæ numero, atque exercitatione bellorū mediocres erant (excepta enim legione sexta, quam secum adduxerat Alexandria ueteranam, multis laboribus, periculisq́; functam, multisq́; militibus, partim difficultate itinerum, ac nauigationū, partim crebritate bellorum, adeo diminutam, ut minus mille hominum in ea esset; reliquæ erant tres legiones, una Deiotari, duæ, quæ in eo prælio, quod Cn. Domitium fecisse cum Pharnace scripsimus, fuerát) legati, a Pharnace missi, Cæsarem adeunt; atque in primis deprecantur, ne eius aduentus hostilis esset. facturum enim omnia Pharnacem, quæ imperata essent. maximéq́; commemorabant, nulla Pharnacem auxilia contra Cæsarem Pompeio dare uoluisse; cum Deiotarus, qui dedisset, tamen ei satisfecisset. Cæsar respondit se fore æquissimum Pharnaci, si, quæ polliceretur, repræsentaturus esset. monuit autem, ut solebat, mitibus uerbis legatos, ne aut Deiotarum sibi objicerent, aut nimis eo gloriarentur beneficio, quòd

Gg 2   auxilia

auxilia Pompeio non misissent: nam se neque libentius facere quidquam, quàm supplicibus ignoscere; neque prouinciarum publicas iniurias condonare ijs posse, qui non fuissent in se officiosi: id ipsum, quod cõmemorassent, officiã utilius Pharnaci fuisse, qui prouidisset, ne uinceretur, quàm sibi, cui dij immortales uictoriam tribuissent: itaque se magnas, et graues iniurias ciuium Romanorum, qui in Ponto negotiati essent, quoniam in integrum restituere nõ posset, concedere Pharnaci: nã neque interfectis amissam uitã, neque exectis uirilitatem restituere posse; quod quidem supplicium grauius morte ciues Romani subijssent: Ponto uero decederet confestim; familiasq́; publicanorum remitteret; ceteraq́; restitueret socijs; ciuibusq́; Romanis, quæ penes eum essent: si fecisset, ià tunc sibi mitteret munera, ac dona, quæ, bene rebus gestis, imperatores ab amicis accipere consuessent. miserat enim Pharnaces coronam auream. His responsis datis, legatos remisit. At Pharnaces, omnia liberaliter pollicitus; cum, festinantẽ, ac properantẽ Cæsarem, speraret libentius etiam crediturum suis promissis, quàm res pateretur, quo celerius, honestiusq́; ad res magis necessarias proficisceretur, (nemini enim erat ignotum, plurimis de caussis ad urbẽ Cæsarem reuocari) lentius agere, decedendi diem postulare, lõgiores pactiones interponere, in summa frustrari cœpit. Cæsar, cognita calliditate hominis, quod alijs temporibus natura facere consueuerat, tunc necessitate fecit adductus, ut celerius omnium opinione

manum

manum consereret. Zela est oppidum in Ponto, positu ipso, ut in plano loco, satis munitum. tumulus enim naturalis, uelut manu factus, excelsiore undique fastigio sustinet murum. circumpositi sunt huic oppido magni, multiq́; intercisi uallibus colles: quorum editissimus mons, qui, propter uictoriam Mithridatis, & infelicitatem Triarij, detrimentumq́; exercitus nostri, superioribus locis, atque itineribus pæne coniunctus oppido, magnam in illis partibus habet nobilitatem. nec multo longius millibus passuum tribus abest ab Zela. hunc locū Pharnaces, ueteribus paternorum felicium castrorum refectis operibus, copijs omnibus suis occupauit. Cæsar, cum ab hoste millia passuum quinque castra posuisset; uideretq́; eas ualles, quibus regia castra munirentur, eodē interuallo sua castra munituras; si modo ea loca hostes priores non cepissent, quæ multo erant propiora regis castris; aggerem comportari iubet intra munitiones. quo celeriter collato, proxima nocte, uigilia quarta, legionibus omnibus expeditis, impedimentisq́; in castris relictis, prima luce, non opinantibus hostibus, eum ipsum locum cepit, in quo Mithridates secundum prælium aduersus Triarium fecerat. huc omnē comportari aggerem e castris, seruitiaq́; agi iussit; ne quis ab opere miles discederet; cum, spatio non amplius mille passuum, intercisa uallis castra hostium diuideret ab opere incepto Cæsaris castrorum. Parnaces, cum id repente prima luce animaduertisset, copias suas omnes pro castris instruxit, quas

Gg 3 inter

interposita tanta locorum iniquitate, consuetudine
magis peruulgata militari credebat instrui Cæsar, uel
ad opus suum tardandum, quo plures in armis tenerentur, uel ad ostentationem regiæ fiduciæ, ne muni
tione magis, quàm manu, defendere locū Pharnaces
uideretur: itaque deterritus non est, quo minus, prima acie pro uallo instructa, reliqua pars exercitus o-
pus faceret. at Pharnaces, impulsus siue loci felicita
te, siue auspicijs, et religionibus inductus, quibus ob
temperasse eum postea audiebamus, siue paucitate
nostrorum, qui in armis erant, comperta, cum, more
operis quotidiani, magnam illam seruorum multitu
dinem, quæ aggerem portabat, militum esse credidis
set; siue etiam ueterana fiducia exercitus sui, quem
cum legione XXII in acie conflixisse, et uicisse legati eius gloriabantur; simul contemptu exercitus nostri, quem pulsum à se, Domitio duce, sciebat; inito
consilio dimicandi, descendere prærupta ualle cœpit.
cuius aliquandiu Cæsar irridebat inanem ostentatio-
nē, et eo loco militum cohortationem, quem in locum
nemo sanus hostis subiturus esset: cum interim Phar
naces eodem gradu, quo in prælium descenderat, ual
lem adscendere aduersus arduum collem instructis
copijs cœpit; Cæsar, incredibili eius uel temeritate,
uel fiducia motus, neque opinans, imparatusq́; oppressus, eodē tēpore milites ab operibus uocat, arma
capere iubet, legiones opponit, acié instruit. cuius rei
subita trepidatio magnum terrorem attulit nostris,
nō dum ordinibus instructis. falcatæ regiæ quadrigæ
permistos

permistos milites perturbat, quæ tamē celeriter multitudine telorum opprimuntur. insequitur has acies hostium; et, clamore sublato, confligitur multum adiuuante natura loci, plurimum deorum immortaliū benignitate: qui cum omnibus casibus belli intersient, tum præcipue eis, quibus nihil ratione potuit administrari. magno atque acri prælio facto, comminus dextro cornu, quo ueterana legio sexta erat collocata, initium uictoriæ natum est ab ea parte, cum in procliui detruderentur hostes, multo tardius, sed tamen ijsdem dijs adiuuantibus, sinistro cornu, mediaq́. acie, totæ profligantur copiæ regis. quæ quàm facile subierant iniquum locum, tam celeriter gradu pulsæ, premebantur loci iniquitate. itaque, multis militibus partim interfectis, partim suorum ruina oppressis, qui uelocitate effugere poterant, armis tamē proiectis, uallem transgressi, nihil ex loco superiore inermes proficere poterant. at nostri, uictoria elati, subire iniquum locum, munitionesq́. aggredi non dubitarunt. defendentibus autem ijs cohortibus castra, quas Pharnaces præsidio reliquerat, celeriter castris hostium sunt potiti. interfecta multitudine omni, aut capta suorum. Pharnaces cum paucis equitibus profugit. cui nisi castrorum oppugnatio facultatem attulisset liberius profugiendi, uiuus in Cæsaris potestatem adductus esset. Tali uictoria toties uictor Cæsar incredibili est lætitia affectus, quòd maximum bellum tanta celeritate confecerat: eratq́., subiti periculi recordatione, lætior, quòd uictoria facilis ex difficillimis

rebus

rebus acciderat. Ponto recepto, præda omni regi & militibus condonata, postero die cum expeditis equitibus ipse proficiscitur: legionem sextam decedere ad præmia, atque honores accipiendos in Italiam iubet: auxilia Deiotari domum remisit: duas legiones cum Cælio Vinciano in Ponto reliquit, ita per Gallogræciam, Bithyniamq́. in Asiam iter facit: omniumq́. earum prouinciarum de controuersiis cognoscit, & statuit: iura in tetrarchas, reges, ciuitates distribuit. Mithridatem Pergamenum, a quo rem feliciter, celeriterq́. gestam in Aegypto supra scripsimus, regio genere ortum, disciplinis etiam regijs educatum, (nã cum Mithridates, rex Asiæ totius, propter nobilitatem Pergamo paruulum secum adsportauerat in castra, multosq́. tenuerat annos) regem Bosphori constituit, quod sub imperio Pharnacis fuerat; prouinciasq́. populi R. a barbaris, atque inimicis regibus, interposito amicissimo rege, muniuit. eidem tetrarchiam, legibus Gallogræcorum, iure gentis, & cognationis adiudicauit, occupatam, & possessam paucis ante annis a Deiotaro. neque tamen usquam diutius moratus est, quàm necessitas urbanarum seditionum pati uidebatur. rebus felicissimè, celerrimèq́. confectis, in Italiam celerius omnium opinione uenit.

A. HIRTII, AVT OPPII
COMMENTARIORVM
DE BELLO AFRICANO
LIBER I.

AESAR, itineribus iustis confectis, nulla die intermisso, ad xIV kal. Ian. in Lilybæum peruenit: statimq. ostendit sese naues uelle conscendere, cum non amplius legionem tironum haberet unam, equitesq. uix sexcentos. tabernaculum secundum litus ipsum constituit, ut prope fluctus uerberaret. hoc eo consilio fecit, ne quis moræ quidquam fore speraret, et ut omnes in dies, horasq. parati essent. Incidit per id tempus, ut tempestates ad nauigandum idoneas non haberet, nihilo tamen minus in nauibus remiges, militesq. continere, et nullam prætermittere occasionem profectionis, cum præsertim ab incolis eius prouinciæ nuntiarétur aduersariorum copiæ, equitatus infinitus, legiones regiæ quattuor, leuis armaturæ magna uis, Scipionis legiones decem, elephanti centum uiginti, classesq. esse complures. tamen non deterrebatur, animoq. et spe confidebat. interim in dies et naues longæ adaugeri, et onerariæ cô plures eodem concurrere, et legiones tironum conuenire, in his ueterana legio quinta, equitum ad duo millia, legionibus collectis sex, et equitû duobus millibus, ut quæque prima legio uenerat, in naues longas

impone-

imponebatur, equites autem in onerariis, ita maiorem partem nauium antecedere iussit, & insulam petere Aponianam, quæ non abest a Lilybæo, ibique commoratus, bona paucorum uendit publice: deinde Allieno prætori, qui Siciliam obtinebat, de omnibus rebus præcipit, & de reliquo exercitu celeriter imponendo, datis mandatis, ipse nauem conscendit ad VI. Kal. Ian. & reliquas naues statim est consecutus. ita, uento certo, celeriq́. nauigio noctus, post diem quartam cum longis paucis nauibus in conspectum Africæ uenit. nanque onerariæ reliquæ, præter paucas, uento dispersæ, atque errabundæ diuersa loca petierunt. Clupeam classe prætereuehitur, deinde Neapolim. complura præterea castella, & oppida non longe ænari relinquit. postquam Adrumetum accessit, ubi præsidium erat aduersariorum, cui præerat C. Considius, & à Clupea secundum oram maritimam, cum equitatu Adrumeti Cn. Piso cum Mauris circiter tribus millibus apparuit. ibi paullisper Cæsar ante portum commoratus, dum reliquæ naues conuenirent, exponit exercitum. cuius numerus in præsentia fuit peditum trium millium, equitû centum quinquaginta. castrisq́. ante oppidum positis, sine iniuria cuiusquam consedit; cohibetq́. omnes à prædis. oppidani interim muros armatis complent. ante portum frequentes considunt ad se defendendum. quorum numerus duarum legionum intus erat. Cæsar, circum oppidum uectus, natura loci perspecta, redit in castra. non nemo culpa eius, imprudentiæq́.

tiúq́. assignabat, quòd neque certum locum gubernatoribus, præfectisq́ue, quem peterent, præceperat:
neque, ut mos ipsius consuetudóq́. superioribus temporibus fuerat, tabellas signatas dederat, ut in tempore, ijs perlectis, locum certum peterent uniuersi.
quod minimè Cæsarem fefellerat. nanque nullum portum terræ Africæ, quò classes decurrerent, pro certo tutum ab hostium præsidio fore suspicabatur: sed
fortuitu oblatam occasionem egressus aucupabatur.
L. Plancus interim legatus petit a Cæsare, ut sibi daret facultatem cum Considio agendi, si posset aliqua
ratione perduci ad sanitatem. itaque, data facultate, litteras conscribit; & eas captiuo dat perferendas in oppidum ad Considium. quò simul atque captiuus peruenisset, litterasq́ue, ut erat mandatum, Considio porrigere cœpisset, prius, quàm acciperet ille,
Vnde, inquit, istas? tum captiuus, uenio a Cæsare.
tunc Considius, Vnus est, inquit, Scipio imperator
hoc tempore populi R. deinde in conspectu suo capti-
uum statim interfici iubet: litterasq́. non dum perle-
ctas, sicut erant signatæ, dat homini certo ad Scipionem perferendas. Postquam, una nocte, & die ad
oppidum consumpta, neque responsum ullum a Considio dabatur; neque ei reliquæ copiæ succurrebant;
neque equitatu abundabat; & ad oppidum oppugnandum non satis copiarum habebat, & eas tironum; neque primo aduentu conuulnerari exercitum
nolebat; et oppidi egregia munitio, difficilisq́. ad oppugnandum erat accessus; et nuntiabantur auxilia magna

gnæ equitatus oppidanis suppetias uenire: non est mi-
sa ratio ad oppugnandum oppidum commorandi; ne-
dum in eo re Cæsar esset occupatus, circumuentus à
tergo ab equitatu hostium laboraret. itaque, castra
cum mouere uellet, subito ex oppido erupit multitudo: atque equitatus subsidio uno tempore eis casu
succurrit, qui erat missus ab Iuba ad stipendium ac-
cipiendum: castraque, unde Cæsar egressus, iter facere cœperat, occupant, et eius agmen extremum insequi cœperunt. quæ res cum animaduersa esset, subito legionarij consistunt; et equites, quanquam erant
pauci, tamen contra tantam multitudinem audacissime concurrunt. accidit res incredibilis, ut equites minus triginta Galli, Maurorum equitum duo millia
loco pellerent, urgerentq́; in oppidum. postquam repulsi, et coniecti erant intra munitiones, Cæsar iter
constitutum ire contendit. quod cum sæpius faceret;
& modo insequerentur, modo rursus ab equitibus in
oppidum repellerentur: cohortibus paucis ex ueter-
nis, quas secum habebat, in extremo agmine collocatis, et parte equitatus, iter leniter cum reliquis facere cœpit. ita, quanto longius ab oppido discedebatur,
tanto tardiores ad insequendum erant Numidæ. interim in itinere ex oppidis, et castellis legationes uenire, polliceri frumentum, paratosq́; esse, quæ imperasset, facere. itaque eo die castra posuit ad oppidum
Ruspinam Kalendis Ian. inde mouit, et peruenit ad
oppidum Leptin, liberam ciuitatem, et immunem.
legati ex oppido ueniunt obuiam: libenter se omnia
factu-

facturos, quæ vellet, pollicentur. itaque, centurionibus ad portas oppidi, & custodijs impositis, ne quis miles in oppidum introiret, aut iniuriam faceret cuipiam incolæ, non longe ab oppido secundum litus facit castra. eodem naues onerariæ, et longæ non nullæ casu aduenerunt. relique, ut est ei nuntiatum, incortæ locorum Vticam versus petere visæ sunt. Interim Cæsar a mari non digredi, neque mediterranea petere propter nauium errorem, equitatumq́; in nauibus omnem continere, ut arbitror, ne agri uastarentur: aquam in naues iubet comportari. Remiges interim, qui aquatum e nauibus exierit, subito equites Mauri, neque opinantibus Cæsarianis, adorti, multos iaculis connulnerauerunt, non nullos interfecerunt. latent enim in insidijs cum equis inter conualles, et subito exeunt, non ut in campo comminus depugnent. Cæsar interim in Sardiniam nuntios cum litteris, & in reliquas prouincias finitimas dimisit, ut sibi auxilia, commeatus, frumentum, simulatq́; litteras legissent, mittenda curarent: exoneratisq́; partim nauibus longis, Rabirium Postumum in Siciliam ad secundum commeatum accersendum mittit. interim cum decem nauibus longis ad reliquas naues onerarias conquirendas, quæ deerrassent, et simul mare tuendum ab hostibus iubet proficisci. item C. Sallustium Crispum prætoré ad Cercinnam insulam versus, quam aduersarij tenebant, cum parte nauium ire iubet; quòd ibi magnum numerum frumenti esse audiebat. hæc ita imperabat, itaq́; unicuique præcipiebat,

bat, ut, si fieri posset, nec locum ullum excusatio haberet, nec moram tergiuersatio. ipse interea, ex perfugis, et incolis cognitis condicionibus Scipionis, & qui cum eo contra se bellum gerebant, miserari. regium enim equitatum in prouincia Africa Scipio alebat. tanta hominum erat dementia, ut mallent regis esse uectigales, quàm cum ciuibus in patria in suis fortunis esse incolumes. Cæsar ad I I I non. Ian. castra mouet: Leptiq́. sex cohortium præsidio cum Saserna relicto, ipse rursus, unde pridie uenerat, Ruspinã cũ reliquis copijs conuertit: ibiq́. sarcinis exercitus relictis, ipse cum expedita manu proficiscitur circũ uillas frumentatum; oppidanisq́. imperat, ut plaustra, iumentaq́. omnia sequantur. itaque magno frumenti inuento numero, Ruspinam redit. hoc enim iccirco existimo fecisse, ne maritima oppida post se uacua relinqueret, præsidioq́. firmata ad classis receptacula muniret. itaque, ibi relicto P. Saserna, fratre eius, quem Lepti proximo oppido reliquerat cum legione, iubet comportari ligna in oppidum quàplurima: ipse cum cohortibus septem, quæ ex ueteranis legionibus in classe cum Sulpicio, et Vatinio rem gesserant, ex oppido Ruspina egressus, proficiscitur ad portum, qui abest ab oppido millia passuum duo: ibiq́. classem sub uesperum cum ea copia conscendit, omnibus in exercitu inscijs, & requirentibus imperatoris consilium, magno metu, ac tristitia solicitabantur. parua enim cum copia, & ea tironum, neque omni exposita in Africa contra magnas copias, & insidiosæ nationis,
equi-

equitatumq́; innumerabilem, se expositos uidebant: neque quidquam solatij in præsentia, neque auxilium in suorum cósilio animaduertebant, nisi in ipsius imperatoris uultu uigore, mirabilíq; hilaritate. animú enim altum, et erectú præ se gerebat. huic acquiescebant homines, & in eius scientia, et consilio omnia sibi procliuia omnes fore sperabant. Cæsar, in nauibus una nocte consumpta, iam cælo albescente, cum proficisci conaretur, subito nauium pars, de qua timebat, ex errore eodem conferebatur. hac re cognita, Cæsar celeriter de nauibus imperat omnes egredi, atque armatos in litore reliquos aduenientes milites exspectare. itaque, sine mora nauibus eis in portum receptis, et aduectis militum, equitumq́; copijs, rursus ad oppidum Ruspinam redit; atque, ibi castris constitutis, ipse cum cohortibus expeditis x x x frumentatum est profectus, ex eo est cognitum Cæsaris consilium: illum cum classe nauibus onerarijs, quæ deerrassent, subsidio ire, clam hostibus, uoluisse; ne casu imprudentes suæ naues in classem aduersariorum inciderent: neque eam rem eos uoluisse scire, qui in præsidijs relicti milites fuissent; ne, propter suorum paucitatem, et hostium multitudinem, metu deficerent. Interim, cum iam Cæsar progressus esset e castris circiter millia passuú tria, per speculatores, et antecessores equites nuntiatur ei, copias hostiú haud longe a se uisas. et hercle cum eo nuntio puluis ingens conspici cœptus est. hac re cognita, Cæsar celeriter iubet equitatú uniuersum, cuius copiá habuit in præsentia non magnam,

magnam, et sagittarios, quorum paruus è castris secum exierat numerus, accersi, atque ordinatim signa se leniter consequi: ipse antecedere cum paucis armatis. iamque, cum procul hostis conspici posset, milites in campo iubet galeari, et ad pugnam parari. quorum omnino numerus fuit XXX. cohortium, cū equitibus CCCC. et sagittarijs. et hostes interim, quorum dux erat Labienus, et duo Pacidij, aciem dirigunt mirabili longitudine, non peditum, sed equitum confertam: et inter eos leuis armaturae Numidas, et sagittarios pedites interposuerant: et ita condensauerant, ut procul Caesariani pedestres copias arbitrarentur: et dextrum ac sinistrum cornu magnis equitum copijs firmauerant. interim Caesar aciem dirigit simplicem, ut poterat, propter paucitatem: sagittarios ante aciem constituit: equites dextro, sinistroq́. cornu opponit: et ita praecipit, ut prouiderent, ne multitudine equitatus hostium circumuenirentur. existimabat enim se cum pedestribus copijs, acie instructa, dimicaturum. cum utrinque exspectatio fieret; neque Caesar se remoueret; et cum suorum paucitate contra magnam uim hostium artificio magis, quàm uiribus decertandum uideret; subito aduersariorum equitatus sese extendere, et in latitudinem promouere, collesq́. complecti, et Caesaris equitatum extenuare, simulq́. ad circumueundum comparare se coeperunt. Caesariani equites eorum multitudiné aegre sustinebant. acies interim mediae cum concurrere conarentur, subito ex condensis turmis Numidiae leuis
armaturae

armaturæ cum equitibus procurrunt, et inter legionarios pedites iacula coniiciunt.hic cum Cæsariani in
eos impetum feciſſent, illorum equites refugiebant;
pedites interim reſiſtebant, dum equites rurſus, con
curſu renouato, peditibus ſuis ſuccurrerent. Cæſar,
nouo genere pugnæ oblato, cum animaduerteret, or
dines ſuorum in procurrendo turbari, (pedites enim
dum equites longius a ſignis perſequuntur, latere nu
dato a proximis Numidis iaculis uulnerabantur, e-
quites autem hoſtium pilum militis curſu facile uita
bant)edicit per ordines, ne quis miles a ſignis quattuor pedes longius procederet. equitatus interim La
bieni, ſuorū multitudine confiſus, Cæſaris paucitatē
circuire conatur. equites Iuliani pauci, multitudine
hoſtium defeſſi, equis conuulneratis, paullatim cede-
re:hoſtis magis, magisq́. inſtare.ita, puncto temporis
omnibus legionariis ab hoſtiū equitatu circuentis,
Cæſarisq́. copiis in orbē compulſis, intra cancellos om
nes coniecti pugnare cogebantur. Labienus in equo,
capite nudo, uerſari in prima acie, ſimul ſuos cohorta
ri, non nunquam legionarios Cæſaris ita appellare:
Quid tu, inquit, miles tiro, tā ferocuius es? uos quoq.
iſte uerbis infatuauit. in magnū mehercule uos pericu
lū impulit. miſereor ueſtri. Tū miles, Nō ſum, inquit
tiro Labiene, ſed de legione decima ueteranus. Tū La
bienus, Nō agnoſco, inquit, ſigna decumanorū. Tum
miles, Iā me, quis ſim, intelliges. Simul caſſidem de ca
pite deiecit, ut cognoſci ab eo poſſet; atq́. ita pilū uiri
bus contortū, dum in Labienū mittere cōtendit, equi

H h   gra-

reliqua esset, cohortibus, equitibusq; circundatis imperat, ut uno ictu contenderent, neque remitterent, donec ultra ultimos colles hostes repulissent, atque eorum essent potiti. itaque, signo dato, cum iam hostes languide, negligenterq; tela mitterent, subito immittit cohortes, turmasq; suorum: atque puncto téporis, hostibus nullo negotio campo pulsis, post collemq; deiectis, nacti locum, atque ibi paulisper commorati, ita ut erant instructi, leniter se ad suas recipiunt munitiones: itemq; aduersarij, male accepti, tum demū se ad sua præsidia contulerunt. Interim, ea re gesta, et prælio dirempto, ex aduersarijs perfugæ plures ex omni hominum genere, et præterea intercepti hostium complures equites, peditesque, ex quibus cognitum est hostium consilium, eos hac mente, et conatu uenisse, ut nouo, atque inusitato genere prælij tirones, legionarijq; pauci perturbati, Curionis exemplo ab equitatu circumuenti opprimerentur: et ita Labienum dixisse pro concione, tantam sese multitudinem auxiliorum aduersarijs subministraturum, ut etiam cedendo in ipsa uictoria fatigati uincerentur, atque a suis superarentur. quippe non illorum sibi confideret, primum, quòd audierat Romæ legiones ueteranas dissentire, neque in Africam uelle transire: deinde, quòd triennio in Africa suos milites consuetudine retentos, fideles iam sibi effecisset, maxima autem auxilia haberet Numidarum, equitúq; leuis armaturæ. Præterea ex fuga, prælioq; Pompeiano, quos secum a Brundisio transportauerat, equites Germanos Gallosque,

los que, ibiq́; poſtea ex Hybridis libertinis, ſeruisq́; cõ
ſcripſerat, arma erat, equoq́; frænato uti condocue
rat, præterea regia auxilia, elephantes CXX, equi-
tatusq́; innumerabilis, deinde legiones conſcriptæ ex
cuiuſque modi generis amplius XII millibus. Hac
ſpe, atque ea audacia inflammatus Labienus cum e-
quitibus Gallis, Germanisq́; DCCC, Numidarum ſi
ne frænis VIII millibus, præterea Petreiano auxilio
adhibito equitibus MC, peditum ac leuis armaturæ
quater tantis, ſagittarijs, ac funditoribus, hippotoxo
tisq́; compluribus, his copijs pridie non. Ian. poſt diē
tertium, quàm Africā attigit, in campis planiſſimis,
puriſſimisq́; ab hora diei quincta uſque ad ſolis occa-
ſum eſt decertatum. in eo prælio Petreius grauiter i-
ctus ex acie receſſit. Caſar interim caſtra munire dili
gentius, præſidia firmare maioribus copijs, uallumq́;
ab oppido Ruſpina uſque ad mare deducere, et a caſtris alterum eodem; quo tutius ultro, citroq́; commeare, auxiliaq́; ſine periculo ſibi ſuccurrere poſſet:
tela, tormentaq́; ex nauibus in caſtra comportare, re
migum partem ex claſſe, Gallorum, Rhodiorumq́;,
epibatarumq́; armare, et in caſtra euocare; uti, ſi poſ
ſet, eadem ratione, qua aduerſarij, leuis armatura in
teriecta inter equites ſuos interponeretur. ſagittari-
isq́; ex omnibus nauibus Ithyreis, Syrijs, et cuiusque
generis ductis in caſtra compluribus, frequentabat
ſuas copias. audiebat enim Scipionem poſt diem tertium eius diei, quo prælium factum erat, appropinquare, copias ſuas cum Labieno, et Petreio coniun-
gere.

gere. cuius copiæ legionum octo, et equitum quattuor millium esse nuntiabantur. officinas ferrarias instruere; sagittasq́., et tela uti fierent complura, curare, glandes fundere, sudes comparare; litteras in Siciliā, nuntiosq́. mittere, ut sibi crates, materiemq́. congererent ad arietes, cuius inopia in Africa esset: præterea ferrum, plumbumq́. mitteretur. etiam animaduertebat, frumento se in Africa nisi importato uti nō posse: priore enim anno, propter aduersariorum delectus, quod stipendiarij aratores milites essent facti, messem non esse factam: præterea ex omni Africa frumentum aduersarios in pauca oppida, et bene munita comportasse, omnemq́. regionem Africæ exinanisse frumento: oppida, præter pauca, quæ ipsi suis præsidijs tueri poterant, reliqua dirui, atque deleri, et eorum incolas intra sua præsidia coegisse commigrare, agros desertos, ac uastatos esse. Hac necessitate Cæsar coactus, priuatos ambiendo, et blande appellando, aliquantulum frumēti numerum in sua præsidia congesserat; et eo parce utebatur. opera interim ipse quotidie circumire, et alternas cohortes in statione habere propter hostiū multitudinem. Labienus saucios suos, quorum numerus maximus fuit, iubet in plaustris Adrumetum deportari. Naues interim Cæsaris onerariæ errabundæ male uagabantur incertæ locorum, atque castrorum suorum: quas singulas scaphæ aduersariorum complures adortæ incenderant, atque expugnauerant. hac re nuntiata Cæsari, classes circum insulas, portusq́. di-

Hh 3 sposuit;

posuit; quo tutius commeatus supportari posset. M. Cato interim, qui Vticæ præerat, Cn. Pompeium filium multis uerbis, assidueq́; obiurgare non desistebat. Tuus, inquit, pater, istius ætatis cum esset, et animaduertisset, remp. ab audacibus, sceleratisq́; ciuibus oppressam, bonosq́;, aut interfectos, aut exsilio multatos, patria, ciuitateq́; carere gloria, et animi magnitudine elatus, priuatus, atque adolescentulus, paternis exercitus reliquijs collectis, pæne oppressam funditus, et deletam Italiam, urbemq́; Romanam in libertatem uindicauit: idemq́; Siciliam, Africam, Numidiam, Mauritaniam mirabili celeritate armis recepit. quibus ex rebus sibi eam dignitatem, quæ est per gentes clarissima, notissimaq́;, conciliauit, adolescentulusq́;, atque eques Romanus triumphauit. atque ille, non ita amplius rebus patris gestis, neque tam excellenti maiorum dignitate parta, neque tantis clientelis, nominisq́; claritate præditus, in remp. est ingressus. tu contra, et patris nobilitate, et dignitate, et per te ipse satis animi magnitudine, diligentiaq́; præditus, non ne eniteris, et proficisceris ad paternas clientelas, auxilium tibi, reiq́; publicæ, atque optimo cuique efflagitatum? His uerbis hominis grauissimi incitatus adolescentulus, cum nauiculis cuiusque modi generisq́; x x x. inibi, paucis rostratis, profectus ab Vtica est in Mauritaniam, regnumq́; Bogudis est ingressus: expeditoq́; exercitu, numero seruorum, liberorum duorum millium, cuius partem inermem, partem armatam habuerat, ad oppidum
Ascurum

Ascurum accedere cœpit: in quo oppido præsidium fuit regium. Pompeio adueniente, oppidani usque eó passi propius eum accedere, donec ad ipsas portas, ac murum appropinquaret, subito eruptione facta, prostratos, perterritosq́; Pompeianos in mare passim, nauesq́; compulerunt. ita, re male gesta, Cn. Pompeius filius naues inde auertit, neq́; postea litus attigit, classemq́; ad insulas Baleares uersus conuertit. Scipio interim cum ijs copijs, quas paullò ante demonstrauimus, Vticæ grandi præsidio relicto, profectus, primû Adrumeti castra ponit; deinde ibi paucos dies commoratus, noctu itinere facto, cum Petreij, et Labieni copijs se coniungit; atque, unis castris factis, III millia passuum longe considunt. equitatus interim eorum circum Cæsaris munitiones uagari, atque eos, qui pabulandi, aut aquandi gratia extra uallum progressi essent, excipere, et ita omnes aduersarios intra munitiones continere. quare Cæsariani graui annona sunt conflictati; ideo quòd non dum neque ab Sicilia, neque ab Sardinia commeatus supportatus erat; neque per anni tempus in mari classes sine periculo uagari poterant; neque amplius millia passuum sex terræ Africæ quoquo uersus tenebant; pabuliq́; inopia premebantur. qua necessitate coacti ueterani milites, equitesq́ue, qui multa terra, mariq́; bella confecissent, & periculis, inopiaq́; tali sæpe essent conflictati, alga e litore collecta, & aqua dulci elota, et ita iumentis esurientibus data, uitam eorum producebant. Dum hæc ita fierent, rex Iuba, cognitis Cæ-

Hb 4 saris

cœperunt. quorum lacrymis, querelisq́. Cæsar commotus, cum antea constituisset in statiuis castris, æstate inita cunctis copijs, auxilijsq́. coactis, bellum cum aduersarijs suis gerere instituit; litterisq́. celeriter in Siciliam ad Allienum, & Rabirium Postumum conscriptis, et per Catacossum missis, ut sine mora, aut ulla excusatione hiemis, uentorumq́., exercitus sibi quàm celerrime transportaretur, Africam prouinciã perire, funditusq́. euerti a suis inimicis: quòd nisi celeriter socijs foret subuentum, præter ipsam Africam terram nihil, ne tectum quidem, quò se reciperent, ab illorum scelere, insidijsq́. reliquum futurum. atque ipse in tanta erat festinatione, & exspectatione, ut postero die, quàm misisset litteras, nuntiumq́. in Siciliam, classem, exercitumq́. morari diceret, noctes, diesq́. oculos, mentemq́. ad mare dispositos, directosq́. haberet. nec mirum. animaduertebat enim uillas exuri, agros uastari, pecus diripi, trucidariq́., oppida, castellaq́. dirui, deseriq́., principesq́. ciuitatum aut interfici, aut in catenis teneri, liberos eorum obsidum nomine in seruitutem abripi: bis se miseris suáq́. fidem implorantibus, auxilio propter copiarum paucitatem esse non posse. milites interim in opere exercere, castra munire, turres, castella facere, molesq́. iacere, in mare non intermittere. Scipio interim elephantes hoc modo côdocefacere instituit. duas instruxit acies, unam funditorum contra elephantos, quæ quasi aduersariorum locum obtineret, & contra eorum frontem aduersam lapillos minutos
mitteret:

cum duceretur ad necem, periiſſe dicitur maior Titus a centurionibus, uti ſe priorem, quàm fratrem, interficerent; idq́. ab eis facile impetraſſe, atque ita eſſe interfectos. Turmæ interim equitum, quæ pro uallo in ſtationibus eſſe ſolebat, ab utriſque ducibus quotidie mutuis prælijs inter ſe pugnare non intermittunt. nó nunquam etiam Germani, Galliq́. Labieniani cum Cæſaris equitibus, fide data, inter ſe colloquebantur. Labienus interim cum parte equitatus Leptim oppidum, cui præerat Saſerna cum cohortibus tribus, oppugnare, ac ui irrumpere conabatur: quod a defenſoribus propter egregiã munitionẽ oppidi, & tormentorũ multitudinem facile, & ſine periculo defendebatur. quod ubi eius facere equitatus ſæpius nõ intermittebat; & cum forte ante portã turma denſã adſtitiſſet; ſcorpione accuratius miſſo, atque corũ decurione percuſſo, & ad decumanã defixo, reliqui perterriti, fuga ſe in caſtra recipiũt. quo facto, poſtea ſunt deterriti oppidum tentare. Scipio interim fere quotidie nõ lõge a ſuis caſtris paſſibus CCC inſtruere aciem, ac, maiore diei parte conſumpta, rurſus ſe incaſtra recipere. quod cũ ſæpius fieret, neque ex Cæſaris caſtris quiſquam prodiret, neque propius eius copias accederet; deſpecta patientia Cæſaris, exercitusq́. eius, uniuerſis copijs productis, elephantisq́. turritis XXX ante aciẽ inſtructis, quàm latiſſme potuit porrecta equitum, peditumq́. multitudine, uno tẽpore progreſſus, haud ita longe a Cæſaris caſtris conſtitit in cãpo. Quibus rebus cognitis, Cæſar iubet milites, qui extra
munitiones

munitiones processerant, quiq́; pabulandi, aut lignandi, aut etiam muniendi gratia uallum petierant, quaéq́; ad eandem rem opus erant, omnes intra munitiones minutatim, modesteq́ue, sine tumultu, aut terrore se recipere, atque in opere consistere: equitibus autem, qui in statione fuerant, præcipit, ut usq́ue eò locum obtinerent, in quo paulò ante constitissent, donec ab hoste missum telum ad se perueniret: quòd si propius accederetur, quàm honestissime se intra munitiones reciperent. alij quoq́ue equitatui edicit, uti quisq́ue suo loco paratus, armatusq́; præsto esset. at hæc non ipse per se coram, cum de uallo perspeculareur, sed mirabili peritus scientia bellandi, in prætorio sedens, per speculatores, & nuntios imperabat, quæ fieri uolebat. animaduertebat enim, quanquam magnis essent copijs aduersarij freti, tamen sæpe a se fugatis, pulsis, perterritisq́; et concessam uitam, & ignota peccata. quibus rebus nunquam tanta suppeteret ex ipsorum inertia, conscientiaq́; animi uictoriæ fiducia, ut castra sua adoriri auderent. præterea ipsius nomé, auctoritasq́; magna ex parte, eorum exercitus minuebat audaciam. tum egregiæ munitiones castrorum, & ualli, fossarumq́; altitudo, & extra uallum stili cæci, mirabilem in modum consiti, uel sine defensoribus aditum aduersarijs prohibebát. scorpionum, catapultarum, ceterorumq́; telorũ, quæ ad defendendum solent parari, magnam copiam habebat. atque hæc propter exercitus sui præsentis paucitatem, & tirocinium præparauerat: non hostium ui,

et metu commotus. sapientem se, timidumq́; hostiú
opinioni præbebat. neque iccirco copias, quanquam
erant paucæ, tironumq́ue, non educebat in aciem,
quòd uictoriæ suorum diffideret: sed referre arbitrabatur, cuiusmodi uictoria esset futura. turpe enim sibi existimabat, tot rebus gestis, tantisq́; exercitibus
deuictis, tot tam claris uictorijs partis, ab reliquis
copijs aduersariorum suorum ex fuga collectis, se
cruentam adeptum existimari uictoriam. itaque constituerat gloriam, exultationemq́; eorum pati, donec
sibi ueteranarú legionum pars aliqua in secundo commeatu occurrisset. Scipio interim, paullisper, ut ante
dixi, in eo loco commoratus, ut quasi despexisse Cæsarem uideretur, paullatim reducit suas copias in ca
stra; et, concione aduocata, de terrore suo, desperatione q́; exercitus Cæsaris uerba facit; et, cohortatus suos, uictoriam propriam se eis breui daturum
pollicetur. Cæsar iubet milites rursus ad opus redire,
&, per caussam munitionum, tirones in labore de-
fatigare non intermittit. Interim Numidæ, Getuliq́;
diffugere quotidie ex castris Scipionis, & partim in
regnum se conferre, partim, quòd ipsi, maioresq́; eorum beneficio C. Marij usi fuissent, Cæsaremq́; eius
affinem esse audiebant, in eius castra perfugere cater-
uatim non intermittunt. quorum ex numero electis
hominibus, illustriores Getulos, litteris ad suos ciues
datis, cohortatus, ut manu facta, se, suosq́; defenderent, et ne suis inimicis, aduersarijsq́; dicto audientes
essent, mittit. Dû hæc ad Ruspiná fiút, legati ex Acil-
la,

la, ciuitate liberi, etiam undique ad Cæsarem veniunt; seq́; paratos, quæcunque imperasset, et libenti animo facturos pollicentur: tantum orare, & petere ab eo, ut sibi præsidium daret, quo tutius id, et sine periculo facere possent: se et frumentum, &, quæcunque res eis suppeteret, communis salutis gratia subministraturos. quibus rebus facile a Cæsare impetratis, præsidioq́; dato, C. Messium, ædilicia functum potestate, Acillam iubet proficisci. Quibus rebus cognitis, Considius Longus, qui Adrumeti cum duabus legionibus, et equitibus DCC præerat, celeriter, ibi parte præsidij relicta, cum octo cohortibus Acillam ire contendit. Messius, celerius itinere confecto, prior Acillam cum cohortibus peruenit. Considius interim, cum ad urbem cum copijs accessisset, et animaduertisset præsidium Cæsaris ibi esse, non ausus periculo suo rem facere, nulla re gesta pro multitudine hominum, rursus Adrumetum se recipit: deinde, paucis post diebus, equestribus copijs a Labieno adductis, rursus Acilitanos, castris positis, obsidere cœpit. Per id tempus C. Sallustius Crispus, quem paucis ante diebus missum a Cæsare cum classe demonstrauimus, Cercinnam peruenit. cuius aduentu C. Decius, quæstorius uir, qui ibi cum grandi familiæ suæ præsidio præerat cómeatui, paruulú nauigiú nactus, conscendit, ac se fugæ cómendat. Sallustius interim prætor a Cercinatibus receptus, magno numero frumenti inuento, naues onerarias, quarum ibi satis magna copia fuit, cóplet, atque in castra ad Cæsarem

rem mittit. Allienus interim proconsul e Lilybæo in
naues onerarias imponit legiones XIII, et XIIII,
et equites Gallos DCCC, funditorum, sagittario-
rumq́; mille, ac secundum cómeatum in Africa mittit ad Cæsarē: quæ naues uentum secundum nacta,
quarto die in portu ad Ruspina, ubi Cæsar castra habuerat, incolumes peruenerunt, ita Cæsar, duplici
lætitia, ac uoluptate uno tempore auctus, frumento,
auxilijsq́; tandem suis exhilaratis animo, atque leua-
ta solicitudine, deponit legiones, equitesq́; ex nauibus egressus, iubet ex languore, nauseaq́; reficere, dimissos in castella, munitionesq́; disponit. Quibus rebus Scipio, quiq́; cum eo essent comites mirari, et re-
quirere: C. Cæsarem, qui ultro consuesset bellum inferre, ac lacessere prælio, subito cómutatum non sine
magno consilio suspicabantur. itaque, ex eius patientia in magnum timorem coniecti, ex Getulis duos,
quos arbitrabatur suis rebus amicissimos, magnis præmijs, pollicitationibusq́; propositis pro perfugis speculandi gratia in Cæsaris castra mittunt. qui simul ad eū
sunt deducti, petierūt, ut sibi liceret sine periculo uerba proloqui. Potestate facta, sæpenumero, inquiunt,
imperator, cóplures Getuli, qui sumus clientes C. Marij, et propemodū omnes ciues Romani, qui sunt in legione quarta, et sexta, ad te uolumus, in tuaq́; præsidia confugere; sed custodijs equitū Numidarū, quo id
sine periculo minus faceremus, impediebamur. nūc,
data facultate, prospeculatoribus missi a Scipione, ad
te cupidissime uenimus, ut perspiceremus, num quæ
fossæ,

ad reliquum exercitum transportandum proficisci: ipse v i kal. Febr. circiter uigilia prima, imperat, speculatores, apparitoresq́. omnes ut sibi præsto essent. itaque, omnibus insciis, neque suspicantibus, uigilia tertia iubet omnes legiones ex castris educi, atque se consequi ad oppidum Ruspinam uersus, in quo ipse præsidium habuit, et quod primū ad amicitiam eius accessit. inde paruulam procliuitatem digressus, sinistra parte campi, propter mare legiones educit. hic campus mirabili planicie patet millia passuum xv: quem iugum ingens a mari ortum, neque ita præaltum, uelut theatri efficit specie. in hoc iugo colles sūt excelsi pauci, in quibus singulæ turres, speculæq́. singulæ peruetores erant collocatæ: quarum apud ultimam præsidium, et statio fuit Scipionis. Postquam Cæsar ad iugum, de quo docui, adscendit; atque in uniquenque collem turres, castellaq́. facere cœpit; atque ea minus semihora efficit; et postquam non ita lōge ab ultimo colle, turriq́. fuit, quæ proxima fuit castris aduersariorum, in qua docui esse præsidium, stationemq́. Numidarum; paulisper commoratus, perspectaq́. natura loci, equitatu in statione disposito, legionibus opus attribuit; brachiumq́. medio iugo ab eo loco, ad quem peruenerat, usque ad eum, unde egressus erat, iubet dirigi, ac muniri. quod postquam Scipio, Labienusq́. animaduerterunt, equitatu omni ex castris educto, acieq́. equestri instructa, a suis munitionibus circiter passus mille progrediūtur; pedestreq́. copiā in secūda acie, primus passus cccc a castris suis,

I i · constituunt.

constituunt. Cæsar in opere milites adhortari, neque aduersariorum copijs moneri. iam, cum non amplius passuum mille quingētis inter hostium aciem, suasq́; munitiones esse animaduertisset, intellexissetq́; ad impediendos milites suos, et ab opere depellendos hostem propius accedere; necesseq́; haberet legiones a munitionibus deducere; imperat turmæ Hispanorū, ut ad proximum collem propere accurrerent, præsidiumq́; inde deturbarent, locumq́; caperent; eodemq́; iubet leuis armaturæ paucos consequi subsidio. qui missi celeriter, Numidas adorti, partim uiuos capiunt, non nullos equites fugientes conuulnerauerūt, locoq́; sunt potiti. postquam id Labienus animaduertit, quo celerius ijs auxilium ferret, ex acie instructa equitatus sui prope totum dextrum cornu auertit, atque suis fugientibus suppetias ire contendit. quod ubi Cæsar conspexit, Labienum ab suis copijs longius abscessisse; equitatus sui alam sinistrā ad intercludendos hostes immisit. Erat in eo campo, ubi ea res gerebatur, uilla permagna, quattuor turribus exstructa, quæ Labieni prospectum impediebat, ne posset animaduertere ab equitatu Cæsaris se intercludi. itaque non prius uidit turmas Iulianas, quàm suos cædi a tergo sensit. ex qua re subito in terrorem conuerso equitatu Numidarum, recta in castra fugere contendit. Galli, Germaniq́ue, qui restiterant, ex superiore loco, et post tergum circumuenti, fortiterq́; resistentes cōciduntur uniuersi. quod ubi legiones Scipionis, quæ pro castris erant instructæ, animaduerterunt; metu,

ac

ac terrore obcæcatæ, omnibus portis in sua castra fugere cœperunt. Postea, Scipione, eiusq́; copijs campo, collibusq́; exturbatis, atque in castra compulsis, cum receptui Cæsar cani iussisset, equitatumq́; omnem intra suas munitiones recepisset, campo purgato animaduertit mirifica corpora Gallorū, Germanorumq́; qui partim eius auctoritatem erant ex Gallia secuti, partim, pretio, pollicitationibusq́; adducti, ad eum se cōtulerant, non nulli qui ex Curionis prælio capti, conseruatiq́; parem gratiam in fide partienda præstare uoluerant, horum corpora, mirifica specie, amplitudineque, cæsa toto campo, ac postrata diuerse iacebant. His rebus gestis, postero die Cæsar ex omnibus præsidijs cohortes deducit, atque omnes suas copias in campo instruxit. Scipio, suis male acceptis, occisis, uulneratisq́ue, intra suas cōtinere se munitiones cœpit. Cæsar instructa acie, secundum infimas ingi radices, propius munitiones leniter accessit. iamq́; minus mille passuum ab oppido Vzita, quod Scipio tenebat, aberant legiones Iulianæ; cum Scipio ueritus, ne oppidum amitteret, unde aquari, reliquisq́; rebus sublenari eius exercitus cōsueuerat, eductis omnibus copijs quadruplici acie instructa, ex instituto suo, prima equestri turmatim directa, elephantisq́; turritis interpositis, armatisq́; suppetias ire contendit. quod ubi Cæsar animaduertit, arbitratus Scipionem, ad dimicandum paratum, ad se certo animo uenire, in eo loco, quem paullo ante commen:oraui, ante oppidum constitit, suamq́; aciem mediam eo oppido texit.

Ii 3   dextrum

dextrum, sinistrumq́; cornu, ubi elephanti erant, in conspectu patenti aduersariorum constituit. Cum iã prope solis occasum Cæsar exspectauisset; neq́; ex eo loco, quo constiterat, Scipionem progredi propius se animaduertisset, locoq́; se magis defendere, si res coegisset, quàm in campo comminus consistere audere; non est uisa ratio propius accedendi eo die ad oppidum; quoniam ibi præsidium grande Numidarum esse cognouerat, hostesq́; mediam aciem suam oppido texisse; sibiq́; difficile factu esse intellexit, simul & oppidum uno tempore oppugnare, et in acie in cornu dextrum, et sinistrum, ex iniquiore loco, pugnare; præsertim cum milites a mane diei ieiuni sub armis stetissent defatigati. itaque, reductis suis copijs in castra, postero die propius eorum aciem instituit exporrigere munitiones. Interim Considius, qui Acillam, et octo cohortes stipendiarias Numidis, Getulisq́; obsidebat, ubi C. Messius cohortibus præerat, diu, multumq́; expertus, magnisq́; operibus sæpe admotis, & ijs ab oppidanis incensis, cum profiteret nihil, subito nuntio de equestri prælio allato commotus, frumento, cuius in castris copiam habuerat, incenso, uino, oleo, ceteraq́; rebus, quæ ad uictum parari solent, corruptis, Acillam, quam obsidebat, deseruit; atque, itinere per regnum Iubæ facto, copias cum Scipione partitus, Adrametum se recipit. Interea ex secundo commeatu, quem a Sicilia miserat Allienus, nauis una, in qua fuerat Q. Commius, & L. Ticida eques Romanus

Romanus, ab residua classe, cum errauisset, delataq́ue esset uento ad Thapsum, a Virgilio scaphis, nauiculisq́ue, actuarijs excepta est, & ad Scipionem deducta. Item altera nauis triremis ex eadem classe, errabunda, ac tempestate ad Aegimurum delata, a classe Vari, et M. Octauij est capta; in qua milites ueterani cum uno centurione, & non nulli tirones fuerunt: quos Varus asseruatos sine contumelia deducendos curauit ad Scipionem. qui, postquam ad eum peruenerunt, & ante suggestum eius constiterunt, Non uestra, inquit, sponte uos, certo scio, sed illius scelerati uestri imperatoris impulsu, et imperio coactos cines, & optimum quenque nefarie confectari. quos quoniam fortuna in nostram detulit potestatem, si id, quod facere debetis, rempublicam cum optimo quoque defenditis, certum est uobis uitam, & pecuniam donare. quapropter, quid sentiatis, proloquimini. Hac habita oratione, Scipio, cum existimasset pro suo beneficio sine dubio ab ijs gratias sibi actum iri, potestatem ijs dicendi fecit. Ex eis centurio legionis XIIII, Pro tuo, inquit, summo beneficio, Scipio, tibi gratias ago, (non enim imperatorem te appello) quòd mihi uitam incolumitatémque, belli iure capto, polliceris. & forsan isto uterer beneficio, si non ei summum scelus adiungeretur. Ego ne contra Caesarem, imperatorem meum, apud quem ordinem duxi, eiúsq. exercitum, pro cuius dignitate, uictoriáq. amplius XXXVI annis depugnaui, aduersus, armatúsq. consistam? neque

ego

ego istud facturus sum: et te magnopere, ut de negotio desistas, adhortor. contra cuius enim copias contendas, si minus antea expertus es, licet nunc cognoscas. elige ex tuis cohortem unam, quam putas esse firmissimam, et constitue contra me. ego autem ex meis commilitonibus, quos nunc in tua tenes potestate, non amplius x sumam. tunc ex virtute nostra intelliges, quid ex tuis copijs sperare debeas. Postquá hæc centurio præsenti animo aduersus opinionē eius est locutus; ira percitus Scipio, atque animi dolore incensus, annuit centurionibus, quid fieri vellet; atque ante pedes centurionem interfecit; reliquosque ueteranos a tironibus iubet secerni. abducite, inquit, istos, nefario scelere contaminatos, et cæde ciuium saginatos. sic extra uallum deducti sunt, & cruciabiliter interfecti. tirones autem iubet inter legiones dispertiri, et Commium cum Ticida in conspectum suum prohibet adduci. qua ex re Cæsar commotus, eos, quos in stationibus cum longis nauibus apud Thapsum custodia caussa esse iusserat, ut suis onerarijs, longisq. nauibus præsidio essent, ob negligentiam ignominiæ caussa dimittendos ab exercitu, grauissimumq. in eos edictum proponendum curauit. Per id tempus fere Cæsaris exercitui res accidit incredibilis auditu. namque, Virgiliarum signo confecto, circiter vigilia secunda noctis, nimbus cum saxorum grandine subito est exortus ingens. ad hoc autem incommodum accesserat, quòd Cæsar non, more superiorum imperatorum, in hiber-

nis

tis exercitum continebat, sed in tertio, quartoq́. die procedendo, propiusq́. hostem accedendo, castra communiebat; opereq́. faciendo, milites se circumspiciendi non habebant facultatem. praeterea ita ex Sicilia exercitum transportauerat, ut, praeter ipsum militem, et arma, neque uas, neque mancipiú, neque ullam rem, quae usu militi esse consueuit, in naues imponi pateretur. in Africam autem non modo sibi quidquam non acquisierant, aut parauerant, sed etiam, propter annonae caritatem, ante parta consumpserant. quibus rebus attenuati, oppido perquam pauci sub pellibus acquiescebant. reliqui, ex uestimentis tentoriolis factis, atque arundinibus, corijsq́. contectis, permanebant. itaque, subito imbre, grandineq́ue consecuta, grauati pondere, tenebris, aquaq́. omnes subruti, dissectiq́. nocte intempesta, ignibus extinctis, rebusq́. ad uictum pertinentibus corruptis, per castra passim uagabantur, scutisque capita contegebant. eadem nocte v legionis pilorum cacumina sua sponte arserunt. Rex interim Iuba, de equestri praelio Scipionis certior factus, euocatusq́. ab eodem litteris, praefecto Sabura cum parte exercitus contra Sitium relicto, ut secum ipse aliquid auctoritatis haberet, exercitus Scipionis a terrore Caesaris cum tribus legionibus, equuibusq́. frenatis DCCC, Numidis sine frenis, peditibusq́. eius armaturae grandi numero, elephantisq́. xxx egressus e regno ad Scipionē est profectus, postquā ad eum peruenit, castris regijs seorsum positis, cum eis copijs, quas

com-

commemoraui, haud ita longe a Scipione consedit.
Erat in castris Cæsaris superiori tempore magnus
terror, et, expectatione copiarum regiarum, exerci
tus eius magis suspensione animi ante aduentum Iubæ commouebatur. postquam uero castra castris con
tulit; despectis eius copys, omnem terrorem deponit.
ita, quam antea absens habuerat auctoritatem, eam
omnem præsens dimiserat. quo facto facile fuit intel
lectu, Scipioni additum animum, fiduciamq, regis ad
uentu. nam postero die uniuersas suas, regisq, copias
cum elephantis LX productas in acie, quàm speciosis-
sime potuit, instruxit, ac paullo longius progressus a
suis munitionibus, haud ita diu commoratus, se rece
pit in castra. Cæsar, postquam animaduertit Scipioni auxilia ferre, quæ expectasset, omnia conuenisse,
neque moram pugnandi ullam fore, per iugum sum
mum cum copys progredi coepit, & brachia protinus
ducere, & castella munire, propiusq, Scipionem capiendo loca excelsa occupare contendit. Aduersarij,
magnitudine copiarum confisi, proximum collem oc
cupauerunt, atque ita longius sibi progrediendi eri-
puerunt facultatem. eiusdem collis occupandi gratia Labienus consilium ceperat, &, quo propiore
loco fuerat, eo celerius occurrerat. Erat conuallis
satis magna latitudine, altitudine prærupta, crebris
locis speluncæ in modum subruptis: quæ erant trans-
eunda Cæsari ante, quàm ad eum collem, quem capere uolebat, perueniretur: ultraq, eam conuallem oliuetum uetus crebris arboribus condensum.
Hic

Hic cum Labienus animaduertiſſet, Cæſarem, ſi uel
let eum locum occupare, prius neceſſe conuallem, oli
uetum tranſgredi, eorum locorum peritus, in inſi
dijs cum parte æquitatus, leuiq́. armatura conſedit:
& præterea poſt montem, collemq́. equites in occul
to collocauerat; ut, cum ipſe ex improuiſo legionarios
adortus eſſet, ex colle ſe equitatus oſtenderet, & re
duplici perturbatus Cæſar, eiusq́. exercitus, neque re
tro regrediundi, neque ultra procedendi oblata facul
tate, circumuentus concideretur. Cæſar, equitatu an
te præmiſſo, inſcius inſidiarum, cum ad eum locum
ueniſſet, abuſi, ſiue obliti præceptorum Labieni, ſiue
ueriti, ne in foſſa ab equitibus opprimerentur, rari,
ac ſinguli de rupe prodire, & ſumma petere collis.
quos Cæſaris equites conſecuti partim interfecerunt,
partim uiuis ſunt potiti. deinde protinus collem pete
re contenderunt, atque eum, decuſſo Labieni præſidio, celeriter occupauerunt. Labienus cũ parte equi
tum uix fuga ſibi peperit ſalutem. Hac re per equites
geſta, Cæſar legionibus opera diſtribuit, atque in eo
colle, quo erat potitus, caſtra muniuit. deinde ab
ſuis maximis caſtris per medium campum, e regione
oppidi Vzitæ, quod inter ſua caſtra, & Scipionis in
planicie poſitũ erat, tenebaturq́. a Scipione, duo bra
chia inſtituit duci, et ita erigere, ut ad angulum dex
trum, ſiniſtrumq́. eius oppidi conuenirent. is hac ratione opus inſtruebat, ut, cum propius oppidum copias admouiſſet, oppugnareq́. cœpiſſet, tecta latera ſuis munitionibus haberet, ne, ab equitatus mul-
titu-

titudine circumuentus, ab oppugnatione deterreretur. præterea, quo facilius colloquia fieri possent, et si qui perfugere uellet, id quod antea sæpe accidebat magno cum eorum periculo, tum facile, & sine periculo fieret. noluit etiam experiri, cum propius hostem accessisset, haberet ne in animo dimicare. accedebat etiam ad reliquas caussas, quòd is locus depressus erat, puteiq́; ibi non nulli fieri poterant. aquatione enim longa, & angusta utebatur. Dum hæc opera, quæ ante dixi, fiebat a legionibus, interim pars aciei ante opus instructa sub hoste stabat. equites barbari, leuisq́; armaturæ, prælijs minutis comminus dimicabat. Cæsar ab eo opere cum iam sub uesperem copias in castra reduceret; magno incursu cum omni equitatu, leuiq́; armatura, Iuba, Scipio, Labienus, in legionarios impetum fecerunt. equites Cæsariani, ex ui uniuersa, subitaq́; hostium multitudinis pulsi, paruumper cesserunt. quæ res aliter aduersarijs cecidit. nanque Cæsar, ex medio itinere copijs reductis, equitibus suis auxilium tulit. equites autem, aduentu legionum animo addito, conuersis equis in Numidas cupide insequentes, dispersosq́; impetum fecerunt, atque eos conuulneratos usque in castra regia repulerant, multosq́; ex ijs interfecerunt. quod ni in noctem prælium esset coniectum; puluisq́; uento flatus omnium prospectibus offecisset: Iuba cum Labieno capti in potestatem Cæsaris uenissent; equitatusq́; cum leui armatura funditus ad internecionem deletus esset. interim incredibiliter ex legionibus

quarta,

quarta, & sexta Scipionis milites diffugere, partim
in castra Cæsaris, partim in quam quisque poterat re
gionem peruenire. itemq́. equites Curiani, diffisi Sci
pioni, eiusq́. copijs, complures se eodem conferebant.
Dum hæc circum Vzitam ab utrisque ducibus admi
nistrantur, legiones duæ, nona, & decima, ex Sicilia
nauibus onerarijs profectæ, cum iam non longe a por
tu Ruspinæ abessent, conspicatæ naues Cæsarianas,
quæ in statione apud Thapsum stabant, ueriti ne in
aduersariorum, ut insidiandi gratia ibi cómorátium,
classem inciderent, imprudentes uela in altum dede
runt, ac diu, multumq́. iactati, tandem, multis post
diebus siti, inopiaq́. confecti, ad Cæsarem peruene
runt. Quibus legionibus expositis, memor in Italia
pristinæ licentiæ militaris, ac rapinarum certorum
hominum, paruulam modo casulam nactus Cæsar,
quòd Auienus tribunus mil. decimæ legionis nauem
cómeatu familiæ suæ, atque innátis occupauisset, ne
que milité quem ab Sicilia sustulisset; postero die de
suggestu, connocatis omnium legionum tribunis, cétu
rionibusque, Maxime uellem, inquit, homines suæ pe
tulátiæ, nimiæq́. libertatis aliquando finem fecissent,
meaq́. lenitatis, modestiæ, patientiæq́. rationem ha
buissent. sed quoniam ipsi sibi neque modum, neque
terminum constituunt, quo ceteri dissimiliter se ge
rant; egomet ipse documentum more militari consti
tuam C. Auiene, quòd in Italia milites populi R. con
tra remp. instigasti, rapinaq́ per municipia fecisti;
quodq́. mihi reiq́. pub. inutilis fuisti; & pro militi-

bus

bus tuam familiam iumentaq́; in naues imposuisti: tuaq́; opera, militibusq́; tempore necessario resp. caret, ob eas res, ignominiæ caussa, ab exercitu meo te remoueo: hodieq́; ex Africa abesse, et, quantum potes, proficisci iubeo. itemq́; te, A. Fonte, quòd tribunus mil. seditiosus, malusq́; ciuis fuisti ab exercitu dimitto. T. Alliene, M. Tiro, C. Clusiane, cum, ordines in meo exercitu beneficio, non uirtute, consecuti, ita uos gesseritis, ut neque bello fortes, neque pace boni, aut utiles fueritis; & magis in seditione, cócitandisq́; militibus, aduersarioru nostroru imperatoris, quam pudoris, modestiæq́; fueritis studiosiores; indignos uos esse arbitror, qui in meo exercitu ordines ducatis; missosq́; facio, & , quantum potestis, abesse ex Africa iubeo. Itaque tradidit eos centurionibus; & , ad singulos non amplius singulis additis seruis, in nauim imponédos separatim curauit. Getuli interim perfugæ, quos cum litteris, mandatisq́; a Cæsare missos supra docuimus, ad suos ciues perueniunt: quorú auctoritate facile adducti, Cæsarisq́; nomine persuasi, à rege Iuba desciscunt; celeriterq́; cuncti arma capiút; contraq́; regem facere non dubitant. quibus rebus cognitis, Iuba, distentus triplici bello, necessitate coactus, de suis copijs, quas contra Cæsarem adduxerat, sex cohortes in fines regni sui mittit, quæ essent præsidio cótra Getulos. Cæsar, brachijs perfectis, promotisq́; eò usque, ut telú ex oppido abijci non posset, castra munit: balistis, scorpionibusq́; crebris ante frótē castrorum, contraq́; oppidum collocatis, defensores muri

muri deterrere non intermittit: eoq́. quinque legiones ex superioribus castris deducit, qua facultate oblata, illustriores, notissimiq́. conspectum amicorū, propinquorumq́. efflagitabant, atque inter se colloquebantur. quæ res quid utilitatis haberet, Cæsarem non fallebat. nanque Getuli ex equitatu regio nobiliores, equitumq́. præfecti, quorum patres cum Mario ante meruerant, eiusq́. beneficio agris, finibusq́. donati, post Sylla victoriam sub Hyempsalis regis erāt potestate dati, occasione capta, nocte iam luminibus accensis, cū equis, calonibusq́. suis circiter mille perfugiunt in Cæsaris castra, quæ erant in campo proximè Vzita locata. quod postquam Scipio, quiq́. cum eo erant, cognouerunt, cum commoti ex tali incommodo essent, fere per id tempus M. Aquinium cum C. Saserna colloquentem viderunt. Scipio mittit ad Aquinium, nil attinere, eum cum aduersarijs colloqui, cum nihilo minus eius sermonem nuntius ad se referret, diceretq́ue, ut reliqua, quæ vellet, perageret. viator postea ab Iuba ad eum est missus, qui diceret, audiente Saserna, netat te rex colloqui. quo nuntio perterritus, discessit, et dicto audiens fuit regi. usu uenisse hoc ciui Romano miror, et ei, qui a populo R. honores accepisset, incolumi patria, fortunisq́. omnibus, Iubæ barbaro potius obedienté fuisse, quàm aut Scipionis obtéperasse nūtio, aut, cæsis eiusdé partis ciuibus, incolumé reuerti male. Atque etiā superbius Iubæ factū nō in M. Aquiniū, hominē nouū, paruúq́ue senatorē, sed in Scipioné, hominé illa familia, dignitate,

tate, honoribusq́; præstantem. nam, cum Scipio sagulo purpureo ante regis aduentum uti solitus esset, dicitur Iuba cum eo egisse, non oportere illum eodem uti uestitu, atque ipse uteretur. itaque factum est, ut Scipio ad album sese uestitum transferret, & Iuba, homini superbissimo, inertissimóque, obtemperaret. Postero die uniuersas omnium copias de castris omnibus deducunt; et supercilium quoddam excelsum nacti, non longe a Cæsaris castris aciem constituunt; atque ibi consistunt. Cæsar item producit copias, celeriterq́ue, ijs instructis, ante suas munitiones, quæ erat in campo, constituit, sine dubio existimans ultro aduersarios, cum tam magnis copijs, auxilijsq́; regis essent præditi, promptiusq́; prosiluissent, ante se concursuros, propiusq́; se accessuros. equo circumspectus, legionesq́; cohortatus, signo dato, accessum hostium aucupabatur. ipse enim a suis munitionibus longius non sine ratione nõ procedebat; quòd in oppido Vzita, quod Scipio tenebat, hostium erant cohortes armatæ. eidem autẽ oppido ad dextrum latus eius cornu erat oppositum. uerebaturq́ue, ne, si prætergressus esset, ex oppido eruptione facta, ab latere eũ adorti conciderent. præterea hæc quoque eum caussa tardabant, quòd erat locus quidã perimpeditus ante aciẽ Scipionis, quem suis impedimento ad ultro occurrendum fore existimabat. Non arbitror esse prætermittendum, quéadmodum exercitus utrinsq́ue fuerunt in acie instructi. Scipio hoc modo aciẽ direxit. collocabat in fronte suas, et Iubæ legiones; postea autẽ Numidas

midas in subsidiaria acie, ita extenuatos, et in longitudinem directos, ut procul simplex esse acies a legionarijs militibus uideretur. in cornibus autem duplex esse existimabatur. elephantos dextro, sinistroq́. cornu collocauerat, æqualibus inter eos interuallis interiectis. post autem elephantos armaturas leues, Numidasq́. substituerat auxiliares. equitatum frænatum uniuersum in suo dextro cornu disposuerat. sinistrum enim cornu oppido Vzita claudebatur, neque erat spatium equitatus explicandi. propterea Numidas, lenisq́. armaturæ infinitam multitudinem ad dextrá partem suæ aciei opposuerat, fere interiecto non minus mille passuum spatio, et ad collis radices magis appulerat, longiusq́. ab aduersarioru, suisq́. copijs promouebat: id hoc consilio, ut, cum acies duæ inter se concurrissent initio certaminis, paulo longius eius equitatus circumuectus ex improuiso clauderet multitudine sua exercitú Cæsaris, atque perturbatum iaculis configeret. Hæc fuit ratio Scipionis eo die prœliandi. Cæsaris anté acies hoc modo fuit collocata, ut ab sinistro eius cornu ordiat, et ad dextrum perueniam. Habuit legionem nonam, septimam in sinistro cornu, trigesimam, uigesimamnonam, tertiamdecimam, quartamdecimam, uigesimamoctauam, uigesimamsextam in media acie: ipsum autem dextrum cornu secundam aciem fere in earum legionum parte cohortium collocauerat, prætcrea ex tironum paucas adiecerat. tertiam autem aciem in sinistrum suú cornu contulerat, et usque ad aciei suæ mediam legio

nem

nem porrexerat, & ita collocauerat, uti sinistrum
suum cornu triplex. id eo consilio fecerat, quod suũ
dextrum latus munitionibus adiuuabatur; sinistrum
autem, equitatus hostiũ multitudini resistere posset.
eodemq́; suum omnem contulerat equitatum: et, quod
ei parum confidebat, præsidio his equitibus legionem
quintam præmiserat; leuéq́; armaturam inter equites interposuerat. sagittarios uarie, passimque, locis
certis, maximeq́; in cornibus collocauerat. Sic utrorunque exercitus instructi, non plus passuum tre-
centorum interiecto spatio, quod forte ante id tempus acciderat nunquam, quin dimicaretur, a mane
usque ad horam decimam diei perstiterunt. iamq́;
Cæsar dum exercitũ reducere intra munitiones suas
cœpisset; subito uniuersus equitatus ulterior Numidarum, Getulorumq́; sine frænis ad dextram parté
se mouere, propiusq́; Cæsaris castra, quæ erant in
colle, se conferre cœpit. frænati autem Labieni equites in loco permanere, legionesq́; distinere: cum subito pars equitatus Cæsaris cum leui armatura contra
Getulos iniussu, ac temere longius progressi, paludẽ-
que transgressi, multitudinem hostium sustinere pau
ci non potuerunt; leuiq́; armatura deserti, ac pulsi,
conuulneratiq́; uno equite amisso, multis equis sau-
cis, leuis armatura uigintisex occisis, ad suos refugerunt. quo secundo equestri prælio facto, Scipio lætus
in castra nocte copias reduxit. quod proprium gaudiũ
bellantibus fortuna tribuere non decreuit. namque po
stero die Cæsar cum parte equitatus sui Leptim frumenti

menti gratia misit, in itinere prædatores equites Numidas, Getulosq́. ex improuiso adorti circiter centum partim occiderunt, partim uiuorum potiti sunt. Cæsar interim quotidie legiones in campum deducere, atque opus facere, uallumq́ue, et fossam per medium campum ducere, aduersariorumq́. excursionibus iter officere non hit ermittit. Scipio itena munitiones contra facere, et in iugo, ne a Cæsare excluderetur, approperare. Ita duces utrique et in operibus occupati erant, et nihilo minus equestribus prœlijs inter se quotidie dimicabat. Interim Varus classem, quam antea Vticæ, hiemis gratia, subduxerat, cognito legionis septimæ, et octauæ ex Sicilia aduentu, celeriter deducit; ibiq́. Getulis remigibus, epibatisq́. complet; insidiandiq́. gratia progressus, Adrumetum cum quinquagintaquinque nauibus peruenit. cuius aduentus inscius Cæsar L. Cispium cū classe XXVII nauium ad Thapsum uersus instationem, præsidij gratia commeatus sui, mittit: itemq́. Q. Aquilam cum tredecim nauibus longis Adrumetum eadem de caussa præmittit. Cispius, quò erat missus, celeriter peruenit: Aquila, tempestate iactatus, promontorium superare non potuit; atque angulum quendam tutum a tempestate nactus cum classe se longius a prospectu remouit. reliqua classis in salo ad Leptim, egressis remigibus, passimq́. in litore uagantibus, partim in oppido, uictus sui mercandi gratia, progressis, uacua a defensoribus stabat. quibus rebus, Varus, ex perfugis cognitis, occasionem

Kk nactus

nactus, vigilia secunda Adrumeto ex cothone egressus primo mane Leptim uniuersa classe uectus, naues
onerarias, quæ longius a portu in salo stabant, incendit, et pentiremes duas, uacuas a defensoribus nullo
repugnãte cœpit. Cæsar interim celeriter per nuntios
in castris, cum opera circuiret, certior factus, quæ abe
rant a portu millia passuum v i, equo admisso, omissis omnibus rebus celeriter peruenit Leptim : ibíq́.
moratus, omnes ut se naues consequerentur, primum
ipse nauigiolum paruum conscendit ; in cursu Aquilam, multitudine nauigiorũ perterritum, atque trepi
dantem, nactus, hostium classem sequi cœpit. Interim
Varus, celeritate Cæsaris, audaciáq́. motus, cum u-
niuersa classe, conuersis nauibus, Adrumetum uersus fugere cõtendit. quem Cæsar in millibus passuum
quattuor consecutus, recuperata quinquereme, cum
omnibus suis epibatis, atque etiam hostium custodibus CXXX in ea naue captis, triremem hostium pro
ximam, quæ in repugnando erat commorata, omni
stam remigium, epibatarumq́. cepit, reliquæ naues ho
stium promontorium superarunt, atque Adrumetũ
in cothonem se uniuersæ contulerunt. Cæsar eodem
uento promontorium superare non potuit, atque in
salo in anchoris ea nocte commoratus, prima luce A-
drumetum accedit ; ibíq́. nauibus onerarijs, quæ e-
rant extra cothonem incensis, omnibusq́. reliquis a-
lijs, aut subductis, aut in cothonem compulsis, paullisper cõmoratus, si forte uellent classe dimicare, rursus
se recepit in castra. in ea naue captus est T. Vestrius,
eques

eques Romanus, et P. Ligarius Afranianus; quem Cæsar in Hispania cum reliquis dimiserat; et postea se ad Pompeium contulerant; inde ex prœlio effugerat, in Africamq́. ad Varũ uenerat, quẽ ob periuriũ, perfidiamq́. Cæsar iussit necari. P. Vestrio autem, quòd eius frater Romæ pecuniam imperatã numerauerat, et quòd ipse suam caussam Cæsari probauerat, se Nasidij classe captum, cum ad necẽ duceretur, beneficio Vari esse seruatum, postea facultatem sibi nullam datam transeundi, ignouit. Est in Africa consuetudo incolarum, ut in agris, et in omnibus fere uillis sub terra specus, condendi frumenti gratia, clam habeant, atque id propter bella maxime, hostiumq́. subitum aduentum præparẽt. qua de re Cæsar certior per indicem factus, tertia uigilia legiones duas cum equitatu mittit a castris suis millia passuum decem; atque inde magno numero frumenti onustos recepit in castra. quibus rebus cognitis, Labienus, progressus a suis castris millia passuũ VII per iugum, et collem, per quem Cæsar pridie iter fecerat, ibi castra duarũ legionum facit, atque ibi ipse quotidie existimans Cæsarem eadem sæpe frumentandi gratia commeaturum, cum magno equitatu, leuiq́. armatura insidiaturus, locis idoneis consedit. Cæsar interim, de insidijs Labieni ex perfugis certior factus, paucos dies ibi commoratus, dum hostes quotidiano instituto, sæpe idem faciendo, in negligentiam adduceretur, subito mane imperat porta decumana legiones se octo ueteranas cũ parte equitatus sequi; atque equitibus præ-

Kk 2 missis,

missis, neque opinantes insidiatores subito, in conuallibus latentes, leui armatura concidit circiter D; reliquos in fugam turpissimam coniecit. Interim Labienus cum uniuerso equitatu fugientibus suis suppetias occurrit, cuius uim multitudinis cum equites pauci Cæsariani iam sustinere non possent, Cæsar instructas legiones hostium copijs ostendit, quo facto, perterrito Labieno, ac retardato, suos equites recepit incolumes. postero die Iuba Numidas eos, qui, loco amisso, fuga se receperant in castra, in cruce omnes suffixit. Cæsar interim, quoniam frumenti inopia premebatur, copias omnes in castra coducit, atque præsidio Lepti, Ruspinæ, Acylla relicto, Cispio, Aquilaq́. classe tradita, ut alter Adrumetum, alter Thapsum mari obsiderent, ipse, castris incensis, quarta noctis uigilia, acie instructa, impedimentis in sinistra parte collocatis, ex eo loco proficiscitur, et peruenit ad oppidum Agar; quod a Getulis sæpe antea oppugnatum, summaq́. ui per ipsos oppidanos erat defensum. ibi in campo castris unis positis, ipse frumentatum circum uillas cum parte exercitus profectus, magno inuento hordei, olei, uini, fici numero, pauco tritici, atque recreato exercitu, redijt in castra. Scipio interim, cognito Cæsaris discessu, cum uniuersis copijs per iugum Cæsarē subsequi cœpit; atque ab eius castris millia passuum VI, longe trinis castris dispartitis copijs consedit. Oppidū erat Zetta, quod aberat a Scipione millia passuū decem, ad eius regionem, et partem castrorum collocatum. a Cæsare autem diuersum, ac remotior, quod

erat

erat ab eo longe millia passuum XVIII. huc Scipio legiones duas, frumentandi gratia, misit. quod postquam Cæsar ex perfugis cognouit, castris ex campo in collem, ac tutiora loca collocatis, atque ibi præsidio relicto, ipse quarta vigilia egressus præter hostiũ castra proficiscitur cum copijs, & oppido potitur: legiones Scipionis comperit longius in agris frumentari: &, cum eò contendere conaretur, animaduertit copias hostiũ ijs legionibus occurrere suppetias, quæ res eius impetum retardauit. itaque, capto C. Biotio Regino, equite R. Scipionis familiarissimo, qui ei oppido præerat, & P. Atrio, equite R. de conuentu Uticensi, et camelis XXII regis adductis, præsidio ibi cum Oppio legato relicto, ipse se recipere cœpit ad castra. cum iam non longe a castris Scipionis abesset, quæ eum necesse erat prætergredi; Labienus, Afraniusque, cum omni equitatu, leuiq́ armatura ex insidijs adorti, agmini eius extremo se offerunt, atque ex collibus primis existunt. quod postquã Cæsar animaduertit, equitibus suis hostium ui oppositis, sarcinas legionarios in aceruum iubet comportare, atque celeriter signa hostibus inferre. quod postquam cœptum est fieri; primo impetu legionis, equitatus et leuis armatura hostiũ nullo negotio loco pulsa, et deiecta est de colle. cũ iam Cæsar existimasset hostes pulsos, deterritosq́, finem lacessendi facturos; et iter cœptum pergere cœpisset; iterum celeriter ex proximis collibus erumpunt, atque eadẽ ratione, qua ante dixi, in Cæsaris legionarios impetum faciunt

Kk 3   Nu-

Numidæ, leuisq́; armaturæ, mirabili uelocitate præ
diti; qui inter equites pugnabant, et una pariterq́; cũ
equitibus accurrere, et refugere consueuerant. cum
hoc sæpius facerent, et Iulianos proficiscentes insequerentur, et refugerent stantes, propius non accederent, et singulari genere pugnæ uterentur; eosq́;
iaculis conuulnerare satis esse crederent; Cæsar intel
lexit, nihil aliud illos conari, nisi, ut se cogerent castra in eo loco ponere, ubi omnino aquæ nihil esset;
ut exercitus eius ieiunus, qui a quarta uigilia usque
ad horam decimam diei nihil gustasset, ac iumenta
siti perirent, cum iam ad solis occasum esset, et non
totos centũ passus in horis quattuor esset progressus,
equitatu suo, propter equorum interitum, extremo
agmine remoto, legiones inuicem ad extremum agmen euocabat. ita uim hostiũ, placide, leuiterq́; pro-
cedens, per legionarium militem cõmodius sustine-
bat. interim equitum Numidarum copia dextra, si-
nistraq́; per colles percurrere, coronæq́; in modũ cin-
gere multitudine sua Cæsaris copias, pars agmẽ extremum insequi. Cæsariani interim non amplius tres,
aut quattuor milites ueterani, si se conuertissent, &
pila uiribus cõtorta in Numidas infestos cõiecissent,
amplius duorum millium ad unum terga uertebant;
ac rursus ad aciem passim, conuersis equis, se collige-
bant, atque in spatio consequebantur, et iacula in le
gionarios conijciebant. ita Cæsar, modo procedendo,
modo resistendo, tardius itinere confecto, noctis hora
prima omnes suos ad unum in castris incolumes, sau-

cys

cijs x factis, reduxit. Labienus, circiter CCC amiſſis, multis uulneratis, ac defeſſis inſtando omnibus,
ad ſuos ſe recepit. Scipio interim legiones productas
cum elephantis, quos ante caſtra in acie, terroris gra
tia, in conſpectu Cæſaris collocauerat, reducit in caſtra. Cæſar contra eiuſmodi hoſtium genera, copias
ſuas, non ut imperator exercitum ueteranum, victo-
remq́; maximis rebus geſtis, ſed ut laniſta tirones gla
diatores condoceſaceret, quo pede ſe reciperent ab ho
ſte, et quemadmodum obuerſi aduerſarijs, et in quā-
tulo ſpatio reſiſterent, modo procurrerent, modo recederent, comminarenturq́; impetum, ac prope quo
loco, et quemadmodum tela mitterent, præcipit. mi-
rifice enim hoſtium leuis armatura anxium exercitū
noſtrum, atque ſolicitū habebat: quia et equites de-
terrebat prælium inire, propter equorum interitum,
quòd eos iaculis interficiebant; et legionarium militē
defatigabant, propter uelocitatem. grauis enim armaturæ miles ſimul atque ab his inſectatus conſtite-
rat, in eosq́; impetum fecerat, illi ueloci curſu facile
periculū uitabat. quibus ex rebus Cæſar uehemēter
cōmouebatur: quia, quodcunque prælium, quoties erat
cōmiſſum, equitatu ſuo, ſine legionario milite, hoſtiū
equitatui, leuiq́; armaturæ eorum nullo modo par
eſſe poterat. ſolicitabatur autem his rebus, quòd nōn
dum hoſtium legiones cognouerat, et quonam modo
ſuſtinere ſe poſſet ab eorum equitatu, leuiq́; armatura, quæ erat mirifica, ſi legiones quoque acceſſiſ-
ſent. Accedebat etiam hæc cauſſa, quòd elephanto-
rum

rum magnitudo, multitudoq́. militum animos detinebat in terrore. cui uni rei tamen inuenerat remedium, nauque elephantos in Italiam transportari iusserat: quo et miles noster speciemq́ue, & uirtutem bestiæ cognosceret, & cui parti corporis eius telum facile adigi posset; ornatusq́ue, ac loricatus elephātus cū esset, quæ pars eius corporis nuda sine tegmine relinqueretur, ut eò tela conijcerentur; præterea, ut iumenta bestiarum odorem, stridorem, speciem, consuetudine captarum, non reformidaret. quibus ex rebus larguer erat consecutus. nam et milites bestias manibus pertractabant, earumq́. tarditatem cognoscebant: equitesq́. in eos pila præpilata conijciebant, atque in consuetudinem equos patientia bestiarum adduxerat. Ob has caussas, quas supra commemoraui, solicitabatur Cæsar, tardiorq́ue, et consideratior erat factus, et ex pristina bellandi consuetudine, celeritateq́. excesserat. nec mirum. copias enim habebat in Gallia bellare consuetas, locis campestribus, & contra Gallos, homines apertos, minimeq́. insidiosos; qui per uirtutem, non per dolum, dimicare consueuerunt. tum autem erat ei laborandum, ut consuefaceret milites, hostium dolos, insidias, artificia cognoscere, et quid sequi, quid uitare conueniret. itaque, quo hæc celerius conciperent, dabat operam, ut legiones non in uno loco contineret, sed, per caussam frumentandi, huc, atque illuc raptaret: ideo quòd hostium copias ab se, suoq́. uestigio non discessuras existimabat. atque post diem tertiū productas accuratius suas copias, sicut instruxerat,

propter

propter hostium castra prætergressus, æquo loco inui tat ad dimicandum. postquam eos abhorrere uidet, re ducit sub uesperum legiones in castra. Legati interim ex oppido Vacca, quod finitimum fuit Vzitæ, cuius Cæsarem potitum esse demonstrauimus, ueniunt, petunt, & obsecrant, ut sibi præsidium mittat; se res cõ plures, quæ utiles bello sint, administraturos. Per id tempus de eorum uoluntate, studioq́. erga Cæsarem transfuga suos ciues facit certiores, Iubã regem celeriter cum copijs suis, ante quàm Cæsaris præsidium eò perueniret, ad oppidum accurrisse, atque, aduenie͂te multitudine circu͂data, eo potitum, omnibusq́. eius oppidi incolis ad unum interfectis, dedisse oppidum diripiendum, delendumq́. militibus. Cæsar interim, lustrato exercitu, ad XII kal. Apr. postero die produ ctis uniuersis copijs, processus a suis castris millia passuum V, a Scipione circiter duum millium interiecto spatio, in acie co͂stitit, postquam satis, diuq́. aduersarios a se ad dimica͂dum inuitatos, supersedere pugnæ animaduertit, reduxit copias. postero die castra mouet, atque iter ad oppidum Sarsurá, ubi Scipio Numidarum habuerat præsidium, frumentumq́. comportauerat, ire co͂tendit. quod ubi Labienus animaduertit, cum equitatu, leuiq́. armatura agmen eius extremum carpere cœpit: atque ita lixarum, mercatorumq́ue, qui plaustris merces portabant, interceptis sarcinis, addito animo, propius, audaciusq́. accedit ad legiones; quòd existimabat, milites, sub ouere, ac sub sarcinis defatigatos, pugnare non posse. quæ res

Cæsarem

Cæsarem non fefellerat: namque expeditos ex singulis legionibus trecentos milites esse iusserat. itaque eos in equitatum Labieni immissos, turmis suorum suppetias mittit. tum Labienus, conuersis equis, signorum conspectu perterritus, turpissime contedit fugere, multis eius occisis, compluribus uulneratis. milites legionarij ad sua se recipiunt signa, atque iter inceptam ire cœperunt. Labienus per iugum summi collis dextrorsus procul milites subsequi nõ desistit. Postquam Cæsar ad oppidum Sarsuram uenit, inspectantibus aduersarijs, interfecto præsidio Scipionis, cum suis auxilium ferre non auderent, fortiter repugnãte P. Cornelio Scipione euocato, qui ibi præerat, atque à multitudine circumuento, interfectoque, oppido potitur, atque ibi frumento exercitui dato, postero die ad oppidum Tisdram peruenit, in quo Considius per id tempus fuerat cum grãdi præsidio, cohorteq́; sua gladiatorum. Cæsar, oppidi natura perspecta, atque inopia ab oppugnatione eius deterritus, protinus profectus circiter millia passuum quattuor, ad aquã fecit castra, atque inde quarta die egressus, redit rursus ad ea castra, quæ ad Agar habuerat. idem facit Scipio, atque in antiqua castra copias reducit. Thabeneses interim, qui sub ditione, et potestate Iubæ esse consueßent, in extrema eius regni regione maritima locati, interfecto regio præsidio, legatos ad Cæsarem mittunt, rem male gestam docent; petunt, orantq́; ut suis fortunis præsto, quod bene meriti essent, auxilium ferret. Cæsar, eorum consilio probato, M. Crispum tribunum

buuum cum cohorte, & sagittarijs, tormentisq́ue compluribus praesidio Thabenam mittit. Eodem tempore
ex legionibus omnibus milites, qui aut morbo impediti, aut commeatu dato, cum signis non potuerant ante transire in Africam, ad millia quattuor, equites
cccc, funditores, sagittarijq́. mille uno commeatu
Caesari occurrerunt. itaque tum his copijs, & omnibus legionibus eductis, sicut erat instructus, vIII
millibus passuũ a suis castris, ab Scipionis uero quattuor millibus passuum, longe côstitit in câpo. Erat oppidum infra castra Scipionis nomine Tegea, ubi praesidium equestre circiter cccc habere cõsueuerat. eo
equitatu dextra, sinistraq́, directo ab oppidi lateribus, ipse legionibus ex castris eductis, atque in iugo
inferiore instructis, non longius fere mille passus ab
suis munitionibus progressus, in acie côstitit. postquã
diutius in uno loco Scipio cõmorabatur, & tempus
diei in otio consumebatur, Caesar equitũ turmas suorum iubet in hostium equitatum, qui ad oppidum in
statione erat, facere impressionem; leuemq́. armatu-
rã, sagittarios, funditoresq́, eodẽ submittit. quod ubi
cœptum est fieri; & equis concitatis, Iuliani impetum fecissent, Pacidius suos equites ex porrigere cœpit in longitudinem, ut haberent facultatem turmas
Iulianas circumfundere, & nihilo minus fortissime,
acerrimeq́. pugnare. quod ubi Caesar animaduertit,
trecentos, quos ex legionibus habere expeditos consueuerat ex proxima legione, quae ei praelio in acie cô-
stiterat, iubet equitatui succurrere. Labienus interim

rim suis equitibus auxilia equestria summittere, sau
cijsque, ac defatigatis integros, recentioribusq́; uiribus equites subministrare. Postquam equites Iuliani CCCC nitra hostiú, ad quattuor millia numero, su
stinere non poterant, et a leui armatura Numidarú
uulnerabantur, minutatimq́; cedebant, Cæsar alterá
alam mittit, qui sat agentibus celeriter occurreret.
quo facto, sui sublati uniuersi in hostes impressione fa
cta, in fugam aduersarios dederunt, multis occisis, có
pluribus uulneratis insecuti per tria millia passuum,
usque in colles hostibus adactis, se ad suos recipiunt.
Cæsar in horam x cómoratus, sicut erat instructus,
se ad sua castra recepit omnibus incolumibus. in quo
prælio Pacidius grauiter pilo per cassidé caput ictus,
compluresq́; duces, ac fortissimus quisque interfecti,
uulneratiq́; sunt. Postquam nulla condicione cogere
aduersarios poterat, ut in æquum locú descenderent,
legionumq́; periculum faceret, neque ipse propius ho
stem castra ponere, propter aquæ penuriam, se posse
animaduerteret; aduersarios non eorum uirtute confi
dere, sed aquarum inopia fretos, despicere se intellexit. pridie non. Apr. tertia uigilia egressus, ab Agar
xvi millia passuum nocte progressus, ad Thapsum,
ubi Virgilius cum grandi præsidio præerat, castra po
nit, oppidumq́; eo die circummunire cœpit, locaq́; idonea, oportunaq́; complura præsidijs occupare, ne
hostes intrare ad se, ac loca interiora capere possent.
Scipio interim, cognitis Cæsaris consilijs, ad necessita
tem adductus dimicandi, ne per summum dedecus
fidissimos

fidissimos suis rebus Thapsitanos, & Virgilium amit teret, confestim Cæsarem per superiora loca consecutus, millia passuum octo a Thapso binis castris consedit. Erat stagnum salinarum, inter quod & mare angustiæ quædam non amplius mille & quingentos passus intererant: quas Scipio intrare, et Thapsitanis auxilium ferre conabatur: quod futurum Cæsarem non fefellerat. nanque pridie, in eo loco castello munito, ibiq́; trino præsidio relicto, ipse cum reliquis copijs lunatis castris Thapsum operibus circummuniuit. Scipio interim, exclusus ab incepto itinere, supra stagnum postero die, & nocte confecta, cælo albescente non longe a castris, præsidioq́ue, quod supra commemorauimus, mille quingentis passibus, ad mare uersus consedit, & castra munire cœpit. quod postquam Cæsari nuntiatum est, milites ab opere deductos, castris præsidio Asprenate proconsule cum legionibus duabus relicto: ipse cum expedita copia in eum locum citatim contendit; classisq́; parte ad Thapsum relicta, reliquas naues iubet post hostium tergum quammaxime ad litus appelli, signumq́; suum obseruare; quo signo dato, subito clamore facto, ex improuiso hostibus auersis incuterent terrorem; ut perturbati, ac perterriti respicere post terga cogerentur. quò postquam Cæsar peruenit, et animaduertit aciem pro uallo Scipionis castris, elephantisq́; dextro sinistroq́; cornu collocatis, et nihilo minus partem militu castra nō ignauiter munire; ipse, acie triplici collocata, legione decima, secūdaq́; dextro cornu, octaua, et nona sinistro, oppositis quinque legionibus, in quarta acie ante ipsa cornua quinis cohortibus contra bestias collocatis, sagittarys funditoribus in utriusque cornibus dispositis, leuiq̃. armatura inter equites interiecta, ipse pedibus circũ milites concursans, uirtutesq̃. ueteranorum, præliaq̃ superiora commemorãs, blãdeq̃ appellans, animos eorum excitabat. tyrones autem, qui nunquã in acie dimicassent, hortabatur, ut ueteranorum uirtutem æmularentur, eorumq̃. famã, nomen, locumq̃ue, uictoria parta, cuperent possidere. itaque in circumeundo exercitu, animaduertit hostes circa uallum trepidare, atque ultro, citroq̃. pauidos concursare, et modo se intra portas recipere, modo inconstanter, immoderateq̃. prodire. cumq̃. idem à pluribus animaduerti cœptum esset, subito legati, euocatiq̃. obsecrare Cæsarem, ne dubitaret signum dare: uictoriam sibi propriam a dys immortalibus portendi. dubitante Cæsare, atque eorũ studio, cupiditatiq̃. resistente, sibique, eruptione pugnari, non placere clamitante, et etiam atque etiam aciem sustentante, subito dextro cornu, iniussu Cæsaris, tubicen a militibus coactus canere cœpit. quo facto, ab uniuersis cohortibus signa in hostem cœpere inferri; cum centuriones pectore aduerso resisterent, uiq̃. continerent milites, ne iniussu imperatoris concurrerent, nec quidquã proficerent. quod postquam Cæsar intellexit, incitatis militum animis resisti nullo modo posse; signo felicitatis dato, equo admisso in hostem contra principes ire contendit. A dextro interim cornu funditores,

res, sagittarijq́; concitatela in elephantos frequentes injiciunt. quo facto, bestiæ, stridore funda*r*um, lapidumq́; perterritæ, sese conuertere, et suos post se sequentes, stipatosq́; proterere, et in portas ualli semifactas ruere contendunt. item Mauri equites, qui in eodē cornu cum elephantis erant, præsidio deserti, principes fugiunt. ita, celeriter bestijs circuitis, legiones uallo hostium sunt potitæ: et, paucis acriter repugnantibus interfectis, reliqui concitati in castra, unde pridie erant egressi, confugiunt. Non uidetur esse prætermittēdum de uirtute militis ueterani quintæ legionis. nam, cum in sinistro cornu elephantus, uulnere ictus, & dolore concitatus, in lixam inermem impetum fecisset, eumq́; sub pede subditum, deinde genu innixus, pondere suo, proboscide erecta, uibrantique, stridore maximo premeret, atque enecaret; miles hic non potuit pati, quin se armatum bestiæ offerret, quem postquam elephantus ad se telo infesto uenire animaduertit, relicto cadauere, militem proboscide circumdat, atque in sublime extollit armatum. qui in eiusmodi periculo cum constanter agendum sibi uideret, gladio proboscidem, qua erat circūdatus, cædere, quantum uirium poterat, non destitit, quo dolore adductus elephantus, milite abiecto, maximo cum stridore, cursuq́; conuersus ad reliquas bestias se recepit. Interim Thapso, qui erat præsidio, ex oppido eruptionē porta maritima faciūt, et, siue ut suis subsidio occurrerēt, siue ut, oppido deserto, fuga salutē sibi pararēt, egrediūtur: atque ita per mare nubilici, ino-

ingressi,

ingreſſi, terram petebant: qui a ſeruitijs, puerisq́ue, qui in caſtris erant, lapidibus, pilisq́. prohibiti terrã attingere, rurſus ſe in oppidum receperunt. Interim Scipionis copijs proſtratis, paſſimq́. toto campo fugientibus, confeſtim Cæſaris legiones conſequi, ſpatiumq́. ſe non dare colligendi. qui poſtquam ad ea caſtra, quæ petebant, perfugerunt, ut, refectis caſtris, rurſus ſeſe defenderent, ducem aliquem requirunt, quem reſpicerent, cuius auctoritate, imperioq́. rem gererent. qui poſtquam aduerterunt, neminem ibi eſſe præſidio, protinus, armis abiectis, in regia caſtra fugere contendunt. quò poſtquam peruenerunt, ea quoque ab Iulianis teneri uident. deſperata ſalute in quodam colle conſiſtunt, atque, armis demiſſis, ſalutationem more militari faciunt. quibus miſeris ea res paruo præſidio fuit. namque milites ueterani, ira, & dolore incenſi, non modo, ut parcerent hoſti, non poterant adduci, ſed etiam ex ſuo exercitu illuſtres urbanos, quos auctores appellabant, complures aut uulnerarunt, aut interfecerunt. in quo numero fuit Tullius Rufus quæſtorius: qui, pilo trãſiectus conſulto a milite, interijt. item Pompeius Rufus, brachiũ gladio percuſſus, niſi celeriter ad Cæſarẽ accurriſſet, interfectus eſſet. quo facto, cõplures equites R. ſenatoriiq́. perterriti ex prœlio ſe receperunt, ne a militibus, qui ex tãta uictoria licentiã ſibi aſſumpſiſſent, inuaderãſe peccandi impunitatis propter maximas res geſtas, ipſi quoque interficerentur. itaque omnes Scipionis milites, cũ fidem Cæſaris implorarẽt, inſpe-
ctante

ctante ipso Cæsare, & a militibus deprecante, eis
uti parcerent, ad unum sunt interfecti. Cæsar, trinis
castris potitus, occisisq́. hostium decem millibus, fu-
gatisq́. copluribus, se recipit, quinquaginta militibus
amissis, paucis saucijs; in castra: ac statim ex itinere,
ante oppidū Thapsum cōstitit; elephantesq́. sexagin
taquattuor, ornatos, armatosq́. cum turribus, orna
mentisq́. capit, captos ante oppidum instructos constituit: id hoc consilio, si posset et Virgilius, quiq́. cū
eo obsidebantur, rei male gestæ suorum indicio a pertinacia deduci. deinde ipse Virgilium appellauit, inui
tauitq́. ad deditionem; suamq́. lenitatem, et clemen
tiam commemorauit. quem postquam animaduertit
responsum sibi non dare, ab oppido recessit. postero
die, diuina re facta, concione aduocata, in conspectu
oppidanorū milites collaudat: totumq́. exercitū uete
ranorū donauit præmijs, ac fortissimo cuique, ac bene
meréti pro suggestu tribuit. ac statim inde digressus,
C. Rebilo proconsule cum tribus ad Thapsum legionibus, et Cn. Domitio cum duabus Tisdræ, ubi Consi
dius præerat, ad obsidendum relictis, M. Messalla
Vticam ante præmisso, cum equitatu ipse eodem iter
facere cōtendit. Equites interim Scipionis, qui ex prælio fugerant, cum Vticam uersus iter facerent, perue
niunt ad oppidum Paradam, ubi, cum ab incolis non
reciperentur, ideo quòd fama de uictoria Cæsaris præ
cucurrisset; ui oppido potiti, in medio foro lignis coaceruatis, omnibusq́. rebus eorum congestis, igné subij-
ciūt, atque eius oppidi incolas cuiusque generis, æta-
L l   tisque,

tisque, uiuos, constrictosq́, in flammã coniiciunt, atque ita acerbissimo afficiũt supplicio: deinde protinus
Vticam perueniunt. Superiore tẽpore M. Cato, quod
Vticensibus, propter beneficium legis Iuliæ, parum
in suis partibus presidij esse existimauerat, plebem
inermẽ oppido eiecerat, et ante portam, belli caussa,
castris, fossaq́. paruula dumtaxat muniuerat, ibique,
custodijs circumdatis, habitare coegerat: senatum autem oppidi custodia tenebat. eorum castra ij equites
adorti expugnare cœperunt, ideo quòd eos partibus
Cæsaris fauisse sciebant, ut, eis interfectis, eorũ pernicie dolorem suum ulciscerentur. Vticenses, animo
addito ex Cæsaris uictoria, lapidibus, fustibusq́. equites repulerunt. itaque, postquam castris non potuerant potiri, Vticam se in oppidum coniecerunt; atque
ibi multos Vticenses interfecerunt; domosq́. eorum
expugnauerũt, ac diripuerunt, quibus cum Cato persuadere nulla ratione quiret, ut secum oppidum defenderent, et cæde, rapinisq́. desisterent, et, quid sibi
uellent, sciret, sedanda eorum importunitatis gratia,
singulis HS c diuisit. idem Sylla Faustus fecit, ac de
sua pecunia largitus est: unaq́. cum ijs ab Vtica proficiscitur, atque in regnum ire contendit. Complures interim ex fuga Vticam perueniunt. quos omnes Cato
conuocatos, una cum trecentis, qui pecuniam Scipioni ad bellum faciendum contulerant, hortatur, ut seruitia manumitterent, oppidumq́. defenderent. quorum cum partem assentire, partem animum, mentemq́. perterritam, atque in fuga destinatam habere

re intellexisset; amplius de ea re agere destitit, ui-
nesq́; ijs attribuit, ut, in quas quisque partes uellet,
proficisceretur. ipse, omnibus rebus diligentissimè con
stitutis, liberis suis L. Cæsari, qui tunc ubi proquæstor
fuerat, commendatis, et sine suspicione, uultu, atque
sermone, quo superiore tempore usus fuerat, cùm dor
mitum isset, ferrum intro clam in cubiculum tulit, at
que ita se trásiecit. qui dum, anima nondū exspirata,
concidisset; impetu facto in cubiculum, ex suspicione
medicus, familiaresq́; continere, atque uulnus obli-
gare cœpissent, ipse suis manibus uulnus crudelissimè
diuellit, atque animo præsenti se interemit. quem
Vticenses quanquam oderant partium gratia, tamē,
propter eius singularē integritatem, et quòd dissimi-
limus reliquorum ducum fuerat, quodq́; Vticam mi
rificis operibus munierat, turresq́; auxerat, sepulturà
ra afficiunt. quo interfecto, L. Cæsar, ut aliquod sibī
ex ea re auxilium pararet, conuocato populo, concio
ne habita, cohortatur omnes, ut portæ aperirentur:
se in Cæsaris clementia magnam spem habere. itaque, portis patefactis, Vtica egressus, Cæsari impera
tori obuiā proficiscitur. Messalla, ut erat imperatum,
Vticam peruenit, omnibusq́; portu custodias ponit.
Cæsar interim, à Thapso progressus, Vscetam peruè
nit; ubi Scipio magnum frumenti numerum, armorum, telorum, ceterarumq́; rerum cum paruo præsidio habuerat. hoc aduenicns potitur. deinde Adume
tum peruenit. quò cum sine mora introisset, armis,
frumento, pecuniaq́; considerata, Q. Ligario, C. Con
Ll 2 sidij

sidij filio, qui tum ibi fuerat, uitam concessit. deinde
eodem die Adrumeto egressus, Linineio Regulo, i-
bi cum legione relicto, Vticam ire contendit: cui in iti
nere sit obuius L. Cæsar, subitoq́. se ad genua proiecit,
u'tamq́. sibi, nec amplius quidquam, deprecatur. cui
Cæsar facile, et pro sua natura, et instituto concessit,
item Cæcinæ, Ceteio, P. Atio, L. Cellæ patri, et filio, M. Eppio, M. Aquinio, Catonis filio, Damasip
piq́. liberis ex sua consuetudine tribuit; circiterq́. no
ctem luminibus accensis Vticã peruenit, atque extra
oppidum ea nocte mansit. postero die mane oppidum
introijt; concioneq́. aduocata, Vticenses incolas cohor
tatus, gratias pro eorum studio erga se agit; ciues au
tem Romanos negotiatores, et eos, qui inter CCC
pecunias contulerant Varo, et Scipioni, multis uerbis accusatos, et de eorum sceleribus longiori habita
oratione, ad extremum, ut sine metu prodirent, edicit: se eis dumtaxat, uitam concessurum, bona quidē
eorum se uenditurum, ita tamen, ut, qui eorum bona sua redemisset, se bonorum uenditionem indictu-
rum, & pecuniam, mulctæ nomine relaturum, ut
incolumitatem retinere possent. quibus metu exsan
guibus, de uitaq́. ex suo pro merito desperantibus, su
bito oblata salute, libentes, cupidiq́. condicionem ac
ceperunt; petieruntq́. a Cæsare, ut uniuersis trecen
tis uno nomine pecuniam imperaret. itaque bis mil
lies sestertium his imposito, ut per triennium sex pen
sionibus populo R. soluerent, nullo eorum recusan-
te, ac se eodem die demum natos prædicantes, læti
gratias

gratias agunt Cæsari. Rex interim Iuba, ut ex prælio fugerat, una cum Petreio interdiu in uillis latitando, tandem, nocturnis itineribus confectis, in regnum peruenit; atque ad oppidum Zamam, ubi ipse domicilium, coniuges, liberosq́. habebat, quò ex cuncto regno omnem pecuniam, carissimasq́. res comportauerat, quodq́. inito bello operibus maximis muniuerat, accedit, quem antea oppidani, rumore exoptato de Cæsaris uictoria audito, ob has caussas oppido prohibuerunt, quod, bello contra populum R. suscepto, in oppido Zama, lignis congestis, maximam in medio foro pyram construxerat; ut, si forte bello foret superatus, omnibus rebus eo coaceruatis, dehinc ciuibus cunctis interfectis, eodemq́. proiectis, igne subiecto, tum demum se ipse insuper interficeret, atque una cū liberis, coniugibus, ciuibus, cunctáq́. gaza regia cremaretur. Postquam Iuba ante portas diu, multumq́. primo minis, pro imperio, egisset cum zamensibus; deinde, cū se parū proficere intellexisset, precibus quoque orasset, uti se ad suos deos penates admitterent; ubi eos in sentētia perstare animaduertit, nec minis, nec precibus suis moueri, quo magis se reciperent; tertio petit ab eis, ut sibi coniuges, liberosq́. redderent, ut secum eos asportaret, postquam sibi nihilo omnino oppidanos responsi reddere animaduertit, nulla re ab ijs impetrata, ab Zama discedit, atque ad uillā suam cū M. Petreio, paucisq́. equitibus se cōfert. Zamenses interim legatos de ijs rebus ad Cæsarem V ticam mittunt, petuntq́. ab eo, uti ante, quàm rex manum colli-

geret,

geret, seséq. oppugnaret, sibi auxilium mitteret: se
tamen paratos esse, sibi, quoad uita suppeteret, oppidum, seq. ei reseruare. legatos collaudatos Cæsar
domũ iubet antecedere, ac suum aduentum prænun-
tiare. ipse, postero die Vtica egressus, cum equitatu ire in regnum contendit. Interim in itinere ex re-
giis copiis duces complures ad Cæsarem ueniunt,
orantque, ut sibi ignoscat. quibus supplicibus uenia
data, Zamam perueniunt. Rumore interim perlato
de eius lenitate, clementiaque, propemodum omnes
regni equites Zamã perueniunt ad Cæsarem; ab eóq.
sunt metu, periculoq. liberati. Dum hæc utrobique
geruntur, Considius, qui Tisdræ cum familia sua,
gladiatoriaq manu, Getulisq. præerat, cognita cæde
suorum, Domitiique, et legionũ aduentu perterritus,
desperata salute, oppidum deserit, seq. clam cum pau
cis barbaris, pecunia onustus, subducit, atque in regnum fugere cõtendit. quẽ Getuli, sui comites, in itinere, prædæ cupidi, cõcidunt; seq. in quascunque po-
tuere partes conferunt. Caius interim Virgilius, postquam, terra, mariq. clausus, se nihil proficere intelle
xit, suosq. interfectos, aut fugatos, at Catone Vticæ
sibi ipsi manus intulisse, rege nusquam, à suis desertum,
ab omnibus aspernari, Saburam, eiusq. copias ab Si-
tio esse deletas, Vticæ Cæsarẽ sine mora receptum, de
tanto exercitu reliquos esse nullos, quæ sibi, suisq. liberis prodessent, à Caninio proconsule, qui eum obside
bat, fide accepta, seipsũ, et sua omnia, et oppidũ procõ
suli tradit. Rex interim tuba, ab omnibus ciuitatibus

exclu-

exclusus, desperata salute, cū iam conatus esset cū Petreio, ut per uirtutem interfecti esse uiderentur, ferro inter se depugnant: (atque firmior imbecilliorē Iuba Petreium facile ferro consumpsit) deinde, ipse sibi cū conaretur gladio transijcere pectus, nec posset, precibus a seruo suo impetrauit, ut se interficeret; idq́; obtinuit. Publius interim Sitius, pulso exercitu Saburræ, præfecti Iubæ, ipsoq́; interfecto, cum iter cum paucis per Mauritaniam ad Cæsarem faceret, forte incidit in Faustum, Afraniumq́ue, qui eam manum habebant, quæ Vticam diripuerant, iteráq́; in Hispaniam tendebant, et erant numero circiter M D. itaque celeriter nocturno tempore, insidijs dispositis, eos prima luce adortus, præter paucos equites, qui ex primo agmine fugerāt, reliquos aut interficit, aut in deditionē accipit; Afranium, et Faustum uiuos capit cum coniuge, et liberis. paucis post diebus, dissensione in exercitu orta, Faustus, et Afranius interficiuntur. Pompeiæ cum Fausti liberis Cæsar incolumitatem, suaq́; omnia concessit. Scipio interim cum Damasippo, & Torquato, et Plætorio Rustiano, nauibus longis diu, multumq́; iactati, cum Hispaniam peterent, ad Hypponem regium deferuntur, ubi classis P. Sitij per id tempus erat, a qua pauciora ab amplioribus circumuenta nauigia deprimuntur. ibiq́; Scipio cum ijs, quos paullo ante nominaui, interijt. Cæsar interim, Zamæ auctione regia facta, bonisq́; eorū uenditis, qui ciues Romani cōtra populū R. arma tulerāt, præmijsq́; Zamēsibus, qui de rege excludendo consilium ceperant,

Ll 4 tribu-

tribuit, uectigalibusq́. regijs abrogatis, ex regnoq́. prouincia facta, atque ibi Crispo Sallustio populi R. proconsule cum imperio relicto, ipse Zama egressus Vticam se recepit. ibi bonis uenditis eorum, qui sub Iuba, Petreioq́. ordines duxerant, item Thapsitanis HS uiginti millia, conuentui eorum HS triginta millia, Adrumetanis HS triginta millia, conuentui eorum HS quinquaginta millia, multæ nomine imponit. ciuitates, bonaq́. eorū ab omni iniuria, rapinisq́. defendit. Leptitanos, quorum superioribus annis Iuba bona diripuerat, & ad senatum quæsti per legatos, atque arbitris a senatu datis, sua receperant, triginta centenis millibus ponderis olei in annos singulos multat, ideo quòd initio, per dissensionem principum, societatem cum Iuba inierant, eumq́. armis, militibus, pecunia iuuerant. Tisdritanos, propter humilitatem ciuitatis, certo numero frumenti multat. His rebus gestis, idibus Iun. Vticæ classem conscendit, & post diem tertium Carales in Sardiniam peruenit. ibi Sulcitanos, quod Nasidium, eiusq́. classem receperant, copijsq́. iuuerant, HS centum millibus multat, & pro decumis octauas pendere iubet: bonaq́. paucorum uēdit: et ante diem 12 kal. Quinct. naues conscendit; & a Caralibus secundum terram prouectus, duo de trigesimo die, eo quòd tempestatibus in portubus cohibebatur, ad urbē Romam uenit.

A. HIRTII.

A. HIRTII, AVT OPPII
COMMENTARIORVM
DE BELLO HISPANIENSI
LIBER VI.

HARNACE superato, Africa recepta, qui ex ijs prælijs cum adolescente Cn. Pompeio profugissent, cum & ulterioris Hispaniæ potitus esset, dum Cæsar, muneribus dadis in Italia detinetur; quo facilius præsidia contra copararet Pópeius, in fide uniuscuiusque ciuitatis confugere cœpit. ita, partim precibus, partim ui, bene magna cóparata manu, prouinciam uastare cœpit. quibus in rebus non nullæ ciuitates sua spóte auxilia mittebát: item no nullæ portas claudebant. ex quibus, si qua oppida ui ceperat, cum aliquis ex ea ciuitate optime de Cn. Pópeio meritus ciuis esset, propter pecuniæ magnitudiné aliqua ei inserebatur caussa, ut, eo de medio sublato, ex eius pecunia latronú largitio fieret. ita paucis cómodis hoste hortato, maiores augebátur copiæ. ideoq́. crebris nuntijs in Italiam missis, ciuitates cótrariæ Pópeio auxilia sibi depostulabát. C. Cæsar dictator tertio, designatus quarto, multis itineribus ante cófectis, cú celeri festinatione ad bellá cóficiédú in Hispaniá cóuenisset, legati Cordubenses, qui a Cn. Pompeio discesserant, Cæsari obuiam ueniunt: a quibus

bus nuntiabatur, nocturno tempore oppidum Cordu
bam capi posse: quòd, nec opinátibus aduersariis eius
prouinciæ potitus esset: simulq́ue, quòd tabellarij à
Cn. Pompeio dispositi omnibus locis essent, qui certio
rem Cn. Pompeium de Cæsaris aduentu facerent.
multa præterea uerisimilia proponebant. quibus re
bus adductus, quos legatos ante exercitui præfecerat
Q. Peditum, & Q. Fabium Maximum de suo aduen
tu facit certiores, ut, quem sibi equitatum ex prouin
cia fecissent, præsidio mitterent. ad quos celerius, quã
ipsi opinati sũt, appropinquauit, atque, ut ipse uoluit,
equitatum sibi præsidio habuit. erat per idem tempus
Sex. Pompeius frater, qui cum præsidio Cordubã te
nebat: quod eius prouinciæ caput esse existimabatur:
ipse autem Cn. Pompeius adolescens Vlliam oppidum
oppugnabat, et fere iam aliquot mẽsibus ibi detineba
tur. quo ex oppido, cognito Cæsaris aduentu, legati,
clam præsidio Cn. Pompeij, Cæsarẽ cum adissent, pe
tere cœperunt, ut sibi primo quoque tẽpore subsidiũ
mitteret. Cæsar eam ciuitatem omni tempore optime
de populo R. meritam esse sciebat, sex cohortes secun
da uigilia iubet proficisci, pariq́. equites numero: qui
bus præfecit hominem eius prouinciæ notum, & non
parum scientem, L. Iunium Paticem. qui cum ad
Cn. Pompeij præsidia ueuisset; incidit idem tempo
ris, ut tempestate aduersa, uehementiq́. uento affli
ctaretur. quæ ui tempestatis ita obscurabatur, ut uix
proximum cognoscere posset. cuius incommodum
summam utilitatem ipsis præbebat. ita, cum ad locum

cum uenerunt, iubet binos equites incedere, & recta per aduersariorum præsidia ad oppidum contendere. medijsq́. ex præsidijs cum quæreretur, qui essent; unus ex nostris respondit, ut sileat uerbum facere: nã id temporis conari ad murum accedere, ut oppidum capiant, et partim tempestate impediti uigiles nõ poterant diligentiam præstare, partim illo responso deterrebantur. cum ad portã appropinquassent; signo dato, ab oppidanis sunt recepti; et pedites, equitesq́. clamore facto, dispositis ibi partim, qui remãsere, eruptionem in aduersariorum castra fecerunt, sic illud cũ inscientibus accidisset, existimabat magna pars hominũ, qui in ijs castris fuissent, se prope captos esse. Hoc misso ad Villã præsidio, Cæsar, ut Põpeium ab ea oppugnatione deduceret, ad Cordubam contendit, exq́. itinere loricatos uiros fortes cũ equitatu ante præmisit. qui simul in conspectum oppidi se dederunt, in equis recipiuntur. hoc a Cordubensibus nequaquam poterat aduaduerti. appropinquantibus, ex oppido bene magna multitudo ad equitatum concidendum cũ exisset; loricati, ut supra scripsimus, ex equis descenderunt, & magnum prælium fecerunt, sic, ut ex insinita hominũ multitudine pauci in oppidum se reciperent. Hoc timore adductus Sex. Pompeius, litteras fratri misit, ut celeriter sibi subsidio ueniret; ne prius Cæsar Cordubam caperet, quàm ipse illò uenisset. ita Cn. Pompeius, Villa prope capta, litteris fratris excitus, cum copijs ad Cordubam iter facere cœpit. Cæsar, cum ad flumẽ Bætim ueniffet, neque propter

pter altitudinem fluminis trásire posset, lapidibus corbes plenos demisit. ita, insuper ponte facto, copias ad castra tripartito traduxit. Tenebant aduersus oppidum e regione pontis trabes, ut supra scripsimus, bipartito. huc cum Pompeius cum suis copijs uenisset, ex aduerso pari ratione castra ponit. Caesar, ut eũ ab oppido, commeatúq. excluderet, brachium ad pontem ducere coepit. pari idem condicione Pompeius. hic inter duces duos sit contentio, uter prius pontem occuparet. ex qua cõtentione quotidiana minuta praelia fiebant, ut modo hi, modo illi superiores discederent. quae res cum ad maiorem contentionem uenisset, ab utrinsque cominus pugna iniqua, dum cupidius locum student tenere, propter pontẽ coangustabantur. & fluminis ripis appropinquantes coangustati praecipitabantur. hic alteri alteris non solum mortem morti exaggerabant, sed tumulos tumulis exaequabant. ita diebus compluribus cupiebat Caesar, si qua condicione posset, aduersarios in aequum locum deducere, & primo quoque tempore de bello decernere. cum animaduerteret aduersarios minime uelle, quos ideo a uia retraxerat, ut in aequã deduceret; copijs flumẽ traductis, noctu iubet ignes fieri magnos. ita firmissimum eius praesidium Ateguam proficiscitur. id cum Pompeius ex perfugis resciisset, ea die per niuium angustias carra complura, multosq́. lanistas retraxit, & ad Cordubam se recepit. Caesar munitionibus Ateguam oppugnare, & brachia circumducere, coepit. cuius rei Pompeio cum nuntius esset allatus,

latus, eo die proficiscitur, cuius in aduentu, praesidij
causa, Caesar complura castella occupauit, partim
sub equitatu, partim ut pedestres copiae in statione,
et in excubitu castris praesidio esse possent. Hic in aduentu Pompeij incidit, ut matutino tempore nebula esset
crassissima. itaque in illa obscuratione cum aliquot
cohortibus, et equitum turmis circumcludunt Caesaris equites, & concidunt, sic, ut nix in ea caede p.iu-
ci effugerent. Insequenti nocte castra sua incendit
Pompeius, et trans flumen Salsum per conualles castra inter duo oppida Ateguam, et Vcubim in monte
constituit. Caesar in munitionibus, ceterísque, quae
ad oppidum oppugnandum opus fuerunt, aggerem,
uineásq. agere instituit. Haec loca sunt montuosa, et
natura edita ad rem militarem, quae planicie diuidun-
tur Salso flumine, proxime tamen Ateguam, ut ad
flumen sint circiter passuum duo millia. ex ea regione oppidi in montibus castra habuit posita Pompeius in conspectu utrorunque oppidorum, neque suis
ausus est subsidio uenire. Aquilas habuit, et signa tredecim legionum. sed, ex quibus aliquid firmamenti
se existimabat habere, duae fuerunt uernaculae, quae
à Trebonio transfugerant, et una facta ex colonis,
quae fuerunt in his regionibus. quarta fuit Afraniana ex Africa, quam secum adduxerat. reliquae ex
fugitiuis auxiliares cösistebant. nã, de leui armatura,
et equitatu, longe et uirtute, et numero nostri erát superiores. Accedebat huc, ut longius bellum duceret
Pompeius, quod loca sunt edita, & ad castrorum munitiones

tiones non parum idonea. nam fere totius ulterioris
Hispaniæ regio, propter terræ fecūditatem, inopem,
difficilemq̃. habet oppugnationem, & non minus co-
piosam aquationem. Hic etiam propter barbarorum
crebras excursiones omnia loca, quæ sunt ab oppidis
remota, turribus, et munitionibus retinentur, sicut
in Africa, rudere, non tegulis, teguntur: simulq̃. in
his habent speculas, et, propter altitudinem, longe,
lateq̃. prospiciunt. Item oppidorum magna pars eius
prouinciæ montibus fere munita, et natura excellen-
tibus locis est constituta, ut simul aditus, adscensusq̃.
habeat difficiles. ita ab oppugnationibus natura loci
distinentur: ut ciuitates Hispaniæ non facile ab hostibus capiantur: quod in hoc contigit bello. nam ubi inter Ateguam, et Vcubim, quæ oppida supra sunt
scripta, Pompeius habuit castra constituta, in conspectu duorum oppidorum, ab suis castris circiter
millia passuum quatuor. Grumus est excellens natu
ra, qui appellatur castra Postumiana. ibi præsidij
caussa castellum Cæsar habuit constitutum. Pompeius, qui eodem iugo tenebatur, loci natura, et quòd
remotum erat a castris Cæsaris, animaduertebat loci difficultatem, &, quòd flumine Salso interclude-
batur, non esse peraissurum Cæsarem, ut in tanta lo
ci difficultate ad subsidium constituendum se mitteret.
ista fretus opinione, tertia uigilia profectus, castellum
oppugnare cœpit, ut laborantibus succurreret. nostri,
cum appropinquassent, clamore repentino, telorūq̃.
multitudine iactus facere cœperunt; uti magna partem

LIBER I.

tem hominū uulneribus afficerent. quo peracto, cum ex castello repugnare cœpissent, & maioribus castris Cæsari nuntius esset allatus, cum tribus legionibus est profectus: et cum ad eos appropinquasset, fuga perterriti multi sunt interfecti, complures capti: in quibus multi præterea armis exuti fugerunt: quorum scuta sunt relata octoginta. Insequenti luce Arguetius ex Italia cum equitatu uenit. is signa Saguntinorum retulit quinque, quæ ab oppidanis cœpit. suo loco perterritus est, quòd equites ex Italia cum Assirenate ad Cæsarem ueniissent, ea nocte Pompeius castra incendit, et ad Cordubam uersus iter facere cœpit. Rex nomine Indo, qui cum equitatu suas copias adduxerat, dum cupidius agmen aduersariorum insequitur, a uernaculis legionarijs exceptus est, & interfectus. Postero die equites nostri longius ad Cordubam uersus profecti sunt. eos, qui cōmeatus ad castra Pompeij ex oppido portabant, ex ijs capti quinquaginta cum iumentis ad nostra adducti sunt castra. Eodem die Q. Marcius tribunus mil. qui fuisset Pōpeij, ad nos transfugit. et noctis tertia uigilia in oppido acerrime pugnatum est: ignéq. multū miserunt. ficut et omne genus, quibus ignis per iactus solitus est mitti. Hoc præterito tēpore, C. Fundanius, eques Ro ex castris aduersariorū ad nos trāsfugit. Postero die ex legione uernacula milites sunt capti ab equitibus nostris duo, qui dixerunt se seruos esse. cū uenirent, cogniti sunt a militibus, qui antea cū Fabio, et Pedio fuerant, et a Trebonio transfugerant. Eis ad ignoscēdum

nulla

nulla est data facultas, & a militibus nostris interfecti sunt. Eodem tempore capti tabellarij, qui a Corduba ad Pompeiũ missi erant, perperamq́, ad castra nostra peruenerant, præcisis manibus missi sunt facti. Pari consuetudine, vigilia secunda, ex oppido ignem multum, telorumq́, multitudinem iactando, bene magnum tempus consumpserunt, compluresq́, uulneribus affecerunt. Præterito noctis tẽpore, eruptionem in legionem sextam fecerunt, cum in opere nostri distenti essent, acriterq́. pugnare cœperunt. quorum uis repressa a nostris, etsi oppidani superiore loco defendebantur, quinquaginta, cum eruptionem facere cœpissent, tamen uirtute militum nostrorũ qui, etsi inferiore loco premebantur, tamen repulsi aduersarij bene multis uulneribus affecti in oppidum se contulerunt. Postero die Pompeius ex castris suis brachium cœpit ad flumen Salsum facere: et cum nostri equites pauci in statione fuissent a pluribus reperti, de statione sunt deiecti, & occisi tres. eo die A. Valgius, Senatoris filius, cuius frater in castris Pompeij fuisset, omnibus suis rebus relictis, equum conscendit, & fugit. speculator de legione secunda Pompeiana captus a militibus, et interfectus est. Per idem tempus glans missa est inscripta; quo die ad oppidum capiendum accederent, sese scutum esse positurum. Qua spe non nulli, dum sine periculo murum adscendere, et oppidum potiri posse sperarent, postero die ad murum opus facere cœperũt, et bene magna prioris muri pars detecta est. quo facto, ab oppidanis, ac si
suarum

suorum partiu𝄬 essent conseruati, missos fecere loricatos: quiq́. præsidij caussa præpositi oppido a Pompeio essent, orabant. quibus respo͂dit Cæsar, se condiciones dare, non accipere, consueuisse. qui cum in oppidu͂ reuersi essent, relato responso, clamore sublato, omni genere teloru͂ emisso, pugnare pro muro toto cœperunt. propter quod fere magna pars hominum, qui in castris nostris essent, non dubitarunt, quin irruptionem eo die essent facturi. ita, corona circumdata, pugnatu͂ est aliquandiu uehementissime. simulq́. balista missa a nostris turrem deiecit: qua aduersariorum, qui in ea turre fuerant, quinque deiecti sunt, et puer, qui balistam solitus erat obseruare. Eo præterito tempore, Pompeius trans flumen Salsum castellum constituit: neq́. a nostris prohibitus: falsaq́. illa opinione gloriatus est, quod prope in nostris partibus locu͂ tenuisset. item insequenti die, eadem consuetudine, dum longius prosequitur, quo loco equites nostri stationem habuerant, aliquot turmæ cum leui armatura, impetu facto, loco sunt deiectæ, et propter paucitatem nostrorum equitu͂, simulq́. leui armatura inter turmas aduersariorum protritæ. Hoc in conspectu utrorunque castroru͂ gerebatur: et maiore Pompeiani exsultabant gloria, longius quod nostris cedentibus prosequi cœpissent. qui cum aliquo loco a nostris recepti essent, ut consuessent, ex simili uirtute clamore facto aduersati sunt prælium facere. Fere apud exercitus hæc est equestris prælij consuetudo, cum eques ad dimicandum, dimisso equo, cum pedite progreditur, ne

M m   quaquam

quaquam p̄tr habetur, ad quod in hoc accidit certamine, cum pedites ex leui armatura lecti ad pugnam equitibus nostris nec opinantibus ueniſſent, idq́, in prælio animaduersum eſſet; complures equites descenderunt. ita exiguo tempore eques pedestre, pedes eq́ueſtre prælium facere cœpit, usque eo, ut cædem proxime a nullo fecerint. in quo prælio aduersariorum ceciderunt centum uigintitres, compluresq́, armis exuti, multi uulneribus affecti in caſtra ſunt redacti, nostri ceciderunt tres, ſaucij XII pedites, et equites quinque. Eius diei insequenti tempore, priſtina conſuetudine, pro muro pugnari cœptū eſt. Cū bene magnam multitudinem telorum, ignemq́, noſtris defendentibus imeciſſent; nefandū, crudeliſſimumq́, facinus ſunt aggreſſi, in cōſpectuq́, noſtra hoſpites, qui in oppido erant, iugulare, et de muro præcipites mittere cœperunt, ſicut apud barbaros: quod poſt hominum memoriam nunquā eſt factū. Huius diei extremo tempore a Pompeianis clā ad noſtros tabellarius eſt miſſus, ut ea nocte turres, aggeremq́, incenderēt, et tertia uigilia eruptionem facerent. ita igne, telorumq́, multitudine iacta, cum bene magnam partem muri conſumpſiſſent, portam, quæ e regione, et in cōſpectu Pompeij caſtrorum fuerat, aperuerunt, copiaſq́, tota eruptionem fecerunt, ſecumq́, extulerunt calcatas ad foſſas complendas, et harpagones ad caſas, quæ ſtramentis ab noſtris hibernorum cauſſa ædificatæ erant, diruendas, et incendendas; præterea argentum, et ueſtimenta, ut dum noſtri in præda detinerentur,

tinerentur, illi cæde facta ad præsidia Pompeij se reciperent. nam, quod existimabat eos posse conatum
efficere, nolle tota ultra ibat flumen Salsum in acie.
quod factum licet nec opinantibus nostris esset gestû;
tamen uirtute freti repulsas, multisq. uulneribus affectos, oppido represserunt, prædaque, et armis eorum sunt potiti, uiuosq. aliquos ceperunt, qui postero sint interfecti die. Eodemq. tempore transfuga
nuntiauit ex oppido, Iunium, qui in cuniculo fuisset,
iugulatione oppidanorum facta, clamasse facinus se
nefandum, et scelus fecisse: nam eos nihil meruisse,
quare tali pœna afficerentur, qui eos ad aras, et focos
suos recepissent; eosq. hospitium scelere contaminas-
se: multa præterea dixisse: qua oratione deterritos,
amplius iugulationem non fecisse. ita postero die Tullius legatus cum Catone Lusitano uenit, et apud Cæsarem uerba fecit. Vtinam quidem dij immortales
fecissent, ut tuus potius miles, quàm Cn. Pompeij,
factus essem; et hanc uirtutis constantiam in tua uictoria, non in illius calamitate præstarem. cuius fu-
nestæ laudes quippe ad hanc fortunam reciderunt, ut
ciues R. indigentes præsidij, et propter patriæ luctuo-
sam perniciem dedamur hostium numero: qui neque
in illius prospera acie primam fortunam, neque in aduersa secundam obtinuimus uictoriam; qui legionum
tot impetus sustentantes, nocturnis, diurnisq. operibus gladiorum ictus, telorumq. missus exspectantes,
uicti, et deserti a Pompeio, tua uirtute superati salu-
tê a tua clementia deposcimus; petimusq., ut quidem

M m 2   te gentibus

te gentibus præstitisti, simile in eiuis deditione præstes. Remissis legatis, cum ad portam uenisset Ti. Tullius, cum eum introeuntem C. Antonius insecutus non esset, reuersus est ad portam, et hominem apprehendit. quod Tiberius cum fieri animaduertit, simulq́. pugionem eduxisset, manum eius incidit. ita refugerunt ad Cæsarem. Eodemq́. tempore signifer de legione prima transfugit, et nuntiauit quo die equestre prælium factum esset, suo signo periisse homines trigintaquinque, neque licere castris Cn. Pompeij, nuntiari, neque dici periisse quenquam. Seruus, cuius dominus in Cæsaris castris fuisset, uxoremque, et filiam in oppido reliquerat, dominum iugulauit, et ita clam a Cæsaris præsidijs in Pompey castra discessit, et indicium glande scriptum misit, per quod certior fieret Cæsar, quæ in oppido ad defendēdum compararentur. ita, litteris acceptis, cum in oppidum reuersi essent, qui mittere glandem scriptam solebāt, insequenti tempore duo Lusitani fratres transfugæ nuntiarunt, quam Pompeius concionem habuisset: quoniam oppido subsidio non posset uenire, noctu ex aduersariorum conspectu se deducerent ad mare uersum: unum respondisse, ut potius ad dimicandum descenderent, quàm signum fugæ ostenderent: tum, qui ita locutus esset, iugulatum. Eodem tempore tabellarij eius deprehensi, qui ad oppidum ueniebant, quorum litteras Cæsar oppidanis obiecit, & qui uitam sibi peteret, iussit turrem ligneam oppidanorum incendere: id si fecisset, ei

se

LIBER I. 275

se promisit omnia concessurum, quòd difficile erat factu, ut eam turrem sine periculo quis incenderet. ita facturus de ligno cum propius accessisset, ab oppidanis est occisus. Eadem nocte transfuga nuntiauit, Pompeium, & Labienum de iugulatione oppidanorum indignatos esse. Vigilia secunda propter multitudinem telorum turris lignea, quæ nostra fuisset, ab imo uitium fecit, usque ad tabulatum secundum, & tertium. Eodem tempore pro muro pugnatum accerrime, & turrim nostram, ut superiorem incenderunt, icirco quòd uentum oppidani secundum habuerunt. Insequenti luce materfamilias de muro se deiecit, & ad nos transilijt, dixitq́. se cum familia constitutum habuisse, ut una transfugerent ad Cæsarem, illam oppressam, & iugulatam. Hoc præterea tempore tabella de muro sunt deiectæ, in quibus scriptum est inuentum. L. Minucius Cæsari. Si mihi uitam tribuis, quoniam a Cn. Pompeio sum desertus, qualem me illi præstiti, tali uirtute, & constantia futurum me in te esse præstabo. Eodem tempore oppidanorum legati, qui antea exierant, Cæsarem adierunt, si sibi uitam concederet, sese insequenti die oppidum esse dedituros. Quibus respondit, se Cæsarem esse, fidemq́. præstaturum. ita ante diem XI kalendarum Martij oppido potitus, imperator est appellatus. Et Pompeius, ex persugis cum deditionem oppidi factam esse scisset, castra mouit Vcubim uersus, sed circum

Mm 3 &

ea loca castella disposuit, et munitionibus se continere
cœpit. Cæsar monit, et propius castra castris contulit.
Eodem tempore mane loricatus unus ex legione uernacula ad nos transfugit, et nuntiauit, Pompeium oppidanos Vcubenses conuocasse, eisq́; imperauisse, ut
diligentia adhibita perquirerent, qui essent suarum
partium, itemq́; aduersariorum uictoriæ fautores.
Hoc præterito tépore, in oppido, quod fuit captum,
seruus est prehensus in cuniculo, quem supra demonstrauimus, dominum iugulasse, is uiuus est combu-
stus. eodemq́; tempore centuriones loricati octo ad
Cæsarem transfugerunt ex legione uernacula, & e-
quites nostri cum aduersariorum equitibus congressi
sunt, et saucij aliquot occiderunt ex leui armatura.
Ea nocte speculatores prehensi serui tres, et unus ex
legione uernacula. Serui sunt in crucem sublati, militi ceruices abscissæ. Postero die equites, cum leui armatura ex aduersariorum castris ad nos transfugerunt. Et eo tépore circiter undecim equites ad aquatores nostros execurrerunt, nó nullos interfecerunt,
item alios uiuos abduxerunt. Ex equitibus capti sunt
equites octo. Insequenti die Pompeius securi percussit homines septuagintaquattuor, qui dicebantur esse
fautores Cæsaris uictoriæ, reliquos in oppidum iussit
deduci, ex quibus effugerunt cétum uiginti, et ad Cæsarem uenerunt. Hoc præterito tempore, qui in oppido Ategua Bursauolenses capti sunt, legati profecti
sunt cum hostris, uti rem gestam Bursauolensibus referrent, quid sperarent de Cn. Pompeio, cum uiderét
hospites

hospites iugulari: præterea multa scelera ab iis fieri, qui præsidii caussa ab his reciperentur, qui cum ad oppidum uenissent, nostri, qui fuissent equites R. & senatores, non sunt ausi introire in oppidum, præterquam qui eius ciuitatis fuissent. quorum responsis ultro, citroq́. acceptis, & redditis, cum ad nostros se reciperent, qui extra oppidum fuissent, illi de præsidio insecuti, ex auersione legatos iugularunt. duo reliqui, qui ex eis fugerunt, Cæsari rem gestam detulerunt, & speculatores ad oppidum Ateguam miserunt. qui cum certum comperissent legatorum responsa, ita esse gesta, quemadmodum illi retulissent, ab oppidanis concursu facto, eum, qui legatos iugulasset, lapidare, & ei manus intentare cœperunt, illius opera se periisse. ita uix periculo liberatus, petijt ab oppidanis, ut ei liceret legatum ad Cæsarem proficisci: illi se satisfacturum. Potestate data, cum inde esset profectus præsidio comparato, cum bene magnam manum fecisset, et nocturno tempore per fallaciam in oppidum esset receptus, iugulationem magnam facit. principibus, qui sibi contrarij fuissent, interfectis, oppidum in suam potestatem recepit. Hoc præterito tempore, serui transfugæ nuntiauerunt, oppidanorum bona uendere, ne cui extra uallum liceret exire, nisi discinctum. Iccirco, quod ex quo die oppidum Ategua esset captum, metu conterritos complures profugere in Bethuriam, neque sibi ullam spem uictoriæ propositam habere, ut si quis ex nostris transfugerit, in leuem armaturam conijci,

Mm 4 cumq́.

eumq́; non amplius sexdecim accipere. Insequenti tempore Cæsar castris castra contulit, & brachium ad flumen Salsum ducere cœpit. Hic dum in opere nostri distenti essent, complures ex superiore loco aduersariorum decurrerunt, nec detinentibus nostris, multis telis iniectis, complures uulneribus affecere. hic tamen, ut ait Ennius, nostri cessere parumper. itaque præter consuetudinem, cum a nostris animaduersum esset cedere Centuriones, ex legione quinta flumen transgredi duo, restituerunt aciem, acriterq́; eximia uirtute plures, cum agerent, ex superiore loco multitudine telorum alter eorum concidit. ita cum his compar prælium facere cœpisset, & cum undique se circŭueniri animaduertisset, parumper ingressus, pedem offendit. huius concidentis uiri casu passim audito, cum complures aduersariorum concursum facerent, equites nostri transgressi interiore loco aduersarios ad uallum agere cœperunt. ita, dum cupidius intra præsidia illorum student cædem facere, a turmis, & leui armatura sunt interclusi. quorum nisi summa uirtus fuisset, uiui capti essent. nam & munitione præsidij ita coangustabantur, ut equites spatio intercluso uix se defendere possent. ex utroque genere pugnæ complures sunt uulneribus affecti, in quis etiam Clodius Aquitius. inter quos ita cóminus est pugnatum, ut ex nostris præter duos centuriones sit nemo desideratus, gloria se efferentes. Postero die ab Soricaria utræque conuenere copiæ. Nostri brachia ducere cœperunt. Pompeius, cum animaduerteret

uerteret castello se excludi Aspauia, quod ab V cubi
millia passuum v distat, hæc res necessario uocabat,
ut ad dimicandum descenderet, neque tamen æquo
loco sui potestatem faciebat, sed ex Grumo excelsum
tumulum capiebat, usque eò, ut necessario cogeretur
iniquum locum subire. quo facto, cum utrorunque co
piæ tumulum excellentem petissent, prohibiti a nostris sunt, deiectiq́; planicie. quæ res secundum nostris
efficiebat prælium, undique autem cedentibus aduer
sarijs, nostri magna in cæde uersabantur. quibus
mons, non uirtus saluti fuit: qui subito tunc, nisi ad-
uesperasset, a paucioribus nostris omni auxilio priua
ti essent. nam ceciderunt ex leui armatura trecenti uigintiquattuor, ex legionarijs centum triginta
octo, præterquam quorum arma, & spolia sunt al-
lata. Ita pridie duorum Centurionum internicio hac
aduersarioru pœna est litata. insequenti die pari con
suetudine, cum ad eundem locum eius præsidium ue
nisset, pristino illo suo utebantur instituto. na præter
equites nullo loco æquo se comittere audebant. Cum
nostri in opere essent, equitum copiæ concursus facere cœperunt. simulq́; uociferantibus legionarijs, cum
locum efflagitarent, ut consueti insequi existimare
possent, se paratissimos esse ad dimicandum, nostri
ex humili conualle bene longe sunt egressi, et planicie
in æquo loco constiterunt. illi tamen proculdubio ad
congrediendum in eum locum non sunt ausi descende
re, præter unum Antistium Turpione, qui fidens ui
ribus ex aduersarijs sibi parem esse neminem cogita
re

recœpit. hic, ut fertur, Achillis, Memnonisq́. congressus. Q. Pompeius Niger, eques Romanus Italicensis, ex acie nostra ad congrediendum progressus est, quoniam ferocitas Antistij omnium mentes conuerterat ab opere ad spectandum, acies sunt dispositę. nam inter bellatores, principesq́. dubia erat posita uictoria, ut prope uideretur finem bellandi duorū dirimere pugna. ita auidi, cupidíq́. suarum quisque partium, expertorū uirorum, fautorumq́. uoluntas habebatur. quorum uirtute alacri cum ad dimicandum in planicie se contulissent, scutorumq́. laudis insignis præfulgens opus cælatum, quorum pugna esset prope profecto dirempta, nisi propter equitū concessum, ut supra demonstrauimus, leui armatura præsidij caussa non longe ab opere castrorū constitissent, ut nostros equites in receptu, dū ad castra redeūt, aduersarij cupidius sunt insecuti. uniuersi clamore facto impetum dederunt. ita, metu perterriti, cum in fuga essent, multis amissis in castra se recipiunt. Cæsar ob uirentem turmæ Cassianæ donauit millia XIII, & præfecto torques aureos 11, et leui armaturæ millia x. hoc die A. Bæbius, & C. Flauius, & A. Trebellius, equites Romani Astenses, argento prope tecti equites ad Cæsarem trāsfugerunt, qui nuntiauerūt, equites Romanos coniurasse omnes, qui in castris Pōpej essent, ut transitionem facerent, serui indicio omnes in custodiam esse coniectos, e quibus occasione capta, se transfugisse. item hoc die literæ sunt deprehensæ, quas mittebat Saonem Cn. Pompeius.

Si uale-

Si ualetis gaudeo : ego ualeo. Etsi, prout nostra felicitas ex sententia aduersarios adhuc propulsos habemus, tamen, si æquo loco sui potestatem facerent, celerius, quàm uestra opinio est, bellum confecissem. Sed exercitum tironum non audent in campum deducere, nostrisque adhuc freti præsidijs bellum ducunt. nam singulas ciuitates circumsident, inde sibi commeatus capiunt. quare & ciuitates nostrarū partium conseruabo, & bellum primo quoque tempore conficiam, cohortes animo habeo ad uos mittere. Profecto nostro commeatu priuati necessario ad dimicandum descendent.

Insequenti tempore cum nostri temere in opere distenti essent, equites in oliueto, dum lignantur, interfecti sunt aliquot. serui transfugerunt, qui nuntiauerunt ad III nonarum Martij prælium affore ad Soritiam, quod factum est, ex eo tempore metú esse magnum. & Attium Varum circum castella præesse eo die Pompeius castra mouit, & circa Hispalim in oliueto constitit. Cæsar priùs, quàm eodem est profectus, luna hora circiter sexta uisa est. ita castris motis Vcubim præsidium, quod Pompeius reliquit, iussit, ut incenderent, & densto oppido in castra maiora se reciperent. Insequenti tempore Ventisponte oppidum cum oppugnare cœpisset, deditione facta, iter fecit Carrucam, contra Pompeij castra posuit. Pompeius oppidum, quod contra sua præsidia portas clausisset, incendit. milesque, qui fratrem suum in castris iugulasset, interceptus est à nostris, & fuste

ste percussus. Hinc itinere facto in campum Mundensem cum esset uentum, castra contra Pompeium constituit. Sequenti die cum iter facere Cæsar cum copijs uellet, renuntiatum est ab speculatoribus, Pompeium de tertia uigilia in acie stetisse. Hoc nuntio allato, uexillum proposuit. Iccirco enim copias eduxerat, quòd Vrsaonensium ciuitati fuissent fautores, antea litteras miserat, Cæsarem nolle in conuallem descendere, quòd maiorem partem exercitus tironum haberet. Hæ litteræ uehementer confirmabant mentes oppidanorum. Ita, hac opinione fretus, totum se facere posse existimabat. Etenim & natura loci defendebatur, & ipsius oppidi munitione, ubi castra habuit constituta. Nanque, ut superius demonstrauimus, loca excellentia tumulis contineri, interuallum prouinciam diuidit. sed ratione nulla placuit taceri id, quod eo incidit tempore. Planicies inter utraque castra intercedebat, circiter millia passuum quinque, ut auxilia Pompeij duabus defenderentur rebus, oppidi excelsi, & loci natura. hinc dirigens proxima planicies æquabatur, cuius decursum antecedebat riuus, qui ad eorum accessum summam efficiebat loci iniquitatem. Nam palustri, & uoragmoso solo currebat ad dextram partem, & Cæsar, cum aciem directam uidisset, non habuit dubium, quin media planicie in æquum ad dimicandum aduersarij procederent, hoc erat in omnium conspectu, huc accedebat, ut locus illa planicie equitatum ornaret, & diei, solisq́. serenitas,

nitas, ut mirificum, et optandum tempus prope ab dijs immortalibus illud tributum esset ad prælium committendum. Nostri lætari, non nulli etiam timere, quòd in eum locum res, fortunaq. omnium deducerentur, ut quidquid post horam castris fieret, in dubio poneretur. Itaque nostri ad dimicandū procedunt, id, quod aduersarios existimabamus esse facturos. Qui tamen a munitione oppidi mille passibus longius non audebant procedere, in quo sibi prope murum aduersarij constituebant. Itaque nostri procedunt, interdum æquitas loci aduersarios efflagitabat, ut tali condicione contenderent ad victoriam. Neque tamen illi a sua consuetudine discedebant, ut aut ab excelso loco, aut ab oppido discederent. Nostro pede presso propius rium, cum appropinquassent aduersarij patrocinari loco iniquo non defecerunt. erat acies XIII aquilis constituta, quæ lateribus equitatu tegebatur, cum leni armatura millibus sex. præterea auxiliares accedebant prope alterum tantū. Nostra præsidia LXXX cohortibus, & octo millibus equitum. Ita cum in extrema planicie iniquum in locum nostri appropinquassent, paratus hostis erat superior, ut transeundi superius iter uehementer esset periculosum. Quod cum a Cæsare esset animaduersum, ne quid temere culpa sua secus admitteretur, eum locum desinire cœpit. quod cum hominum auribus esset obiectum moleste, et acerbe accipiebant, se impediri quominus prælium conficere possent. Hac mora aduersarios

rios alacriores efficiebat, Caesaris copias timore impediri ad committendum praelium. Ita se efferentes iniquo loco sui potestatem faciebant, ut magno tamé periculo accessus eorum haberetur. hic decumani suum locum cornu dextrum tenebant, sinistrum tertia, et quincta legio, itemq́. cetera auxilia, et equitatus. praelium clamore facto, committitur. Hic etsi uirtute nostri antecedebant, aduersarij loco superiore defendebantur accrrime, et uehemens fiebat ab utrisque clamor, telorumq́. missus concursus, sic ut prope nostri diffiderent uictoria. congressus enim, et clamor, quibus rebus maxime hostes conterrentur, in collatu pari erat condicione. itaque ex utroque genere pugnae, cum parem uirtutem ad bellandum contulissent, pilorum missu fixa cumulatur, & concidit aduersariorum multitudo, dextrum demostrauimus decumanos cornu tenuisse, qui, & si erant pauci, tamen propter uirtutem, magno aduersarios timore eorum opera afficiebant, quòd suo loco hostes uehementer premere coeperunt, ut ad subsidium, ne ab latere nostri occuparentur, legio aduersariorum traduci coepta sit ad dextrum. quae simul est mota, equitatus Caesaris sinistrú cornu premere coepit: at ij eximia uirtute praelium facere incipiunt, ut locus in acie ad subsidium ueniendi non daretur. ita, cú clamori esset intermistus gemitus, gladiorumq́. crepitus auribus oblatus, imperitorú métes timore praepediebat. Hic, ut ait Ennius, pes pede premitur, armis teritur arma, aduersariosq́. uehemétissime pugnantes nostri agere
coeperunt.

cœperunt, quibus oppidum fuit subsidio. ita ipsis Liberalibus fusi, fugatiq́; non superfuissent, nisi in eum locum confugissent, ex quo erant egressi. in quo prælio ceciderunt millia hominum circiter triginta, & si quid amplius; præterea Labienus, Attius Varus: quibus occisis utrisque funus est factum: itemq́; equites Romani partim ex urbe, partim ex prouincia ad millia tria. Nostri desiderati ad hominum mille, partim peditum, partim equitum, saucij ad quingentos. Aduersariorum aquilæ sunt ablatæ XIII, & signa, et fasces. Præterea duces belli XVII capti sunt, hos habuit res exitus. Ex fuga hac cum oppidum Mundam sibi constituissent præsidium, nostri cogebantur necessario eos circumuallare. ex hostium armis, pro cespite cadauera collocabantur, scuta, & pila pro uallo. insuper occisi, et gladij, et mucrones, et capita hominum ordinata, ad oppidum conuersa uniuersa hostium timorem, uirtutisq́; insignia proposita uiderent, et uallo circumcluderentur aduersarij. ita Galli tragulis, iaculisq́; oppidum ex hostium cadaueribus sunt complexi, oppugnare cœperunt. Ex hoc prælio Valerius adolescens Cordubam cum paucis equitibus fugiens, Sexto Pompeio, qui Cordubæ fuisset, rem gestam refert. Cognito hoc negotio, quos equites, quod pecuniæ secum habuit, eis distribuit, & oppidanis dixit, se de pace ad Cæsarem proficisci, secunda uigilia ab oppido discessit. Cn. Pompeius autem cum equitibus paucis, non nullisq́; peditibus ad nauale præsidium parte altera contendit

dit Carteiam, quod oppidum abest a Corduba millia passuum CLXX. Quò cum ad octauum milliarium ueniset, P. Caluicius, qui castris antea Pompeij præpositus esset, eius uerbis nuntium mittit, cum minus bellè haberet, ut mitteret lecticam, qua in oppidum deferri posset. litteris missis, Pompeius Carteiam defertur. Qui illarum partium fautores essent, conueniunt in domum, quò erat delatus: qui arbitrati sunt clanculum uenisse, ut ab eo, quæ uellent, de bello requirerent, cum frequentia conuenisset, de lectica Pompeius eorum in fidem confugit. Cæsar ex prælio munitione circumdata, Cordubam uenit, qui ex cæde eò refugerant, pontem occupauerunt. cum eò esset uentum, conniciari cœperunt, nos ex prælio paucos superesse, quò confugeremus. Ita pugnare cœperunt de ponte. Cæsar flumé transiecit, et castra posuit. Scapula totius seditionis familia, et libertinorum caput ex prælio Cordubam cum ueniset, familiam, et libertos conuocauit. pyram sibi exstruxit. cœnam afferri quàm optimam imperauit. item optimis super additis uestimentis, pecuniam, et argentum in præsentia familiæ donauit. Ipse de tempore cœnauit, uinum, et nardum identidem sibi infundit. ita nouissimo tempore seruum iussit, et libertum, qui fuisset eius concubinus, alterum se iugulare, alterum pyram incendere. Oppidani autem, simul Cæsar castra contra id oppidum posuit, discordare cœperunt, usque eò, ut clamor in castra nostra perueniret, quæ ferè inter Cæsarianos, et inter Pompeianos erant, hic legiones,

legiones, quæ ex perfugis conscriptæ, partim, oppidanorum serui, qui erant à Sex. Pompeio manumissi, tunc in Cæsaris aduentum descendere cœperunt. Legio XIII oppidum defendere cœpit: nam, cum iam repugnarent turres ex parte, et murum occuparunt. Denuo legatos ad Cæsarem mittunt, ut sibi legiones subsidio intromitteret. Hoc cum animaduerterent homines fugitiui, oppidum incendere cœperunt. qui superati à nostris, sunt interfecti hominum millia XII, præterquam extra murum, qui perierunt. Ita Cæsar oppido potitus, dum hic detinetur ex prœlio, quos circummunitos superius demonstrauimus, eruptionem fecerunt: et bene multis interfectis, in oppidum sunt redacti. Cæsar Hispalim cum contendisset, legati deprecatum uenerunt. Ita cum oppidum sese tueri dixisset, Caninium legatum cum præsidio intromittit. Ipse castra ad oppidum ponit. Erat bene magnum intra Pompeianas partes præsidium, quod Cæsaris præsidium receptum indignabatur, clam cuidam Philoni, illi, qui Pompeianarum partium fuisset defensor acerrimus. Is tota Lusitania notissimus erat. hic, clam præsidio in Lusitaniam proficiscitur, et Cæcilium Nigrum, nomine Barbarum, ad Leniam conuenit, qui bene magnam manum Lusitanorum haberet. Rursus in Hispalim oppidum denuo noctu per murum recipitur, præsidium, uigilesq́ iugulant. portas præcludunt. de integro pugnare cœperunt. Dum hæc geruntur, legati Carteienses renuntiarunt, quòd

Pompeium in potestate haberent, quod ante Cæsari portas præclusissent, illo beneficio suum maleficium existimabant se lucrifacere. Lusitani Hispalim oppugnare nullo tempore desistebant. quod Cæsar cum animaduerteret, si oppidum capere cótenderet, ut homines perditi incenderent, et mœnia delerent. ita consilio habito, noctu patitur Lusitanos eruptionem facere, id quod consulto non existimabant fieri. ita irrumpendo naues, quæ ad Bætim flumen fuissent, incendunt. Nostri, dum incendio detinentur, illi profugiunt, et ab equitibus conciduntur. quo facto, oppido recuperato Haslam iter facere cœpit. ex qua ciuitate legati ad deditionem uenerunt, Mundensesq́; qui ex prælio in oppidum confugerant, cum diutius circumsiderentur, bene multi deditionem faciunt, et, cum essent in legionem distributi, coniurant inter se, ut noctu signo dato, qui in oppido fuissent, eruptionem facerent. Illi cædem in castris administrarét. Hac re cognita, insequenti nocte, uigilia tertia, tessera data, extra uallum omnes sunt concisi Mundenses duces. Cæsar in itinere reliqua oppida oppugnat, quæ propter Pompeium dissentire cœperant, pars erat, quæ legatos ad Cæsarem miserat. pars erat, qui Pompeianarum partium essent fautores. seditione concitata, partes occupant, cædes sit magna, saucius Pompeius naues xxx occupat longas, et profugit. Didius, qui Gadis classi præfuisset, ad quem simul nuntius allatus est, confestim sequi cœpit, partim peditatibus, & equitatibus ad persequendum cele-

celeriter iter faciens. Item quarto die nauigatione cōfecta, insequuntur, qui imperati a Carteia profecti sū-
ne aqua fuissent, ad terram applicant . dūm aquan-
tur, Didius classe occurrit, naues incendit, non nullas
capit. Pompeius cum paucis profugit. Et locum quē-
dam munitum natura occupat . equites et cohortes,
quæ ad persequendum missæ essent, speculatoribus
ante missis certiores fiunt, diem, et noctem iter faciunt. Pompeius humero, et sinistro crure vehementer
erat saucius, huc accedebat , ut etiam talum intorsis-
set, quæ res maxime impediebat. ita lectica a turre,
qua esset allatus in ea ferebatur . Lusitanus more militari, cū a Cæsaris præsidio fuisset cōspectus celeriter
equitatu, cohortibusq. circūcluditur. Erat accessus
loci difficultas. nam iccirco , quod propter suos a nostro præsidio fuisset conspectus, celeriter munitum locum natura ceperat sibi Pompeius, quem uix magna
multitudine deducti homines ex superiore loco defendere possent . subeunt in aduentu nostri , depelluntur
telis, quibus cedentibus, cupidius insequebantur aduersarij, et confestim tardabant ab accessu. Hoc sæpius facto animaduertebātur nostro magno id fieri periculo. Opere circummunire instituit, pari autem, et celeri festinatione circum munitiones in iugo dirigunt ,
ut æquo pede cum aduersarijs congredi possent. a quibus cum animaduersum esset, fuga sibi præsidium capiunt. Pompeius, ut supra demonstrauimus, saucius,
et intorto talo, iccirco tardabatur ad fugiendū. Itiq́.
propter loci difficultatem , neque equo , neque uehi-
culo

LIBER III. 283

sidio fuit. Lusitani præda potiuntur. Cæsar Gadibus rursus ad Hispalim recurrit. Fabius Maximus, quem ipse ad præsidium oppugnandum reliquerat, operibus assiduis hostesq́; circum sese interclusi, inter se decernere, facta cæde bene magna eruptione faciunt. Nostri ad oppidum recuperandum occasionem non prætermittunt, et reliquos niuos capiunt, ac deinde Vrsaone proficiscuntur, quod oppidum magna munitione continebatur, sic, ut ipse locus non solum opere, sed etiam natura editus, ad oppugnandum hosté appeteret. Hoc acciderat, quòd aqua, præterquem in ipso oppido, nō erat: nā circūcirca riuus nusquā reperiebatur propius millia passuum octo. Quæ res magno erat ad iuméto oppidanis. tum præterea accedebat, ut agger, materiesq́ue, unde solita sunt turres agi, propius millia passuum sex no reperiebátur. ac Pompeius, ut oppidi oppugnationem tutiorem efficeret, omnem materiem circum oppidum succisam intro congessit. Ita necessario diducebantur nostri, ut a Munda, qua proxime ceperant, materiem illo deportarent. Dum hæc ad Mundam geruntur, et Vrsaonem, Cæsar, cum a Gadibus ad Hispalim se recepisset, insequenti die, concione aduocata, commemorat, initio quæsturæ suæ eam prouinciam ex omnibus prouincijs peculiarem sibi cōstituisse, et, quæ potuisset, eo tempore beneficia largitum esse: insequenti præturaampliato honore, uectigalia, quæ Metellus imposuisset, a senatu petiisse, et ei, pecunijs prouinciam liberasse: simulq́ue, patrocinio suscepto, multis legibus ab se in senatu inductis,

Nn 3 simul

simul publicas, privatasq́. caussas, multorum inimicitijs susceptis, defendisse: suo item in consulatu absentem, quæ potuisset commoda provinciæ tribuisse: eorum omnium commodorum esse & immemores, et ingratos in se, & in populum R. hoc bello, & in præterito tempore cognosse. Vos iure gentium, inquit, et civium R. institutis cognitis, more barbarorum populo R. magistratibus sacrosanctis manus sæpe & sæpius, luce clara Cassium in medio foro nefarie interficere voluistis. Vos ita pacem semper odistis, ut nullo tempore legiones desint populi R. in hac provincia haberi. apud vos beneficia pro maleficijs, maleficia pro beneficijs habentur. ita neque in otio concordiam, neque in bello virtutem ullo tempore retinere potuistis. Privatus ex fuga Cn. Pompeius adolescens a nobis receptus, fasces, imperiumq́. sibi arripuit. multis interfectis civibus, auxilia contra populum R. comparavit: agros, nestramq́. provinciam vestro impulsu depopulavit. In quo vos victores existimabatis? an, me deleto, non animadvertebatis, decem habere legiones populum R. quæ non solum vobis obsistere, sed etiam cælum diruere possent? quarum laudibus, & virtute

Desunt non nulla.

INDEX POPVLORVM,
ac locorum, qui in C. Iulij Cæsaris commentarijs habentur.

A

ÆSAR, in commentarijs Galliam in tres partes diuidens, loca Galliæ prouinciæ, a Romanis tunc possessæ, Britaniæ ulterioris, quam Angliam dicimus, Hispaniæ etiam citerioris, ac populorum cis Rhodanum, transq́; Rhenum flumina sitorum annectit, qui omnes lingua, institutis, legibusq́; inter se etiam tunc differebant.

Aquitania regionum latitudine, & multitudine hominû ex tertia parte Galliæ existimanda est: hanc Garumna flumen a Celtis diuidit, quæ & Oceanum mare attingit. In hac sunt metropoles Burdegalēsis, Auxitana, earumq́; suffraganeæ, pars item aliarû metropolû extra terminos eosdem sitarû, quæ tamen Aquitaniæ attribuūtur, Guiēnā hanc Galli hodie nū cupant. hæc cum olim a regibus Francorum ducibus Normāniæ tradita esset, qui postea regnum Angliæ occuparunt, cû illam post uarias cōtentiones centû et LX amplius annos Angli tenuissent, Caroli septimi auspicijs tandē ad Francos redijt. in hac cû alij principatus celebres sunt, tū Fuxēsis, quorû princeps nepos ex sorore Ludouici XII, qui nunc rerū in Gallia potitur, uictis apud Rauennā Hispanis memorabili prælio, uitam cum principatu amisit. sicq́; eius oppida ad regem

regem nullis relictis hæredibus redierę, sorore superstite, Ferdinando Regi nupta.

Arar Celtica fluuius est, nunc Lasone. Oritur in diœcesi Tullensi, finibusq. Burgundiæ, & Lotoringiæ, non longe a monte Vogeso, quò Mosa flumen profluit, intersecat tum eam Burgundiæ partem, quæ Imperatoria; tum eam, quæ Regia dicitur. Illi comes, ut hodie loquuntur, huic dux a Francorum rege inftituens præerat, qui tamen, mortuo Carolo Philippi, ab Heluetijs occiso, ad supremum ius regium adscriptus est, ut nullus adhuc Burgundiæ dux sit, sed comes tantum intersecat Gabillonem, ac Matisconem ciuitates, tunc Heduorum oppida prolapsis Lugduum urbem, Rhodanum influit. Quem fluuium Virgilius in Bucolicis, Lucanus in primo, & Tibullus elegia septima meorant.

Alexia inter Celtas oppidum Mandubiorum in ducatu Burgundiæ, finibusq. Heduorum non longe a Lingonibus, in uici formam redactum nomen retinens, a quo etiam hodie, ut plerisque placet, magna pars eius regionis Alsetum nuncupatur, nec longe distat a uico, qui Flauiacum appellatur. In cuius Alexiæ expugnatione nonnullæ munitiones in floris lilij formam Cæsaris iussu, ut ipse scribit, factæ suntæ.

Atrebates inter Belgas populi finitimi Ambianis, Tornacensibus, & Morinis, partem Picardiæ continent, ciuitas est nomen adhuc retinens in prouincia Rhemensi, regem agnoscit. Arras hodie uulgo nuncupatur, in hac laudatissima texuntur aulæa.

Ambiani

Ambiani, Amiens uulgo, in Picardia posita, hanc rex a duce Burgundiæ repetit.

Axona inter Belgas flumius est in extremis Rhemorum finibus, quod pedibus uado transitus est. La Disne uulgo dicitur, in huius fluminis transitu Germani ab insequentibus Gallis magnum incommodum accepere, fere octo millibus passuum ultra Rhemos, Laudunensem, & Rhomensem diœcesim partiens. Gallice Auaix nunc dicitur, prope oppidum, quod uocatur Gallice Latonio.

Aduatici Belgarum populi, regni Eburonum, nunc Leodiensium finitimi, ac Neruijs, nunc Tornacensibus proxim, habebant amplum, & in altissimis rupibus oppidum, forte nunc, ut quibusdam uidetur, est oppidum appellatum Beaumth, uicinum Thadeuno in finibus Hannoniæ. Hos ex allusione nocabuli complures credunt esse eos, qui Donacum, Atrebatensis diœcesis oppidum, non longe a Cameraco urbe distans, incolunt. Hi Aduatici Cimbris, Theutonisq́, prognati erant, qui Transrhenani fuerunt, sed magis coniectura est Aduaticos fuisse eos, qui hodie Gallicam Brabantiam, ubi oppidum Niuella est, partemq́. Hannoniæ circa Cannetum montem, & Bintium oppida Cameracensis diœcesis, finitimaq́. his loca extra Francorum regnum inhabitant, ubi locus quidem in uici formam redactus est fere desertus. cuius nomen Gallica lingua ueteri satis alludit, & monumenta adhuc quædam præclara uetustatis usurpantur. hi Bosleducens dicti.

Auaricum

Ausci populi in Aquitania proximi Garumnæ, Vocatiis, Tarusatiis, Sontiatibus, Cocosatibus, et Hispaniæ citeriori, in regno Francorum siti, quos coniectura est fuisse Auscitanos: ciuitas est metropolis: hi sunt Aquitanorū clarissimi, quorum urbs opulentissima Helui Vmberrum, ut refert Pomponius Mela.

Ambibari inter Celtas, necessarii erant, & côsanguinei Heduorū, quos quidā opinantur esse Borboniēses. Non nulli antè quod fuerint Niuernenses Heduis finitimis, siue pro parte Bituricenses allusione uocabuli, quo ætas nostra utitur. Ambaros etiā dicimus ciuitatum clientes, seu adhærentes, oppidū Ambarorum pagus Semarius, siue Mons barri dicitur.

Allobroges erant populi citra Rhodanum fluuium, & ad Lemani lacus ripas extra Belgas, Celtas, & Aquitanos: Gebennam oppidum, ubi sollemnes nundinæ nostra ætate celebrantur in Sabaudia, locaq; finitima incolentes, qui etiam fuere finitimi Vocontiis populis, propinqui Ceutronibus, nunc Tarentasys, ac trans Rhodanum nicos, & possessiones habebant circa regionem, quæ hodie Brixia dicitur, ducatui Sabaudiæ spectantem, quam fluuius Indis irrigat, citra Ararim flumen, hos memorat Iuuenalis satyra prima, & Sallust. in Catilinæ historia, referunturq́; in epistola Planci inter familiares Tullÿ, quæ incipit, Nunquam mehercule. Allobroges enim, qui cis Rhodanum habitabant, finitimi erant Galliæ prouinciæ Romanorum, propter quod, cum Romanis paullo ante bello cōtenderant, ac nuper pacati

cati erant. inde constat Delphinatum fuisse, tunc ex parte Galliæ prouinciæ, quæ Romanorum erat, cum esset finitima Allobrogibus, fuisse item partem Allobrogum, inter quos fuit Vienna ciuitas Metropolis secundum Strabonem. hi sunt hodie Sabaudienses appellati, quibus Dux præest uetustate imperij, & nobilitate generis longè clarissimus, caput gentis Taurinum. nam Vercellas in dotem eius maiores à uice comitibus habuere, pacis admodum studiosi.

Aruerni, populi inter Celtas, finitimi Heduis, Biturigibus, ac Borboniensibus, nec longè à Lemonicibus, nomen retinent. ducatus est, cuius titulus duci Borbonij adscribitur, in Francorum Regno siti. hos memorat Lucanus in primo.

Aulerci item populi inter Celtas ex ciuitatibus maritimis Oceanum attingentibus, quæ Armoricæ appellantur, proximi Rhedonibus, Sessunijs, Curiosolitis, Osissinis, Vnellis, Venetis, ac Cenomanis, in prouincia Turonensi, & Francorum regno siti, quos nonnulli Aurelianenses esse opinantur. Sed illi prouinciæ sunt Senonensis.

Aulerci item inter Belgas, proximi Eburonibus Lixouijs, ac Velocassis.

Alduasdubius Celtarum est fluuius, Gallicè, Le Doux, oriens circa montem Iuram, Sequanos ab Heluetijs diuidens, lapsusq; per comitatum Burgundiæ montem Bellicardum, insulam, ac Clarauallem castella perluit, ac urbem Bisuntinam nunc intersecat, dehinc Dolam oppidum præterfluens circa Vivedunum

num castrum non longe a Cabilonensi urbe Arari flumio miscetur, et Dubius nunc vocatur, ad Sequanos prorsus pertinens.

Andes populi inter Celtas, Curiosolitis, Venetis, Carnutibus, et Turonibus finitimi, ac ducatui Bituricensi, Oceanoq́; proximi, quos Ligeris flumen alluit, ciuitas est inter Galliæ primarias, Andegauenses dicti, in prouincia Turonensi et Francorum regno siti, ducatus titulo insigniti, hinc in regno Neapolitano Angioni dicti, quod ad illam familiam regni iura deuenerant, quæ mox reges Francorum ex testamento Renati ultimi sibi adsciuerunt.

Agendicum inter Celtas oppidum, Senonibus, Parisiis, Velaunoduno oppido Senonum, Genabo Carnutum oppido, et Noujoduno, Auaricoq́. Biturigum oppidis proximum, in regno Francorum situm, Prouins Gallice.

Ambibareti erant populi, in quos Cæsar hiemãdi caussa C. Antistium Rheginum cum legione una in septimi commentarij fine misisse commemorat, & forte erant Ambianenses, uel aliqui his proximi, ut eos, Atrebatesq́. et Morinos finitimos in fide contineret. Non enim est uerisimile, quin aliquam legionem illic collocauerit, ut superioribus annis consueuerat, de qua non constat, nisi de hac intelligamus.

Anabibari populi Celtarum inter Armoricas ciuitates Oceanum attingentes, finitimi Rhedonibus, & Lemouicibus, circa Britanniam citeriorem, & Normanniam, in regno Francorum siti.

Armoricæ

Armoricæ ciuitates positæ erant in ultimis Galliæ finibus Oceano coniuncta, ex quibus fuere Curiosolites, Rhedones, Ambibari, Cadetes, Osissini, Lemouices, Vnelli populi oppositi Angliæ, Britannia citerior, & Britonas appellata, cui dux olim regi subditus præfuit, nunc ex matrimonio Annæ ducis olim filiæ ad regem redacta.

Arduenna silua omnino in Belgis totius Galliæ maxima, atque ingens, a Rheno fluuio per fines Treuirorum ad Neruios, nunc Tornacenses, et Rhemorum pertinens millibus passuum amplius quingentis in longitudinem patet, attingit enim Menapios, nüc Iuliacenses, Aquisgranum oppidum, Eburones, nûc Leodienses, Condrusos, Aduaticos, qui erant pars comitatus Hannoniæ, Lucemburgensem, Bullonensem, Barrensem, Lotoringum, Limburgensemq; ducatus, Eifliam, & comitatum Namurcensem, Metensium, Moguntinorum, Confluentiæ, & Vbiorû, nunc Coloniensiû, et Cataluniæ diœcesis fines, in qua sunt uici, castella, et oppida multa, ac complures insignes Abbatiæ, præsertim ordinis Diui Benedicti, scilicet Diui Vberti Leodiensis diœcesis, Diui Corneliy Coloniensis diœcesis: cuius siluæ extrema pars uersus Belgas sunt Mosa, et Scaldes fluuij, Scaldes uero Mosam influit, qui fluuij, et silua nomen retinent pristinum hac etiam tempestate.

Anartij populi trans Rhenum, & Danubium, cui ac Hercyniæ siluæ, quæ ingens erat silua Germaniæ, & Dacis finitimi erant. Qui Daci, ut plerisque

risque placet, pridem partem habitarunt Pannoniæ.

Antuates populi citra Rhodanum extra Belgas, Celtas, & Aquitanos, finitimi Allobrogibus, et Gebennæ oppido, ac Galliæ prouinciæ Romanorum proximi huius nominis, adhuc extat uicus, & præfectura quædam monachorum inter Gebénam, et Delphinatum, qui est Gebennensis diœcesis, uidétur tamen secundum Cæsaris descriptionem Antuates magis fuisse inter Allobroges, & uicum Veragrorum, cui Diuus Mauritius Sedunensis diœcesis nomen est.

Aromici populi, uel Artomici extra Celtas, Belgas, & Aquitanos citra Rhodanum fluuium finitimi Volcis, non longe a Caballis, Aruernis, Heluijs, Ruthenis, Massiliensibus, & Cadurcis. hos coniectura est fuisse Artomicorum populos, quorum ciuitas est Episcopalis, et prouinciæ Viennensis in finibus Galliæ prouinciæ Romanorum, quos Auracenses dicimus, ubi principatus est Francorum Regi non subditus, Armeniacus uulgo dictus. horum princeps Iacobus nomine, cum a Florentinis in Italia accersitus esset aduersus Ioannem Galeatium Mediolmensem Ducem, apud Alexandriam magno prælio uictus & cæsus est.

Alpes erant, quibus initio Gallici belli Cæsar ex Italia in Galliam quinque legiones traduxit per fines Centronū, qui hodie Tarentasij nominantur. hæ Graiæ dicuntur, quibus uulgo mons Cinesius, seu Cinerū nomen est, quæ & Pœninæ, ut quidam uolunt, dicuntur, quòd Hānibal Pœnus his in Italiā penetrauerit.

Tacitus

INDEX.

Tacitus autem Pœnina inga, quibus ex Italia in Noricum, et Germaniam iter est, designat. Aliæ erant Alpes, quas summas Cæsar appellat, quod inter omnes magis emineant, quarum iter patefieri volebat, quò magno cum periculo, magnisq́ cum portorijs mercatores ire consueuerant, proxima Veragrijs populis, quorum uicus erat Octodorus, nunc Diuus Mauritius dictus. harum una diœcesis Augustensis diui Bernardi montem uulgus nominat. Alteri Sedunensis diœcesis mons Briga nomen est. Sunt et Alpes, quas Cornelius Tacitus, et ueteres dixere maritimas, hæc in prouincia Hebredunensi, locisq́ Ligustico mari finitimis consistunt, quà ex Italia iter erat ad aggrediendam Narbonensem prouinciam. Alpes item fuere, quas idem Tacitus, et prisci dixere Rheticas a Rhetis populis, qui, ex Tuscia profecti, duce Rheto ea loca tenuere, sarsan dictæ. hæ agro Tridentino adiacent, & Veronensi, quibus ex Italia in Sueuiam, et Austriam iter est. fuerunt et illæ, ex quibus Rhenus inter fines Sedunēsis, et Curiensis diœcesum oritur, quas Lepontias Cæsar et alij scriptores appellauere. Nunc Diui Gotardi, ac Diui Nicolai dicuntur, quas Cœstias esse quibusdam placet, quibus in loca Rheno, Oceanoq́. finitima ex Italia aditus est. Iulias præterea Alpes memorat Tacitus, quas sentit esse proximas Rhetis, quà forte ex Italia per Taruisinam urbem in Stiriam, & Austriam iter est.

Assiburgium oppidum Germaniæ non longe a Rheno fluuio, & eis eum inter Gelduba, et uetera castra

castra situm, Nusciæ, et Cliuensi ducatui proximū, non memorat Cæsar, sed Tacitus.

Agrippina, quæ nunc Colonia dicitur, Archiepiscopalem inferioris Germaniæ Vbiorum urbē ad ripas Rheni citerioris sitā nō memorat Cæsar, sed Tacitus: in qua vete Agrippinā, Claudij Cæsaris coniugē, Neronisq́; matre natam esse, ac ueteranos, et coloniā illuc deduci imperasse, Vbiorumq́; gentē Rheno transgressam auū eius Agrippā in fidem suā accepisse, ac eam urbem fatali igne paullo post consumptā refert, in qua Capitoliū, et loca, ac ædificia fuere, et ritus ad Romanorum instar. Ex his adhuc nō omnia periere.

Antona in Anglia fluuius: Tacitus.

Ansuarios, Germaniæ inferioris populos, proximos Phrysiis, pulsos à Caucis, non memorat Cæsar, sed Tacitus.

Arenacij inter Coloniam, & Traiectum urbes Episcopales locum ultra Nouesium Rheno adiacentem, non memorat Cæsar, sed Tacitus.

B

Belgæ populi multarum ciuitatum, oppidorum, ac locorum, mari Oceano, Rheno, Matrona, & Sequana fluminibus includuntur. horum plerique orti à Germanis, Rhenum antiquitus traductis, Gallos inde expulerunt. hi moribus, legibus, & ornatu nunc sunt ualde culti, humani, & satis effeminati, continueq́; sunt apud eos mercatores, quò per ætates commercia, moresq́; hominum mutari constat. In his sunt Metropoles, Treuerensis, Coloniensis,

INDEX.

niensis, Maguntinas, Rhemensis, et earum suffraganeis intra Oceanum mare, ac eadem tria flumina constitutis, itē Brabantia, Flandria, Holandia, Geldriæ, ac Phrysiæ pars, tota Picardia, Hanonia, Iuliacum, Virtutum comitatus, ac Campaniæ maxima portio, Silua Arduenna uniuersa, cum singulis sibi adiacētibus, et ea inclusis populis, ac locis, et plerique principes, tum profani, tum sacri, ducesq; et comites, ciuitatesque, quorum multæ liberæ, suoq; iure aguūt, aliæ Francorum regi obtemperant. quod superest, imperatorias partes sequitur. in his sicut tres imperatorum electores, sunt et Francorū regis, quos Pares uocāt, ferme omnes. Imperator certe, et Rex in Belgis coronatur, consecratur, et inungitur. alter Aquisgrani, alter Rhemis. hos memorat Lucanus in primo. in his Belgarū clarissimi erant Treuiri, quorū urbs opulentissima Augusta, ut refert Pomponius Mela, quæ nūc ignoratur. In Belgica autē a Iulio Cæsare usque in tempus inclinantis imperij legatum Romani diutius habuerunt. Nunc uero uice procōsulis, et legatorum Romani Pōtificatus Monarchia extat, et legatos natos, et primates habet, quibus subsunt Episcopi, ad instar præsidis prouinciæ instituti. Sunt et collectores, quos prisca ætas quæstores appellauit, atque reges, et principes, qui, uelut censores, decreta Pōtificis Maximi, et censuras reuerenter exsequuntur. huic singuli obedientiam exhibent, et ad omnīn causis maioribus recurrūt, quas ad ipsū assidue deferūt.

Belgium erat Bellouacorum ciuitas magna, &

inter

inter Belgas auctoritate, atque hominum multitudine præstãs, in qua Cæsar interdum hiemauit, ac plures legiones eius aliquando illic in hibernis fuere. nomen adhuc retinet.

Bellouaci ciuitas est Episcopalis, in prouincia Rhemesi, ac Fracorũ regno sita, bi hodie, de Beauuoisiñ.

Bibrax oppidum Rhemorum in Belgis ultra Axonam flumen, nec longe ab eo: quod flumen in extremis Rhemorum finibus erat, et in eo pons in Francorum regno situs, nunc naui, et interdum uado transijcitur. portus pristinum oppidi nomen latine retinet.

Bibracte oppidũ Heduorum in Celtis longe maximum, ac copiosissimũ, et maxime apud Heduos auctoritatis: in quo totius Galliæ concilium Cæsar indixit, ius dixit, et sæpe hiemauit: in Francorũ regno situm, in formã ruris redactũ ; et in radicibus montis non longe ab Heduãciuitate positum nomen retinet.

Bibrogi populi in Anglia, mari proximi, & Cassis, Ancalitibus, Trinobantibus, Cenimagnis, ac Sengoriacis.

Bigerrones populi in Aquitania, proximi Tarbellis, Vocatijs, Tarusatijs, Sõtiatibus, et Hispaniæ citeriori, in Fracorum regno siti, comiti de Fuxo subditi. Vbi comitatus est in Vasconia consistens, nomen retinent, ubi Turfa est, et castrum Begora, et Episcopatus Biclerensis prouincia Narbonensis. Huic profectus uir fortis, Eneques nomine Regnum Nauarræ constituit, pulsisq; inde Mauris, successoribus suis regnum per manus reliquit.

Oo 2 Bra-

INDEX.

Bractuspantium, oppidum Bellouacorum inter Belgas, finitimum successionibus, in Francorum regno situm.

Brannouices populi inter Celtas, proximi Segusianis, Ambuaretis, ac Heduis, quorum clientes erant, hodie la Moriane.

Blanony populi inter Celtas, proximi Segusianis, Ambuaretis, ac Heduis, quorũ clietes erant, qui fuerunt forte Brãnouices, qui dicitur à Galliis de Blano.

Bituriges populi inter Celtas. eorum fines ab Heduis, quorum erant in fide, Ligeris flumus diuidit, proximi sunt Aruernis. XXI urbes eorum uno die incenderunt, ut Cæsarem commeatu, et pabulatione prohiberent. ciuitas est Metropolis retinens nomen. Carolus septimus, qui, pulsis Anglis, Francorum Regnum restituit, cum nihil ferme aliud esset, quod in Gallia retineret, occupâtibus Anglis omnia, Bituricensis rex in derisum appellabatur. in regno Francorum sita, hos memorat Lucanus in primo.

Bataui populi inter Belgas. nam Mosa flumen parte quadam ex Rheno recepta longe fere ab Oceano octoginta millibus passuum, quæ appellatur Vualis, insulam efficit Batauorum, in Oceanum influit, hi hodie, ut plerisque placet, Holandini dicuntur, diœcesis Traiectensis, propinqui Thryssia, et ducatui Gheldriæ, ac mari Oceano finitimi. hos memorat Lucan. in primo. bi a Cattis populis Transrhenanis, Cerusis, & Ligijs Pannoniæ populis ultra Hercyniam siluam finitimis, Hermunduris orti dicuntur, et

seditione

seditione domestica pulsi extrema Galliæ ora vacua cultoribus, simulq́, insulam inter vada sitam occupauere. quam mare Oceanum a fronte, Rhenus amnis tergum, ac latera circumluit, ut refert Tacitus, dicens, apud Batauos fuisse olim lucum sacrum, qui, ut coniectura est, hodie in finibus uici Agheducis in Hollandia extat. nec longe, secundum Tacitum, est insula nomine Mona, unde forte Monachum oppidum, uel Monasterium ciuitas Episcopalis est.

Britanniæ maioris, cui nomé est Anglia, pars interior ab his incolitur, quos natos in insula ipsi memoria proditú dicunt. maritima pars ab his, qui prædæ, ac inferendi belli caussa ex Belgis transierat, qui omnes fere his nominibus ciuitatum appellantur, quibus orti ciuitatibus peruenerunt, et bello illato ibi permanserunt, atque agros colere coeperút. Inde opinio eorum linguam ex populorú diuersitate cópositam intellectu, scientiaq́. loquendi difficiliorem esse, quodq́. Germanos præ ceteris caros habeant, quia plerique Belgæ orti sunt a Germanis, qui antiquitus Rhenum transiuerunt, a quibus post hæc Angliæ pars maritima origine sumpsit. hos refert Lucanus ultra Oceanú esse, et toto discretos orbe. continet tota Anglia insula in circuitu bis mille millia passuú, apud hos erat, et est magnus pecorú numerus. hæc insula Angliæ Germaniæ populis in eá classe sæpius irruentibus, uictis ueteribus colonis, Anglorú terrra dicta. Verum parté eius, quæ magis ad Septétrioné uergit, Scoti, et ipsi Germani pictis admistis occuparút, hodieq́. eunt.

Oo 3   Francis

INDEX.

Frácis amicissimi, Angloru̅ regi maxime semper infesti, populi moribus incōditi, esseri, nullas prope urbes habet, nemora, et siluas bellis ingruētibus petūt.

Boij populi Transrhenani Franconiæ, alpibus Italiæ, Sueuis australibus, ac Danubio flumini proximi. Qui in agrum Noricum transiuere, Noricaq̃. oppugnarunt, expulsis, ut coniectura est, Noricis: quoru̅ Noricorum adhuc pars trans Danubium non longe ab ortu eius, & Athesis fluminis sita Noricus appellitur. Boiorum pars, Heduis Cæsarem deprecantibus, deuictis Heluetijs, quorum in societate domo excesserant, in finibus Heduorum a Cæsare sunt collocati. Vbi Gergobiam ciuitatem exiguam, et infirmā non longe ab Auarico oppido in finibus Biturigum sito, eis per Heduos attributo habitauunt. Boij primū, post Boioarij, et nunc Bauari dicti a finibus Herbipolentiū per Noricum agrum, ubi Norimberga est oppidum, in medio fere Germaniæ sitū, in Angustenses protenduntur, cum quibus, et alijs finitimis Thansrhenanis usque ad Brissinam urbem, et terras, quas hodie Sigismundus Austriæ dux possidet, ac in fines Tridentinos sæpe tunc, et continuo usque nunc Heluetij Rhenum transeuntes bella gessere. hi Borbonij hodie dicuntur.

Bacenis silua ingens trans Rhenum, Sueuos a Cherusis pro natiuo muro diuidit: nunc, ut opinio est, Nigra silua dicitur, non lōge a Friburgo oppido, et Badē si agro, inter Athesim, Rhenum, Necharum, Moganum, et Danubium Germaniæ flumina, Herceyniāq̃
siluam,

siluam, et Hassiæ regionis Germanicæ montes.

Bellocassi populi inter Celtas, proximi Lexobijs, quos opinio est esse Baiocenses. eorum ciuitas est Episcopalis in prouincia Rhotomagensi, ducatu Normanniæ, et regno Francorum sita.

Brigantes in Anglia populos, siluarum gentem, non memorat Cæsar, sed Tacitus.

Batauodurum inter Coloniensem, et Traiectensem, urbes Episcopales, locum ultra Nouesium in finibus ducatus Cliuensis situm, Rheno adiacentem Belgis adscribendu, non memorat Cæsar, sed Tacitus.

Bonnam oppidum ad citeriores Rheni ripas situm, et Coloniensi urbi, ac Confluentiæ oppido proximum, inter Belgas numerandum, non memorat Cæsar, sed Tacitus.

Bethasios Germaniæ populos inter Belgas, proximos Caninefatibus, Batauis, Tungris, ac Marsacis, Traiectensés superiores fuisse coniectura est, ad utráque Mosæ fluminis ripam cis Rhenum, sitos, in diœcesi Leodiensi. hos Cæsar non memorat, sed Tacitus.

Binguiam, nunc Pinguiam, Germaniæ oppidum, Belgis adscribendum, inter Maguntiam urbem, et Confluentiam oppidum cis Rhenum eius ripis finitimum, non memorat Cæsar, sed Tacitus.

Bruteros, ex quibus fuit Veleda uirgo fatidica, quæ Germanis, religione animos eorum occupante, aliquando præfuit, ut auctor est Tacitus, Germaniæ inferioris populos Henteris, et Phrysiis proximos, non memorat Cæsar, sed Tacitus.

Oo 4   *Celtica*

C

Celtica, quæ & Gallia olim a Romanis dicebatur Bisuntinam, Senonensem, Bituricensem, Lugdunensem ciuitates Metropolicas, earumq́; suffraganeos omnes inter Garumnam, Matronam, Sequanam, & Rhodanum flumina sitas complectitur. in hac sunt ducatus Bituricensis, Burgundiæ, Borbonij, Aruerniæ, Aurelianensis, Valesij, a quo recentiores Francorum reges, a Philippo scilicet Valesio, cognominantur, & Normanniæ, quòad citra Sequanam se extendit, comitatus etiam Burgundiæ, Niuernensis, Antissiodorensis, montis Belicardi, Ferretensis, Carolotensis, Matisconensis, Blesensis, Bellouacensis de Iouigni principatus Auresicæ multíq́; alij, & pars comitatus Campaniæ. Celtarum clarissimi sunt Hedui, horum urbs opulentissima Augustodunum, ut refert Pomponius Mela, cui Gallica lingua alludit, Autun appellando, cuius Celticæ terminos, quoad R. Imperium in Gallijs uiguit, Rhodanus fluuius præfiniebat, ut non nulli scripserunt. hi proprie Franci nunc dicuntur.

Centrones populi finitimi Garocellis, et Caturigibus, non longe a Vocuntijs, & Allobrogibus erant, inter Alpes Graias, quæ hodie dicuntur Mons Cinerum, siue Cinesius, & urbem Gebennam, lacumq́; Lemanum, & Rhodanum fluuium. Nunc autem Centrones sunt Tarentasij extra Celtas, Belgas, & Aquitanos, in Sabaudia ciuitas est Metropolis.

Caturi

Caturiges populi finitimi Cetronibus, ac Garocellis, quà iter erat ab alpibus Graiis ad oppidum Gobennā, lacum Lemanum, & Rhodanum fluuiū, quos uerisimile est fuisse diœcesis, uel saltem prouinciæ Tarentasiæ, extra Belgas, Celtas, & Aquitanos.

Cimbri populi, Rhenum fluuium transeuntes, depositis, ubi postea Aduatici incoluerunt, citra id flumen impedimentis, omnem Galliam uexando, & occupando, solis Bellouacis resistentibus, iterą́ per Galliam prouinciam Romanorum facientes in Italiam contenderunt. hos memorat Lucanus in primo, quos à Dacia uenisse opinio est. hi Zelandiam hodie tenent, Zelandią́ nuncupantur.

Cargali populi Transrhenani in Galliam Celticā circa fines Sequanorum, ac Heduorum ab Ariouisto Germanorum Rege transportati, quos non ab re opinari possumus eosdem fuisse cum Harudibus, ab ipso rege similiter translatis.

Caletes populi inter Belgas, Morinis, Oceanoq́ mari finitimi, ac Ambianis, & Atrebatibus proximi. ab his breuissimus in Britanniam, nunc Angliam traiectus, nomen retinent. Normania sunt diœcesis, in Regno Francorum siti, Anglorum regi subiecti.

Catuaci populi inter Belgas Neruijs, Caletis, Viromandijs, ac Condrusis proximi, quos forte Doaci oppidi incolas Atrebatensis opinari licet.

Cherusci populi Germani gente, nomine, & numero appellati, cis Rhenum fluuium inter Belgas Eburonibus, qui hodie Leodiensis, & Condrusis
proximi,

proximi. hos coniectura est fuisse inter populos Leodiensis diœcesis.

Condrusi Belgarū populi inter Eburones, qui nūc Leodienses sunt, Segnos, & Treuiros, quorum erant clientes, Menapijs, Mosæ finuio, & silua Arduenna finitimi, gente, nomine, & numero Germani, apud quos est ad ripas Mosæ oppidum ab Antonino Pio, ut quidam scribunt, conditum, & Benefacta appellatum, nomen retinent, diœcesis sunt Leodiensis, & usque ad ciuitatis fere mœnia protenduntur, cuius Antistiti etiam subiacent, nunc, ducatui Lucemburgensi, ac comitatui Namurcensi, et Mosæ fluuio finitimi.

Curiosolitæ populi inter Celtas ex maritimis ciuitatibus Oceanum attingentibus, quæ Armoricæ appellantur, proximi Andeganensibus, Sesuuijs, Ossismis, Vnellis, Venetis, Aulercis, Rhedonibus. hos Corisopitenses esse, plerisque placet. quæ ciuitas est Episcopalis in prouincia Turonensi, Britanniæ ducatu, regnoq́. Francorum siti. Cornouaille a Gallis.

Cadetes populi inter Celtas ex ciuitatibus Oceanū attingentibus, quæ Armoricæ appellantur, proximi Lemouicibus, Rhedonibus, Venetis, Andeganensibus, Cenomannis. in regno Francorum siti.

Cadurci populi inter Celtas, proximi Heleuteris, Gaballis, Vellaunijs, Lemouicibus, et Aruernis. Quorū sub imperio esse consueuerat ciuitas Episcopalis in prouincia Bituricēsi, ac regno Frācorū sita : nomē retinent. hos memorat Iuuenalis in prima satyra tertij libri. Nec longe erāt a finibus prouinciæ Romanorū.

Cauillonum

Cabillonum oppidum Heduorū inter Celtas, quod coniectura est, fuisse oppidum Cabillon, ad ripas Araris fluuij, ubi rei frumentariæ, commerciique, & commeatus caussa sæpe Romani negotiabantur.

Carnutes populi inter Celtas, Andeganensibus, Turonibusq́; finitimi, ac Oceano proximi, erant in clientela Rhemorum. regio eorum totius Galliæ media, a qua tamen extra regnum Francorum biduo iter expedito, patet. ciuitas est Episcopalis, nomen latinū retinens, in Francorum regno sita.

Cantabri populi ciuitatum citerioris Hispaniæ finitimæ Aquitaniæ, qui auxilio fuerunt Vocatijs, Tarusatijs, Tarbellis, Bigeronibus, Garumnis, Cocosatibus, ac reliquis populis, & ciuitatibus Aquitaniæ contra exercitum Cæsaris, cuius dux erat P. Crassus M. Crassi filius, qui una cum patre a Parthis interemptus est. finitimi Oceano Aquitanico, Pyrenæis montibus, ac Garumnæ fluuio.

Cocosates populi in Aquitania, proximi Subuzatibus, Vocatijs, Tarusatijs, Sontiatibus, Garumnis, ac Hispaniæ citeriori, & Garumnæ fluuio. in Francorum regno siti.

Confluens Mosæl, & Rheni fluminum in Sicambros, nunc Gelrenses ad Menapios, nunc Iuliacenses, ut olim scipsi Menapij protendebant, est longe ab Oceano fere octuaginta mille passuum, proximus Nouomagio Gelrensium oppido, diœcesis Traiectensis, prouinciæ Coloniensis inter Buscum ducis, & Hoesdem oppida ducatus Brabantiæ, in quorum
Sicambrorum

INDEX.

Sicambrorum fines equitatus Vsipetum, & Thencatherorum post prælium, & fugam suorum se trans Rhenum recepit, inter quem Confluentem, & Coloniensem ciuitatem, quæ post Vbiorum fuit, ponte facto, Cæsar primo traisfecit exercitum.

Cantium in Anglia ad mare est in angulo imi, minorisq́. lateris ex tribus eius insulæ lateribus contra Galliam, quò fere omnes Gallicæ naues appelluntur, & ad orientem solem spectat. ex omnibus autē Anglicis longe sunt humanissimi, qui Cantium incoluit. quæ regio est maritima omnis, neque multum a Gallica differunt consuetudine. huic maritimæ regioni quatuor reges præerant, quibus Cæsar, quidquid in annos singulos uectigalis populo R. Anglia penderet, constituit. Nunc regnum Angliæ ex uoto Henrici regis uectigalis Romano Pontifici facta est, quæstorq́. a Romano Pontifice in Angliā mittitur, qui censum annuum exigat, non dissentiente rege. In Cantio ciuitas est Metropolis nomen retinens, fere habet omnes Episcopos Angliæ sibi suffraganeos. eius Archiepiscopus legatus natus est, similiter & Eboracensis, cui in Anglia, quæ eas duas Metropoles solum habebat, duo tantum subsunt suffraganei, quòd omnes olim Episcopi Scotiæ, quæ nullum habet Archiepiscopum, illi subijcerentur.

Ceuimagni populi in Anglia, mari proximi, & Trinobantibus, Segoriacis, Ancalitibus, Bibrogis, ac Cassis.

Cassii populi Angliæ, mari proximi, et Ceuimagnis,

INDEX. 295

gnis, Trinobantibus, Sengoriacis, Ancalitibus, & Bibrogis.

Centrones item Belgarum populi, qui sub imperio Neruiorum, nunc Tornacensium, erant proximi Grudijs, Leuacis, Pleumosiis, & Gordunis, forte sunt nunc Gordracenses in Flandria, Tornacensis diœcesi.

Cherusci, Germaniæ populi, Transrhenani, quos Bacenis silua Germaniæ ingens nunc Nigra, ut plerisque placet, dicta a Sueuis pro natiuo muro diuidit. hos Tacitus refert proximos Hermunduris, Cattis, & Ligijs Hungariæ populis.

Camulodunum in Anglia oppidum, seu colonia.

Caninefates populos Batauis finitimos, et eandem insulam colentes, qui origine, uirtute, lingua pares Batauis, numero superantur. Tacitus.

Cathos populos Germaniæ Transrhenum flumen Ligijs Hungariæ populis, Cheruscis, Hercyniaque siluæ proximos, ac Hermonduris, cum quibus pro flumine finitimo sale secundo pugnabant, & in æternum discordabant Cauci Germaniæ populi. Tacitus.

Cinaronem oppidum proximum Hisaræ flumini Vocuntionibus populis, montiq. Cinisio, et Allobrogibus in Sabaudia, Plancus inter epistolas familiares Tullij, in illa, quæ incipit, Nunquam mehercule, quibus in locis opinio est Cæsarem initio Gallici belli quinque legiones ex Italia traduxisse, et uerissimilius est, quàm quod per Eporediam urbem Episcopalem, et Augustam prætoriam, ac montem, cui

Colo-

Coloniæ iugum vulgo nomen est, inter Cinesium, et sancti Bernardi montes iter fecerit, cum hoc impeditius, ac prolixius videretur.

Commanos Germaniæ inferioris populos pridem Phrysiæ parté, Oceanum mare, Rhenum fluuium, et lacus attingentem paludibus, ac saltibus uberrima incolentes, quam mox Tubantes populi, post V bij, Germanica itidem gens inhabitarunt. Tacitus.

Ceracates Germaniæ Transrhenanæ populos Vágionibus, ac Tribotis proximos. Tacitus.

D

Diablinthres populi inter Celtas, Lexobijs, Naretibus, Ambiliatibus, Vnellis, Curiosolitis, Venetis, et Sesuuijs proximi, ex maritimis ciuitatibus Oceanum attingentibus, oppositi Angliæ, in prouincia Turonensi, & regno Francorum siti. Leodoni Galliæ.

Danubius flu. Germaniæ, ex monte qui Tranens dicitur, non longe a Rhæticis Alpibus, Athesisque, et Rheni Germaniæ fluminum fontibus inter Tridentinam, et Curiensem diœcesis oriens, Germanos sinistra, et Hungaros, ac Theucones dextra alluens, post Ister dictus, ac iterum Danubius, Euxino mari pluribus hostijs immergitur. Hunc autem, & Rhenum fluuium in Rhætia oriri quidam tradunt.

Daci populi erant Transrhenani Danubio fluuio, et Auarijs, siluæq. Hercyniæ finitimi, quos olim

Hun-

Hungaria partem habuisse plerique tradunt, et post in maritima loca Nouergiæ proxima cessisse. Lucanus.

Durocoterum oppidum Rhemorum inter Belgas, in regno Francorum situm.

Duratij populi in finibus Pictonum, qui perpetuo in amicitiam remanserant Romanorum, propinqui oppido Lemo, Nauernis, & Ligeri flumo, ac Aquitanis; inter Celtas, in regno Francorum siti. hinc Durastiorum familia inter Gallos præcipua.

Denodurum inter Belgas oppidum Metensis ciuitatis, quò rex Colonia urbe Rhenum attingente ad eam ciuitatem iter est. Tacitus. forte Theonis uilla nanc dicta.

E

Eburones populi inter Belgas, gente, nomine, & numero Germani appellati, Condrusis, Menapijs, Aduaticis, Treuiris, quorum clientes erant, et siluæ Arduennæ finitimi, nunc Leodienses dicti, apud Gallos Liege, horum maxima pars inter Rhenum, et Mosam, qui scilicet Mosa fluuius eos alluit. his Sicambri, qui Gelrenses erant, Transrhenani, sunt proximi. ciuitas tunc Eburonum ignobilis, atque humilis, proximi Oceano, et siluis, continentesque paludes habebant. his duo reges præerant, quo magis constat eos fines quamlatissimos extitisse, quibus coniectura est ducatum Luxemburgensem, et Lotoringensem, ac Iuliacensis partem et comitatum Na-
murcen-

murcensem ; urbemq́; Aquisgranum, ubi imperatores primam ex more suscipiunt coronā, inclusos extitisse, ac quantū diœcesis ipsa Leodiensis usquequaque se extendit, reges illos possedisse. Apud Eburones autem stirpem Caroli Magni in uico Lupilia nomine, Leodiensi ciuitati proximo, ortū habuisse tradunt, Piponosq́ue, et Carlomanos, Belgas simulq́; Germanos fuisse, sicq́. in Germanos, Cisrhenanos, qui Belgæ sunt, a Græcis non in Transrhenanos est translatum imperium. Ciuitas nunc est Episcopalis prouinciæ Coloniensis. de his Lucanus, et Suetonius in uita Iulij Cæsaris, quem refert cladem Cottæ, et Aurúculej ægerrime tulisse. hanc ciuitatē Carolus, dux Burgūdiæ ultimus, solo æquauit, omnesq́; puberes, et sacerdotes interfecit, quòd Episcopo consanguineo suo infestiores aliquanto fuissent.

Eburonices inter Celtas populi, Aulercis, Lexouijs, Vnellis, et Curiosolitis proximi, ex maritimis ciuitatibus Oceanum attingentibus. hos opinio est populos esse ciuitatis Ebroicorum, quæ est Episcopalis, in prouincia Rhotomagensi, ducatu Normanniæ, et Francorum regno sita.

Essui populi pacatissimi, et quietissimi, proximi ciuitatibus, quæ Armoricæ appellantur, remoti a Belgis ultra cētum millia passuū. hos inter Celtas fuisse cōiectura est, forte in Normānia, aut Britānia citeriore, et regno Francorū siti. Galli Retolois appellāt.

Elauer fluuius inter Celtas, apud Aruernos, Gergouian oppidum in altissimo monte positum præ-
ter-

terfluens, qui fere ante autumnum vado transiri non
solet, in regno Francorum situs, nomen adhuc retinens, Gallice, Allier.

F

Fluſtates populi in Aquitania, proximi Vocatijs,
Tarusatijs, Sotiatibus, Garunis, et Hispaniæ citeriori in regno Francorum siti. Comitatus est in Vastonia
cōsistens, ad Comitē de Fuxo pertinēt. nomē retinet.
 Frisios Oceano, et Batauis finitimos, pluraq́; loca, et insulas circa Holandiam, Gelriam, Braban-
tiā, & Traiectensem urbem, ac ostia, quibus Rhenus Oceanum mare influit, habitantes. Tacitus refert eos transrhenanam gentem tunc fuisse.

G

Geneua oppidum Allobrogum, proximum Heluetiorum finibus, ex quo pons super Rhodanum fla-
uium situs, ad Heluetios pertinebat, ubi a lacu Lemano, quem Lausane dicunt, Rhodanus ad Ligusticum mare profluit, finitimum Antuatibus, et a Gallia prouincia Romanorum non longe distans: nunc
duci Sabaudiæ, siue eius ciuitatis Antiſtiti proprio
Comitatus nomine subeſt: extra Celtas, Belgas, et
Aquitanos: ciuitas eſt Episcopalis in prouincia Vie
nensi, nomen præsertim Gallice retinens. Lucа. in 1.
 Garoceli populi citra Rhodanum finitimi Caturigibus

INDEX.

gibus ultra Alpes Graias, quibus hodie nomen est mons Cinesius, siue Cinerum, hac Hannibal, auctore Liuio, non sine ingenti difficultate, exercitum in Italiam traduxit, bi non longe a Centronibus, qui Tarentasii sunt, nec ab Hisara flu. extra Celtas, Belgas, et Aquitanos in Sabaudia constituti.

Gaballi populi inter Celtas proximi Heluijs, et Cadurcis, Velaunis, et Aruernis, quorum sub Imperio esse consueuerant. ciuitas est Episcopalis prouinciae Bituricensis olim, nunc Arelatensis in regno Francorum sita, nomen retinens.

Genabum inter Celtas Carnutum oppidum, quod pons Ligeris fluminis continebat, proximum Vellaunoduno, et Agendico oppidis Biturigum, in regno Francorum situm.

Gergobina inter Celtas, Boiorum oppidum, quos Heluetico praelio uictor Caesar ibi collocauerat, Heduisq́; attribuerat in finibus Heduorum, proximum Auarico, et Nouioduno Biturigum oppidis, in regno Francorum situm.

Bergouia in Celtis inter Aruernos oppidum secundum flumen Elauer, in altissimo monte positum, forte nunc, Claromontensis, ciuitas Episcopalis, in prouincia Bituricensi, & Francorum regno sita.

Garites populi in Aquitania, proximi Auscis, Garumnis, Vocatijs, Tarusatijs, Sontiatibus, & Hispania citeriori, quos coniectura est fuisse Lagorites,

rites, nunc *Lectorenses*, ciuitas est Episcopalis, in prouincia *Auscitana*, & in *Vasconia*, ac Franco-regno sita.

Garumni populi in *Aquitania*, proximi *Auscis*, *Vocatijs Tarusatijs*, *Sontiatibus*, & *Hispaniæ* citeriori, in regno *Francorum* siti.

Germania, ut plerisque placet, inter *Danubium*, & *Rhenum* flumina protenditur, omnesq́; illic habitantes populos a fontibus eorum usque ad maria, quæ ambo influunt, complectitur, nec non & eos, qui citeriores *Rheni* ripas attingunt, ac *Eburones*, *Condrusos*, *Treuiros*, *Aquisgrani* urbem, & plerosque *Belgas* ortos, à *Germanis* cis *Rhenum* flumen antiquitus in *Galliam* traductos superior *Germaniæ* pars, quæ alta dicitur, ab *Alpibus Italiæ* imminentibus usque ad *Maguntinam* urbem *Rheni* fluminis citerioribus ripis adiacentem protenditur: inferior inde usque in mare Oceanum, horum ciuitates pro gloria habebant, finitimos longissimè expellere.

Galli omnes in Septemtrionibus sunt positi, *Carnutum* autem fines regio totius *Galliæ* media. *Galli* uirtute belli omnibus præferebantur, ac *Germanos* superabant, ut ultro eis bella inferrent, & propter hominum multitudinem, agriq́ue inopiam trans *Rhenum Colonias* mitterent, et quòd a *Dite* patre se prognatos prædicabant spatia totius temporis non numero dierum, sed noctium finiendo, ita ut noctes dies subsequatur. Coniectura est, horarum mi-

Tp 2   tium

tium apud eos media nocte incipere consueuisse, apud hos sunt tres præcipuæ ciuitates, Treuerensis scilicet, Coloniensis, & Maguntina, quæ in Imperatoris electione principatum obtinent. Constitutas autem apud Gallos eas coniectura est, ut Christi fortè fidem facilius introducerent apud Germanos eorum finitimos.

Grudij populi inter Belgas, sub imperio Neruiorum, proximi Centronibus, Pleumosiis, & Gordunis. Gallicè, Louanois.

Gorduni populi inter Belgas, sub imperio Neruiorum, proximi Centronibus, Pleumosiis, et Grudijs. Gantois gallicè.

Garumna flumen Celtas ab Aquitanis diuidit, qui scilicet Aquitani consistunt inter illud flumen, montesque Pyrenæos, ex quibus oritur, & mare Oceanum influit, quod Aquitanicum appellatur. Lucanus.

Gelduba Germaniæ locum prope Rhenum, Maguntinam, & Coloniam urbes Metropoliticas. Tacitus.

Cugernos Germaniæ populos prope Rhenum fluuium, & Geldubam, Batauis proximos. Tacitus. sunt qui Cugernos malint.

Grunes inter Coloniensem, Traiectensem urbes locum ultra Nouesium oppidum Rheno adiacentem. Tacitus, qui, ut coniectura assequi possumus, Cliuis est, unde Cliuensis ducatus dicitur, cui satis uocabulum alludit.

Hedui

H

Hedui populi, finitimi Aruernis, Biturigibus, Sequanis, ac Sebusianis, inter Celtas, bi adhuc nomen priscum latine retinent inter Burgundos, nunc nominati, nec citra Ararim flumen, qui nunc Sagona appellatur, aliquos habent fines, nec hodie sunt Sebusianis finitimi. In ducatu Burgundiæ, & Frācorum regno siti. ciuitas horum Heduorum Episcopalis est in prouincia Lugdunensi.

Heluetij inter Celtas populi sunt, bonitatem agri habentes, finitimi Constantiensi, Basiliensi, Sedunensi, ac Gebēnensi, & Bisuntinæ diœcesibus, ac ultra Lausanensem agrū protensi sunt, atque ex maxima parte Bisuntinæ prouinciæ sunt, atque ad Sabaudiæ ducatum extendebantur. Quorum fines erant in longitudine ab ortu Rhodani inter Curiensem, & Sedunensem diœceses, montesq́. Brigam, & Sancti Bernardi, usque fere in Belliceǹsem diœcesim, cuius populi, ut coniectura est, olim Sebusiani sunt dicti. In latitudine autem a mōte Iura circa Basiliensem, & Constantiensem agros, usque ad ortum fluminis Rhodani, quæ latitudo ab inde usque ad finem lacus Lemani, ubi pons est, ciuitas Gebennæ angustior siebat. Quibus limitibus adhuc duodecim Heluetiorum pagi, quemadmodum tempore Cæsaris, consistunt. Berna caput nunc gentis Suricum, Lucernia, Turegium, qui olim Tigurinus dicebantur, qui sæpe ultra Rhenum transeuntes bella cum Bauariis,

Pp 5

nijs, Sueuis, & alijs Transrhenanis finitimis, quos alios Alemanos nominamus, seu cum his, qui tunc loca illa incolebant, quæ loca nunc Constantiensis, Curiensis, Tridentinæ, & finitimarum sunt diœcesum, gerebant, hos, cum per Galliam prouinciam Romanorum transire prohibiti essent a Cæsare, angusto, & difficili itinere uix qua singuli carri ducerent, per loca, ubi claues, & Iougni castella nunc sunt, in extremis Sabaudiæ & Burgundiæ finibus, in Sequanos, qui nunc comitatum Burgundiæ habitant, penestraße creditur, & ad Ararim fluuium circa Surregium, & Viredunum castella id flumen attingentia, ac in Heduos, ubi nunc ducatus est Burgundiæ contendisse, hi a plerisque Suitenses, a non nullis fœderati dicuntur. agrosque, et uicos possident in Italia citra montem, qui sancti Gottardi dicitur, in diœcesi Mediolanensi. contra hos Cæsar suo, ac suorum equis amotis, se prælium commisisse refert, & cum sex legionibus, equitatuque, et auxiliaribus copijs duobus prælijs uno ad Ararim flu. altero in Heduis, Heluetios, quorum CCLXIIX millia ferre arma poterant, fudisse: et tamen ancipiti prælio pugnari diu, atque acriter, ut toto prælio, cum ab hora diei septima, usque ad uesperam pugnaretur, auersum hostem nemo uidere potuerit. Hi cum sæpe in Italiam erumperent a Carmaniola duce Philippi Mediolanensis principis prælio uicti, intra fines sestos postea continuere. nostra demum ætate a Carolo octauo, Francorum Rege, in Italia

lia cogniti, magnum sibi nomen compararunt, ut nullus peditatus melior esse censeatur. quod superiore anno xxx eorum millibus a Venetis euocatis, id, quod nunquam ante acciderat, fugatis ex Italia Gallis, multo magis comprobatum est. Atque hoc anno fugatis eisdem ad Nouariam per insidias castra nocte aggressi, magnum sibi nomen compararunt.

Harudes populi Transrhenani sunt in Galliam Celticam, circa fines Sequanorum, ac Heduorum ab Ariouisto Germanorum Rege transportati.

Helueteri populi inter Celtas, proximi Cadurcis, Gaballis, Velaunis, & Aruernis, quorum sub imperio esse consueuerant, in prouincia Bituricensi, et regno Francorum siti.

Heluij populi inter Celtas, Aruernorum fines contingunt. hos mons Gebenna ab Aruernis diuidit, proximi sunt Gaballis, Rhutenis, Cadurcis, Volcis, & Aremicis, ac Galliæ prouinciæ Romanorum. ciuitas est Episcopalis, in prouincia Bituricensi, et Regno Francorum siti, nunc Albienses dicti. hinc M. Tullij Ciceronis matrem ortam esse Eusebius, et alij tradunt.

Hercynia Germaniæ Transrhenanæ silua est, forte ab Hercyno monte Germaniæ dicta, latissima, ac supra omnes alias longissima. Oritur ab Heluetiorum, & Nemetum, & Rauracorum finibus, rectaq́; fluminis Danubij regionibus pertinet ad fines Auarum, & Dacorum, quos plerique putant Hungariæ partem habitasse: hinc constat Nemetes, qui Spirenses

Pp 4 uocantur,

uocantur, & Heluetios trans Rhenum fines tempore Cæsaris habuisse, quæ silua multo longior, atque latior est, quàm Italia uel Gallia tota.

Hermunduros Transrhenanos Germaniæ populos Ligijs Hungariæ populis, Cattisque, Cheruscis, ac siluæ Hercyniæ, et ultra illam proximos. Tacitus.

I

Ibernia insula est ad Hispaniam, occidentémq́; solem sita, quæ mediũ Angliæ latus uergit. dimidio minor existimatur, quàm Anglia. Sed pari spatio transmissis xxx millibus passuum in Iberniam appelles, ut in Britanniam. in hac sunt plures Metropoles, & ciuitates Episcopales, quàm in Anglia. eam quidam nominant Hirlandiam.

Ioscedum inter Celtas oppidum, fluminis Sequanæ ripas attingens citeriores, supra Melodunum oppidum ei finitimum, & Lutetiæ, quæ Parisii dicitur proximum, non longe a Senonibus, in Francorum regno situm.

Iccius portus inter Belgas, Morinis, Oceanoq́; mari finitimus est, Ambianis, & Atrebatibus proximus, a continéti Britanniæ, quam Angliam dicimus, xxx millibus passuum distans, & traiectui commodissimus, cui ad dexteram Zelandia insula, Holandia, & Flandria, ad sinistrã autem Comitatus, qui dicitur portus, Picardiæ pars, & Normandiæ ducatus, ex opposito uero Anglia consistunt. oppidum est illic populosum,

pulosum, quibus Calete nomen est. id adiecto Iccij portus nomine, ut quibusdam placet, Caletium nuncupatur. Normania est diœcesis, in regno Francorum, & potestate Anglorum Regis sitam. Lucanus.

Iura mons Sequanos ab Heluetijs diuidit, incipiēs in finibus Basiliensium, ac Constantiensium protensus fere in Sebusianos, nunc Bellicenses prouinciæ Bisuntinæ, qua Sequanorum fines in Rhodanum perueniunt. Illac enim Cæsarē ex Allobrogibus in Heduos ad Ararim contra Heluetios legiones traduxisse opinio est: ciuitates nanque, oppida, & uici, sicut olim continebātur nominibus populorum, ita, ut plurimum eisdem in locis remanserunt de illorum diœcesibus, prouincijs, tribubus, ac regionibus.

Icenos in Anglia populos ab Ostorio Romano duce subactos, Tacitus, qui forte Iccij portus accolæ fuerant, refert.

L.

Latobrigi finitimi Heluetiorum sunt, inter Celtas, non longe ab Allobrogibus, quos Lausanenses fuisse coniectura est. ciuitas est Episcopalis, prouinciæ Bisuntinæ in ducatu Sabaudiæ sita, ac eius proprio Antistiti subdita.

Lingones inter Celtas populi finitimi Heduis, Sequanis, ac Tullēsibus, qui dicēbātur Leuci, nomen retinent. ciuitas est Episcopalis in prouincia Lugdunēsi, ac Francorum regno sita. Langres ab indigenis.

Leucij

danus ad pontem Gebennæ urbis effluit. Lucanus.

Lepontij populi sunt Germaniæ, qui alpes incolunt inter Sedunensem, & Curiensem diœceses. hos quibusdam placet fuisse Sarmatas, apud quos Rhenus fluuius oritur, forte hodie Suitenses dicti inter fontem Rhodani fluuij & Rhetias alpes siti.

Leuaci inter Belgas sub imperio Neruiorum populi, proximi Grudiis, Plenmosiis, Gordunis, & Centronibus.

Ligeris flumē, nõ lõge ab Hednorũ finibus, in Celtis oriens. eos a Biturigibus diuidit in Carnutes, diu per Celtas lapsus, multisq́. obliquis gyris, Aquitaniã allués Oceanum mare, quod Britannicũ dicimus, influit. Dignũ memoria refertur, a Philippo, qui secundus hoc nomine regnauit apud Gallos, uadũ primũ inuentũ, cum ante nunquam uado transiri potuisset.

Londinum oppidum in Anglia insigne, copia negotiatorum, & mercatuum maxime celebre. Tacitus. ciuitas est Episcopalis, in qua Angliæ reges, principes, senatus, populi, & mercatores continentur, in prouincia Cantuariensi sita.

Ligios populos in Hungaria, proximos Hermonduris, & Cattis. Tacitus.

Lucum municipium Vocontiorum prope Caturiges, Gavocellos, Centrones, & Allobroges. Tacitus.

Lugdunum urbs ad Rhodani ripas, & Viennæ finitima. Seneca in epistola ad Lucilium refert, eam regionem fatali igne suo tempore exustam, quam inter Celtas adscribere quibusdam placet, quoniam

omnes

omnes eius suffraganei, & pars urbis, ecclesiaq́; ipsa matris in Celtis sunt. hinc L. Plotius, qui primus Romæ rhetoricam docuit latinam, ortus est, à quo Romæ se puerum cum Q. fratre latinè primùm doctum esse Cicero refert. oppidum hoc Munatius Plancus condidit, sed annis post centum incensum Romani restituere.

Longobardos Cheruscis, Cattis, Cauciisq́; propinquos inferioris Germaniæ populos Tacitus refert, quos nonnulli Vestfalos fuisse opinantur, non longè a Caninefatibus, ac Phrysiis. quidam verò eos Pannones fuisse tradunt. hi sunt, qui, cum Italiam ferme omnem occupassent per ducentos, & quattuor annos, tandem à Galliæ rege Carolo pulsi sunt, ita tamen ut cisalpinæ Galliæ nomen ab his ad nostra tempora peruenerit.

M

Matrona fluuius est, Celtas à Belgis definiens in finibus Lingonum, & prope Tulensem agrum, nec longè à fonte Mosæ fluminis oritur, Catalaunum ciuitatem Episcopalem, in Campania Franciæ interfluens, per Francorum regnum prorsùs labens, parùm suprà Parisiensem urbem Sequana fluuio miscetur.

Matiscon inter Celtas oppidum tunc in Heduorū finibus ad Araxim flumen, qui Sagona nū dicitur, inter Lugdunensem, et Cabilonensem urbes. Ciuitas est nunc Episcopalis prouinciæ Lugdunensis, nomen

reti-

retinens, in comitatu Matisconensi, et Francorum regno sita.

Mandubij populi erant inter Celtas incolæ oppidi, cui nomen Alexia inter fines Lingonum, et Geduorū, proximi uico, quē Flauigneum dicimus, nunc in ducatu Burgundiæ, regioneq́, Alseū ab Alesia, ut quibusdam placet, dicitur, quibus uocabulum alludit, in diœcesi Heduensi, et regno Francorum siti.

Magetrobia locus in Celtis, in quo Ariouistus Germanorum rex copias Gallorum prælio uicit, non longe a paludibus, quem Rheno flumini proximum, et circa ipsum fuisse coniectura est. Gallice Toaut.

Marcomāni populi Germani sunt, qui cum Ariouisto Germanorum rege a Cæsare sunt prælio superati, quos coniectura est fuisse Transrhenanos. Sic et Harudes, et Ariouistus ipse Germani fuerunt, cuius fere omnes reliquas copias cis Rhenum incoluisse uidemus, ut sunt Tribotes, hodie Argentinenses, et Nemetes, nunc Spirenses, ac Vangiones, qui Vuormatienses appellantur, ac Sedusii, quos forte Sedunos prope montes Brigam, et sancti Bernardi opinari possimus, nisi quis forte Marcomānos coniiciat eos esse, qui nollem Heluetijs finitimam incolunt, cui nomen est Marcomanna Sequanis, et monti Iuræ proximā. cum his Marcus Antonius cognomento philosophus periculosissimum, et diuturnum bellum gessit. Tandem Christianorum precibus, qui pluuiam a superis impetrarunt, cum exercitus Romanus siti laboraret, uicit, et in deditionem accepti.

Morini

Morini populi sunt inter Belgas, Atrebatibus, Ambianis, Neruijs, Oceanúq. mari finitimi, a quibus breuissimus in Britanniam, nunc Angliam est traiectus, continentes siluas, et paludes habebant. eorum finibus comprehenditur comitatus, cui nomen est Pontus ad Abatiam sancti Bertini, directo iure pertinens ueteri nomine Ponti, quo regio illa a plerisque describitur, ciuitas est Episcopalis, quæ latine nomen retinet, Gallice uero Terauana nuncupatur, in prouincia Rhemensi, et regno Francorū sita.

Menapij populi Galliæ inter Belgas, Treueris, Condrusis, Arduennæ siluæ, Rhenóq. finitimi densissimas siluas, perpetuasque paludes ad utranque Rheni ripam, agros, ædificia, uicosq. habebant, proximi Vbijs, Eburonibus, et Sicambris, qui hodie Gelrenses sunt, hi scilicet Sicambri, et ad confluentem Mosæ, Rheníq. Oceanum etiam mare attingunt. nūc Iuliacensis ducatus est, Coloniensis diœcesis. angustior satis, ut uidetur, ac subductior, quàm pridem Menapiorum fines essent.

Melodunum inter Celtas oppidum in insula fluminis Sequanæ positū Agendici oppido, Senonibúsque proximū, ac Lutetia, quæ hodie ciuitas Parisiēsis est. Et Iosedo ad ripas Sequanæ posito finitimū olim, ciuitas Episcopalis erat, nunc etiā oppidum est in Francorum regno: nomen retinet. Gallice, Melun.

Mosa flumen profluit ex monte Vogeso, qui est in finibus Lingonum, in Francorum regno, nō longe ab ortu Matronæ, et Araris fluuiorum, et parte quādā

circa

circa Nouimagium ducatus Gelriæ oppidum, longe ab Oceano fere octoginta millia passuum, ex Rheno recepta, quæ appellatur Vuallis. Insulamq́. efficit Batauorum, qui hodie Holandini dicuntur, Oceanú influit, sicq́. in Celtis oriens immergitur Belgis.

Mediomatrices populi inter Belgas, finitimi Treueris, Tullensibus, et Tribotis, hodie Argentinensibus. Hos Metenses esse constat. ciuitas est episcopalis prouincia Treuerensis.

Mona insula est sic nominata in medio cursu inter Angliam, et Iberniam fere ab utraque, quindecim millia passuum distans, ad occidentem uergens, circa quæ loca etiam complures minores subiectæ insulæ esse existimantur, ubi multo breuiores sunt noctes, quàm incontinenti, sicut etiam quanto magis ad occidentem uergimus, breuiores æstate noctes, et hieme longiores manifeste uidemus.

Monam insulam in Rheno fluuio Holandiæ, Phrysiæ ac Geldriæ proximam, unde forte dicti sunt Monasterienses. Tacitus.

Marsaci Germaniæ populi, Batauis, Caninefatibus, Tungrisq́. proximi, et, ut coniectura est, cis Rhenani. Tacitus.

Maguntiacus inter Belgas Germaniæ ciuitas Metropolis, quæ nunc Maguntina dicitur, citeriores Rheni ripas attingens, a Tacito relata, qui etiá molé a Druso ad remorádum Rhenum flu. factá refert, et a Paulino Pópeio Romanarum legionum in Germania duce sub Nerone Imperatore perfectam.

Mosellam

INDEX.

Mosellam fluuium, qui circa fines Lingonum in Celtis oriens, Metensem, ac Treuerensem urbes præterfluit, et Confluentiam, Germaniæ cisrhenanæ oppidum, intersecat. Illicq́; Rhenum influit. Tacitus est auctor, referens Lucium Verum, Nerone imperante, Romanarum legionum in Germania legatu, Mosellam, atque Ararim flumina facta inter utrunque fossa parasse connectere, ut copiæ per mare, dehinc Rhodano, et Arare subuectæ per eam fossam, mox flumine Mosella in Rhenum et in Oceanum decurrerent, sublatisq́; itineris difficultatibus nauigabilia inter se occidentis, septemtrionisq́; litora fierent, cui operi Selium Gracilem, Belgicæ legatum inuidisse dicit, deterrendo Verum, ne legiones alienæ prouinciæ assuesceret studia Galliarum affectare, formidolosum id Imperatori dictitans, quo plerunque prohiberentur conatus honesti.

Marcodurum Vbiorum uicus, procul a Rheni fluminis ripa, et, ut coniectura est, Transrhenanus. Tacitus.

Mœnij, trans Danubium flumen populi, Pannonibus finitimi. Tacitus.

N

Nemetocerna in Belgio, ubi interdum hiemauit Cæsar, inter Belgas, dicta forte a Nemetibus, nunc Spirensibus.

Narbona Galliæ ciuitas, prouinciæ Romanorum finitima, Tolosatibus, et non longe a Sonciatibus populis

pulis in Aquitania, ciuitas est Metropolica, nomen retinens, in hanc cum C. Cæsar dictator colonos ex Martia legione milites deduxisset, Martius Narbo postea dictus.

Nemetes populi Germani inter Belgas numerantur, finitimi Metensibus, Argentinensibus, Vuormatiensibus, et Rheno flumini, fere omnes Germanica lingua utentes, ciuitas est Episcopalis, prouincia Maguntinæ, Halsatiæ adscribitur, nunc Spirensis dicta est, et alia Halsatia maritima prope insulam quandam Phrysiæ. Halsatia autem, in qua Spira, et Argentina ciuitates consistunt, ut quidam opinantur, nomen indidit regioni illi ducatus Burgundiæ, in qua Alsetum regio est sita, neque id nomen ab Alexia olim oppido dictum putant, quasi Ariouistus Germanorum rex, qui Halsatiæ præerat, id ei nomen imposuerit.

Nitiobriges populi inter Celtas, proximi Rhutenis, et Gaballis, ac Narbonensibus, Galliæq́; prouinciæ Romanorū, in Bituricensi prouincia, et Francorum regno siti. Montpellier hodie a Gallis dictum.

Neruij populi, inter Belgas maxime feri, Atrebatibus, Ambianis, Aduaticis, Morinis, Bellocassibus, Veromanduis, ac Treueris finitimi. a Bellouacis longe absunt, quos Sabis, & Scalda flumina irrigant. nullus ad eos mercatoribus aditus erat, nihil uini, reliquarumq́; rerum ad luxuriam pertinentium patiebantur id ferri, ne eorum animi elanguescerent, uirtusq́; remitterentur, magnæ uirtutis

Qq   homines

INDEX.

homines maius in discrimen, quàm usquam in tota Gallia, Germania, aut Britannia fuerit, uniuersum Cæsaris exercitum deduxerunt, ita, ut Neruiorum prælio rem in angusto uidisse, neque ullis fuisse subsidium, quod submitti posset, & scuto a nouissimis uni militum detracto in primam aciem se processisse, quod solum in extrema spe salutis imperatori licet, Cæsar ipse testetur. nunc Tornacenses dicti. ciuitas est Episcopalis in prouincia Rhemensi, & limitibus Francorum regni sita.

Noricus ager trans Rhenum non longe a Danubio, & Athesi Germaniæ fluminibus intra Tridentinam, ac Constantiensem, et Curiensem diœceses. satis proximus Bauaris, ac Sueuis, qui Vallis Norica appellatur, in quē Boij, oppugnata Norica, transierunt. Inde Tacitus affirmat, quòd Noricos, Rhetosq́. Rhenus fluuius interfluit, quibus Rhetis Lepōtij fuere proximi. Norimberga nunc a Germanis.

Nouiodunum inter Belgas oppidum finitimum Suessionibus, & Viromanduis, proximum Parisiis. nunc ciuitas Episcopalis, nomen retinens, in prouincia Rhemensi, et Francorum regno sita. Gallicè, Noyon.

Nouiodunum item Celtarum oppidum ultra Ligerim flu. in finibus Biturigum, proximum Auarico Biturigum oppido, ac Genabi Carnutum oppido, & Velaunoduno, & Agendico Senonum oppidis, in regno Francorum situm.

Nouiodunum item inter Celtas Heduorum oppidum

dum ad ripas Ligeris flu. proximum Bibracte oppido Heduorum in eorum finibus, & Francorum regno situm.

Nanetes populi inter Celtas, Osissinis, Lexobijs, Ambiliatibus, Diablintribusq́; proximi, ex maritimis ciuitatibus Oceanum attingentibus, oppositi Angliæ, ciuitas est Episcopalis in prouincia Turonensi, ac Britannia citeriore Britonante, & regno Francorum sita, nomen retinens, et comitatus titulum habens, qui semper ducis Britanniæ primogenito adscribitur. Nantes hodie Britanni.

Nantuates populi Germaniæ citra Rhenum flu. per quorum fines longo spatio, quasi ab eius ortu Rhenus ipse citatus fertur, proximi Heluetijs, ac Sequanis. hos Constantienses nunc esse, satis constat. ciuitas est Episcopalis Maguntinæ prouinciæ.

Nouesium, oppidum Germaniæ, nunc Nussia dictum, Coloniensis diœcesis, Rheno flumi, & Cliuensi ducatui proximum, citeriores Rheni ripas attingens. Tacitus.

Nabaliæ flumen trans Rhenum, Gelrensem, et Phrysium agrum alluens. Tacitus.

O

Octodorus uicus Veragrorum, hodie dicitur sancti Mauritij extra Celtas, Belgas, et Aquitanos in Sabaudia inter Sedunos, Antuates, et Aollobrogas in ualle non magna adiecta planicie altissimis montibus undique

INDEX.

undique continetur, in duas partes Rhodano flu. diuisus diœcesis Sedunensis.

Osissini populi inter Celtas ex maritimis ciuitatibus Oceanū attingentibus, proximi Lexobijs, Vnellis, Nametibus, Venetis, Ambiliatibus, Diablintribus, Curiosolitis, Sessuuijs, Aulercis, Rhedonibus, inter ciuitates armoricas nominantur, in prouincia Turonensi, regnoq́; Francorum siti. horū litora Británico sunt mari aduersa, ut refert Pomponius Mela.

Ocellum est citerioris prouinciæ extremum, a quo per alpes in ulteriorem Galliam, Contronesq́ue, nunc Tarentasios, Garocellos, Caturiges, Vocuntios, & Allobrogas transitus est, Auillana, et Seclusa uicis proximum, nunc, ut coniectura est, Nouelensium nuncupatur. Seclusa autem, ut non nullis placet, dicitur quasi citeriorem Galliam ab ulteriori secludens, diœcesis est Taurinensis. Tres enim legiones in Aquileia hiemantes poterat Cæsar per Rheticas uel Lepontias Alpes breuius ultra montes, et in agrum Heluetiorum eundo Tridentum traducere, sed intendens in ulteriorem Galliam ad comprimendum Heluetiorum agmen iam in agro Heduorum consistentium proficisci, ut opinio est, in agrum Cremonæ paullo ante ædificatæ, dehinc Placentiam, ac Taurinum peruenit, qua proximum iter in ulteriorem Galliam erat per alpes legiones traducturus.

Ordolucæ populi in Anglia arduis montibus proximis, apud quos Ostorius dux Romanus Caratacum in Anglia imperantem prostrauit. Tacitus.

Pemani

P

Pemani populi inter Belgas, nomine, & numero Germani appellati, Eburonibus, Condrusis, Cheruscis proximi. hos coniectura est fuisse inter populos diœcesis Leodiensis.

Parisij populi inter Celtas, qui Senonensi prouinciæ attribuuntur, Senonibus, Bellouacis, & Agendico oppido proximi, ac Meloduno oppido finitimi, Lutetiam habent oppidum, quam nunc Parisiensem Episcopalem urbem inhabitant, positam in insula fluminis Sequanæ, quòd perpetua palus influebat, in regno Francorum siti.

Pictones populi inter Aquitanos, Sanctonibus, Tolosatibus, Engolismensibus, et Petragorijs proximi. eorum ciuitas est Episcopalis in prouincia Burdegalensi, regnoq́. Francorum sita, nomen retinens, comitatus titulo insigniti. nó longe ab his Philippus Valesius Gallorú rex ab Edoardo Britanniæ rege memorabili pugna uictus est. Poictiers Gallice.

Prætiani populi in Aquitania proximi Bigeronibus, Vocatijs, Tarusatijs, et Hispaniæ citeriori, in regno Francorum siti.

Pleumosij populi inter Belgas sub Imperio Neruiorú, proximi Gordunis, Leuasijs, Grudijs, ac Centronibus, in diœcesi Tornacensi siti. Flamingi uulgo.

Petragorij populi in Aquitania, proximi Pictauis, ac Santonibus. Eorum ciuitas est Episcopalis,

Qq 3   nomen

nomen retinens in prouincia Burdegalensi, et Francorum regno siti.

Prouincia Galliæ Romanorum finitima erat Rhodano fluuio, qui eam a Celtis diuidebat, ac mari Ligustico, et Alpibus, quas maritimas dicimus, et Allobrogibus, quibus limitibus etiam Delphinatus pars, ac prouinciæ, seu Metropoles Ebrodunensis, Tolosana, et Narbonensis, pro parte includebantur, licet Viennam urbem Strabo Allobrogibus adscribat.

Pyrenæi montes altissimi, maximiq́. diuidunt ulteriorem Hispaniam ab omni Gallia.

Primogenos in Anglia populos Antonæ, et Sabrinæ flu. propinquos, socios aliquãdo Romanorum. Tacitus.

Pannones trans Danubium flu. populos, quos Hungaros dicimus, nõ memorat Cæsar, sed Tacitus.

R.

Rauratij populi finitimi erant Heluetiorum inter Celtas proximi Rheno fluuio in prouincia Bisuntina, quos esse Basilienses coniectura est, quia per Heluetiorum, et Sequanorum fines Rhenus profluit, et ipsis Sequanis adscribuntur. ciuitas est Episcopalis, quam Rhenus ipse intersecat. Bernenses appellátur.

Ruteni populi prouinciales non longe ab Aruernis, & Santonibus, Narbona, ac Tolosa extra Celtas, Belgas, et Aquitanos. eorum ciuitas est
Episco-

Episcopalis, nomen latine retinens, in prouincia Bituricensi sita. hi comiti Armeniaci subijciuntur, & Rhodes dicti.

Rhemi inter Belgas proximi Celtis fratres, et consanguinei, proximiq́, Suessionibus, cum quibus eodem iure, et ijsdē legibus utebantur unum imperiū, unumq́, magistratum cum eis habentes, finitimi quoque Veromanduis, Treueris, Metensibus, Catalaunensi, & Laudunensi diœcesibus, ac silua Arduenna. ciuitas est Metropolis, cuius omnes suffraganei sunt in Belgica, nomē retinens, in qua Francorū rex ungitur, et consecratur, in regno Francorum sita.

Rhedones populi inter Celtas ex ciuitatibus Oceanum attingentibus, quæ Armoricæ appellantur, proximi Aulercis, Sessuuijs, Curiosolitis, Osismis, Vnellis, Venetis, Andegauis, Cenomannis. ciuitas est Episcopalis in prouincia Turonensi, et Francorum regno sita, nomen retinet, in Britanniæ ducatu consistit.

Rhenus Germaniæ flu. non longe a Danubij, & Rhodani flu. fontibus, et fere in medio eorum oritur ex Lepontijs, qui a non nullis Sarmatæ dicti, alpes incolunt, inter fines diœcesum Curiensis, et Tridentinæ, non longe ab Italia, longoq́. spatio per fines Nantuatium, qui hodie Constantienses esse creduntur, Heluetiorum, & Sequanorum, ex quibus sunt Basilienses, et comitatu Ferretensis Mediomatricum, hodie Metensium, qui tunc usque ad Rhenum extendebantur, Tribotum, nunc Argentinen-

Q q 4   sium

INDEX.

sium, & Treuirorum citatus fertur, ac ubi Oceano proximus est in plures desluit partes multis, ingentibusq́. insulis effectis, quarum tres fere à Phrysijs, ac reliquæ à Sicambris nunc Ghelrensibus, & Holandinis, qui olim Bataui dicebantur, ac à quibusdam feris nationibus incoluntur. Sunt etiam qui hunc, & Danubium in Rhætia oriri tradant, et non longe a locis, ubi uina Oltrinasca nascuntur. Rhenus igitur non attingit Sequanos, hodie Burgundos, nisi à finibus Heluetiorum circa Basileam, usque in fines Argentinensium. Basilea enim comprehenditur inter Sequanos, & suffraganea est Bisuntinæ Metropolis. inde est, quòd reliqua pars fluminis Rheni ab eius ortu circa Curiésem diœcesim prouinciæ Maguntinæ usque in fines Basiliensium circa ipsum flumen fere tota ad Heluetios pertinebat, qui ueteres Rin militaribus signis imitati capita Boum, Aprorum, Vrsorũ, et similium uexillis suis depingere consueuerunt.

Rhodanus fluuius Sedunos, Veragros, Allobrogas, & Galliam prouinciam Romanorum à Celtis dispartiens, oritur non longe à Danubij, & Rheni flu. fontibus circa fines diœcesis Sedunensis, prope mõtẽ, cui nunc Briga nomen est, & ad Sedunũ Germaniæ urbẽ decurrens uicũ Veragrorum, qui hodie sanctus Mauritius dicitur, intersecat, lacuiq́. Lemano, quem accolæ Lausanensem nominant, admistus, & ad pontem Gebénæ urbis eundem lacum egressus in Lugdunum, Viennam, aliasq́. urbes, & insignia loca ad Volcas, nunc Auenionenses, prolapsus, Ligusticum

mare

mare tribus hostiis influit. Rosne a Gallis hodie.

Rigodulum locum inter Belgas, supra Mosellam fluuium, non longe a finibus Treuirorum editum, ubi Petillius Cærealis Romanus copias Treuirorum, & Germanorum magis casu, quàm prudentia fudit, proximù Metensium finibus montibus, & Mosella fluuio septum, non memorat Cæsar, sed Tacitus.

S

Santones inter Aquitanos populi, finitimi Tolosatibus, & propinqui Petragoris, Engolismensibus, Pictauis, ac Galliæ prouinciæ Romanorum. ciuitas est Episcopalis, in prouincia Burdegalensi Francorù regno sita, nomen retinens.

Sebusiani populi inter Celtas extra Galliam prouinciam Romanorum trans Rhenum fluuium primi, Allobrogibus, Sequanisque, ac Heduis, quorum erat clientes finitimi inter Lausanensem, & Lugdunensem diœcesim sitæ, quos Bellicenses esse coniectura est. ciuitas est Episcopalis, in prouincia Bisuntina duci Sabaudiæ subdita, siue eius Antistiti, per horum fines ad loca, ubi nunc nicus, cui sanctus Amor nomen est, in comitatu Burgundiæ, ac recta ad Ararim, qui nunc Sagona dicitur. ubi pagum Heluetiorum Tigurinum deleuit Cæsar, peruenit circa Viredunum & Turegium castella illius fluminis citrioris ripas attingentia.

Sequana flu. prorsus in Francorum regno Celtas,

post

INDEX.

postquam *Matrona* flu. sibi immistum est a Belgis desiniens, oritur prope fines Heduensis, ac Lingonensis diœcesium in ducatu Burgundiæ in *Alseti* regione non longe a uico *Abbatia*, & monasterij sancti Sequani, ac Trecensem agrum, & Parisiensem urbem delapsus Rothomagum ciuitatem, & mare Oceanū influit, nomen retinens.

Sequani populi inter Celtas, hodie Burgūdiæ comitatū incolentes, quos a Gallia prouincia Romanoru *Rhodanus* fluuius diuidebat, finitimi Heluetijs, Heduis, Lingonibus, ac Rheno per fines comitatus, nunc Ferretēsis, nihil ut uidetur, de his, quæ in ducatu Burgundiæ sunt, cum possidentes, quòd illa omnia speciali nomine Heduis, & Lingonibus adscriberentur, nec illi dicerētur Sequani, sed hi soluni, qui a Rhodano prope Bellicensis urbis diœcesim usque ad Bisuntinā ciuitatē maximā Sequanoru, & ab inde usque in fines comitatus Ferretēsis, ac diœcesis Argentinā, Rhenūq. fluuium protendebatur, inter quos fluuios Rhodani, & Rheni per ciuitatem illam Bisuntinam, quæ quasi in medio est, quinque dierum iter expedito patet finibus ijsdem. Vltra quoque Ararim fl. non longe post eius ortum Sequanorum fines, quos ipsa Bisuntina diœcesis complectitur, protendi uidebantur.

Suenorum gens trans Rhenum Bauaris, & Franconibus finitima plus, quàm centum pagos habens maxima, & bellicosissima Germanorum omnium laudem putantes esse maximam, quamlatissime a suis finibus uacare agros, & nastatis circum se finibus,

nibus, solitudines habere. Itaque una ex parte ab eis circiter millia passuum sexcenta agri uacare dicebantur, opprobrium uirtutis existimantes expulsos agris finitimos cedere, neque quenquam prope audere consistere. inter hanc gentem sunt Vlma oppidum, ciuitatesque, & loca insignia multa. Bauariæ uetus est principatus, & Austriæ ducibus, ac Marchionibus Badensibus, comitibus de Virtemberg, alijsq́. principibus ecclesiasticis, & sæcularibus subiecta, qui, ut olim referente Cæsare principes regionum, atque pagorum sunt, & in pace inter suos ius dicunt, controuersiasq́. minuunt.

Sedusij, uel Seduni populi Germani, si pro Sedunum urbem incolentibus capiantur, ut coniectura est, Heluetijs, & pro parte Celtis annumerantur, uel saltem eis sunt finitimi, ipsosq́. Rhodanus flu. irrigat, finitimi etiam sunt Veragris inter montes, quibus nunc Briga, et sancti Bernardi nomen est, no longe ab Antuatibus, & Allobrogibus Germanica lingua ex magna parte utentes. Ciuitas est Episcopalis, Tarentasia latinæ nomen retinens, in cuius finibus Rhodanus oritur, nec longe ab eis uersus Curiensem, & Tridentinam diœceses Rhenus exoritur.

Suesii populi Germaniæ, quos coniectare licet fuisse Constantiensi, Basiliensi, ac Sedunensi agro finitimos, & inter Celtas, Heluetiosq́. annumerari, siue forte Suitenses esse, qui cum Turicensibus quondá, Heluetijs nostra memoria bella gessere, uel Suelsii, id est Sueui. nam, cum singulis annis domo Sue-

uorum

norū media pars excederet, forte diuersas sibi ad habitādū regiones delegerūt. Ex quibus forsan sunt illi maritimi, qui Daciæ, & Noruegiæ sunt finitimi, ac qui circa Lepontios, Rhetosq. habitāt, idē fere nomē Suenorum habentes a Sueuo monte, qui ab ortu solis Germaniæ initium faciens, ad Cimbrorum usque promontorium magno aditu protenditur, forte dicti.

Senones inter Celtas finitimi Belgis, Parisiis, ac Carnutibus fuerant antiquitus ante Cæsarem in fide Heduorum. ciuitas est Metropolis, cuius omnes suffraganei sunt in Celtica, in regno Francorum sita, retinens nomen, quam in Burgundia sitam uulgus uocitat. forsan enim id maluit a primis Burgundionū regibus, quos Senones Lugduni, ac Viennæ post natum Christum per multa sæcula regnasse in Celtica plerique tradunt.

Suessiones populi inter Belgas, fratres, & consanguinei Rhemorum, eisq. attributi, quibus, ac Bellouacis, & oppidis Nonioduno, quod hodie est ciuitas, Bractuspantioq. erant finitimi, agros feracissimos, & latissimos fines habebant, apud quos rex fuerat totius Galliæ potentissimus, qui etiam Britanniæ regnum obtinuerat, XII oppida in Suessionibus habens. tempore autem Cæsaris regnabat Galba, multiq. Gallorum reges usque post magni Caroli tempora diu in Belgica regnasse, & coronam apud Suessiones accepisse leguntur. Ciuitas est Episcopalis, nomen retinens, in prouincia Rhemensi prima suffraganea, & regno Francorum sita.

Segni

INDEX.

Segni inter Belgas populi ex gēte, et numero Germanorum Condrusis finitimi, qui ambo populi sunt inter Eburones, et Treuiros comitatui Namurcensi Arduennæ siluæ, et ducatui Lucemburgensi, Mosæq́. flu. proximi, nomen retinent, eorum oppidum diœcesis Leodiensis illius Episcopo subijcitur.

Scalde flumē inter Belgas Mosam influēs in extrema parte Arduēnæ siluæ, nec lóge ab Aduaticis, Neruios, et Tornacésem urbē intersecat, nomé retinens.

Sabis inter Belgas flumen Neruios irrigat, & Mosam flu. penes Códrusios Namurcio oppido Leodiensis influit. hodie Sambram uulgus nominat.

Sessuuij populi inter Celtas ex maritimis ciuitatibus Oceanum attingentibus, quæ Armoricæ appellantur, proximi Aulercis, Curiosolitis, Rhedonibus, Osissinis, Vnellis, & Venetis. hos quidam putant esse Exisinos, quæ ciuitas est Episcopalis prouinciæ Turonensis, in regno Francorum siti.

Sontiates populi inter Aquitanos, finitimi Vocatijs, et Tarusatijs populis, Aquitanis, et Tolosæ, ac Narbona ciuitatibus Galliæ prouinciæ Romanorū, et Hispaniæ citeriori, habentes oppidum natura loci, ac manu munitum, in regno Francorum siti.

Sibuzates populi in Aquitania, proximi Garumnis, Hauscis, Garitibus, Vocatijs, Tarusatijs, Cocosatibus, et Hispaniæ citeriori, in Francorum regno siti.

Sicambri populi Germaniæ olim ex toto Trásrhenani, proximi Vbijs trans Rhenū tunc sitis, siluas, et solitudines habebat, ad quos ex Menapiorū, ac Eburonum

INDEX.

ronum finibus Rheni transitu, maxime ubi ipse, & Mosa confluunt, brevis est aditus. Eburones enim Rheni citerioris ripas, et Sicåbri autem ulteriores incolebant, nunc oppida, vicos, et agros, Sicåbri, quos Gelrenses appellamus etiam inter Mosam, et Rhenŭ possident, quorum pars est diœcesis Leodiensis.

Samarobrinæ locus inter Belgas, ubi Cæsar Gallorum conciliŭ indixit, et aliquando hiemauit, ac impedimenta exercitus obsides ciuitatŭ, litterasq́. publicas, ac frumentum reliquit, hanc Cameracensem esse urbem quibusdam placet. Sabis enim fluuius eam interfluit, et his Gallica lingua satis alludit uocabulum, estq́. fere locus ipse in medio Belgarŭ situ fertilis, ue solo oportuno constitutus. ciuitas est Episcopalis, et Imperialis prouincia Rhemensis, forsan ab Eburonibus populis ciuitatŭ Oceanŭ attingentium, quæ inter Celtas erant orti, uel a Segnis, Belgarum populis. In hoc oppido quincto ab hinc anno fœdus inter omnes Christianos principes ad internecionem Veneti nominis ictum est, auctore Pontifice Iulio 11, quod Cameracense ab oppido dictum est. Sunt tamen qui Sancti Quintini oppidum malint.

Sengoviaci populi in Anglia, mari proximi, et Cassiis, Bibrogibus, Trinobantibus, Cenimagnis, et Ancalitibus, nunc forte Eboracenses dicti, cui satis alludit uocabulum. ciuitas est Metropolis.

Siluros populos Angliæ. Tacitus.

Siuici, populi prope Coloniam urbem, olim Agrippinam dictam, & Rheni fluminis ripis citerioribus

rioribus adiacentes, a Tacito proditi.

Sarmatas, Germaniæ populos, qui contra Suenos Vannio, Suenorum regi, ab eis expulso, opem tulere. Tacitus.

Sabrinam in Anglia flu. Tacitus.

T

Tulligni populi erant finitimi Heluetijs inter Celtas non longe ab Allobrogibus, & , ut quidam opinantur, etiam fuerunt incolæ Turegi oppidi, nunc inter Heluetios siti, quod forsan tunc ex illorum pagorum numero non erat, in Constantiensi diœcesi habitantes, sed ab Allobrogibus satis remoti. Quidam autem interpretantur Turegium, quasi Duregium, id est duorum Regum, & Tullingos credunt nunc Lotoringos esse dictos nomine composito, ex Lotario eorum rege Carlomani stirpe.

Tolosates populi Galliæ prouinciæ, finitimi Narbonensibus, et Santonibus, nec longe a Sontiatibus populis in Aquitania, nomé retinent. ciuitas est Metropolis, Francorum regi subdita.

Tigurinus pagus, et populi eius quartam partem Heluetiæ continebant, ac inter Celtas erant, inde forte coniectura est eos esse, qui nunc Turegium cum agro adiacent apud Sulenses, Basilienses, Constantienses incolunt.

Theutoni populi ultra Rhenum flu. fuerunt, ex quibus et Cymbris Aduatici fuere prognati, apud quorum loca, cum id flumen in Galliam uenientes transijssent, impedimenta cum unius fere legionis

præ-

præsidio reliquerunt. usus autem Theutonos credit, qui Franconiam, et Bauariam Germaniæ regiones, eisq́; finitimas terras inhabitant. Vulgus uero omnes citra, et trans Danubium populos appellat Theutones. hi forte eorum finibus quondam pulsi a Sueuis, qui quàm latissime agros desertos possidere gloriabantur, sese Cimbris sociarunt, cum quibus a Romanis duce Mario cæsi sunt, quos Pomponius Mela Albi flu. Cimbrisq́; Hermonibus, et Sarmatis propinquos tradit: Theutones tamē eos esse, qui trás Danubium ad dextram eius inhabitant. plures scripsere inter alpes, scilicet Italiæ imminentes, et Danubij alueū incolentes: dicti autem forte sunt a Tuiscone eorū Rege Manni filio, ut sentit Tacitus lib. de situ Germaniæ, Italica, ac Gallica lingua alludunt.

Treueri, populi inter Belgas, in confinibus Germaniæ, finitimi Neruijs, Menapijs, Eburonibus, Rhemis, Mediomatricibus, id est Metensibus, et Rheno flu. usque in pontem, quo Cæsar transiecit exercitū, quæ pars nunc est Coloniensis diœcesis. fere autem omnes Treueri Germanica lingua utuntur, et nisi exercitu coacti, imperata non faciebant. Nam ciuitas, propter Germaniæ uicinitatem, quotidianis exercita bellis, cultu, et feritate non multum a Germanis differebat. horum inter Gallos uirtutis opinio erat singularis, et plurimum equitatu, peditatuq́; ualere existimabantur, nomen retinent. situs ciuitatis est natura munitus, & Metropolis huius ciuitatis præsul unus ex electoribus Imperatoris est,

qui

qui proximis his annis legatus a Maximiliano Cæsare ad Venetos veniés una cum Cardinali Lucemburgensi, re infecta abijt.

Tribotes populi Germaniæ in finibus Celtarum, et Belgarum, finitimi Tullensibus, Basiliensibus, Spirensibus, Lingonibus, & Rheno, fere omnes Germanica lingua utentes, ciuitas est Episcopalis prouinciæ Maguntinæ, nunc Argentinenses latine dicti, quibus uulgaris sermo cum ueteri satis alludit uocabulum. hi sunt in regione Alsatia, olim Heluetia.

Turones populi inter Celtas, Carnutibus, & Andegauensibus finitimi, proximi Oceano. Ciuitas est Metropolica, cuius omnes suffraganei sunt in Celtica, & ex maiore parte in Britanniæ citerioris ducatu, nomen retinens, in regno Francorum sita, quam et Andegauensium urbem Diuus Lodouicus, Francorum rex, Britanniæ ducatu detraxit, cuius tamen prouinciæ omnes aliæ Britanniæ etiam Britonantis ciuitates remanserunt.

Tarusatij populi Aquitaniæ, proximi Vocatijs, Sontiatibus, Tarbellis, Garumnis, Cocosatibus, et Hispaniæ citeriori. hos coniectura est fuisse populos Tursæ, quæ ciuitas est Episcopalis, in prouincia Auscitana, & Francorum regno sita.

Tarbelli populi in Aquitania, proximi Bigerronibus, Sontiatibus, Vocatijs, Tarusatijs, Hispaniæ citeriori, in regno Francorum siti.

Tenchtheri Germaniæ populi, Transrhenani, qui cum Vsipetibus, et magna multitudine hominum,

Rr   a Sueuis

gibus erant hi, quos Manlius Romanorū dux in Gallograecia strauit, & uicit, triumphumq; retulit.

Tauriaci populi Germaniae, proximi Nemetum, et Heluetiorum finibus, a quibus silua Hercynia oritur, et forte erat Rauraci, qui proximi Heluetijs circa Basiliensium fines habitabant: hi tamē Hercyniae siluae non erant proximi, sed Baceni siluae, qui nigra dicitur, interfluente tamen Rheno.

Tungros Belgarum populos Tacitus facit. hi cis Rhenum, et Mosam inter Eburones numerantur. oppidum est, nomen retinens. olim ciuitas Episcopalis, huius sedes posthac fuit ad Leodiensē urbē translata, usq; ad cuius oppidi mœnia, ut plerique uolunt, Oceanus protēdebatur, cuius rei quaedā illic uetustatis adhuc monumenta uidentur. Inde Caesar scribit Eburones fuisse mari proximos.

Tasandrum oppidum in Leodiensi diœcesi, cui Diuo Trudo nomen fecere.

Tarbixei, in finibus Agrippensiū populi. Tacitus.

Tubantes Germaniae populos, qui Phrysiae partē mari Oceano, Rhe. flu. ac lacubus proximā salicibus, & paludibus abundantem incoluerunt, quam antea Marsi populi habitarant. Tacitus.

Tygenoi populos Angliae, quorum rex Prasutagus Neronem imperatorem heredem instituit. Tacitus.

V

Vxellodunum oppidum in finibus Cadurcorum inter Celtas, non longe a Gallia prouincia Romanorum

rum monte egregie loci natura munito situm, cuius partes omnes præruptissimis saxis difficili adscensu, et flumine insimam uallem diuidente totum pæne montem cingente præmunitæ erant, sub cuius etiam muro magnus fons aquæ prærumpebat, ab ea parte, quæ fere pedum trecentum interuallo fluminis circuitus uacabat.

Vatucca inter Belgas castellum, quasi in medijs Eburonum finibus, non longe a colle uno siluis, et tumulo, ac magna conualle, ubi Titurius, et Aurunculeius Romani hiemantes cum legione una, et quinque cohortibus a duobus Eburonum regibus dolis intercepti sunt. Id castellum proximũ fuisse Liburgensi, nec longe ab Aquisgrani urbe uerisimile est, forsan eo loco, ubi est nunc castellum, cui Walcatus mõs nomen est. Vatuccæ tamen castello, ut Cæsar ipse describit, suberat Rhenus flu. propterea non nulli credunt Vatuccam castellum fuisse, ubi nunc est Iuliacum oppidum, quod ducatus est titulus, inter Aquisgranum, et Coloniam, Germaniæ urbes cisrhenanas, quod a Iulio Cæsare denominari putant, ubi adhuc plura insignia uetustatis monumenta apparent.

Vocatij populi extra Celtas, Belgas, & Aquitanos citra Rhodanum, Centronibus id est Tarentasiis finitimi, & Allobrogibus ultra Alpes Graias, quibus hodie mons cinerum, siue Cinesius nomen est. hos Isara flu. alluit. Vasatium Gallice.

Verbigenus pagus Heluetiorum inter Celtas.

Vesontio oppidum maximum Sequanorum, natura

tura loci munitum, inter Celtas, nunc comitatu Burgundiæ circumseptum, ciuitas est Imperialis, ac Metropolitica, nomen retinens mutata littera u in b, ut Romanis, & Vasconibus pronuntiandi mos est. situ habet, qualem Cæsar in commentarijs descripsit, præterquàm quòd nunc eam idem fluuius ex magna parte intersecat. in illa sunt loca uetusta, qualia Romæ, quæ Pantheon campus Martius, campusq́. Mineruæ, uulgo semper latine dicta sunt, multaq́. alia priscæ uetustatis monumenta consistunt.

Vangiones populi Germani inter Belgas numerantur, finitimi Tullensibus, Metensibus, Spirensibus, Maguntinis, ac Rheno flumini, omnes fere Germanica lingua utentes. ciuitas est Episcopalis prouinciæ Maguntinæ, nunc Vuormatienses dicti, Halsaticáq́. olim Heluetiæ, tunc Gallici, nunc autem Germanici iuris adscripti, quo magis ipsi, & Spirenses, ac Argentinenses, quin et Maguntini, tanquam omnes aliæ Alemaniæ attributi, & ad ripas Rheni citeriores siti uidentur. inter Celtas forsan collocandi, nisi quis recta a Matronæ fluminis ortu ad Rhenum flu. Celtas his finibus Belgis dispartiat, quibus Belgis pari ratione Vuredunum, quæ ciuitas est Episcopalis prouinciæ Treuerensis in ducatu Barrensi consistens, adscribitur.

Volzæ populi prouinciales non longe ab Artomicis, qui nunc Aurasicenses sunt, Tolosanibus, Narbonensibus, Massiliensibus, Gaballis, Cadurcis, Heluetijs, ac Rhutenis extra Celtas, Belgas, et Aquitanos

tanos hos Rhodanus fluuius alluit, posthac Ligusticũ
mare influit. Aremici pridem à non nullis, nunc Aue
nionenses dicti. ciuitas est Episcopalis prouinciæ A-
relatensis olim, nunc uero Viennensis, maiorum nostrorum memoria patrimonio beati Petri emptionis
titulo addita. Hic Romani Pontifices sedera magno
totius Italiæ incommodo, maiore urbis Romæ tenue
re septuaginta, et amplius annos, donec felicissimæ
euentu Italiæ restituti Pótifices, ad hanc diē masere.

 Vienna ciuitas Metropolis in Gallia prouincia
Romanorum, nunc Delphinatu extra Celtas, Belgas, & Aquitanos, quam flu. Rhodanus præterfluit ad eius citeriores ripas sitam, proxima Aruernorum finibus dispartiente Rhodano Heduorum finibus Cæsaris tempore, ad quos Matisco oppidum,
nunc ciuitas pertinebat, hodie Lugduno ciuitati finitima, beneq̃. sita.

 Velocasses populi inter Belgas, Morinis, Neruijsq̃.
finitimi, proximi Ambianis, et Atrebatibus, hi hodie
Castletéses dicti in comitatu Fládriæ, et Francorũ re
gno, Mormẽsíq̃. diœcesi siti instar pagi sunt, hác prouinciá repetit rex Franciæ nunc a duce Burgundiæ.

 Veromandui populi inter Belgas, Rhemis, Atre
batibus, Neruijsq̃. finitimi, nomen retinent, in Fran
corum regno siti, at ex magna parte in diœcesi Laudunensi, ac Suessiouensi, & ex toto in prouincia
Rhemensi, instar q̃. prouinciæ habentes, inter quos
sunt incolæ oppidi sancti Quintini, quos rex repetit. Vermandois a Gallis mutata aliquantulum no-
mina-

minatione dicti.

Veragri populi extra Celtas, Belgas, & Aquitanos intra Sedunos, Antuates, & in Allobrogas, montesq́. sancti Bernardi, & Brigam, quos Veragros Rhodanus flu. interlabitur, caput gentis est uicus, ubi Abbatia, cui sanctus Mauritius dicitur diœcesis Sedunensis, quidquid tamen agri Transrhodanum possidebant, Celtis adscribitur. per hos ad montes illos, quos Cæsar summas Alpes nominat ex Gallia in Italiam uenientibus aditus est.

Veneti populi inter Celtas ex maritimis ciuitatibus Oceanum attingentibus, quæ Armoricæ appellantur, proximi Vnellis, Osissmis, Curiosolitis, Sessuuijs, Aulercis, Rhedonibus: hi, ut quibusdam placet, etiam Vanes dicti sunt, in prouincia Turonensi, & Regno Francorum siti. ciuitas est Episcopalis, cuius amplissima erat auctoritas omnis oræ maritimæ regionum earum in Britannia Britonante. sunt præterea alij quidam populi Auenionensibus proximi, Venuxinum comitatum incolentes, patrimonio beati Petri subditi. hos partem Galliæ prouinciæ Romanorum fuisse quibusdam placet.

Vnelli populi inter Celtas, ex maritimis ciuitatibus Oceanum attingentibus, proximi Audibus, Venetis, Osissmis, Lexobijs, Curiosolitis, Sessuuijs, Aulercis, Rhedonibus inter ciuitates Armoricas numerati in prouincia Turonensi, et Francorum regno siti.

Vellauni populi inter Celtas proximi Heleuteris, Cadurcis, Gaballis, et Aruernis, quorū sub Imperio esse consueuerant. ciuitas est Episcopalis in prouincia Bituricensi, nomen retinens, a multis tamen sancti Flori ciuitas dicitur.

Vellaunodunum inter Celtas, oppidum Senonū, propinquum Agendico Senonum oppido, ac Genabi oppido Carnutum, quod Genabis oppidum pons Ligeris flu. contiuebat, nec longe ab Auarico, & Nomoduno oppidis Biturigum in Francorū regno sitū.

Vocatij inter Aquitanos, proximi Tarusatijs, Sontiatibus, Tarbellis, Bigerronibus, Garumnis, Garitibus, Coccosatibus, & Hispania citeriori, in regno Francorum siti. ab his forte Vascones dicti. hos coniectura est fuisse Vesaticos. ciuitas est Episcopalis in prouincia Auscitana, Francorum regno sita, quos Vasatenses dicimus.

Vsipetes Germaniæ populi Transrhenani, qui cum Tenchtheris, et magna multitudine hominum à Sueuis diu agitati, & triennio uagantes Rhenum flu. transferunt, non longe ab ostio, ubi mare influit, & Menapiorum agros utranque fluminis ripam incolentes occuparunt. ex hoc constat Menapiorum fines, quos plerique opinantur Iuliacensis fuisse multo latiores, maioresq. extitisse, et agros ducatus Montensis Rheni ripis ulterioribus adiacentes, ac etiam Cliuensis possedisse.

Vbij, Germani populi, olim Transrhenani, querū fuit ciuitas ampla, et florens, ut est captus Germanorum, qui paullo sunt eiusdem generis, et ceteris humaniores, quia Rhenum attingunt, multumq. ad
hos

hos mercatores uentitát, & quòd ipsi propter propin
quitatem Gallicis sunt moribus assuefacti. hos Sueui
diu, & sæpe bellis experti finibus expellere adnixi
sunt, & sibi uectigales fecerunt, multoq́. humiliores,
& infirmiores reddiderunt, in quorum fines Cæsar
primo Transrhenum exercitu per pontem in Menapiis factum ducto, uestatis agris Sicambrorum se recepit, iterum autē paullulum supra eum locum, quò
antea exercitum traduxerat, pótem in finibus Treui
rorum fecit, legionesq́. traduxit, cuius pontis ultima
pars Transrhenana ripas Vbiorum continebat. hos
esse Agrippinenses, nunc Colonienses a Claudio Cæsa
re Agrippinæ uiro, acceptos plerisque placet, qui, ut
uerisimile est, a Sueuis compulsi, citra Rhenū, hortante Agrippina, urbē condere, & habitare cœperunt, quæ ciuitas paullo post cum Romanorum socia
esset, ac recens cōdita, fatali igne, ut Tacitus scripsit,
consumpta est, & fere eodem tēpore simili casu Lug
dunum incensum, & dirutum esse constat, ut in epi-
stolis refert Seneca. Cæsaris igitur tempore coniectu
ra est loca, ubi Marchiæ comitatus a duce Cliuensi
nunc possessus Vestfaliæ oppida sunt, parsq́. ducatus
Mótensis incoluisse præsumuntur, quorum adhuc ma
gna pars ad Coloniensem ecclesiam pertinet. hos Tacitus Transrhenanos etiam suo tēpore fuisse scribit,
quòd forte ad utranque Rheni ripam uicos, agros,
possessionesq́. haberent. Sic et Allobroges ad Rhoda
ni ambas ripas, & Menapij tunc ad Rheni utranque
ripam, sic & Phrysij, & Gelrenses, nunc ad ipsius

Rheni

hibernis obsideri, premiq́; Germanias Cæsar Aug.
crediderat. Tacitus. nunc in Cleuensi ducatu situm.
  Vadam inter Coloniensem & Traiectensem urbes locum ultra Nonesium Rheno flu. & cis cum adiacentem in ducatu Cliuensi situm.

A T Q V E hæc de Galloru, Gallisq́ue, qui aut proximi, aut finitimi sunt populis, ita perstrinximus, ut quamuis uetustatem illustrare pro uirili cōsilium fuerit, multa tamen inserta quoque sint, quæ tempora hæc recentiora, mores, & uiros, ac res præclare gestas ab ijs explicent, nec tamen singula persecuti sumus, sed summas rerum, & ex his illustrissima quæque libauimus. Nam si aliarum quoque gētium, quæ toto orbe nunc degunt, nominum mutationes, fortunæ uarietates, mores, locorum diuersas appellationes, aut fluminum, uires, res gestas ad hanc normam dirigere uoluissem, id sane & operosum nimis, ac inmensi pæne operis fuisset, & consilij obliti nostri uideremur, quippe qui ab initio Cæsarem tātum, aut Tacitum, & Gallos, ac finitimas his gentes hoc nostro indice complecti uoluerimus, reliquum operis, & in aliud tempus, & in alias commentationes reiecerimus. illud admonuisse diligentem lectorem uolo, multa illum ex uaria historiarum lectione collecturum, quæ Europam, & Asiam, ac Africam saltem oram litoralem notiora nobis factura sint. nam, ut ulterius penetres, legis hæc Mahometanæ diuersitas a Christiana pietate prohibet, sed &
ipsa

INDEX.

ipsa orbis parens gentium omnium regina Italia tantas mutationes sensit, ut uix nomen illum retineat, quod olim habuit. quis enim nescit eam Italiæ parté, quam Samnites, Apuli, Græci, Campani illi tenuere, totam nunc in regni Neapolitani nomen abijsse: quod olim Latium, nunc Campaniam, quæ Gallia Cisalpina, in Lombardiam, quæ Venetia, in Marchiam Taruisinam; quæ Flaminia olim, nunc in Romandiolam esse mutatam. Iam quæ priscis illis temporibus clarissima oppida fuerant, aut penitus concidere, aut in uicos abiere successereq. omnino cum aliæ gentes, tum aliæ quoque nominationes diuersissimæ. Lyrim enim a ueteribus amnem dictum, iam septingentos ab hinc annos a Gariliano castello, quod Saraceni munitissimum propugnaculum sibi construxerát, Garilianum appellamus. Ticinum olim, nunc Papiam, a Papio quodam Gallorum Duce. Fregellæ ipsæ in Campania in pontem curuum mutatæ. Egnatia Apuliæ Iuuenatium a nobis dictum. Anienum ipsum patrem, Tiberonum accolæ uocant. Sipus illa sæpiarum captura celebris, & inde nomen adepta, nunc Mansfredonia uulgo, a Mansfredo secundi Federici Imperatoris filio, dicitur. Verum longius, quàm par forsan erat, euagati sumus. Cetera sibi lectoris diligentia pariat, aut in altiori otio a nobis exspectet.

FINIS.

REGISTRVM.

a b, ABCDEFGHIKLMNOPQRST
VXYZ, Aa Bb Cc Dd Ee Ff Gg Hh Ii
Kk Ll Mm Nn Oo Pp Qq Rr.

Omnes sunt quatterniones.

VENETIIS, M. D. LXI.

www.ingramcontent.com/pod-product-compliance
Lightning Source LLC
Chambersburg PA
CBHW021221300426
44111CB00007B/384